U0873626

渗透美育的初中数学课例

主编 ◎ 谢 祥 杨金增 李兴贵

西南交通大学出版社
·成 都·

图书在版编目（CIP）数据

渗透美育的初中数学课例 / 谢祥，杨金增，李兴贵主编. —成都：西南交通大学出版社，2021.3
ISBN 978-7-5643-7998-8

Ⅰ. ①渗… Ⅱ. ①谢… ②杨… ③李… Ⅲ. ①中学数学课－教案（教育）－初中 Ⅳ. ①G633.602

中国版本图书馆 CIP 数据核字（2021）第 044972 号

Shentou Meiyu de Chuzhong Shuxue Keli
渗透美育的初中数学课例
主编　谢 祥　杨金增　李兴贵

责任编辑　何明飞
封面设计　原谋书装

出版发行　西南交通大学出版社
（四川省成都市金牛区二环路北一段 111 号
西南交通大学创新大厦 21 楼）
发行部电话　028-87600564　028-87600533
邮政编码　610031
网　址　http://www.xnjdcbs.com
印　刷　四川煤田地质制图印刷厂
成品尺寸　170 mm × 230 mm
印　张　24.75
插　页　0.25
字　数　441 千
版　次　2021 年 3 月第 1 版
印　次　2021 年 3 月第 1 次
书　号　ISBN 978-7-5643-7998-8
定　价　126.00 元

▶ 2016 年 11 月摄于北京徐利治教授家中

▶ 2018 年 11 月摄于北京徐利治教授家中

▸ 2018 年 11 月摄于北京周春荔教授家中

《渗透美育的初中数学课例》编委会

序言一

FORWORD

自20世纪80年代以来，我国数学教育研究，无论在理论探索，还是实践和实验研究方面，都取得了丰硕的成果. 但遗憾的是，这些“成果”多数仍停留在金字塔（论文、专著）内，尊贵高雅而未见应用. 至于原因嘛，大约有两个：一方面，研究者未能走到教学一线去，满足于“理论”的结果，用专业的或实验的术语，为一线数学教学，出了一大堆的“点子”，应当如此这般；另一方面，一线教师忙于教学，除那些“拿来就用”、立竿见影的解题文献之外，实在无暇关注那些艰深语言包装的“金点子”. 因此，我国数学教育也就无可奈何地犯了一宗国际数学教学研究的通病：理论研究与教学实践相脱节. 这能怪谁呢？

21世纪初，成都市金牛区部分数学教师，在谢祥老师等教研人员的积极组织下，参与了国内很有影响的一项数学教育实验——“MM教育方式”实验（即江苏省无锡市徐沥泉特级教师指导的，把“数学方法论”系统地运用于数学教学的实验）. 通过认真学习和领会“MM方式”的理论-操作系统以及基本精神，在教学实践中加以运用，进而学习相关的数学哲学，数学方法论著作，教师的数学观、教育观、学生观逐渐发生了重大变化，在提高教学质量的同时，还积累了一批精彩的教学设计、课堂教学实录、教学课件录像等，这是实践与创造的结果，这是产生出良好教学效益的实际记录，这是发生、发展数学教育理论的源头. 自然，从另一方面看，这也是教师们将学习、领会的数学教育理论、方法创造性地运用于教育教学实践的结果.

为了更精炼，编选者从这些材料中萃取了若干精彩的片段，其中凝结了设计者、执教者的智慧，展现了通过“吃透”教学的内容、创造情境、突破难点、突出重点、激发学生学习兴趣的创意，实在是非常的珍贵. 作为一位一线教师，面对一个或难或易的教学内容，一时拿不出中意的教学设计（切入点、情境或常识性问题）时，我们最想要的是什么呢？显然，我们并不需要完整的教学设计，因为阅读和研究，会占用我们很多的时间，甚至干扰备课. 事实上，因为我们已经“心有灵犀”，只需要在创意上的“一点”点拨，而通晓的“教学设计”应当是最为合用的.

本书汇集的“教学片段”源于课堂，高于课堂，是教师心血和创见的结晶，是创造性和艺术性的结合，具有应用价值. 特别重要的还在于，“片段”在数学教育理论和教学实践之间，巧妙地搭建了一座鹊桥，为教师们铺设了通向“MM 教育方式”的阶梯.

本书还萃取了 30 多节精彩的完整的课例（按年级排序），其中有地区、省、全国青年教师赛课课例，在这些优秀课例中特别精彩的环节处又插入点评，赏析设计理念、操作策略，分析美在何处. 最后，从本书材料的萃取、编排、片段与课例的点评，引导读者愉悦欣赏与深度理解教学设计，都可看出编撰者深厚的数学教学功底和较高的数学教育理论水平，他们正是鹊桥和阶梯的建造者. 我们知道，建构连接数学教育理论与实践之间的桥梁，是极为不易的，要付出大量的心血和智慧，实在是功莫大焉.

我们相信，读者诸君定会珍惜她、喜爱她、鉴赏和品味她，在使用中改进她、丰富她和完善她.

杨　之

2008 年 8 月金秋天津宝坻第一、二稿
2008 年 10 月成都金牛第三稿
2020 年 9 月定稿

序言二

FORWORD

春风化雨　静待花开

成都的谢祥、杨金增、李兴贵老师主编的《渗透美育的初中数学课例》，邀请我为其撰写序言. 认真翻阅研读后，深受震撼，欣然答应.

早年间，武汉裴光亚先生在一次全国性数学大会上将谢祥老师引荐给我. 基于对裴老师的高度认同和敬重，我也分外关注这位新朋友. 通过拜读谢老师数学竞赛研究方面的文章，后面我们之间的交流也逐渐多了起来.

谢老师作为一名普通的教学一线区级教研员、数学教师，非常不简单. 他的“朋友圈”有许多重量级的数学同仁. 尤其是他和著名数学家、教育家徐利治先生的忘年交让我惊诧，徐老先生的随笔遗作还专门授权给谢老师研究出版. 他除了虚心好学、人品高洁，更是其长期坚持静心教研、追求进步才有了和数学大家对话的学识基础.

在我国的教育科研系统内，有一个特殊的群体——教研员，他们承上启下，责任重大，既是学科研究的先行者、实践者，更是一线教师的引领者、示导者. 除了繁重的服务性、组织性工作，数学教研员还要引领教师专业成长，指导学校数学育人. 通俗地说，要真正能做一位合格的教研员，既要能随时随地上好课，还要能找到自己的教科研抓手——研究课题.

谢祥老师瞄上的这个抓手就是——数学美育渗透，这不失为一个智者的选择，更是一个重大的挑战.

立德树人是我国的教育战略. 数学学科育人，要先让师生走近数学、喜欢数学，感受数学美、鉴赏数学美、追求数学美、创造数学美，这不失为一个完美的学科育人链条.

数学之美，宽广丰厚，博大精深. 如抽象美，统一美，简洁美，形象美，奇异美，混沌美……纯粹，纯净，严格，缜密. 著名的计算机科学家吴军的著作《数学之美》，让万人敬仰现实世界数学之伟大和绝妙，裴光亚先生的遗作《数学之美》（陕西师大出版总社中学数学教学参考编辑部即将推出）也将展现中学数学同仁眼中的奇特景观.

然而，作为普通的数学教师，我们似乎有些许高大而遥远的感觉？我们如何操作？

谢祥老师带领成都金牛区的数学研究团队，历时数年，交出了一份圆满而丰硕的答卷——即将付梓的《渗透美育的初中数学课例》一书.

本书的主体内容是“渗透美育的教学片段”“好题妙解巧变式”“优秀教学设计课例”三部分的赏析，累计 107 个片段，46 道题目，34 节课例，完全和初中数学的教学内容匹配、对接.

我觉得这部作品有两大特点：其一是同创，是谢老师把全区乃至全国的很多一线教师发动起来，共同研究创造的群体智慧；其二是落地，每一位立足课堂的一线教师，完全没有陌生感、分离感，在日常的教学中，随时可以读之，赏之，用之.

诚然，数学教师领着孩子们“刷题”是必要的教学环节. 但“刷题”之外的数学美育渗透，也应当是我们职业生涯更高层次的追求.《中学数学教学参考》杂志曾经开辟过专栏倡导“数学欣赏”. 我们也期待全国的数学同仁，在此书的昭示下，共同挖掘数学美育的深刻内涵和价值.

春风化雨，润物无声，让我们静待数学美育之花开遍华夏.

马小为

2021 年元旦于陕西师范大学

目录

CONTENTS

<<<<<< 第一章

MM 教育方式与渗透数学美育

第一节　MM 教育方式简介

一、什么是“数学方法论”？它与数学教学有何关系？

徐利治先生定义：“数学方法论主要是研究数学发展的规律、数学思想方法以及数学中发现、发明与创新等法则的一门学问.”它是辩证反映论观点在数学中的表现与运用，是科学方法论的一部分. 数学方法论又分两大块：一块是宏观方法论，包括数学哲学、数学美学、数学心理学、数学发展和数学家成长的一般规律等. 另一块是微观方法论，分三小块：一是逻辑推理方法，如猜想分析法、数学模型法、公理化法等；二是合情推理方法，如观察、实验、类比、归纳、联想、猜测、检验、限定、推广等的数学应用；三是一般解题方法（或解题方法论）研究，如分析、综合、一般化、特殊化、化归、映射、反演等.

事实上，数学方法论，顾名思义，就是要对数学方法进行评价、议论，对方法之优劣、产生发展完善的历史、地位、作用和应用前景等，都要“说三道四”，指其要害，揭其本质，挖其所隐，尤其是对思想线索和背景的评述. 因为这正是数学中易于迁移的因素，正是它的一般教育功能之所在，如数学解题的一般方法，不仅可用于解答各种数学问题，而且可用于恰当地处理日常生活和科学技术中的问题. 人们经过长期研究发现的，数学的两个教育功能，即技术教育功能和文化教育功能（培养人的优秀文化素质的功能），都比较集中地体现在这里.

因此，早在 20 世纪 40 年代，波利亚就尝试着把“数学方法论”用于数学教学，取得了初步成功. 在国内，傅种孙把“数学方法论”用于教师培训，取得了良好的效果；徐利治一方面倡导数学方法论研究，一方面则提出“把数学方法论的原则贯彻到数学教育中去”. 这就促进了 MM 教育方式的诞生.

二、MM 教育方式的产生与关键词界定

1989 年 5 月，在我国数学教育家徐利治提出的“把数学方法论用于数学研究和数学教学改革”方针的指导下，在首都师范大学，周春荔和杨之倡议并主持召开了“全国首届波利亚数学教育思想与数学方法论研讨会”. 江苏无锡市教育科学研究所（现教科院）特级教师徐沥泉，出席了这次会议. 同年，他设计了一项“贯彻数学方法论的教育方式，全面提高学生素质”数学教育

实验（简称 MM 课题或 MM 实验）. 经专家论证，该实验 1989 年 8 月开始实施，经过 5 年 3 轮，在数十个教学班的系统实验，于 1994 年 8 月结题，通过了以院士王梓坤、数学家徐利治、张奠宙教授等组成的专家组的严格鉴定，从而产生了 MM 教育方式，并进入边实验、边推广（由无锡推向全国）的阶段.

MM 教育方式实验研究，积累了相当数量的研究课例. 1995—1997 年，徐沥泉依据这些研究课例，进行了反复的推敲、思索，终于找到一种更为明确、更具可操作性的表述：MM 教育方式就是，教师在数学教学的全过程中，充分发挥数学教育的两个功能，自觉地遵循两条基本原则，瞄准三项具体目标，恰当地操作八个变量（运用八项教学措施），从而达到全面提高学生素质的目的（抽取其中的数据，简称 2238）.

其中：

MM 教育方式（MMEP）：数学方法论的教育方式，代号 MM 是取英文短语“Mathematical Methodology Education Pattern”前两个单词词头.

数学教学全过程（I_{1-8}）：班级重组、学法培训、备课、上课、辅导、作业处理、学习评价、课外活动指导；

两个功能（II_{1-2}）：技术教育功能，文化教育功能.

两条基本原则（III_{1-2}）：既教证明又教猜想原则和教学、学习、研究（发现）同步协调原则.

三项具体目标（IV_{1-3}）：引导学生自我增进一般科学素养，自我提高社会文化修养，自我形成和发展数学品质.

八个变量（V_{1-8}）：数学返璞归真教育，数学审美教育，数学发现法教育，数学家人品教育，数学史志教育，演绎推理教学，合情推理教学和一般解题方法的教学.

（一）关键词语界定（1）

为了确切地理解 MM 教育方式，必须逐个弄清它的关键词语，首先对命名及 Ⅰ ~ Ⅲ逐个说明如下.

（1）关于“MM 教育方式”的命名，至少应当说明如下三点：第一，这种数学教育方式，是在运用现代科学、现代科学哲学与数学哲学、现代认知学说（现代心理学、生理学特别是脑科学以及思维科学）的新成果，又紧扣数学科学本身的特点（由数学哲学和数学方法论研究所揭示），对数学教学过程做出的本质分析的基础上，概括和提炼出来的. 而“MM 教育方式”的名称，只是表明了它的基本特征，而不是它“仅运用数学方法论”.

第二，它是各种优秀数学教学方法的继承和发展，是它们的“交”，是各种正确的、有价值的教学方案“极限化”，它预示着数学教育的未来. 同时，由于它力求恢复数学科学发生发展的基本过程和本来面目，所以也是一种返璞归真的数学教育方式.

第三，在表述中，一方面说的是“发挥”“遵循”“瞄准”这些较为一般性的指令；另一方面，发挥的功能，遵循的原则和瞄准的目标，以及“操作”的变量，也都具有一般性，而非数学教学中的一招一式，而是达到了“方法论”水平的东西. 比如，“一般解题方法”的教学，具体的是指波利亚的《解题表》所代表的解题方法论，它不仅适用于“任何数学问题”的求解，而且作为一种常识和思维规律，它适用于“任何问题”的求解，而这样培养出来的“解题能力”，就是人的一般文化素质的重要组成部分. 因此，它是一种教育方式，而不是具体的方法，更不是可以简单套用的模式. 这样，初学的人似乎不易操作，但是，只要认真领会其精神实质，肯于对自己原有的认识（对数学、对学生、对教学）进行必要的反思，勇于接受新事物，再参照若干实例，就可以入门，初步地学会运用，而一旦掌握，就会进入自由王国，获得广阔的发挥、创造的空间.

（2）在“MM 教育方式”的表述中的所谓“教学全过程”，是对教学过程的广义理解，而不单指“课堂教学”，但另一方面，教师的整个教学活动，又应以“课堂教学”为中心环节，围绕这个中心而展开.

（3）数学哲学业已探明，数学既是科学技术的基础和工具（它本身也是一种技术：数学技术），又是一种文化，是各民族文化的重要组成部分，甚至是其核心部分. 因此，数学教育也就具备了技术教育（把数学作为一种技术、工具，一种掌握现代科学技术必备的基础知识和技能）功能和文化教育（对人进行文化陶冶、人格塑造，用数学的精神、原则、思想提高人的素养）功能（即 Ⅱ_{1-2}）.

在数学教学中，充分发挥这两个功能，兼顾这两个方面，是一种新的数学教育观的体现. 而充分发挥就是自觉地（自动自如地）、有意识地在每个教学环节中传播、渗透，两个功能缺一不可，在教“硬数学”的同时，渗透“软的”思想、精神、原则.

（4）两条基本原则中，Ⅲ_1 的设立是基于数学的两重性：它既是严谨的演绎科学，又是实验性的归纳科学，即数学的发生发展过程是观察、实验、归纳、类比、猜想、联想等合情推理与判断、证明等演绎推理的交织互动. 在证明一条定理之前，你要先猜想结论，再推测证明途径，然后才试探着给出推理过程，成功了，才按严格的演绎式加以整理. 而以往的（传统的）数学教学是忽略了“归纳、猜想过程”的纯演绎式，既违背数学的本性，又违反人的认知规律，因而效果差、效率低，课堂教学索然无味，反之，如按“归纳-演绎”式进行教学，既教证明，又教猜想，按数学发生发展的本来过程进行教学，则不仅使学生易于理解和接受，增加数学的趣味性和学习过程的情趣，而且有利于开发学生的直觉思维能力和创造性思维能力. 但我们同时指出，那些主张大大削弱，甚至取消对学生演绎推理能力的培养，主张以举例代替严格的概念定义，以活动和归纳代替严格证明的做法，显然是不可取的. 既教证明，又教猜想必须双双坚持，缺一不可. 在课堂教学中，在活跃的猜想、讨论探索、发散思维之后，一定要有一个冷静的聚敛思维过程，严格区分猜想的真假，手把手落实证明推理的每一步，严格证明真命题（定理），修堵每一个漏洞. 千万不能忽视这一点，不要让一种倾向掩盖了另一种倾向.

$Ⅲ_2$则是说，教师的教学过程，也就是学生的学习过程，两者又统一于数学研究和发现的过程，这是对“发现法”和“启发式”教学的一种发展，这里应当从两方面予以说明. 第一，现在大家比较公认的认知学说“个体建构主义”认为，人们的学习，是学习主体的一种自我建构，知识是建构出来的，别人教不会. 老师讲的、课本上写的都是信息，都只能提供“加工的原料”，而加工的“设备”和“方案”是原有的认知结构，加工的方式，是同化和顺应：对于与原认知一致的信息，是概括吸收（即同化）；对于同原认知不一致的而又是正确的信息，则是要改变原认知，然后吸收（即顺应）. 因此，一个人通过学习长知识、增技能、变观念的本质，一方面是心理的某种变化，另一方面也伴随着生理上的某种变化［按现代脑科学的研究，这种变化乃是千亿个神经细胞间通过突触（树突）进行的结构和通信联络方式的变化］. 这种心理、生理的变化，是既教不出来，也代替不了（就像吃饭、睡觉别人代替不了一样）的. 但另一方面，个人建构的知识，为了保证客观性，保持与其他认识主体认识的一致性，就必须进行交流、讨论、公布，以得到评价和认可. 因此也就有“社会建构主义”之说. 第二，整个数学界，是一个大的“数学共同体”，在这共同体中，以大家熟悉的语言互相交流，以大家认可的标准，互相评价，从而有大体一致的认识. 那么，一个教学班，一个学习小组，当学习和研究数学时，就组成一个小的“数学共同体”，只有通过师生在这个共同体里的交流、讨论，以个人独立钻研、思考为基础的知识技能，才会达到较高的品位，变成真实可靠的知识. “只有把别人讲懂了，才是自己的真懂”，我们提倡“课堂讨论式”，提倡“合作学习”、研究式地学习，其依据，就在于此. 当然，按照这种学习方式，除了学习数学，还能培养研究的意识、合作精神，这也是非常重要的. “数学共同体”学说正是数学发生发展的逻辑.

自然，即使无“MM方式”原则的指导，我们有时也可能运用课堂讨论式，偶尔教一点猜想，从而暗合这些原则，但这里我们要求的是“自觉地遵循”，知方法，用方法，就是把这变成自己的新的数学教学观的一部分，变成自己的坚定信念，从而在教学全过程中“照章办事”.

（二）关键词语界定（2）

“三项具体目标”IV_{1-3} 是从“学生的素质”中分离出来的，通过数学教学能够增进、提高的部分，将它们划分为三类：

IV_1：具备一般科学素养，通常指的是能合理地进行思考，清楚地表达思想，有条不紊地工作；具备一般科学常识，有一定辨伪能力；具有归纳的科学态度（正直和勇气，坚持真理，修正错误），仔细认真，尊重和热爱科学，等等.

IV_2：具有社会文化修养，具有正确的思想观点，基本的逻辑常识，讲道理，遵守正确的行为规范，目中有人，善于与人合作；具有正确的价值观，有一定的追求，面对困难不气馁；具有高尚道德情操、审美意识和法治观念，等等.

IV_3：形成和发展数学品质，这主要是指数学知识、数学才智（包括通常说的双基，即基础知识、基本能力：逻辑思维能力、空间想象能力和计算能力）和数学才能（包括数学研究探索的能力、发现和评价的能力）数学眼光，等等.

还应当说明如下三点：

（1）这里对数学教学目标的表述如图 1-1-1 所示.

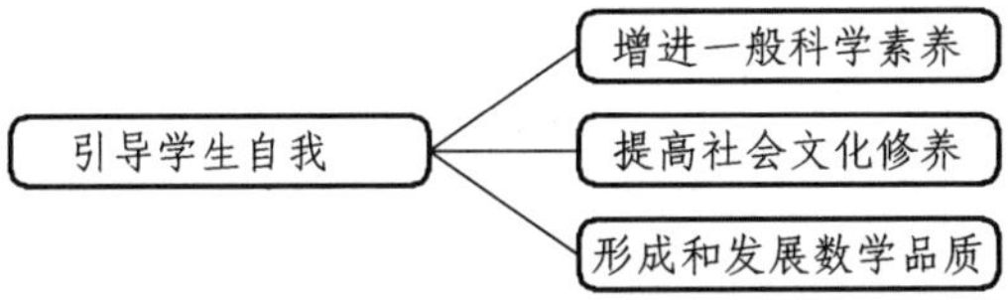

图 1-1-1　数学教学目标

“引导学生自我增进、提高、形成和发展……”（而不是“培养学生……”）提法十分科学得体，说明了教师要发挥主导作用，引导学生这个学习认识的主体，通过主动“建构”（包括与同学和老师的交流）新的认知结构，不断“增进”“提高”以及“形成和发展”他的素质的各个方面. 这与教学、学习、研究同步协调原则（III_2）是相呼应的. 这里要特别指出的是，我们在日常的数学教学中，若能充分尊重学生主体地位，并不断强化他们的主体意识，实际上也就是引导他们形成和强化主人翁感,他们今天感受到自己是学习的主人,能够自尊、自爱、自我负责,明天就会意识到自己是社会的、国家的主人,对国家和人民负责.相反,如果我们今天“培养”他这个,“培养”他那个,学习不好批评他,作业完不成惩罚他,久之就会使他形成“为家长学习”“为老师做题”的意念,主人翁责任感尽失,将来怎样成为国家的主人?因此,是否尊重学生的主体地位,绝不仅仅是个“教学方法”问题,而是关于我们的教学目标——培养造就什么人的问题.

(2)任何一门学科,总有其教学(进行本学科相关知识、技能的教学)和教育(担负人的发展和全面提高学生素质的责任)两方面的任务.因此,所谓“数学教学的目的就是要使学生获得必要的数学素质”的提法,笔者认为是不正确的,因为这种学科教学“自扫门前雪”的主张,既违背教育教学的基本常识(规律),也不符合国家有关文件的精神.“MM 教育方式”要求数学教学瞄准三项具体目标,正是承担了包括数学品质在内的学生素质全面提高的任务.

另外,我们把“学生的素质”分成了“一般科学素养”“社会文化修养”和“数学品质”三个方面,而不说“数学素质……”,是因为人的素质是不能按学科分类的.对人的教育(包括家庭、学校、社会),基本任务是要使一个人从(初生时)一个自然的人成为一个社会的人(也包括身体的成长),很好地完成这个“第二成人过程”,那么“会做人”就是他的最重要的素质,它既不属于某一个学科的品质,自然也不是某一个学科能够单独培养的,它是一种综合素质,每个学科、每个教育环节都要承担起自己的责任,数学教学自然不能例外.

(3)“MM 教育方式”在强调数学教学承担“全面提高学生素质”任务的同时,也要强调如下几个方面.

第一,坚定不移地上好数学课.对于 MM 教育方式的“功能”“目标”“变量”等的贯彻和操作,必须遵照“渗透和使用”的原则,一般画龙不点睛,运用不概括,那种把数学课上成“方法课”的想法和做法,都是不可取的.事实上,我们把数学内容看成“学生素质的载体,学生是在学习和研究数学的过程中,形成和发展自己的多种素质的.数学教学以自己特有的方式和角度,来提高学生的素质,这是由数学本身的特点所决定的,也是其他学科的学习难以取代的,没有这个载体的研究探索,就不会有相应素质的形成和发展.

第二,对“数学品质”要重看一眼.我国知名的数学教育家齐民友先生把他数十年潜心研究的“可怕”成果,写进了《数学与文化》这本书,在绪言中,先生语重心长地说:“数学作为文化的一部分,其永恒的主题是认识宇宙，也认识人类自己！在这个探索过程中，数学把理性思维的力量发挥得淋漓尽致，它提供了一种思维的方法与模式，提供了一种最有力的工具，提供了一种思维合理性的标准，给人类的思想解放打开了道路.”“不同的时代有不同的文化，不同的民族有不同的文化，但是数学在文化中这一地位是不可移易的，而只有日益加强，有人认为数学是现代文化的核心或基石，始终处于中心地位，而影响到人类知识的一切部门. 似乎没有必要去争这个‘中心’或‘核心’的地位，但是历史已经证明，而且将继续证明，一种没有相当发达的数学的文化是注定要衰落的，一个不掌握数学作为一种文化的民族也是注定要衰落的”，而“没有现代的数学，就不会有现代的文化，没有现代数学的文化是注定要衰落的”.齐先生在这里谈的是关系到民族兴衰的大事,然而，国家兴亡，匹夫有责，这就把每个学生是否学好数学，能否发展自己的数学品质，同“大事”挂上了钩. 是的，数学的兴衰，标志着一个民族的文化，甚至这民族本身的兴衰（其内在的机制有待专家学者去进一步探索），作为一个民族成员的每个人，他是否掌握了一定的数学知识，他的数学品质如何，也将是他是否很好地完成了“第二成人过程”，以及他的整个素质高低的一种标志. 这其实并不难理解，因为任何一种文化修养（生产技能、价值观念、文学艺术修养、语言文字能力、道德情操等），都缺少不了基本的抽象思维，逻辑推理能力，缺少不了形象和直觉思维.

第三，前面我们对“数学品质”做了分类界定，而事实上可以概括成一句话，就是“数学家的眼光”：按数学的方式、特点、精神去观察处理问题的意识和能力. 例如，从“数学研究的对象是现实世界的空间形式和数量关系”上看，“数学地观察”就是要着重从数量关系和形式结构方面，去冷静地观察分析问题，对事物往往要讨论它确切的数量界限，而又不为炒得发烫的“热数”所欺骗，看到日常用的矩形纸，往往追问它的长宽比是多少？为什么？（是 $\sqrt{2}$ ，称为“标准规格纸”）. 由于数学的特点（之一）是形式化抽象，那么面对许多不同的事物，就往往会发现：抽象地看来，本是同一的（如物理公式 $F=ma$ ， $s=vt$ ，…从数学上看，都是正比例函数按线性规律变化的）；从数学公理化与演绎证明的角度看“法治观念”，不过是公理化思想的社会应用；而打击假冒伪劣是当然的事情（近年不少“直观数学家”或“数学专业户”都上了非常权威的媒体，而数学中一把“严格”的利剑，却不怕舆论挤“压”，坚决顶住），那种“说是就是，不是也是”的强权逻辑，那种花钱买“正确”，换“承认”的腐败之风，在“数学共同体”这个干净的地方，是寸步难行的. 由于追求真善美，是数学的本性，从而找公式、编程序、化简求易、向已知、线性、低维、熟悉化归，就成为数学的风尚. 由于数学的双重逻辑结构，数学知识不仅经受演绎的审查，也经受归纳事实的检验，数学家就需要坚持真理、修正错误的科学态度——正直和勇气，数学家也不断地从个别、特殊走向一般，通过推广和类比联想由平凡走向不凡. 数学是有辩证性质的，这就使它随时抓住事物变化中的不变，敢于把“分析”的触角指向无限、随机、混沌、模糊、分形现象，包括“归纳悖论”在内的千奇百怪的悖论和自我矛盾的现象. 而杨之在《中学数学思维方法：原则与策略》一书中，为“数学地思考问题”制订了三条“特征”原则：

抽象化原则：你应当透彻地分析问题，舍其量而抓其质，并加以逻辑地构造.

符号化原则：你应当引进适当的符号系统，依之把问题完全地表述出来，尽可能用符号来思考、操作，弄清这一套符号的规律.

严谨化原则：每做一步，都要有根据，要把“猜想”和真命题严加区分.

（三）关键词语界定（3）

本节对八个变量 $V_{1\text{-}8}$ 逐个说明. “变量”即“可控变量”（这是沿用了实验中的术语），也就是可运用和操作的“教学措施”，但是由于它们“出身”比较“高贵”（由数学方法论和科学方法论转化而来），因此，它们又绝不是一招一式的具体方法，而是带有方向性、原则性特征的（层次较高的）一类举措或策略. 而所谓运用“操作”，也绝不是简单的套用，而是针对教学实际情况精心设计，在各个教学环节创造性地运用，它们是数学教学的战略战术，是数学教学的艺术.

（1）V_1：数学的返璞归真教育. 返璞归真意指“去其外饰，还其本真”，就是要按数学发生发展、发现发明的原本过程进行教学. 这里有两个目的，一是由于“生物发生律”的作用，个人的认识过程，总是要大体重复人类认识的历史过程，因此，在这个原本过程中的知识方法，一般比较容易理解和接受；二是要使学生在这个过程中经受锻炼，丰富经历，就是说，这个“过程”本身有着很高的教育价值.

然而实际情况是，我们“课本”中叙述的数学，往往并不是它发生发展的本来面目，而是经历过多少人、多少次加工整理而成的（事实上，即使拿来原始文献，由于生僻的符号和冗繁的叙述，也只有数学史家能懂），特别是按欧几里得式的公理化演绎方法，加工整理而成的系统知识（即所谓“学术形态”）. 这有两个优点：一是用了我们熟悉的语言符号和方式进行表述，便于我们读懂；二是比较简练、有序，自圆其说，较为完整，编著时考虑到种种因素，有利于学生在一定的学习时间之内学习掌握，但也带来一定的问题. 比如，讲“三角形全等的判定时”，一般是把ASA、SAS、SSS作为判定定理（或公理）逐个地教给学生，而完全忽略它们被想到、被发现的“动因”和过程，它们像是从魔术师的帽子里蹦出的兔子，或是从石缝中钻出的孙猴，无家史、无来历、无背景，很难理解；而我们特别关心的、最富教育意义的发现它们的（数学家的）思维活动和过程，反而没有了. 但无论如何，这也是无奈之举，要求我们课本的编撰者们返回到欧氏时代去寻找它们的“来历”，实在是强人所难.

那么“返璞归真教育”要求的又是什么呢？实际上，它要求的，正如波利亚所说，是要设计一个大致可信的、自然的（有一定的弯拐歧路的）知识生长过程，像历史和现实在戏剧中的重演. 这困难吗？说实话，很困难，但不是完全办不到. 数学史的研究，数学方法论和数学思维的研究，问题-解决的研究，正为我们“寻找回来的世界”提供线索和依据，我们的“MM教育方式”实验教师，找到一系列高明的方法（详见本书第二、三章“教学设计”）. 因此，要进行数学的返璞归真教育，就要学点数学史，了解数学哲学，研究数学方法论，运用数学思维学说研究的成果，这样才能“吃透教材”，使学术形态的知识转化为“教育形态”，在两条基本原则的指导下，操作这个变量，将能导演出一幕幕生动的教学喜剧，重演数学知识的发生发展过程.

（2）V_2：数学审美教育. 教师们称为在数学教学中，引进美学机制，就是说通过数学教学，引导学生自我增进审美意识和审美能力，培育美好的心灵和高尚的道德情操，这种审美意识的形成和发展，大约要经历四个阶段：

感受数学美→鉴赏数学美→追求数学美→创造数学美.

数学的历史，从一定意义上讲，也就是追求真善美的历史. 比如，记数法的发展，计算工具的延革，数学符号创制、兴废，都是简胜繁、美胜丑的过程，公理系统使有序取代了杂乱无章，字母代数列方程代替“算术解法”（以及多元方程组代替一元方程）使思维和推理由逆变顺，和任何人造事物一样，整个数学也正在由实用（作为工具、科学）向审美对象（文化、艺术、游戏）前进，由满足人的物质需求向同时满足人的精神需求前进.

数学美和音乐、美术、文学、戏剧等艺术美以及自然美一样，鉴赏要有一定的知识基础和赏析能力. 这是可以培养的，但数学美也有自己独特的含义和魅力，与其他艺术美有联系又有区别. 现在研究所揭示的，如抽象美、统一美、简洁美、形象美（对称、整齐）、奇异美、再生美、混沌美、无限美、平凡中之不凡、变中之不变，等等. 其中充满了辩证法，如有的对立双方都是美：对称美和对称破缺美，抽象美和直观美等，但目前对“数学美”的研究（特别是教学研究文献中），大致仍停留在“鉴赏美”的阶段. 对于数学教学来说，“引进美学机制”无非有三个目的，即引导学生：

① 感受数学中的美好事物，感受数学美，增加数学的情趣，从而激发学习数学的兴趣.

② 自我增进审美意识和能力，由数学美联想到自然之美、人生之美，增强鉴别美丑的能力.

③ 初步认识到美是选择的标准，是数学发明发现的动力，在学习中做出小小发现.

在数学教学中操作这个变量，是大有可为的.

（3）V_3：数学发现法教育. 波利亚说过：“真正的学习是自己的发现”，数学教学担当着培养创造性思维和创新意识的任务，在教学的各个环节，都应努力为学生创造探索发现的机会，而这样的机会是很多的. 数学研究和发现（哪怕是再发现）的经历（艰难坎坷的体验和成功的感受），是人生十分珍贵的经历（俗话说，久旱逢甘雨，他乡遇故知，洞房花烛夜，金榜题名时是人生四大快事，有过科学发现经历的人却会说，非也，成功发现的喜悦胜过四大快事）. 然而点滴的发现并不难，只要是一个勤于思考的人（勤于提问，敢于怀疑），在日常的阅读中，在听讲中，在解题中，总会有所思考，有所怀疑，有所猜想，有所发现，而在日常解题中的点滴发现，与重大的数学发明发现之间，并没有不可逾越的鸿沟.

由此可见，“数学发现法教育”这个变量的操作，其目的是促进真正意义上的数学学习，培养学生的创造性思维能力和创新意识. 一方面，它与“教学、学习、研究同步协调”这个原则相呼应，与“返璞归真教育”（V_1）这个变量有一些重叠；另一方面，则与V_6合情推理教学（归纳发现）和V_7演绎推理教学（演绎发现）有关.

（4）V_4：数学家人品教育. 这大致包括两个方面：一是他们高尚的道德情操（对真理的执着追求，献身于数学科学事业的精神）和崇高的人格（正直、勇敢和人文精神等）；二是他们的学识、丰富的思想方法和独到的治学之道. 其素材大约有以下几方面的来源：

① 这些数学家自己的著作，特别是他们的方法论著作和自述、自传，如《华罗庚科普著作选》，希尔伯特的《数学问题》，波利亚的三部名著《怎样解题》《数学与合情推理》《数学发现》，哈尔莫斯的《我要做个数学家》，欧拉的《哥尼斯堡七桥问题》等）.

② 传记及数学家个案研究文献，如《华罗庚传》《刘徽评传》《秦九韶与数书九章》《希尔伯特传》《哥德尔》，以及“华罗庚的数学思想”“波利亚的

数学思想”“傅种孙的数学教育思想”《世界数学家思想方法》(包括 82 位数学家)以及《中国现代数学家传》(1—3 卷)等.

③ 中外数学史. 这里要特别注意的是古今中外数学家要平等对待，而且要密切结合教学内容或课外活动的内容.

(5) V_5：数学史志教育，大约有三个方面的内容.

一是数学概念、工具、符号、方法发生发展的历程，其背景材料和发展的一般规律，为“返璞归真教育”创造条件. 数学思想方法的发生发展过程，作为“数学方法论”的部分内容，特别是数学历史发展的几个阶段、几次危机、几件大事(如字母代数是一件大事，阿拉伯数字取代竞争者被广泛使用和十进制是一件大事，笛卡儿引进变量和坐标系是一件大事，勾股定理在世界各地、在持续数百年的时间里成百次地被独立重新发现是一件大事，引起的“危机”,“公理方法”的发明是一件大事，“平行公设案”引起一次危机，等等). 见树又见林，使学生了解数学整体发展的概貌.

二是中国古代(宋元以前)数学发展的成就，通过对比，产生自豪感；明清以后至二十世纪上半叶，中国数学衰落，外国人名充塞数学文献的现象严重，除个别人(华罗庚、陈省身)外，重大数学分支几乎无一出自中国人之手，与世界数学大奖无缘……通过分析产生危机感；二十世纪后半叶(特别是七八十年代之后)，中国数学开始走上复兴之途(介绍“陈省身猜想”：二十一世纪中国将要成为数学大国)，人才、成果日益丰富，特别是在“初等数学”方面，做出了令世人瞩目的成就，从而激励学生，为振兴中国数学，证实陈氏猜想而奋斗.

三是介绍从历史上发生发展的数学哲学、数学基础、数学逻辑、数学悖论等方面的有趣内容以及现代数学发展的“形势”，使学生了解数学的整体价值，增长见识.

(6) V_6：合情推理的教学. 这是针对“数学的归纳的一面”而提出来的. 在二十世纪三十年代以前，人们只承认数学是公理-演绎体系，但希尔伯特、波利亚、傅种孙、华罗庚等人，从研究和教学的经历中，意识到数学的本质之中，有其归纳的一面，从而大声疾呼. 可是直到八十年代，数学的“严谨性”仍被认为是数学学科的唯一的本质特征，“实验、归纳、观察、类比、推广”只是物理学、化学、生物学的研究方法，而与数学无缘. 在我们的大纲、“课程标准”中，只承认演绎推理是逻辑，而合情推理只是一种心理学的方法，我们的课本，则无一例外地按“定义—定理(公式、法则)—证明—例”的模式编排. 但是，随着波利亚的著作风靡世界，人们根深蒂固的观念，开始松动. 半个世纪的努力，终于使人们承认数学有归纳的一面，数学是双重逻辑结构，并开始渗入数学教学. 我们的“新大纲”在承认“数学是文化”的同时，也开始承认“合情推理”也是逻辑方法，承认数学研究的对象：图形、符号、字母、数字、式子……也是可以进行观察的，而运算、作图、推理、变换……也可以叫作“实验”，且这样实验观察的资料也可以作为归纳、类比、联想、猜测、检验的对象. 虽然这是几乎任何一位数学家都曾经使用的东西，但泄露“天机”的人是希尔伯特、波利亚、傅种孙、华罗庚等人，而观念的转变竟然持续了50年！人类的这一点进步，是何等的不易！

操作这个变量的目的也有三个：

第一，尝试观察、实验、归纳、类比、联想、猜想、推广、限定等一套合情推理的方法.

第二，按数学发生发展的本来过程进行学习，以做到易解、有趣（与“返璞归真教育”结合）.

第三，学习科学探索方法（与“数学发现法教育”配合），增进一般科学素养.

（7）V_7：演绎推理的教学. 以演绎推理为核心，运用概念、判断推理等把握事物、处理问题的方法，称为形式逻辑. 形式逻辑思维是一种常规思维，是作为一个社会的人最基本的素质，这种素质的欠缺，就是精神病、“缺心眼”、疯或傻. 数学的“严谨性”（严格化，演绎的一面）使它堪当形成和发展人的形式逻辑思维能力的载体. 语文教学也可以，但是由于它缺乏严谨性：词语的循环互释，比喻的夸张（如“白发三千丈”等），它只能承担启蒙释词和一般的培养任务. 物理、化学、生物、地理、历史等，也有一定的作用，但都无法取代数学的作用. 前面我们提到，任何一种民族文化中，都要有一个硬实的数学核心，这除了数学有其探索精神、创新精神、追求自由解放的精神之外，其最基础东西，乃是形式逻辑思维.

有人说，数论和欧氏几何是数学课程中基础的基础，一代又一代的数学家在它的哺育下成长起来，而这两个学科知识技能的欠缺，将会形成数学上的先天不足，到了一定的时候，就要再回来“补基础”. 仔细想来，是有深刻道理的，因为这两门课给予我们的，不仅是数和形的最基础的知识、方法，而且锻炼和夯实了我们最基本的计算、推理能力，这是我们学习整个数学，处理生活生产中的问题，进行科学技术工作的“基”和“祖”. 历次数学教育改革向欧氏几何挥刀弄斧的人（也许，大多是未能在欧氏几何启蒙阶段入门，从而未解“欧”中味，或多少抱有一丝敌意的人），最后都失败了，并以一代或几代人“数学基础差”为代价. 许多成就卓著的、大师级的数学家，都对数论和欧氏几何情有独钟．这从另一方面告诉我们，在中小学数学课程中“这也要学，那也要加”的今天，切记不能数典忘祖．砍杀数论和（作为一个体系的欧氏）几何，这是要付出沉痛代价的．我国数学教育界已经成熟，不是什么风都可一吹就动的，但这种危险仍然存在．

操作变量 V_7，扎扎实实地进行演绎推理的教学，就是要做到：

第一，扎扎实实地进行概念教学，那种认为数学可以不要确切严格的概念的认识，是错误的．须知，在刚接触如“代数式”“方程”等概念时，采用“举例说明，不死扣定义”的方法，是一种高明的符合人们认知规律的策略，通过运用增加感性认识，逐渐了解它的结构．最后（在归纳小结时）再给出较严格的表述，绝不是“不要明确、严格的概念”．

第二，手把手地教会基本的运算、变形、解方程、算式求值和基本的逻辑判断推理、证明．

第三，初步了解“推理论证”的实质，了解数学（以几何为例）公理结构的基本特征．

这里应指出：变量 V_{6-7} 的操作要在原则Ⅲ——既教证明，又教猜想的指导下进行．

（8）V_8：一般解题方法的教学，一般解题方法就是解答任何数学问题的方法，也就是解决日常生活、工作、科学研究中的任何问题的一般思维方法．

你要解决问题吗？那么首要的，就是把问题弄清楚：它的出发点即已知条件是什么，要求的或要达到的目标是什么．其次是，你打算怎样去解决，就是要检查一下你已有“武库”中有什么刀枪剑戟（及相关的十八般武艺）．想到一个好主意，就要付诸实施，看行不行，不行再去检索；行了，就检验一下，看是否正确、简洁，并反思整个求解过程．这个过程如图 1-1-2 所示．

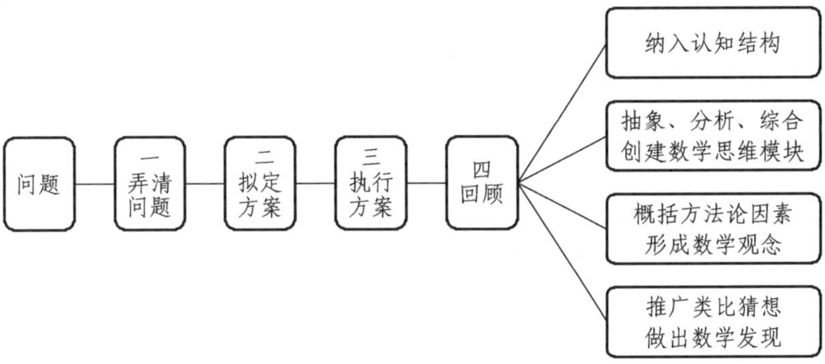

图 1-1-2　问题的求解过程

在这个由解题四步骤构成的思维反馈网络中，每一步到前面的步骤都可能产生必要的反馈，而在步骤二、三间形成的超短反馈（在步骤三中的内部反馈以及三、四间超短反馈，它起到快速检验结果是否正确，从而判定方案是否可行）形成解题思维活动的核心，它反映了面对较为复杂的题目，往往促使这两步反复交叉进行的实际情况. 由于到了“回顾”这一步骤时，面对整个解题过程和最终结果，自然要担负起全面检验正误，反思优劣得失的任务，对于前面包括“弄清题意”在内的每一步，都须进行适当的反思，因此形成最大、最多的回路.

对于解题的思维过程，数学方法论学者进行了多方面的研究. 为世人公认的最好的研究成果，还是波利亚的《解题表》. 傅学顺老师在此基础上，利用“见微知著”等策略，深入分析，经反复实验，提出“数学模块思维”方法，对波利亚的理论有所发展. 国外数学教育工作者把波利亚解题学说发展为“问题-解决”，与数学建模相联系，在“提出问题”和“回顾”环节又做了些文章，确实使我们对“解题”和“解题表”加深了认识. 但“问题解决”作为“数学教育方式”是不行的，对一个或一组问题的尝试求解往往很难达到系统的数学内容学习的目的. 至于国内众多具体问题方法的研究，以及“习题理论”“解题学”等等，虽然对“应试”是必要的，但由于缺乏从方法论高度的概括，因而离波利亚的理论尚远.

因此，我们建议：“一般解题方法的教学”就按波利亚的《解题表》行事，其目的有三：

第一，努力转变急功近利式的解题教学方式，改变对《解题表》的传统认识和做法：学生只是“烧中段”（缺少“回顾”步骤，从而解题量大效益低，久之形成学习病），做完一交了事. 配合作业处理的改革，努力使学生经历“解题”的全过程.

第二，引导学生掌握解题的探索方法（熟悉和会用《解题表》，自我提问和启发），减少解题量，提高单题收益率，提倡“研究式”解题，从而大幅度提高解题能力和应试能力（包括心理承受能力）.

第三，问题是数学的心脏，而解题能力是学生各种素质的综合表现. 运用《解题表》，既能发展学生的数学品质，又能使学生形成良好的思维能力，有条不紊工作的习惯和自我负责的精神，克服困难的毅力和信心. 有一位全国高考状元，他的口诀是“平时做作业像考试一样，从而考试也就像做作业”，运用《解题表》，通过“解题方法”的操作，定能全面提高学生素质.

（9）几点重要说明. 在 V_{1-8} 这八个可控变量中，V_{1-5} 叫作“××教育”，而 V_{6-8} 叫作“××教学”. 这是为什么呢？教育与教学有什么不同呢？

第一，我们重申，“MM 教育方式”对于数学方法论，对于科学方法论及其他认知规律、原理等，始终要坚持渗透和使用的准则，即始终要坚持数学教学，而不是方法论或逻辑的教学. 现在一些谈教学经验的文献中，大谈什么“数学思想方法的教学”，是值得商榷的. 我们不能把思想方法从数学中概括分离出来，分类研究、定义、定性，再作为“知识”教给学生，这样会形成知识幂，加重学生负担.

第二，这种渗透和使用，在程度上又是有区别的. 例如，我们前五个变量，讲的是“教育”，那么就要坚持渗透和使用，画龙可以不点睛. 因为，无论如何，我们不能把数学课上成“数学美的赏析课”“数学史课”或“数学发现法介绍课”，不能让幕后英雄登台亮相，而后三个变量中，有的则可以“点睛”，如合情推理中的观察、归纳、推广、类比、联想、猜想等，必要时可结合实例告诉学生；演绎推理中的公理、命题、概念、三段论等，已融入数学，自然应介绍（但少而精）；一般解题方法中的四步骤甚至《解题表》，则可和盘托给学生；“化归”“分类”等也不妨简介. 但无论如何，应坚持渗透和使用，不要求学生理解和记忆“思想方法”本身. 总之，这里有一个度，教学中永远不能喧宾夺主.

三、MM 教育方式的特点

（一）目标方法配套改革

MM 教育方式将教学的方式方法与教学目标同步改革、综合考虑，它描述了方法产生效果，方式实现目标的过程和机制，从而给人以实实在在的感觉. 这在已往的一些数学教学实验中，是较为少见的.

（二）具有数学学科特色

它充分利用数学科学方法论的研究成果，充分考虑数学、数学思维的特征，具有鲜明的数学特色. 它发源于数学本身，扎根于数学历史和现代数学，显示出数学的秀美和魅力.

（三）具有科学性（坚实的理论基础和严格的实验验证）

它充分体现了现代数学教育思想（包括各种先进的数学教育学说、现代数学哲学和认知学说），有坚实的理论基础，和严格的实验验证，它扎根于千万优秀教师的数学教学经验，但又不是他们经验的简单总结，而是其凝结和升华. 正因为如此，教师们感到 MM 教育方式不是天外来客，而是“似曾相识燕归来”，它入情入理、朴实易学、“心有灵犀一点通”；也正因为如此，青年教师学习和应用“MM 教育方式”，就好像聆听名师言传身授，从而能加速新教师成长为“有经验的教师”.

尤为重要的是，学它用它，心里踏实，不用担心它的根基上会出问题（例如，“目标教学”流传广，但是大约在 20 世纪 70 年代末，荷兰数学教育家弗赖登塔尔就以十分有力的证据驳斥并基本否定了它的“理论基础”：布卢姆的“掌握学习”和“目标分类学”，因而使该方法失去了依托）.

（四）具有非模式性

MM 教育方式确实具有可操作性，但它属于高档次的操作和灵活的、创造性的应用，而绝非可以简单套用的死板的教学模式. 在十余年的实验中，有人感到 MM 教育方式“抓不住要领，难以操作”，就像刚学自行车的人感到车把太活，难以把握一样，总想规定几条，定出步骤，“照章办事”，简单易行，有的人把实验目标定成建立一个或一套“教学模式”，这实在是一种误解.

事实上，MM 不是具体的教学模式，而是一种教学原则或教学指导思想. 作为教育方式，它可以在众多较好的教学方法（传统五环教学法、六课型单元教学法、读议讲练教学法、“尝试指导，效果回授”教学法、布卢姆掌握学习教学法、自学辅导法等）中体现出来，只要掌握了并且自觉运用 MM 方式，那么无论用什么教学方法，都会效果好，看得见. 因此，对这种教育方式，你“实验”也好，不“实验”也罢，理解了它，就可试着运用，用惯了，掌握了，就会更自觉地应用，更得心应手，从而获得更好的效果. 许多优秀的数学教师教学效果好，都有 MM 的功劳，这个见解不是臆想揣测的.

MM 教育方式从狭义上讲，提供了教学设计与实施的途径、原则和指导思想，其好处是显然的. 同一课题，依不同的情况可以有多种方案和课堂处置方法. 不同的课题，更可有不同的处理，为教师的研究、创造，开拓了广阔的空间和可能性. 从广义上讲，它为包括制订教学计划、对教学班的组织加工、对学生学法培训，以及课后的辅导、评价、作业处理，甚至课外活动的组织安排指导在内的所有教学环节，提供了一致的目标、原则和指导思想，这是它的又一优势.

MM 教育方式，既吸取现代科学、哲学的新成果，又紧扣数学特点，不尚模式不自封，因此，它作为各种优良教学方法的“交集”，或许代表了数学教学改革的正确方向. 对此，有一个重要的证据是：它的一系列基本主张和原则，已被列入了九年义务教育数学教学大纲和教材.

（五）具有可行性

MM 教育方式是可行的：首先，它虽然不营造题海，却也不怕题海（它的“一般解题方法”就是高超的题海游泳术），把学生“应试能力”作为各种素质的综合表现加以培养，以较高的标准和水平加以训练（像是腿上绑沙袋练跑），从本质上加以提高，从而争得了在各种条件下（如在“应试教育”条件下，在教育转向“素质教育”的条件下）的生存权和发展权.

其次，它是通用的，无须单编教材，而只须对“通用课本”进行教学法加工（自然，也预示着教材的改革）. 它容易入门，哪怕是对某种课例的模仿或点滴的应用，也会受到学生的欢迎，产生教学效益，而一旦掌握，则是低耗高效，海阔凭鱼跃，天高任鸟飞.

最后，它致力学生素质的全面提高，着重思维品质的培养训练和良好的行为习惯的养成，而这些都是可以迁移的，实验惠及其他学科，使实验在宽松、协作的氛围中进行，等等.

（六）具有普适性

由于种种原因，有的数学教学实验只限在“一般校”“非毕业班”进行，实验要有好的教师，好的班级等，为了控制无关变量，MM 实验随机抽班，选用一般水平的年轻教师，其他条件与对比班一致. 在重点校、一般校、高中、初中、中专、小学（中高年级）、职中、成人教育等各级各类学校的数百个实验班中进行实验，均证实了它的实验假设（按 MM 方式行事，有利于学生素质的全面提高和教师的成长），从而证实了 MM 教育方式的贯彻、应用，不要求现成高水平的教师和“好班”，而是可在教学过程中，自行培养造就. “旧时王谢堂前燕，飞入寻常百姓家”，MM 教育方式适用于各层次的学校、教师、班级、学生，有利于各种学习水平的学生的成长进步，它有激励性，对“学习病”有诊治功能，有利于教师的专业成长.

（七）具有可持续发展性

由前面的讨论我们可以看到，从本性上讲，MM 教育方式无法简单地套用，而是要自觉地、创造性地加以运用. 一些实验教师还体会到，MM 教育方式提到的功能、原则、目标、变量，难以一个一个地去实施和操作，而是要从总体上把握、运用，当一位教师进行教学设计或上课时，他的头脑中只有教材和学生，只面对当前的教与学两方面的情况，并依之实施，而不去想什么原则、目标、变量等，却仍在按 MM 方式行事. 然而要想做到这点，教师就要从总体上领会 MM 方式的精神，就要使自己完全立足于 MM 方式依之建立的现代数学教育思想和教学观，唯有如此，由于“血管中流出的总是血”，才能很好地贯彻 MM 方式本身，道合神似，观念上的一致性带来的是自如地操作. 因此，许多教师感慨地说：“MM 实验的过程，实际上就是教师成长成熟的过程. 教师参与实验，从根本上说，就是通过学习、各种教研活动、教学实践、学习数学教育理论、更新观念的过程”. MM 教育方式产生教学效益，提高学生素质的基本途径，是提高教师素质，是向高水平的教师要效益，而不是像某些“土办法”那样，拼时间、打消耗、杀鸡取卵，为眼前的“效益”丧失持续发展的可能.

MM 教育方式促进教师成长成熟，主要有三条途径：

第一，促进知识的扩充与更新：一方面，教师要对自己原有的初数知识、高数知识进行反思，重新认识；另一方面，要学习数学哲学、数学方法论、现代数学教育理论、认知学说、科学方法论，等等.

第二，促进观念转变：数学观、教育观、人才观等，这是一个人根本认识上的转变.

第三，能力增长：驾驭教材和教学设计的能力，驾驭课堂的能力（集导演、导游、探索者于一身），进行数学研究与教育研究的能力（特别地，要有数学发现的经历），运用现代教育技术的能力等.

（八）具有现代教育方式的特征

只要把 MM 方式的基本思想用于教学软件的设计，就别有洞天，立即改变了几何画板的应用只是“图形搬家”的遗憾. MM“出”探索的思想、原则，现代教育手段“出”变化的技术、设备，如鱼得水、相得益彰，架起了抽象思维与形象直观的金桥，沟通了人与数学对象“交往”的渠道，从这个意义上讲，MM 教育方式的现代教育特征，能容纳现代教育技术的特征.

（九）具有两味的课堂特征（设计味与研究味）

MM 课堂，充分体现教学是艺术，充分展示教师“编剧和导演”的智慧. 周春荔教授指出：“MM 上的仍然是数学课，内容少而精，方法启发式；不过它以数学方法论的分析方法作为解剖刀，师生共同参与，注重数学的文化教育功能.”它是数学课，上的是大纲和课本的内容，“数学方法论”只是使用渗透，用的是着重探索发现的启发式. 教师自觉地运用数学方法论的解剖刀，着重发掘数学自身的特征和规律，用于启迪学生思维，发掘数学美的因素（对称、统一、奇巧、新颖、意外、平凡中之不凡）；充分运用数学的问题性，以增加数学的趣味性、激励性、启迪性；师生共同参与，教师的每项教学措施、每个教学环节，都应给学生创造一种思维情境，一种动脑、动手、动口的机会，让他们在简化的、理想的（顺乎自然又有必要的波折歧路）形式下，亲历知识的生长过程（像历史在戏剧中的重演）. 在这个意义下，课本是剧本，学生是演员，老师就应当是导演（一改那种老师当演员、学生作观众的颠倒局面）. 因此，在 MM 课堂上，“教、学、研”三者同步协调，研究的课堂氛围，洋溢着宽松与和谐，不同见解的争论质疑、多端信息的传输反馈，使学生在“知识市场”上汲取知识，交流见解，提高能力，增长智慧.

总之，MM 课堂的启发式教学，探索式教学，兼收各家“教学法”之长，并蓄诸门“认知科学”之果. 它充分运用经方法论揭示的数学本身的特征，充分暴露过程，重视数学观念的形成和认知结构的确立.

第二节　中学学科核心素养理念下渗透数学美育的研究

一、问题提出

首先，国际上大多数国家、地区与国际组织都认为，以个人发展和终身学习为主体的核心素养模型，应取代以学科知识结构为核心的传统课程标准体系. 国际上长达 20 多年的研究表明，只有找到人发展的“核心素养体系”，才能解决好有限与无限的矛盾；只有找到对学生终身发展有益的“DNA”，才能在给学生打下坚实知识技能基础的同时，又为未来发展预留足够的空间. 那么“核心素养”到底是什么？“核心素养”指学生应该具备的适应终身发展和社会发展需要的必备品格和关键能力，基于中国国情的“核心素养”，应该以社会主义核心价值观为圆心来构建. 从内容上，“核心素养”不仅仅涵盖知识与技能，更重要的是知识、技能、情感、态度、价值观的综合表现. 此外，“核心素养”是可以培养、可以塑造、可以维持的，可以通过学校教育而获得. 所以，我们得出第一个命题：学科教学应该立足于培养学生“适应终身发展和社会发展需要的必备品格和关键能力”，即培养核心素养.

其次，在长期的数学教学实践中，我们通过观察、问卷调查等，发现大多数学生对数学学科本身没有兴趣，学习数学的原动力很不足，这些学生是因为“升学考试”而“被迫学数学”，还有相当数量的数学教师也不喜爱数学，从事数学教学只是谋生的工作而已，这些并不喜爱数学的老师也在“被迫教数学”．再进一步追问“为什么不喜欢数学”？原因基本上一致，那就是数学很抽象，难学也难教，数学教学过程中根本享受不到“数学的乐趣”．所以，我们得出第二个命题：数学教学中要充分渗透数学美育，要用数学本身的美，激发学生学习数学的兴趣，解决好“学数学的原动力”．

综合上述两个命题，我们提出一个研究课题：中学学科核心素养理念下渗透数学美育的研究．

二、概念的界定

（一）“学科核心素养”在本课题中特指“数学核心素养”

数学核心素养：可以理解为学生学习数学应达成的有特定意义的重要的思维品质和综合性关键能力．数学核心素养是基于数学知识与技能，又高于具体的数学知识技能；它是反映数学学科的本质与其赖以形成与发展的重要思想，有助于学生终身和未来发展．数学核心素养是在数学学习过程中形成的，具有综合性、整体性和持久性．博导王尚志教授提出高中数学要培养学生六大核心素养：数学抽象、逻辑推理、数学建模、直观想象、数学运算、数据分析．

数学抽象：指舍去事物的一切物理属性，得到数学研究对象的思维过程．主要包括从数量与数量关系、图形与图形关系中抽象出数学概念及概念之间的关系，从事物的具体背景中抽象出一般规律和结构，并且用数学符号或者数学术语予以表述．

逻辑推理：指从一些事实和命题出发，依据逻辑规则推出一个命题的思维过程，主要包括两类，一类主要是归纳、类比推理；另一类是演绎推理．

数学建模：指对现实问题进行抽象，用数学语言表达和解决实际问题的过程．数学建模能力指能够在实际情境中，从数学的视角提出问题，用数学的思想分析问题，用数学的语言表达问题，用数学的知识建立模型，用数学方法得到结论，验证此结论与实际问题的相符程度，不断反思和改进模型，最终得到符合实际规律的结果．

直观想象：主要指借助空间想象感知事物的形态与变化，利用几何图形理解和解决数学问题，主要包括利用图形描述数学问题，启迪解决问题的思路，建立形与数的联系，加深对事物本质和发展规律的理解与认识.

数学运算：是指在明晰运算对象的基础上，依据运算法则解决数学问题的能力，主要包括理解运算对象、掌握运算法则、探究运算方向、选择运算方法、设计运算程序、求得运算结果的能力.

数据分析：是指从数据中获得有用的信息，形成知识. 数据包括记录、调查和试验获得的数集，还包括通过互联网、文本、声音、图像、视频等数字化得到的数集. 数据分析主要包括：收集数据提取信息、利用图表展示数据、构建模型分析数据、解释数据获取知识.

初中数学新课标确立“十个关键词”，可以理解为初中阶段要培养的数学核心素养为：数感、符号意识、空间观念、几何直观、推理能力、模型思想、运算能力、数据分析能力、应用意识和创新意识. 在表述上与“高中六大核心素养”略有差异，其中“数感与符号意识”可以对应高中的“数学抽象”，“空间观念与几何直观”可以对应高中的“直观想象”，“模型思想、应用意识和创新意识”可以对应高中的“数学建模”，其他三个关键词可以分别找到各自对应的核心素养.

渗透：比喻一种思想或势力逐渐向其他方面扩展. 本课题中的渗透主要指培养学科核心素养的过程中，逐渐将数学美的思想渗透扩展于其中.

美育：又称为审美教育（或美感教育），是运用审美形象的感染作用来塑造人的知、情、意等符号实践能力的一种教育形式，即通过借助自然美、社会美和艺术美的手段，围绕一定的方式和设施，培养人健康、正确的审美观以及审美情趣，提高人们鉴赏和创造美的能力，使人们形成正确的审美观点，崇尚高尚的道德情操和感受美、体验美、欣赏美、发现美和创造美的能力的教育.

数学美：数学家庞加莱曾把数学美的内容和基本特征概括为统一性、简洁性、对称性和奇异性. 我国著名数学家徐利治教授认为这一概括十分精辟，目前也为大多数的数学家所承认.

数学美育：数学美育是一种文化教育，它把数学教学和数学的审美结合起来，通过数学中美的事物来培养学生的审美感知力、审美理解力、审美评价力以及审美创造力，培养良好的人格品质及启迪思维的一种教育教学过程，使数学教学过程既是学生数学知识的生成过程，又是对数学美的鉴赏过程. 即提供了一个侧面让学生了解数学所影响、渗透的相关文化领域，从而养成一种数学文化修养.

由于数学的高度抽象性，决定了数学美也有独特的性质、数学美的形式特征是简洁性、统一性、对称性和奇异性，其本质特征是客观性、主观性、社会性和理性. 首先，数学的美不是一种仅仅凭感官就能感觉到的外在美，它更多的是表现为一种内在的、理性的美，是在变换作用下探究不变性为特征的美. 因此，对于数学美的鉴赏和理解要结合特定的数学对象及具体的数学活动；其次，对数学美的认识不能仅停留于静态层面，而要经历一个动态的审美过程，只有在鲜活的数学思考中、数学问题解决中和数学探究活动过程中，才能体会数学美、感应数学美、接受数学美.

《普通高中数学课程标准》(简称《课标》)中提到“教师应结合有关内容有意识地强调数学的科学价值、文化价值、美学价值，激发学生对数学创造力的认识，受到优秀数学文化的沐浴，领会数学的美学内涵，从而提高自身的文化素养和创新意识”. 因此，学生的数学核心素养的培养贯穿数学教育过程的始终，而数学美育作为数学教学过程与数学核心素养这一目标之间的桥梁，对培养学生的数学核心素养起着举足轻重的作用.

(二)“数学核心素养”与“数学美育”的关系

张奠宙教授认为，数学核心素养包括“真、善、美”三个维度：① 理解理性数学文明的文化价值，体会数学真理的严谨性、精确性(即真)；② 具备用数学思想方法分析和解决实际问题的基本能力(即善)；③ 能够欣赏数学智慧之美，喜欢数学(即美). 张奠宙教授直接把数学“赏美”作为数学核心素养之一，那么“数学美育”也就是在培养数学核心素养.

王尚志教授提出的“六大核心素养”(初中十个关键词可以对应六大核心素养)，其中都隐含数学理性美、方法美，也是数学智慧的美.

因此，课题组认为培养学科核心素养的过程中，逐渐将数学美的思想渗透扩展于其中，数学美育是有利于中学生数学核心素养的培养的有效途径，引导学生欣赏数学美，并体会到数学核心素养中的美学价值，定能培养学生美学素养.

三、文献综述

(一) 国外有关数学美的相关研究

数学中的美学认识很早就在西方得到认可，古希腊数学家毕达哥拉斯，在公元前就首先提出“美在形式”的理论，认为宇宙的本质在于数，并认为其中蕴含着数学美，这一思想观点一直在西方得以延续. 其后，西方学者对数学美的基础理论进行了深入的研究，以及数学美对数学教育的作用和意义．例如，认为美学因素对于学习而言是极其重要的，美育是智育有力的支持，当然，数学也不例外．数学美育能促进学生思维水平的提升，同时数学美的感受也是对学生的一种情感教育，能促使学生对学习和生活产生积极的情感体验，促进学生的人格发展和个性成长．以审美眼光来理解现实问题也是认知方式的一种，这种方法跟其他的认知方式同等的重要，“审美式认知提供了一种不同的视角来感知学科知识和现实生活”．总体而言，对数学美在数学教育中的作用，国外学者主要侧重于通过审美体验来增进学生的直觉思维能力和创造能力，以及用数学本身来激发学生数学学习的兴趣．

从 20 世纪 90 年代初开始，世界诸多发达国家结合数学教育发展历程进行全面总结，提出了一系列数学教育发展和改革的规划．在日本、美国、英国、德国近几年颁布的数学课程标准中，都提到了促进学生文化方面的发展的目标．英国的《考科洛夫特报告》中指出，“数学内在的趣味性和它对许多儿童和成人产生的吸引力”是实施数学教育的基础之一；新出台的课程标准中提道：“……数学是一门创造性的学科，它能在学生第一次解决一个问题，发现更优美的解法或是突然领悟内在联系时，激发他们的愉悦和惊喜．”这一论述比前面的《考科洛夫特报告》更加明确地表述了数学教育中的情感因素和美学因素．荷兰中学阶段数学课程要求学生能“获得对数学的鉴赏能力，通过发展与数学思维相关的情感和从数学活动中获得的愉悦提高建立在自己数学能力基础上的信心．”同样，在日本的中学数学学习要领中，数学教育目的一项中增加了“使学生体会到数学学习活动的乐趣”，而在高中数学学习要领中则指出“要注重培养学生的创造性基础”．而在新加坡则认为中小学数学教育应该是立足于发展学生对数学的积极态度，其中包括自信、喜爱和毅力，以此来增强他们的求知欲．总体而言，各国数学课程标准都在不同程度地渗透数学的美育功能，努力使数学的美育功能切实发挥作用，从而整体上提高学生的数学素养．美国的新数学课程标准提到“欣赏数学美的力量”“学习数学的自信心”等，力求让学生懂得数学的价值和方法美，并且树立对个人数学能力的信心．德国的数学课程标准则提出：向学生展示数学的文化意义和文明意义，通过问题解决让学生了解数学的威力以及价值．

对于学生的数学文化素养的关注促使数学美育研究者对课程领域做了深入的研究，并取得了很多有价值的成果，主要集中在如何将数学美渗透到我们的数学课程中从而通过对数学美的欣赏和追求来达到相应的数学教育目的．我们发现，很多国家的数学课程目标均将文化素养放在了突出的位置，更加关注人的发展，关注学生数学素养的提高和良好情感体验的培养. 除了前面介绍的一些数学美在课程标准中的体现，还包括一些教材的编写，这些同样体现了数学美在初等数学中教学越来越引起大家的关注.

在国外，各个国家在教材编写和革新中同样体现了数学文化和数学美的关注和渗透. 加拿大高中数学教材的编写以注重数学思想的渗透、数学知识的应用以及提高学生的数学理解为宗旨，并提到希望以此帮助学生发现数学是有用的、有趣的. 教材中选取的内容包括了数学建模、技术学、思维链接、问题解决和数学资料五个模块，激发学生的数学学习积极性和情感体验，中间涉及的案例充分考虑了数学的美丽和趣味. 例如，在数论的相关内容中以中国日历中的十二生肖来进行确定年份的数学活动；通过让学生动手操作透镜成像，来思考其中蕴含的数学原理并用公式表示，以此将数学、物理和生活联系起来. 美国的小学数学教材《活动中的数学》是按儿童生活需要开展数学教育的，数学课题的选取尽可能趋于生活化，课程的设计上尽可能多的联系实际生活，课堂活动鼓励学生走进生活实际，多接触实际、多动手操作. 教材中的知识点注重其在人文领域的应用，让儿童领略数学的价值，激发学生的数学学习积极性. 例如，课本中选取一些工艺设计中的数学原理作为数学的教学内容，还包括在现实生活中数学的应用实际，如人口普查、议员席位的分配问题、海水深度的测量等. 这是一种将数学教育“生活化”的方式，然而这并没有降低数学教学的要求，而是提出了另一种数学教育的目标和方向.

还有很多的数学美研究者从理论上探讨了如何将数学美结合具体课程及在教学中展开的问题. 例如，从数学课程内容设置出发，认为将数学课程与艺术的结合将更具亲和力，而这个起点应该基于艺术作品，“数学可用来对作品进行描述和分析，如形状和各元素的一些关系”. 这些研究者指出，重中之重应该在于所做的分析应该落实到特定的数学知识点上. 对数学证明做了新的定位，认为恰当的数学证明本身就是一件艺术品，其中蕴含了深刻的数学美感，教师应该重视教怎样的证明给学生，以及如何教授的问题. 指出数学本身的抽象性使得它很难被大众所理解，但是数学似乎和游戏有相似之处，“数学活动通常也类似于游戏，有分类、排序、交换等操作”，因而可以以此为基础设计相应的游戏课程，将数学换成以游戏的方式展现在学生面前. 应该将数学美育作为数学课程的核心之一，让学生能在对数学美的赏析过程中建立自己的数学世界. 审美式的教学和师生间的积极沟通能使得双方最大化地参与课堂，这样还有利于培养学生的质疑精神、创新思维、探究意识. 从课程理念出发认为通过对数学美的赏析，进行数学审美教育有助于达成“大众数学”的教育目标，转变现有的绝对主义数学观和数学教育观，让学生在数学活动中领略数学美.

综上所述，西方国家关于数学美与数学教育的研究立足于数学课程，重点是明晰数学美的教育价值及如何在数学课程中有效开展等问题，理论上的成果较丰富，都强调了数学美育功能，努力促使数学教育充分发挥美育职能，提升学生的数学素养. 但相应的教学实践和可操作的经验成果还不多，因此数学美在教学中的意义方面的研究还处于进步阶段，有待今后的深入.

（二）国内学者在数学美领域内取得的一些成果

在数学美意义方面，我国最早对数学美做出论述的是著名数学家徐利治教授，他在他的重要专著《数学方法论选讲》中首次提出“数学美”一词，这一论述开启了我国数学研究者对于数学美系统研究的新启元. 在此之后，大批数学研究者对此做了各方面的研究. 起初阶段，这一方面的研究动力主要是由于许多数学学习者认为数学枯燥乏味. 因此，这一方面的研究是希望能帮助数学学习者建立数学审美教育的理念，服务于数学教学. 随着这一方面研究的发展，研究者慢慢认识到，数学审美式教育不仅仅能让学习者体会到数学的美之所在，而且还可以促进数学思维的发展和创新意识的培养. 另外，吴军博士从 2006 年在 Google 中国博客中连载多篇关于数学之美的研究，并于 2014 年整理并著有《数学之美》一书，该书主要从大数据中的数学、数学与经济、工程中的数学等与人们息息相关的生活层面，将看似高深的数学从理论知识层面如讲故事一般娓娓道来，再还原成简单朴实的数学知识和方法，最终落实于生产实践. 如果说中学数学的美育是在给中学生开启一扇关于对数学美的欣赏，初窥之门，那么数学服务于生活的美便是为学生学好数学创造未来的一片森林，给予学生更多的探究欲和求知欲.

在数学美概念方面，徐本顺和殷启正从审美教育的产生和发展、数学审美心理的结构分析、数学鉴赏力、数学审美能力的培养这几个方面做了系统的研究. 徐利治的文章有重要的代表性，如他发表在中国青年报上的《漫谈数学美》和发表于苏州大学数学系主办的《中学数学》第五期上的《数学方法论和数学教学》两篇文章中，就特别强调要在数学教学中加强数学美教育和培养学生的数学审美能力，并且主张把数学的审美原则作为提高学生数学学习兴趣的重要原则. 他还从方法论角度阐述了数学美学方法的重要意义，认为数学教育与教学的目的之一，是让学生获得数学美的审美能力，从而既有利于激发他们对数学学科的爱好也有助于增长他们的创造发明能力.

在数学美的形式和特征的研究上，张雄指出：数学美是数学创造的自由形式. 这一自由形式主要表现在简单性、对称性、和谐性、奇异性这几个方面上，他特别强调这是数学美的表现形式，而不是数学美的特征，数学美的特征应该是客观性、主观性、社会性、理性. 在数学美与数学文化层面的研究领域，北京大学教授孙小礼和邓东皋等合编的《数学与文化》，汇集了一些数学名家的有关论述，也记录了从自然辩证法研究的角度对数学文化的思考. 稍后出版的有齐民友的《数学与文化》，主要从非欧几何产生的历史阐述数学的文化价值，特别指出了数学思维的文化意义. 郑毓信等出版的专著《数学文化学》，特点是用社会建构主义的哲学观强调“数学共同体”产生的文化效应.

我国在数学美育研究的数学家提出过一些观点. 郑毓信提出“以对数学美育的追求，作为数学研究自觉的方法论原则，通过对数学美的鉴赏，调动学生学习数学的动力”. 檀传宝教授提出“高品质的教育必须重视美育，如果一个数学教师把数学美展示了出来，孩子对数学如痴如醉，就像打游戏一样，多做一道数学题会是他很高兴的事情，怎么还会觉得苦呢？”张楚廷提出“对数学美的认识，是对数学文化认识的一个关键补充，缺少这个部分，便不能把数学活动真正理解为一种有内涵的文化现象”. 张奠宙提出“在课堂中展示数学美，使学生能感知和欣赏数学美，数学即作文”. 徐利治提出“审美能力 + 发散思维能力 + 抽象思维能力 + 有效知识量 = 创造力”.

在数学课程标准上，我国《普通高中数学课程标准（实验稿）》的“基本理念”与“课程目标”中，都特别提到了数学的美学价值，即“数学课程应适当反映数学的科学思想体系、数学的美学价值、数学家的创新精神和帮助学生了解数学在人类文明发展中的作用，逐步形成正确的数学观”. “高中数学课程的具体目标之一是使学生认识数学的科学价值、应用价值和文化价值，崇尚数学的理性精神，体会数学的美学意义”[教育部，普通高中数学课程标准（实验稿）]. 在《九年义务教育全日制初级中学数学教学大纲（试用修订版）》中提到“要帮助学生通过学习数学，体会数学的科学意义和文化内涵，理解、欣赏数学的美学价值”，并在课程设置中都安排了美学方面的内容，如“介绍勾股定理的几个著名证法，使学生感受数学证明的灵活、优美与精巧，感受勾股定理的丰富文化内涵”“作为数学欣赏，介绍尺规作图与几何三大难题，黄金分割等专题，使学生感受其中的数学思想方法，领略数学命题和数学方法的美学价值”[中华人民共和国教育部. 全日制义务教育数学课程标准（实验稿）].

总而言之，近年来，理论层面上，我国对于数学美的理论研究相当多，已经有了较为完善的体系成果，主要阐述数学美的教育价值、意义与作用等，研究成果主要体现为数学文化应用于教学的建设性意见；而在实际改革方案和实施上都仅仅是初探或理论阶段，还缺乏在数学美与数学教学活动之间的联系方面深层次的研究，面向具体操作的科学性指导较少，特别是由于数学美还没有引起大家的真正重视，中学数学教育中实际案例和教学策略还少有人进行探讨.

四、研究价值及意义

（一）研究价值

基于现代数学教育观和学生学习观，结合新课程和数学核心素养理念，对“数学美育”赋予含义并解读，使其在课堂教学改革中起到价值导向作用.以此为导向，根据学生学习方式的主要特点，将数学教学过程与数学的审美结合起来，开展课堂教育改革实践，系统建构相应的教学模式与操作策略的基础上，丰富人文价值和美学价值兼具的新的数学观.

在数学课程中深入挖掘并整合初、高中数学教学审美资源，通过将数学美有效渗透到数学课程来推进区域课堂教学改革，大面积转变教师课堂教学方式，促进数学素质教育的开展，提高学生学习兴趣，启发学生思维能力，推动数学核心素养的养成，提升中学数学教育质量.

（二）研究的意义

数学美带给人们的不仅是一种美的享受，而且它对人们的理性思维、思辨能力的培养，对智慧的启迪和潜在的能动性与创造力的开发，都有着不可替代的作用. 本课题研究的主要意义在于：

1. 提高学生的学习兴趣

通过教学实践将数学美和教学过程相结合，让学生感受到数学中存在美，培养学生对数学的积极心态和浓厚兴趣，激发学生的学习动机和自觉性，从而让学生维持学习热情，提升数学成绩.

2. 更好地贯彻新数学课程标准中的有关数学美育的基本理念

数学有两种品格，其一是工具品格，其二是文化品格，数学核心素养理念下的数学观，非常重视数学的文化品格. 数学是一种文化，她有丰富的人文价值和美学价值. 新的数学教学的要求之一是数学教学要和数学的审美结合起来，使数学教学过程既是学生学习数学知识的过程，又是对数学美的鉴赏过程.

3．培养学生的数学核心素养和促进数学素质教育全面发展

改变传统的数学观和数学教育观，用新的数学观认识数学，用新的数学教育观来指导数学教学. 新数学课程理念下的数学教学既要重视数学知识的传授，又要关注对数学内容美学属性的揭示，使学生在了解和感受数学美的同时，更好地理解、掌握、学习和运用数学，发现数学之美，培养起对数学的良好情感和提高对数学的直觉能力及创造思维能力.

4．开发数学美育课程资源

五、研究目标

（一）总目标

基于数学核心素养的理念下，通过数学美育的本质研究、价值研究、课程研究和教学研究，探索数学美育课堂教学的操作策略，构建数学审美课堂范式促进课堂教学方式的积极转变，达成培养中学生核心素养的教学目标，发挥数学美育功能，推动数学课堂教学改革.

（二）具体目标

（1）明晰数学美及数学美育理念：赋予“数学美”“数学美育”含义，使其承载特定的新课程和数学核心素养理念，在数学课堂改革推进中起到价值导向作用，提高人们对数学美育的认识.

（2）优化数学课堂教学：探索出激发学生学习的内在动机的策略，构建学生自主探索、发现学习的数学审美课堂范式.

（3）发展教师：带领教师从教学的形式化上升到在精神层面对教学及数学美的思考，提炼具有数学核心素养特征的数学审美课堂范式，从愉悦的、美的角度提炼具有数学核心素养特征的数学审美课堂范式，促进教师自身专业素养的发展以及教学理念向课堂行为的转化，提高教师的课堂教学实效，带领教师搭建通向专业成熟的路径.

（4）发展学生：学生在数学美中领悟数学文化，学习兴趣和动力提升，增强学生持续学习的能力，数学美的思维品质得到发展、数学核心素养提高、学业质量提高.

（5）建设数学美育课程资源.

六、研究内容

（1）中学生及教师对数学美的认识调查研究.

（2）中学数学美育教学现状调查研究.

（3）“数学美育”概念和认识的研究.

（4）数学美的特性研究.

（5）数学美的表现形式研究.

（6）数学美的教育实施策略研究.

（7）优化中学数学审美课堂教学研究.

创造性地处理知识逻辑体系，挖掘数学美的素材，以此为出发点，按照在质疑、探究中学习的方式，让学生在自主参与、活动实践中学习，在开放、合作、交流中学习，经历发现数学美，感受数学美，欣赏数学美，创造数学美，分享数学美等学习体验，激活学生的情感，开启学生的思维.

七、研究方法

文献研究法：通过网络、期刊、书籍等途径，收集目前国内外有关项目的研究成果，对其进行分析、归纳、总结，对其优点加以利用，对其不足加以改善.

调查研究法：调查、了解、分析实验前后试验班级课堂教学的现状，为课题研究提供依据和参考.

行动研究法：基于大量的常规课堂研究，不断探索建立具有数学核心素养特征的课堂审美教学模式，研究其结构要素、操作过程、策略原则等.

案例研究法：通过对教学模式经典案例的研究，总结经验.

经验总结法：及时总结实践经验和教训，修改、补充和完善操作措施，力争使研究水平上升到一定的理论高度.

八、研究过程

（一）课题的实施路径

课题的实施路径如图 1-2-1 所示.

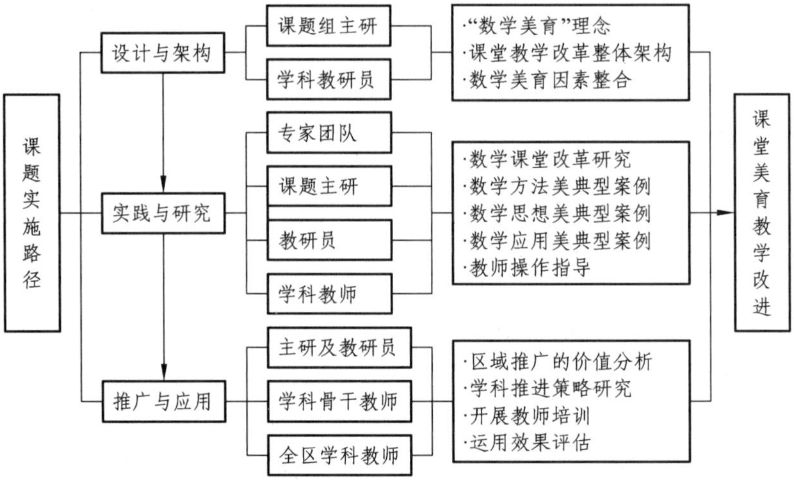

图 1-2-1　课题实施路径

（二）研究的主要措施

（1）加强课题研讨，提高教师研究能力．定期组织课题组教师参与课题研讨活动，如课题研究主题座谈会、外派参观学习交流、参加专家专题讲座、组织课题组讨论活动等．同时，加强集中理论学习和个人自学，撰写研究论文等，提高参研教师的学术素养和课题研究能力．

（2）加强课程建设，提升课程文化水平．认真学习《基础教育课程改革纲要（试行）》，切实领会新课程理念，认真把握和解读数学课程标准，优化和整合课程审美因素及内容，形成有指导性的数学教学设计和学生习得案，提升数学审美课堂研究的课程文化水平．

（3）改革课堂理念，形成审美课堂模式．在引导教师深入研讨“数学美育”的理念、内涵、特征、策略和方法的基础上，最终形成“数学美育”的课堂教学范式，使“数学美育”教学实践研究的经验和成果，能得到普遍的推广和应用．

（4）重视成果提炼，发挥应用推广价值．课题组要强化成果提炼意识和成果推广意识，对过程性研究成果认真进行总结、提炼，形成有一定思考深度的认识成果和具有可操作性的操作成果．对好的经验和成果，要及时在全省、市、区推广应用，提高课题研究成果的应用价值和实践价值，将科研转化为生产力．

（5）发挥课题引领，提升数学文化意识．开展“数学美育”研究，紧扣数学核心素养的培养，充分发挥课题引领作用，实现数学美育、课堂教学、数学文化的有机结合，使学生数学学习观念从根本改善，使数学教学质量得到根本提高.

（三）划分的研究阶段

1．准备阶段（2017 年 3 月—2017 年 5 月）

（1）组建课题组，确定课题主研人员，做好前期准备工作.

（2）组织主研人员认真学习相关资料，论证课题的可行性；邀请有关专家学者对课题进行论证；撰写课题方案.

（3）申请立项，举行开题会，进一步修正、补充、完善研究方案.

（4）设计课题的整体结构，并拟订子课题研究计划.

2．实施阶段（2017 年 5 月—2019 年 6 月）

（1）讨论修改完善课题研究方案，形成开题报告；聘请专家举办专题讲座，召开课题开题现场会；组织参研教师深入学习新课改理念和数学审美教育理论.

（2）制订课题研究整体推进方案，形成推进“数学审美”教学策略研究的具体实施计划.

（3）深入学习新课改理念和有关教育理论，总结提炼“数学审美”的内涵和特征，研究制定“审美课堂”的评价标准和量表.

（4）组织深化课题研究，探索“审美课堂”的教学策略和方法、课例研究和修改，完成“数学审美”教学研究的所有研究内容和任务，对研究过程中获得的资料、数据进行分析、汇总，呈现教学实例和典型操作样例，撰写阶段性研究报告.

3．结题验收阶段：（2019 年 6 月—2019 年 12 月）

（1）总结提炼研究成果，做好资料的补充、完善工作，宣传和推广课题研究的经验与成果.

（2）全面收集整个课题组的相关资料（教师论文、教学课例等），梳理成果，撰写课题研究报告、工作报告、检测报告.

（3）申报结题，并召开课题结题会，邀请有关专家、领导对成果进行评审鉴定.

九、研究成果的价值和创新点

（1）更新数学育人观念. 赋予数学教育以人文价值，实现了数学教学到数学教育的转变. 课题研究“渗透数学美育”在传承数学结构性和工具性的同时，创新关注人文，关注人格情感，强调生命价值，旨在提高学生的审美素养与人文素养，追求师生对数学的欣赏和热爱，培养审美情趣，进而追求对生命的欣赏和热爱.

（2）形成特色课程品牌. 通过对课题的深入研究，将理论与实践相结合，形成了三类美育课程（数学模块化课程、数学拓展课程、数学社团活动课程），校本美育课程群，全市共享课程和全国核心期刊上发表的系列连载的审美课程. 并在教学中实施提炼出教学策略，这些实践成果具有较强操作性、推广性和应用性，成果具有较大的辐射影响.

（3）创新区域教研模式. 由“区域研训共同体”发展为“全国学习大共同体”，切实实现“区-市-国家”三级成果共享到成果的全面推广.

十、研究成果

（一）认识性成果

美育又称为审美教育（或美感教育），是运用审美形象的感染作用来塑造人的知、情、意等实践能力的一种教育形式. 数学美育也是一种文化教育形式，它把数学教学和数学审美结合起来，通过数学中美的事物来培养学生的审美感知力、审美理解力、审美评价力以及审美创造力，培养良好的人格品质及启迪思维的一种教育教学过程，即提供了一个平台让学生养成一种数学文化修养.

1. 渗透数学美育的理论基础

支柱之一是 MM 教育方式（数学方法论的教育方式）：教师在数学教学的全过程中，充分发挥数学教育的两个功能（技术教育与文化教育），自觉遵循两条基本原则（既教证明又教猜想的原则，教、学、研同步协调发展的原则），瞄准三项具体目标（引导学生自我增进一般科学素养，自我提高社会文化修养，自我形成和发展数学品质），恰当地操作八个变量（运用八项教学措施），从而达到全面提高学生素质的目的. 渗透数学美育研究课题充分运用了 MM 教育方式的理论和实践成果.

MM 教育方式提出“恰当地操作八个变量”中第二个变量就是“数学审美教育”. 渗透数学美育研究课题，就是研究 MM 教育方式中数学的文化教育功能，关注数学对人进行文化熏陶、人格塑造，用数学的精神、原则、思想提高人的素养. 在教“硬数学”的同时，传播、渗透“软的”思想、精神、原则.

审美取向的数学课程四目标，引导学生：

（1）自我增进一般科学素养.

（2）自我形成和发展数学品质.

（3）感受数学中的美，自我增进审美意识和鉴别美丑能力.

（4）积极应用数学美，创造数学美.

这四个目标的第（1）、（2）条分别与MM教育方式提出的三目标中第1、3条保持一致. 一般科学素养，通常指能合理思考，清楚表达，有条不紊地工作；具备一般科学常识，有一定辨伪能力；具有归纳的科学态度（正直，求真），尊重科学、热爱科学等. 数学品质，主要指数学知识、数学才智（包括通常说的基础知识、基本能力）和数学才能（研究探索能力、发现和评价能力）等. 这四个目标中的（3）、（4）条，是结合数学审美价值，将MM教育方式提出的三目标中第2条“自我提高社会文化修养”细化为两目标，第3条指向“审美意识”，能欣赏美，鉴别美丑，判别是非善恶；第4条指向应用与创新.

支柱之二是奥苏伯尔的有意义学习理论. 奥苏伯尔认为有意义学习就是符号所代表的新知识与学习者认知结构中已有的适当观念，建立非人为的和实质性的（非字面的）联系的过程. 简言之，就是符号或者符号组合获得心理意义的过程. 凡“有意义学习”必备三个条件：① 学习材料本身必须具备逻辑意义；② 学习者必须具有有意义学习的心向，即学习者能积极主动在新知识与已有适当观念间建立联系的倾向性；③ 学习者的认知结构中必须有同化新知识的适当观念. 认知结构对有意义学习的影响，主要取决于原有知识的可利用性、新旧知识间的可辨别性以及原有知识的稳定性和清晰性.

挖掘数学学习材料隐含的美育价值，就是充实和美化学习材料的逻辑意义，为有意义学习创造有利条件. 教学中适当时候渗透数学美育，就是积极刺激学生有意义学习的心向，使其主动学习. 有意义学习理论指导下的数学教学，使学生的学习不是停留在心理层面，而是上升到精神层面，让学习与享受美感融合；渗透数学美育让知识的学习内化为人的精神动力，因尚美而求真善，实现真善美融合.

支柱之三是马斯洛和罗杰斯的人本主义课程论. 人本主义的基本观点是，课程的功能不仅仅是提供知识，而且是通过知识达到个性的自由和解放，满足人的需要，实现人的潜能，其教育目的是培养“完人”——功能完善的人. 学习方式上，罗杰斯主张组织有意义的学习，有意义的学习是使个人的个性、态度、行为发生重大变化的学习.

人本主义“以人为本”，尊重人的价值、关心人的需要、开发人的潜能、发展人的个性. 人本主义认为，人生来就对世界充满好奇心，每个人都具有学习的愿望和潜能，只要条件合适，这种潜能就会释放出来；人本主义教学理论认为，促进学习最有效的方式是让学生直接体验、解决实际问题.

虽然数学美育需要学生自我感知、自我体验，自我发展，但是数学审美意识、能力又是可以训练和培养的，数学教学中重在设计“让每个学生积极参与的体验活动”，在体验活动中渗透数学美育，润物细无声地渗透数学美育.

支柱之四是皮亚杰、布鲁纳和维果茨基的建构主义理论. 个体建构主义学习理论认为，学习是学生从原有的经验出发，生长（建构）起新的经验；认为学习是一个意义建构的过程，学习者新旧知识经验的相互作用来形成、丰富和调整自己的认知结构的过程. 学习是一个双向的过程：一方面新知识纳入已有的认知结构中，获得新的意义；另一方面，旧的认知结构因为新知的纳入，得到了一定的调整或改组. 社会建构主义认为，学习是一个文化参与的过程，学习者是通过参与某个共同体的实践活动中建构有关知识. 学习不仅是个体对学习内容的主动加工，而且需要学习者进行合作互助.

建构主义的学习观，学习是学生自己建构知识的过程. 建构主义的教学观，教学不是知识的传递，而是知识的处理与转换，师与生、生与生之间，需要共同针对某些问题进行探索，并在探索中相互交流和质疑.

2. 数学美育的审美特征

由于数学的高度抽象性，决定了数学美有独特的性质. 数学美的形式特征是简洁性、统一性、对称性和奇异性，其本质特征是客观性、主观性、社会性和理性. 首先，数学的美不是一种仅凭感官就能感觉到的外在美，它更多的是表现为一种内在的、理性的思维美，是在变换作用下探究不变性为特征的规律的美. 数学美的表现形式，从数学内容上，有概念之美、命题之美、体系之美；从数学方法及思维上，有简约之美、类比之美、抽象之美、无限之美；从狭义美学意义上，有对称之美、和谐之美、奇异之美. 因此，对于数学美的鉴赏和理解要结合特定的数学对象及具体的数学活动；其次，对数学美的认识不能仅停留于静态层面，而要经历一个动态的审美过程，只有在鲜活的数学思考中、数学问题解决中和数学探究活动过程中，才能欣赏数学美、感悟数学美、创造数学美.

3. 数学美育的审美价值

数学美育的价值包括思维价值、生产生活价值和科学价值. 不但注重数学传统文化的灿烂辉煌，还应强调当代先进的数学科学成果；不但强调数学自身的规律和特征，还要强调数学与社会的相互作用. 这就需要教师善于挖掘数学内容蕴含的审美价值，如数学公式体现出的严谨的结构、灵活的变换方式以及完美的体系；几何图形在结构上体现出的对称、平衡、协调；还有通过建立数学模型来刻画和研究客观世界变化规律的数学原理、思想、方法，用数学思想来理解、处理现实生活和社会中的各种问题等. 数学美育不仅是数学智育有力的支持，达到以美启智；数学美育还能提高学生解决问题的能力，促进学生思维水平的提升. 同时，数学美的感受也是对学生的一种情感教育，能促使学生对学习和生活产生积极的情感体验，促进学生的人格发展和良好品质的形成.

4. 数学美育助力传播数学文化

数学美育不但注重数学历史的辉煌，还强调当代先进的教学成果与数学思想；不但强调数学自身的规律和特征，更强调数学与社会的相互作用. 通过挖掘经典数学知识点中蕴含的数学文明史，给学生阐述数学文化，不仅极大地拓宽学生的知识面与视野，增进学生对数学知识点的认知，为知识教学形成良好的铺垫；也让学生感受到数学这门课程的魅力，增强学生的学习兴趣；还能通过学生领略数学家严谨、用于探索创新的科学精神，激发学生创造的激情，培养学生的创新性思维能力.

5. 理顺数学美育与培育核心素养的关系

学生的数学核心素养的培养贯穿于数学教育过程的始终，而数学美育作为数学教学过程与数学核心素养这一目标之间的桥梁，对培养学生的数学核心素养起着举足轻重的作用.

（二）操作成果

1. 数学美育的三条教学路径

数学是空间形式和数量关系的科学. 从构成上来看，广义的数学知识存在三个维度：内容维度、形式维度和旨趣维度. 数学内容主要包括数学概念、数学命题（如数学定理、法则、公式等）以及数学知识体系. 中学数学所呈现的主要是数学内容，具有基础性、外显性和系统性的特点. 数学形式是指数学的认知方式，包括数学能力（如运算能力、空间想象能力、数据分析能力等）、数学思想（如特殊到一般、数形结合、转化与化归等）和数学方法. 旨趣是认识论范畴，哈贝马斯认为个体对知识的认知源自旨趣. 数学旨趣是数学知识内容创生的动力源，它包括数学知识内容创生过程中的价值取向、目标追求和情感体验.

我们从数学知识的三个维度“数学内容”“数学形式”和“数学旨趣”出发，可将数学核心素养界定为“数学基础知识与基本技能”“数学思维”和“数学品格”三个层面. 学生数学核心素养的发展呈现由数学双基出发，到数学思维（包括基本思想、基本活动经验等），再到数学品格（包括工具品格、文化品格等）的层次发展特征. 数学基础知识与基本技能是数学核心素养发展的基石，数学思维是在前者基础上形成的数学思维能力，而数学品格则是数学核心素养的顶端，所以学生数学核心素养发展必须经历“数学基础知识与基本技能的获得—数学思维的形成—数学品格的塑造”全过程.

我们将数学美育按三个层级“赏美”“悟美”“拓美”，分别为数学知识与数学核心素养之间搭起了桥梁，从而可建立起“数学知识”转化为“数学核心素养”的一种对应关系（见图 1-2-2）. 围绕这个核心问题展开探讨，就有了更重要的实践价值和现实意义.

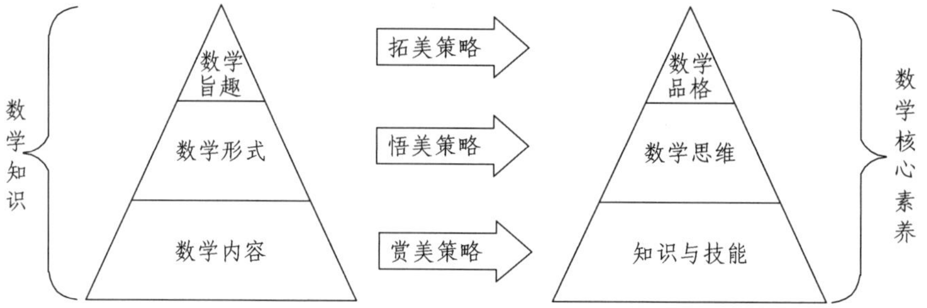

图 1-2-2　数学美育的实施路径图

通过“赏美”，学生从数学内容中获得数学基础知识与基本技能；通过“悟美”，学生由数学形式发展数学思维；通过“拓美”，学生由数学旨趣塑造良好的数学品格. 因此，“数学内容—数学形式—数学旨趣”这条知识明线，可通过数学美育“赏美”“悟美”“拓美”三级路径，将“数学基础知识与基本技能—数学思维—数学品格”这一学生数学核心素养发展的暗线很好地得以落实.

2．审美教育课堂教学基本范式

（1）新授课由“引—导—探—习—悟”五个环节组成. “引”入环节，

由相关生活现象，热门话题，趣味问题开始. 在这个环节让学生感受数学在生活中应用之美，趣味之美，奇妙之美."导"学环节，巧妙诱导思考，认识新知，感悟数学关联之美，内容之美."探"究环节，深入思考，加深理解，在这个环节常常有"山重水复疑无路"的纠结，通过思考讨论，探究分享，就会"柳暗花明又一村". 在这个环节激发兴趣，增强成就感，思考创造数学美，让学生品味数学拓展之美，巧妙之美，逻辑之美."习"得环节，精准练习，玩味数学应用之美. 最后，总结感"悟"环节，梳理本节知识内容，思想方法，建立数学知识体系，挖掘数学本质，感悟数学结构之美，方法之美和本质之美. 在整个教学过程，美育为目标之一，不断渗透数学之美，让学生在思考、探索、感悟中不断理解数学世界的广袤和理性之美.

（2）复习课由"梳—用—展—习—悟"五个环节构成."梳"理环节，借助"思维导图"梳理知识和方法，并将它们结构化，系统化. 在这个过程感受知识结构之美、方法巧妙之美或统一之美. 应"用"环节，学生利用梳理的知识和方法解决教师精选典型例题和变式,在各种看似不同的例题变式中，通过特殊到一般，类比迁移等方法，渗透转化，建模等思想的同时，挖掘知识本质，感悟数学思想之美，本质之美和统一之美. 拓"展"环节，在熟练应用的基础上，在学生最近发展区深入研究，通过类比、迁移等方法，拓展知识，发散思维，感受数学"变化中存在不变"的统一之美，创造数学美. 应"用"的环节是加深知识内涵，拓"展"环节就是拓宽知识的外延. 最后两个环节和新授课，精准练习，玩味数学美，归纳总结，自觉感悟. 复习课，更多的展现的是数学结构之美，本质统一之美.

（3）习题讲评课由"导—研—评—悟—习"五个环节构成."导"环节，直接给出典型例题，开门见山导入新课，引导学生分析问题，并尝试解答进入"研"环节，启发引导学生作数学研究，如"一题多解"与"一题多变"，多解中进行方法比较，哪种方法最有"美感"，在变化中寻找不变的统一之美，"评"是对研的方法的归纳与点评，对数学方法美的点评，在"研、评、悟"范式下，大致对应有"问题初探中感受方法美""问题深究中感悟数学思想美""拓展应用中创造数学美"由低到高三境界."习"环节仍然是变式训练，在知识与方法过手的同时，再次品味数学美.

补充说明一，范式中的"导"，创设问题情境"导入"新课，要做到"四个突出"，即原则上突出"激趣"，内容上突出"巧联"（与课题的巧妙联系），形式上突出"新颖"，时间上突出"简洁"（最好不超过两分钟）."导入"的常用方法有"设疑激趣法""设坑诱误法""以旧引新法""竞赛法""聚焦核心（重难点）法""聚焦实用法""实验操作法"，还有借用名人故事、名人诗词、经典名题等导入新课的“数学文化法”.

补充说明二，数学课的核心环节是突出重点、突破难点、欣赏美点的数学研究活动，即范式中“探、展、悟”的研究环节. 研究策略主要有① 分散性策略，分解难点，各个击破；② 发现性策略，巧设阶梯，引导学生独立发现；③ 启发性策略，不愤不启，不悱不发，启发自悟；④ 反思性策略，善于回顾总结，画龙点睛. 另外，突出数学重点的策略，应遵循“快、慢、多、透”四字原则，即接触要快、讲解要慢、应用要多、理解要透. 应用，宜多形式、多角度设计问题，比如有层次的问题变式，变式可以给数学带来灵动，使数学充满灵活性与趣味性，可以让学生从不同的角度、不同的方法去思考同一问题.

3. 数学审美教育策略

提出了数学美育的操作化“图谱”以及相应策略. 其中，“赏美”是最低层级，接着是“悟美”，而“拓美”是最高层级.“赏美”是“悟美”的前提，而“悟美”又是“拓美”的基础，三者之间是递进关系，如图 1-2-3 所示.

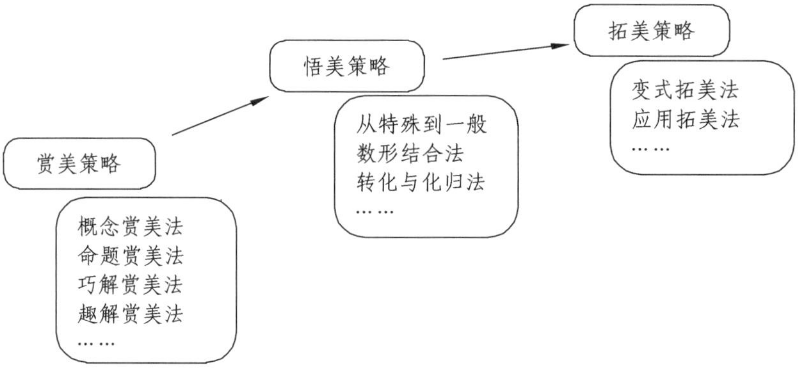

图 1-2-3　数学美育的审美策略

（1）赏美策略.“赏美”的三个层次是美观、美好、美妙. 数学学科基础知识，通常指数学概念、性质、定理、法则、公式等. 教学中，要赏析数学知识的美，必须揭示数学知识的本质规律，要把数学知识分析透彻，也只有在“透彻”中才能欣赏到数学知识的美. 分别从数学知识与数学方法两个角度进行赏美策略的提炼. 数学知识的赏美策略包括概念赏美法和规律（数学定理、性质与法则）赏美法；数学方法的赏美策略包括巧解赏美法和趣解赏美法. 同时，数学离不开解题，数学问题是启动数学思维的“心脏”. 数学教学中，选取经典例题、习题，作为培养数学核心素养的载体，巧妙渗透数学美育，是非常有效的途径，我们通过“妙题巧解”“易错题错解”，探索渗透数学方法美的策略.

① 概念赏美法.

案例 1 线段公理与距离概念.

问题： 如图 1-2-4 所示，猜测从 A 到 C 的四条道路，哪条最短？

A. $A—B—C$　　　B. $A—C$

C. $A—F—C$　　　D. $A—D—E—C$

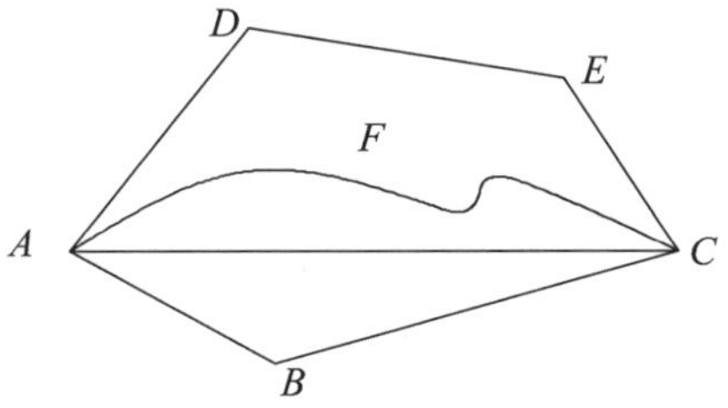

图 1-2-4

案例 1 引导学生思考选的路径是条什么线，从而得出结论：两点之间的所有连线中，线段最短. 借助几何直观，得出线段公理，意在培养几何直观的核心素养. 两点之间线段最短，这个最短线段的长度叫两点之间的距离，其中“最短”二字非常美妙，说明“线段的长度”，它是两点之间所有连线中，长度最小的量，所以“距离”这个量具有唯一性、确定性，还具有美妙的实用性，如最短路径即是最节省的、最经济的路径.

② 规律赏美法.

案例 2 平行四边形对角线的性质.

问题： A. 画一画：你能够画一条直线平分如图 1-2-5 所示的平行四边形的面积吗？

B. 思一思：这样的直线你能画无数条吗？

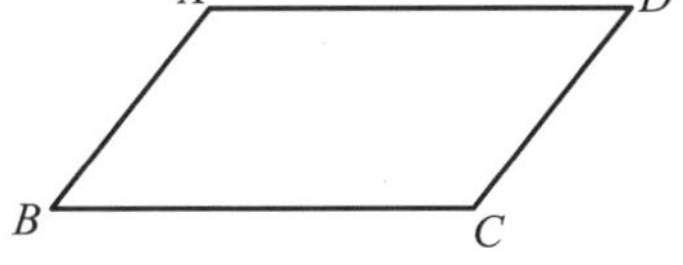

图 1-2-5

案例 2 问题 A 如何画直线平分平行四边形的面积，由此发现平行四边形的性质三：平行四边形的对角线互相平分. 问题 B 思考能画无数条直线平分平行四边形的面积，由此发现平行四边形的中心对称性，性质四：平行四边形是一个中心对称的图形.

③ 趣解赏美法.

案例 3 一个美丽的诱错陷阱.

问题： A. 如果已知 $1<x<2$，$3<y<4$，则 $4<x+y<6$，我们是不会怀疑其正确性的. 那么，对于 x、y，两个同向不等式相加，构造得出代数式的范围一定正确吗？

B. 已知$\begin{cases}-2<x+y<3 & ①\\ 1<x-y<4 & ②\end{cases}$，求 $z=2x-3y$ 的取值范围.

解法 1 设 $2x-3y=a(x+y)+b(x-y)$，则 $2x-3y=(a+b)x+(a-b)y$，所以 $a+b=2$ 且 $b-a=3$.

解得$\begin{cases}a=-\dfrac{1}{2}\\ b=\dfrac{5}{2}\end{cases}$

①$\times\left(-\dfrac{1}{2}\right)$得 $-\dfrac{3}{2}<-\dfrac{1}{2}(x+y)<1$，

②$\times\left(\dfrac{5}{2}\right)$得 $\dfrac{5}{2}<\dfrac{5}{2}(x-y)<10$，

两式相加 $1<-\dfrac{1}{2}(x+y)+\dfrac{5}{2}(x-y)<11$，

所以 $1<z<11$.

解法 2 ①＋②得

$$-1<2x<7 \quad ③$$

②＋①×（－1）

得 $-2<-2y<6$

所以 $$-3<-3y<9 \quad ④$$

③＋④得 $-4<2x-3y<16$

所以 $-4<z<16$.

案例 3 一元一次不等式的意义指数集，其几何意义应为数轴上的点集. 二元一次不等式（二维）的几何意义应为平面内的点集. 如图 1-2-6 所示，满足条件 $-2<x+y<3$ 的点（x，y）在 AB、CD 二平行线之间，满足条件 $1<x-y<4$ 的点（x，y）在 AD、BC 二平行线之间，满足题设条件的点落在四边形 $ABCD$ 内. 解法 1 用待定系数法，整体构造目标元素 $2x-3y$，实质上是将 $x+y$，$x-y$ 分别视为一个元素（当作一个整体），这实质就转化为一维，

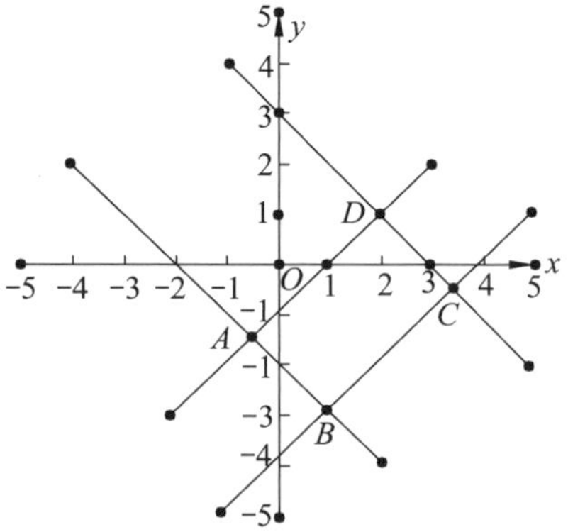

图 1-2-6

利用不等式的性质（同向不等式相加）得出的解，正确. 解法 2 中，单独看，变量 x，变量 y 的范围都是正确的，但 x 与 y 是相关联的两个量，而不是相互独立的. 这里讲的相关联，就是指 x、y 有序数对的点应该在四边形 $ABCD$ 内，而不是在 $-\frac{1}{2}<x<\frac{7}{2}$，与 $-3<y<1$ 所形成的矩形区域内，所以不能用这两个变量的范围（数的范围）构造二元代数式的值的范围. 解法 2 是标准的错误，也是一个美丽的错误.

④ 巧解赏美法.

案例 4　巧用方程，速算含“省略号”的代数式的值.

计算 $\dfrac{1}{1+\dfrac{1}{1+\dfrac{1}{1+\dfrac{1}{1+\cdots}}}}$ 的值.

巧解　设 $x=\dfrac{1}{1+\dfrac{1}{1+\dfrac{1}{1+\dfrac{1}{1+\cdots}}}}$

则 $\dfrac{1}{x}=1+\dfrac{1}{1+\dfrac{1}{1+\dfrac{1}{1+\dfrac{1}{1+\cdots}}}}$ 由于“省略号”代表无限多，$\dfrac{1}{x}=1+x$，解略.

案例 4 对于含省略号的代数式求值，通常整体设“元”，将代数式的计算问题转化为方程求解问题，隐含漂亮的方程思想. 求解后，惊奇地发现，x 的值竟然是黄金分割的比值 0.618！

（2）悟美策略. 一是在数学原理中求“透”，在“理”中“悟美”；二是在数学规律求“联”，在“趣联”中“悟美”. 数学思想是对数学知识与方法经过概括后产生的本质认识，它是数学的精髓. 数学方法是数学思想的载体，数学思想是数学方法的灵魂，也可以说，数学思想是发现数学方法的方法. 常用数学思想有：函数与方程的思想、数形结合的思想、转化（化归）思想、分类讨论思想等. 数学思想的美，实质是数学思维的美. 在问题解决中或解决问题后通过引导解答者去总结和反思，去感悟数学思想方法，从而获得的一种反思性的美感. 从美丽的数学思想方法角度达到领悟数学的本质美.

① 从特殊到一般的悟美法，培养数学推理素养.

案例 5 已知两边长，求三角形第三边长的范围——方法的实质及推广.

问题：A. 已知三角形的两边长为 3 与 4，求三角形第三边长的范围.

B. 一般地，若已知三角形两边长为 a，b（不妨设 $a>b$），你能用 a、b 表示第三边长的范围吗？

直观演示：取两节长分别为 3、4 的木棍，使一端连接于 A 点，当两木棍慢慢张开（夹角变大）可观察到两节木棍另一端点之间的距离会慢慢变大，即第三边的长度越来越大……当两木棍张开成平角时，木棍的另外两端点距离为 7（即 4 + 3），但此时图形不是三角形，所以三角形第三边的长度应小于 7. 反过来，再把两节木棍的夹角慢慢变小，另外两端点慢慢靠近，则第三边长度慢慢变小，当两木棍叠合时，此时另外两端点间距离最小为 1（即 4-3），但此时图形也不是三角形，所以第三边的长度应大于 1. 根据几何直观演示可得 1 < 第三边 < 7，即第三边长介于已知两边长的和差之间. 案例 5 问题 A 借助两节木棍，几何直观地演示第三边的长度，随两木棍之间的夹角变化而变化，得出最值状态（叠合），边长介于已知两边长的和差之间，非常直观形象，把“为什么在和差之间”演示得清清楚楚. 问题 B 由特殊数据推广到一般字母，即代数化，它是培养数学抽象、数学归纳的重要途径和重要策略，得到的是适用于一般情况的一般化结论（通适性结论）. 接下来类比研究，考虑四边形已知三边，求第四边的范围，仍然从特殊数据入手研究，再推广到一般凸 n 边形问题.

② 数与形相结合的悟美法.

案例 6 构造图形求关于 x 的函数 $y=m\sqrt{x^2+b^2}+n(a-x)$ $(m>n)$ 的最小值.

问题：如图 1-2-7 所示，已知 A（8，0）、B（0，4），在 x 轴上求一点 P（x，0），使 $PB+\frac{1}{2}PA$ 的值最小. 如果设最小值为 s，则 $s=\sqrt{x^2+16}+\frac{1}{2}(8-x)$.

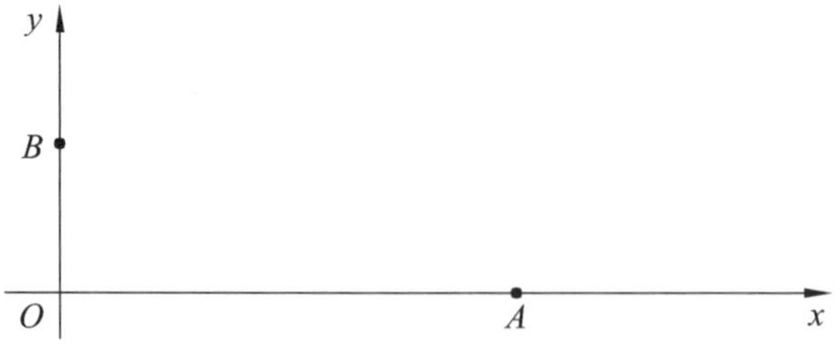

图 1-2-7

案例 6 巧思妙解：思考 $\frac{1}{2}PA$，由系数 $\frac{1}{2}$，联想到 30° 对的直角边等于斜边的一半，数形结合，构造图形. 过 A 点在第四象限作直线 AC，使 AC 与 x 轴夹角为 30°，P 到直线 AC 上的点的距离中，以垂线段最短. 所以，过 B 作直线 AC 的垂线，设垂足为 D，BD 交 OA 于 P，P 即为所求.

赏析：由系数 $\frac{1}{2}$，联想到 30° 角所对的直角边等于斜边的一半，数形结合，构造图形. 过 A 点在第四象限作直线 AC，使 AC 与 x 轴夹角为 30°，将问题转化为在 x 轴上找一点 P，过 P 作直线 AC 的垂线，垂线段的长即为 $\frac{1}{2}PA$，它再加 PB 即为所求. 自然想到过 B 作直线 AC 的垂线. 关键一步是“联想到 30° 角所对的直角边等于斜边的一半，数形结合，构造图形”，非常美妙的数形结合！

③ 转化与化归的悟美法.

案例 7 如图 1-2-8（a）所示，小路由白色正方形石板和青、红两色的三角形石板铺成. 请问是内圈三角形石板的总面积大，还是外圈三角形石板的总面积大？

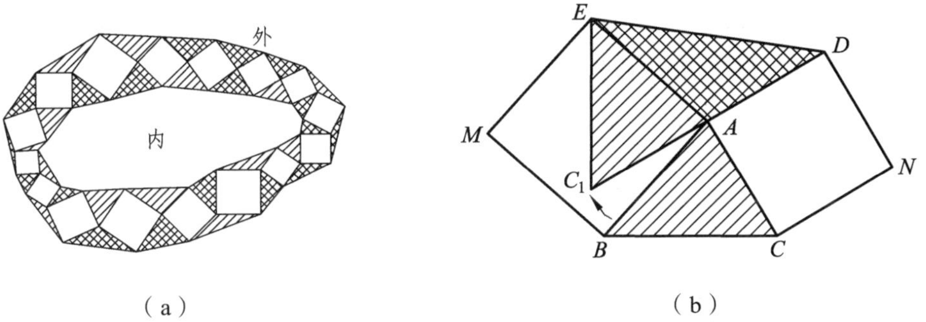

图 1-2-8

案例 7 赏析：内圈三角形石板的总面积大，还是外圈三角形石板的总面积大？非常有趣的问题，可能外圈的三角形面积大吧？观察图形，不难发现本图的“基本元素（基本图形）”是图 1-2-8（b）中两个正方形 $ABME$ 与 $ACND$ 共顶点 A，形成内外两三角形 $\triangle ABC$ 与 $\triangle ADE$，若能比较 $\triangle ABC$ 与 $\triangle ADE$ 面积的大小，则问题解决. 这即是把复杂问题转化为简单问题，美妙的转化！将 $\triangle ABC$ 顺时针旋转 90°，你就会发现，两三角形等底等高，面积显然相等. 美丽的旋转变换，再次将问题转化.

（3）拓美策略. 所谓拓美，即是一种对美的欣赏能力的迁移拓展. 拓美策略，即是引导学生将解题策略或数学思想方法在不同问题的解决中得以应用拓展. 它着重强调的是一种能透过现象看本质的能力，以及通过数学美的鉴赏从而拓展到对生活中应用美的能力的提高. 因此这里我们提出了两种拓展策略，一是求“新”，创新是数学美的生命源泉，在创新中拓展数学美，即对数学问题本身之美的延伸；二是求“用”，应用创美法，在应用中创造数学美，即将数学美延伸到生活中.

① 变式拓美法. 数学复习课教学，承担的功能大致有 a. 知识与方法结构化的功能；b. 易错问题反思纠错的功能；c. 纵横联系提升能力的功能；d. 培养数学素养渗透数学美育的功能. 复习课的教学设计，建议采用“微专题”，特别是“一题一课”的设计，实践证明效果很好.“一题一课”大致可以划分为三种教学设计：a. 由几个“部件”（知识点）构建为“整体”（一题）；b. 由“整体”（一题）分解为几个“部件”（知识点）；c. 由“一题”变式到一类“题组”. 这里只谈由“一题”变式到一类“题组”，并注重在问题变式中“感悟”.

案例 8　一题一课，感悟问题变式的思维之美.

如图 1-2-9 所示，在平面直角坐标系 xOy 中，抛物线与 x 轴交于点 $A(-1,0)$、$B(3,0)$，与 y 轴交于点 C，直线 BC 的解析式为 $y=kx+3$，抛物线的顶点为 D，对称轴与直线 BC 交于点 E，与 x 轴交于点 F，连接 AC, CF.

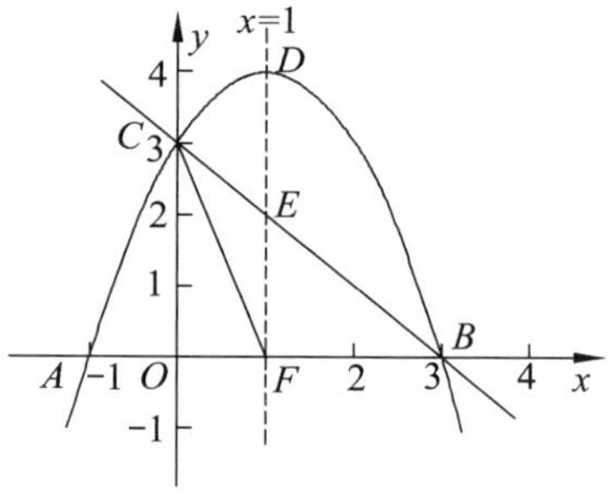

图 1-2-9

A. 求抛物线的解析式.

B. x 轴上是否存在点 G，使△ ACG 是以 AC 为底边的等腰三角形，若存在，求出点 G 的坐标；若不存在，说明理由.

C. 若点 H 在抛物线的对称轴上，是否存在点 H 使得△BCH 是直角三角形，若存在，求出点 H 的坐标；若不存在，请说明理由.

D. 若点 P 在抛物线上，点 Q 在抛物线的对称轴上，是否存在点 P 使得△PDQ 是等边三角形，若存在，求出点 P 的坐标；若不存在，请说明理由（可只列式，不求解）.

E. 若点 P 是抛物线在第一象限内的点，点 Q 是线段 BC 上的一点，是否存在点 P 使得△PCQ 为等腰直角三角形，若存在，求出点 Q 坐标；若不存在，说明理由.

案例 8 感悟“变化”中不变的规律. 一题 5 问，变化中不变的规律是什么？其实，除第一问求抛物线的解析式以外，后面4个问题，都是“在坐标系下已知一个定点（或者两个定点），探求特殊三角形（等腰三角形或者直角三角形）的未知顶点是否存在的问题”，只是披了抛物线的“外衣”，其不变的实质是坐标的几何意义，特殊三角形的基本数量关系、基本位置关系，以及数形结合解决问题的方法. 感悟数学思维之美，首先是感悟解决问题的方法之美. 问题B、C，分别在坐标轴上、对称轴上求特殊三角形的顶点，去掉抛物线的干扰，抽出只含相关点和线的图形，化繁为简，这是数学解题中常用的方法，实现问题的转化. 让我们欣赏到数学方法之奇异美. 探求特殊三角形的顶点，严谨的逻辑推理，正方向逆方向思维，以及顶点的不唯一性等探索，都让我们欣赏到数学思维的严谨的理性之美.

② 应用创美法.

案例9 一次函数的应用（小明上学记）.

问题： 小明从家出发坐公交车上学，他要先走到公交车站等公交车. 他离家的距离 y（km）与经过的时间 x（min）的关系如图1-2-10所示，

A. 求 OA、BC 的函数关系式.

B. 小明的速度和公交车的速度分别是多少？

C. 对比A、B的结果说说你的发现.

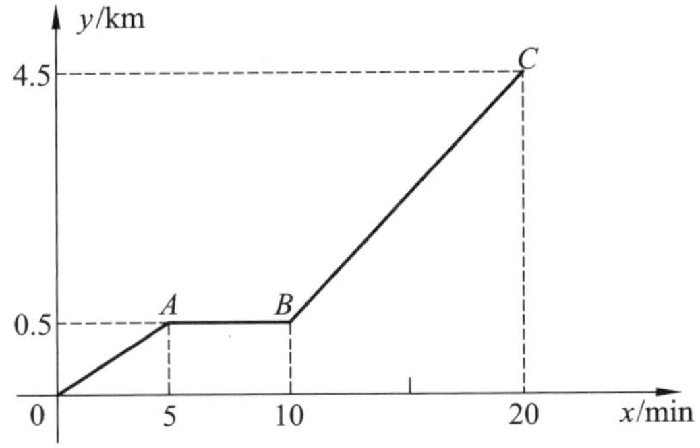

图 1-2-10

案例9探索由函数图象求解析式. a. 教学中注重培养学生识图（点及其对应的坐标）、从图形中读取信息的能力（翻译图形语言为数学符号语言）. b. 培养数学模型素养，匀速直线运动中路程与时间是一个很好的一次函数数学模型. c. 根据两点确定一条直线，在图中找两点，利用待定系数法，建立方程求参数. d. 若要写出时间从 0 ~ 20 min 的函数解析式，即为高中的分段函数，在这里做了很好的铺垫. 本探索做了第一次数学抽象：一

次函数中的常系数 k 的实际意义. 本案例巧妙地联系实际生活，建立方程解决问题，透彻理解一次函数中的常数 k 在实际生活中的意义，体现了数学的应用美.

案例 10 黄金分割创造数学美.

分小组完成一个小课题研究（小组合作的课堂作业）：

A. 学生小课题 1：摄影中的应用.

探究思考：如果你爱好摄影，结合今天的知识，你会如何构图呢？

B. 学生小课题 2：艺术中的应用.

探究思考：一个舞台边缘长 20 m，请你计算出演员应该站在舞台什么位置（精确到 0.1 m）？

C. 学生小课题 3：绘画作品中的应用.

探究思考：我们在研究蒙娜丽莎（缩放图）时，发现她的脸部刚好可以放入一个长约 4.5 cm，宽约 2.8 cm 的矩形中，你能用今天学习的知识揭开她美的“面纱”吗？

D. 学生小课题 4：雕塑中的应用.

探究思考：断臂维纳斯以肚脐为分界点，上下比例近似为 5∶8，你能用今天学习的知识解释其中蕴含的美吗？

E. 学生小课题 5：建筑中的应用.

探究思考：如图 1-2-11 所示，成都广播电视塔，塔高 339 m，塔高位居中国西部第一，因此，本项目得名为“成都 339”，塔楼 204 m 处为观光区，你知道这样设计的道理吗？

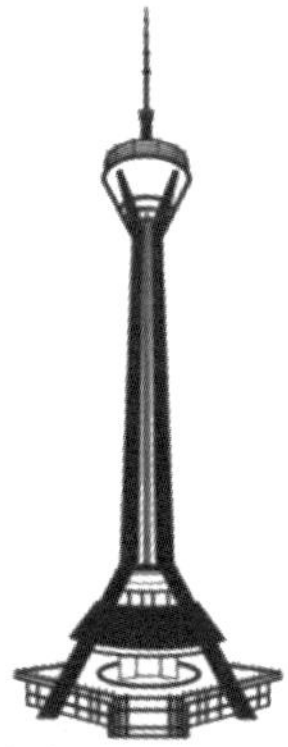

成都339电视台

图 1-2-11

F. 学生小课题 6：生活中的应用.

探究思考：人的正常体温是 37 °C，人体感到最舒适的温度是多少摄氏度？近来科学家研究证实，为什么每天 7.5 h 是最理想的睡眠时间？

“黄金分割”一课，通过感受数学美、感悟数学美和拓展数学美三环节，引导学生经历一场美妙的“黄金分割的比值及其应用”的探索之旅，特别是在“创造数学美”环节，从摄影、艺术、绘画、雕塑、建筑和生活共 6 个方面，进行小组合作，开展“数学多元小课题”活动，既将学生的课题与课堂教学内容融合，与课堂活动相融合，供学生个性化学习与探究，又可作为课堂的延伸与拓展（课后继续研究黄金分割的其他应用），进一步引导学生去应用数学美、创造数学美.

（三）物化成果

本课题已开发出一系列数学美育课程资源.

（1）出版《百题千解》案例集.

数学美不同于对具体事物的感官上美的体验，它是一种基于思维锻炼上的体验美；数学思维的训练离不开解题，以数学问题为载体，让更多学生能享受到解决问题的愉悦感. 在对问题的探究中经历发现数学美，感受数学美，欣赏数学美，创造数学美. 而在解决数学问题中，去感悟数学问题解决的多样性之美，去体会和对比不同解法的差异性之美，去感悟不同解法的共通性之美，去体察一些妙解巧解的简洁之美，让学生在感悟不同解法中获得良好情感.

该书以"一题多解"的形式为切入点，通过"思维导向""解题过程""多维评析"三个板块揭示数学问题审题和解题的奥秘."思维导向"主要挖掘题目，从已知经验出发寻找题目突破口，揭示了"可以怎么解"；"解题过程"给出了详细的解答步骤，揭示了"具体怎么解"；"多维评析"通过方法的比对揭示出不同方法所呈现的数学美，并进一步挖掘其各种解法的内在联系. 本书侧重解题过程或反思中对数学美的发现、欣赏、拓展，对应数学能力提升的四个不同阶段，即实际操作（动作）、个人体验（体验）、融会贯通（能力）、能力迁移（应用），力求运用四种策略，即诱美策略、赏美策略、悟美策略、拓美策略，对解题者进行引导，让其在解决数学问题中能更多地去感悟数学美，提炼数学思想方法. 该书的结构如图 1-2-12 所示.

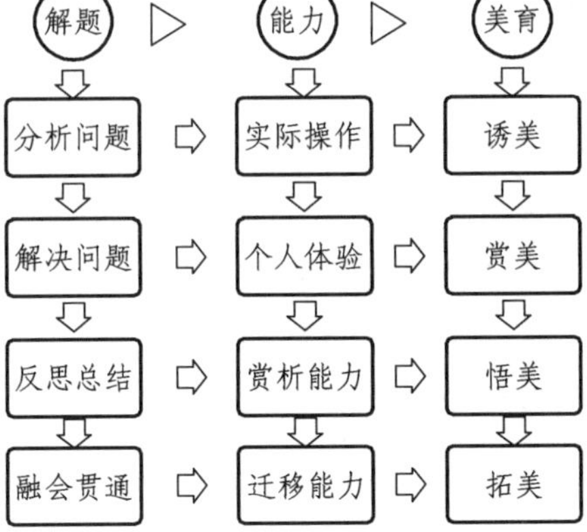

图 1-2-12 《百题千解》结构

（2）审美训练系列论文在全国核心期刊《中学数学教学参考》上连载.

（3）通过课例研究，积累30多节优秀的课例资源.

（4）整理出版《初中数学审美训练案例选谈》,《优秀教学设计案例精选》与《妙题巧解巧变》.

（5）以渗透数学美育为主题，分年级编写《初中数学高效导学案》（共5册）由四川大学出版社出版.

（四）成果的实践效果

1．改革效益

（1）优化了数学课堂教学. 探索出中学数学核心素养理念下渗透数学美育的实施流程，探索出中学数学核心素养理念下渗透数学美育的课堂教学操作策略，通过优化课堂教学内容，继而优化课堂教学方式，从而让学生成为课堂学习真正的主人，充分体现了新课改的理念.

（2）提高了学生学习数学的主动性，促进了学生全面发展. 学生在数学美中领悟数学文化，学生学习方式逐步转变，走向自主学习、合作学习、探究学习的能力得到提高；学生学习的自觉性、独立性、自主性、能动性和创造性逐步养成；聚焦核心知识，聚焦核心能力的培养，通过极其丰富的数学知识引导学生积极参与知识的探究与获取过程，使学生在接受抽象、严谨、精确、和谐、完美的数学知识的同时，从数学学习活动中获得成就感，身心得到愉悦，学习兴趣和动力提升，增强学生持续学习的能力；数学美的思维品质得到发展、数学核心素养提高、学业质量得到极大提升.

数学美育就是以数学美的观点，数学美的规律，数学美的内容，数学美的形式，数学美的力量去激发、感染学生，寓教于美、寓美于乐，从而提高数学教学质量的过程. 数学定理的和谐美，数学语言的简约美，数学构思的创新美，都可陶冶学生的思维情操. 数学美的体验对于改变学生的思维习惯，陶冶他们的性情及形成良好个性品质有独特的优势. 因此，数学美育除了对掌握知识、提高能力起作用外，还对陶冶学生文化品德修养等方面都起着重要作用，并对智力开发、人的全面发展、综合素质的提高以及人格的完善有着重要的意义.

结合调查中的其他数据分析和对学生的观察了解，我们发现数学美育促进了学生个体的数学素养的成长，数学学习意识得到增强，学习能力得到提高，数学思维行为表现良好，数学思维品质得到培养，课题研究在数学美育方面投放的改革策略取得了良好的效果. 具体来说，包括① 数学学习兴趣总体提高；② 审美情趣（表达力）得到增强；③ 实践创新能力得到培育；④ 数学思维良好品质得到提高.

（3）促进了教师专业化发展，增强了教师职业幸福感. 带领教师从教学的形式化上升到在精神层面对教学及数学美的思考，从愉悦的美的角度提炼具有数学核心素养特征的课堂审美教学范式，促进教师自身专业素养的发展，以及教学理念向课堂行为的转化，提高教师的课堂教学实效，带领教师搭建通向专业成熟的路径. 促进教师把先进的教育理念内化为自身的教育智慧，转化为具体的教学行为；本研究促进教师教育教学方式的改革，审美取向的中学数学课堂的优化，师生建立起和谐的师生关系，教师感受到课堂变革带来的“职业幸福”，增强了教师从课堂教学中获得的职业成就感和幸福感.

（4）教育改革方面. 为数学教学深入推进提供价值导向，为数学课堂教学方式变革提供具体的操作方式.

2．社会影响

（1）运用数学美育促进素质教育，学校数学教育教学质量不断提升，办学特色凸显.

无论从中考成绩还是从区统考成绩来看，对学校整体教学质量不但没有负面影响，数学学科反而还稳中有升，学校的办学知名度越来越高，在区域内和区域外发挥着越来越重要的辐射和引领作用，包括① 数学课堂充满生机和活力，数学美育越来越受到家长和社会的好评；② 教学质量稳步提升，某某学校整体教学质量稳步提升，保持顶尖水平；③ 辐射引领作用不断增强，不断在区域乃至市引领数学学科课堂教学的变革，改革实践，影响和带动了一批批学校进行相应改革，并取得了较好的办学效益.

（2）探索了数学育人具有可推广性，在教育界引起良好反响.

综上所述，以课题研究为引领，将数学美育作为手段，核心素养培育作为目标，系统规划，按步推进开展，数学美育课堂教学实践，实现了学生数学学习能力的持续成长，优化了教育教学生态，大大提升了学校教育教学品味. 成就了学生，成就了老师，成就了学校实现几大“突破”.

十一、成果反思与讨论（需进一步研究的问题）

下一步还要组织课题组成员深入学习美学、数学美学等相关理论，在此基础上进一步深入探索并提炼出学科核心素养理念下渗透数学美育的更多经验和做法，进一步完善数学审美训练课程群（数学审美模块课程、数学审美拓展课程、数学审美活动课程）的建设，后期将进一步加强动态评价优化，研制课堂观察评价量表，为数学教育渗透美育做出更大贡献.

<<<<<< 第二章

赏析渗透数学美育的教学片段

第一节　情境创设方面的片段

俗语云，好的开始是成功的一半. 对一节数学课来说，创设一个好的情境，导入课题，往往为这节课的成功奠定了基础. 而在诸多类型的“情境”中，问题情境是最能激起学生好胜心，吸引学生注意力的. 不甘平庸，争强好胜，是青少年儿童的本性，一个好的具有挑战性的问题往往让他们心动技痒，拍案而起，必欲破解之而后快，“问题是数学的心脏”（数学家哈尔摩斯），从某种意义上讲，问题也是我们课堂的心脏. 如下一些片段，是我们从数学教师们的教学中萃选出来的，包含了情境设计的创意及相关问题，具有源于课堂高于课堂的品格. 好的问题简明有趣，切合本课主题，起到了呼唤主角，引导概念构建以及相关命题（定理、公式、法则）发现的作用.

欲知如何请君自行欣赏.

一、情境 7.01——平方差公式（引入）

准备：练习（兼复习）

① $(x+2)(x+3)$；② $(x-3)(x-5)$；③ $(x+1)(x-1)$；

④ $(x+3)(x-3)$；⑤ $(x+y)(x-y)$.

教师：计算出结果后，观察思考，你们发现哪些结果是类似的？

学生：③④⑤的结果都是二项式.

教师：一般来说，$(x+a)(x+b)=x^2+(a+b)x+ab$，如果“乘积得到二项式”的原因是什么？你能说出③④⑤的共同特点吗？

教师：你能尝试再举几例吗？

教师：你能否归纳出这类运算的公式？可尝试给公式（$a+b$）（$a-b$）$=a^2-b^2$起名？

教师：有了公式，除了可方便计算，还会有什么好处呢？以后还会这样做吗？

【谢祥赏析】 ① 将要研究的公式 $(a+b)(a-b)=a^2-b^2$ 置于一般情形计算 $(x+a)(x+b)$ 背景下，在一般中突显其特殊性，暴露差异；② 引导学生类比，尝试举例，推导公式，一气呵成；③ 将平方差公式与多项式乘法归于统一，使学生经历从一般到特殊，再从特殊到一般的认识过程，从而完成平方差公式在第一层面上的知识建构；④ 最后一问，将渗透“公式化思想”.

二、情境 7.02——认识三角形中的角平分线、中线、高线

准备：黑板上作△ABC，教师将一根红绳的一端固定于 A 点，一手拉着红绳的另一端，如图 2-1-1 所示.

教师：过顶点 A，可作无限多条线（运动红绳，演示）. 在这些线中有 3 条线比较特殊（演示三种情况），请大家观察这 3 条线有何特殊性？怎样画出它？

引导学生得到角平分线、中线、高线的概念，并警示：这三线是指线段、射线还是直线，要看上下文.

【谢祥赏析】 ①任意运动红绳，创设问题情境，用运动变化的观点引出三个几何概念，在“一般”中突显其“特殊性”；②类比垂径定理的探究：可否先考虑任意弦与直径 AB 相交于 P，如图 2-1-2 所示，运动 $C'D'$ 至 CD（$CD \perp AB$），观察猜想：CP 与 PD 之间的相等关系，再想办法证明猜想.

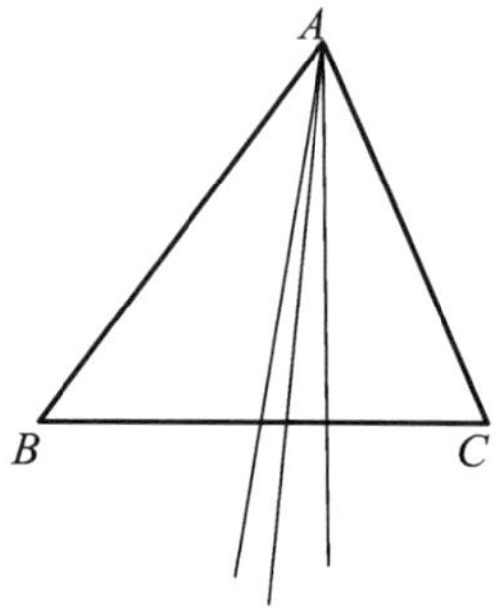

图 2-1-1

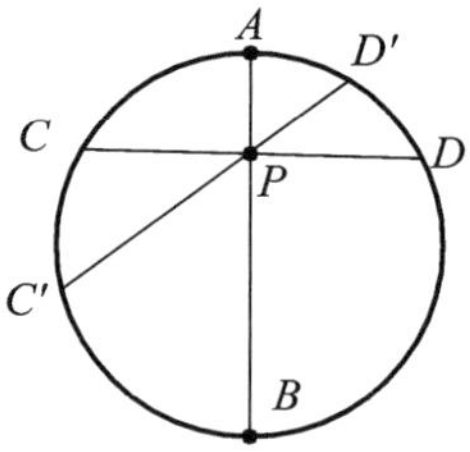

图 2-1-2

三、情境 7.03——等腰三角形的判定（引入①）

准备：黑板上画出图 2-1-3.

教师：有一个等腰三角形纸片，如图 2-1-3 所示，BC 是底，但不幸着火，烧去一部分，只剩下阴影所示的余片，你能不能重新剪出这个三角形？如果 BC 是一腰呢？

【谢祥赏析】 如此导入新课，一下就把学生的思维推向本课焦点“确定一个等腰三角形的条件”，真是一个好的、数学味很浓的教学情景.

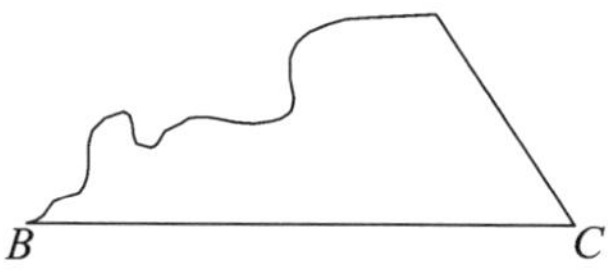

图 2-1-3

四、情境 7.04——等腰三角形的判定（引入②）

准备：每个学生准备一张长方形纸片.

教师：请大家将长方形纸片沿 CD 对折，如图 2-1-4 所示，再折一条折痕 AB. 展开纸片我们可以发现，折痕是一个等腰三角形. 在此三角形中，等

边伴随着等角、等角伴随着等边，相辅相成. 由此，我们猜想："等腰三角形的两底角相等"的逆命题："有两个角相等的三角形是等腰三角形"，它是不是真命题呢？从一个顶点作出的"高线、中线、角平分线"三条线中有两条重合，即成等腰三角形，又是不是真命题呢？

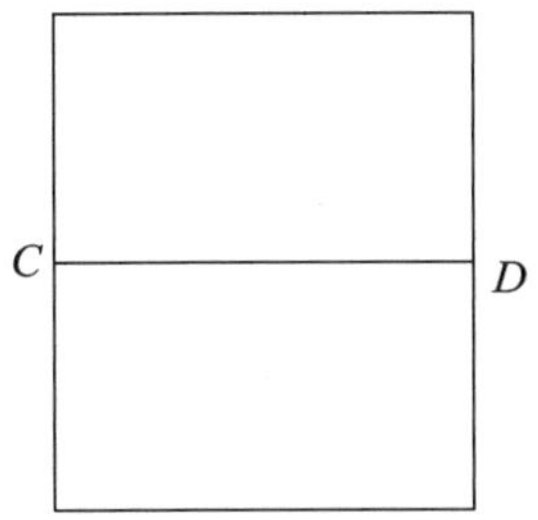

（a）

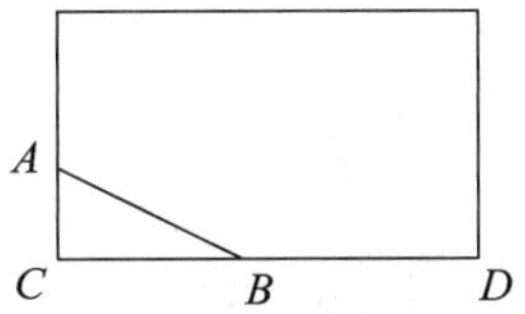

（b）

图 2-1-4

【谢祥赏析】 由折纸实验，观察得到"等角伴随着等边"的事实，由此上升到"有两个角相等的三角形是等腰三角形"等命题的猜想，自然引入课题的同时，激发起学生证明猜想的欲望. 但这样导入课题，要注意"数学化"（一般化）.

五、情境 7.05——挂历中的方程

准备：一份挂历.

教师：我们一起来做一个游戏，请同学们拿出准备好的挂历，圈出挂历中任意一竖列上相邻的 3 个日期，并算出它们的和，然后告诉我，我能知道这 3 天分别是几号，谁来和我玩这个游戏？

生 1：它们和是 63.

教师：（很快地）这 3 天分别是 14 日、21 日和 28 日.

生 2：它们的和是 30.

教师：这 3 天分别是 3 日、10 日和 17 日.

引导学生观察挂历中的规律，通过设未知数，列一元一次方程解决问题.

【霍佳赏析】 ① 在游戏过程中，教师的快速回答问题，激发学生的好奇心、求知欲，为新课创设了良好的情境；② "挂历"还可以引申到自然数按不同方式排列的数表，找规律.

六、情境 7.06——镜子改变了什么

某地某日 10:40 发生了一起凶杀案，警察很快抓获了犯罪嫌疑人，但此人提供了不在场的证据：一张当天上午 10:40 他在钟塔游览的照片，照片的指针如图 2-1-5 所示，这难住了警察，眼看犯罪嫌疑人就要逍遥法外. 同学们，你们能运用今天学习的知识破案吗？

图 2-1-5

问题 1：一位以研究“反射变换”而闻名世界的德国数学家在桌面上用几根火柴棍搭出了一个极不寻常的等式它能成立吗？

问题 2：如图 2-1-6 所示是闹钟在平面镜里所成的像，那么现在的准确时间是________.

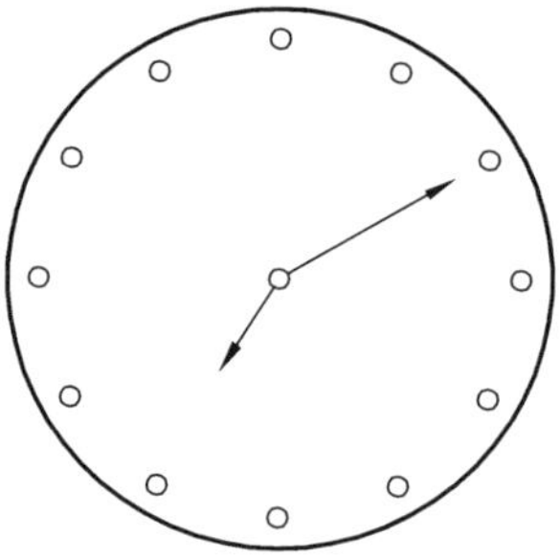

图 2-1-6

问题 3：观察图 2-1-7 中的图形，哪些图形放在一起形成镜面对称（可将图形上下放置或左右放置）？

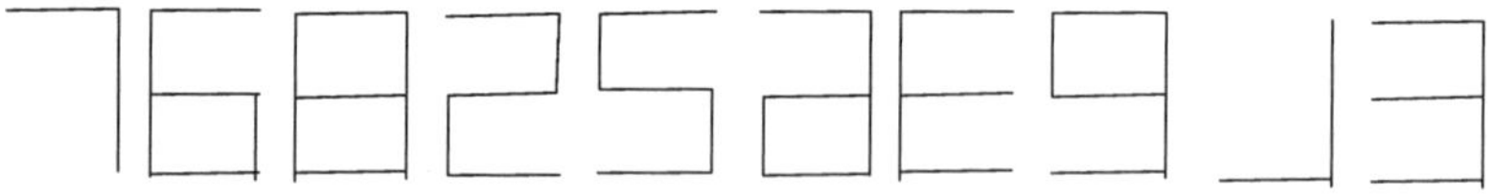

图 2-1-7

【王彤赏析】“对称是一种思想”，蕴藏在日常生活中的各种现象最能激发学生的求知欲和好奇心. 以一件侦探故事开始课堂活动，一开始就营造了一种气氛，使学生急于知道其中原因，找到答案.“兴趣是最好的老师”，学生有了强烈的求知欲望，再层层展开，揭开镜子背后的秘密，那么，学生对本节课会留下深刻的印象. 问题 1 提出的问题隐含了镜面对称的特点；问题 2 回到了问题，解答了时钟的镜像问题，提供了线索；问题 3，为研究镜面反射做好了准备，学生的思索将从生活经验，直观体验过渡到从数学理性的角度去思考.

通过分析、抽象，找出“镜面对称”“镜面像”共同的东西，从而为给“轴对称”下定义做铺垫. 情境“活动”进行数学化才能显示出其教学价值.

七、情境 7.07——停留在黑砖上的概率

创设问题背景，引导学生猜想，感受概率与面积的关系，强调随机性.

提出问题：图 2-1-8 中每一块地砖除颜色外完全相同，小猫分别在卧室和书房中自由地走来走去，在哪个房间里小猫停留在黑砖上的概率大？

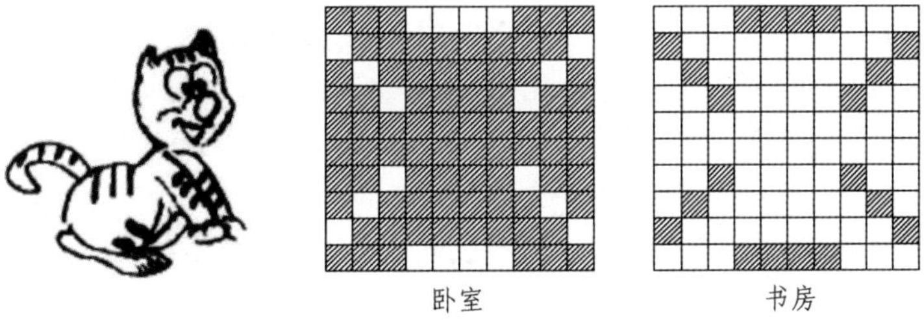

图 2-1-8

学生活动：进行实验（体验学习）.

实验步骤：每组让一名学生随机地向四方格里投掷玻璃球（或硬币）50 次，分别计算玻璃球落在某一格的次数与 50 的比. 学生分组实验观察，将各组的实验结果板书在黑板上.

教师提出问题，学生展开讨论并得出结论：玻璃球落在黑色方格里的结果数和概率？进而考虑，将方格由左上到右下编号：1，2，3，…，100，问玻璃球落在 3 的倍数的方格里的概率应怎样计算？其值是多少？

【王彤赏析】“几何概型”，是概率研究的一个方面. 小猫是一种逗人喜爱的宠物，将二者结合在一起，更加有趣. 概率中许多结论与生活中的直觉是一致的，也有许多是矛盾的. 学生根据生活经验和先前对可能性事件的认

识，正确给出“小猫问题”的结果后，教师又提出一个实验方案，目的一是丰富学生对概率的认识，增加直观体验；二是澄清一些生活中的直觉的错误判断，如与排列位置有关吗？又如，这次掷到偶数方格，那么下次又掷到偶数方格的可能性还是这样的吗？等等.

八、情境 7.08——游戏公平吗?

问题情境：在现实生活中，有些游戏是通过随机性的结果来确定胜负的.

图 2-1-9 所示是两个可以自由转动的转盘，每个转盘被分成了 6 个相等的扇形，利用这两个转盘做下面的游戏：

（a）转盘 A　　（b）转盘 B

图 2-1-9

（1）甲自由转动转盘 A，同时乙自由转动转盘 B.

（2）转盘停止后，指针指向几就顺时针走几格，得到一个数字（如在转盘 A 中，指针指向 3，就按顺时针方向走 3 格，得到数字 6；若指针指向 1，就按顺时针方向走 1 格得到数字 2）.

（3）如果最终得到的数字是偶数就得 1 分，否则不得分.

（4）转动 10 次将得分记入表 2-1-1 中. 得分多的人为胜者.

表 2-1-1

次数										
甲得分										
乙得分										

两种方式的结合：

（1）学生分组活动，进行实验并记录.

（2）演示实验，两名学生先进行猜测，再进行实验.

学生通过操作，分析实验数据，体会必然事件、不可能事件和不确定事件发生的可能性，以及游戏规则的公平性.

【王彤赏析】 在实验中，学生直观感觉到游戏是公平的，但结果不是这样，提醒学生现实生活中直觉有时是不可靠的，需要通过推理计算才能得到正确合理的解释. 体会“事件”的含义，不是指转到偶数（奇数），而是通过计算（顺时针走几格）得到偶数. 为什么直觉会错，是因为直觉判断时没有认识到要得分的事件是什么. 通过游戏进行直观体验是学习概率的一种学习方式.

九、情境 7.09——100 万有多大

准备：多媒体、天平、大米、尺子、计算器.

教师讲解：给同学们讲一个故事. 古时候，某个王国里有一位聪明的大臣，他发明了国际象棋，献给了国王，国王从此迷上了下棋，为了对聪明的大臣表示感谢，国王答应满足大臣的一个要求. 大臣说：“就在这个棋盘上放一些米粒吧，第 1 格放 1 粒米，第 2 格放 2 粒米，第 3 格放 4 粒米，然后放 8 粒，16 粒，32 粒……后一格总是前一格的 2 倍就行，一直到第 64 格.”国王哈哈大笑：“你真傻，就要这么一点米？”大臣说：“就怕您的国库里没有这么多米！算了，我只要第 21 格上的米粒，请允许我把它们带回家.”

同学们，你能帮这位国王算一算，第 21 格上大约有多少米粒吗？这些米粒有多重？如果你是这位大臣，你准备怎样把这些米运回家？

学生活动：

（1）学生拿出计算器进行运算并交流，从而得出结论：$2^{20}=1048576$.

（2）请你估计一下，大臣要把这 100 万粒米带回家，100 万粒米有多重？如果你是这位大臣，你将怎样把它们带回家（出示课题：100 万有多大）.

（3）你能不能想一个办法来计算一下 100 万粒米的重量呢？

（4）学生发表自己的意思，再分组操作：拿出准备好的大米，用天平测量并计算出 100 粒米的重量.

（5）请各组汇报测量结果，感受 100 万粒米的大小.

【杨洪芬赏析】 由故事引入，激发学生的好奇心和求知欲. 原本抽象枯燥的“100 万”，通过老师巧妙设计引入，吸引了学生的注意力. 在计算出米粒的数量结果后，学生会迫不及待地通过实验估算米粒的重量，这样就可以知道是“国王傻还是大臣傻”，进而在学生大脑中就产生了“100 万”的直观认识，这样就可以顺理成章引入新知学习，同时也激起学生探索新知识的欲望.

十、情境 7.10——从不同方向看

准备：多媒体教案、5 个正方体、汽车图片.

教师：我知道很多同学喜欢利用假期游览祖国的名山大川，有没有同学去过庐山？没有，如果有机会的话，希望同学们去看一看. 庐山非常俊美，我国宋代著名诗人苏轼在游览庐山时，曾在西林壁写下著名绝句，有没有同学知道？

学生：《题西林壁》.

教师：喔！大家都知道，谁来背背？

学生：横看成岭侧成峰，远近高低各不同. 不识庐山真面目，只缘身在此山中.

教师：（结合多媒体展示，解释诗句）……同样的庐山为什么给我们展示了千姿百态的风貌？它是否也蕴含了为人处世的道理呢？相信大家通过本节课的学习就会有所认识（出示课题：从不同方向看）.

【王玮赏析】 优美课堂引入，是诗是画，潜移默化中激发了学生热爱祖国的热情；“横看成岭侧成峰”，我们的先辈早在几百年前就发现从不同的方向看物体，会有不同的效果，得到不同的结论.

【杨之赏析】 但这毕竟离数学太远了，应尽快从艺术欣赏过渡到科学分析（画图或模型），让学生观察，进入教学.

十一、情境 7.11——探索三角形全等的条件（一）

教师：请同学们分组做一个游戏，将另一个同学撕碎的三角形还原.

（学生分组活动）先将一个同学准备的两个三角形中的一个按如图 2-1-10 所示的方式撕开，然后请另一组同学将其“还原”——在纸上画出这个三角形，两人或三人一个小组，两个小组交换进行的方式活动，并验证是否可以顺利还原.

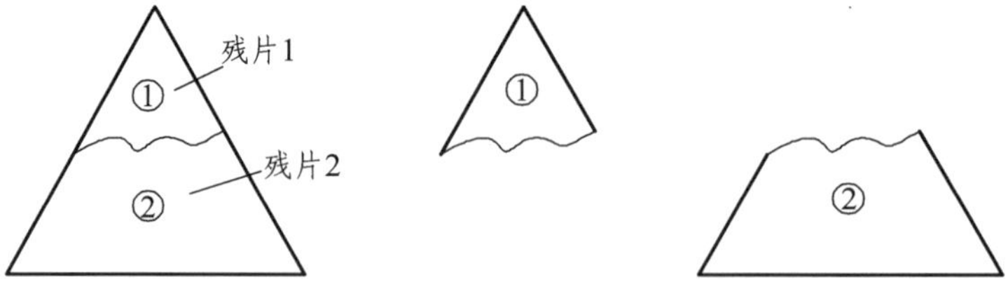

图 2-1-10

教师：在还原过程中，哪些残片可以很快确定原三角形的形状，哪些还要有附加条件？

学生通过实验去直观体验，去思索，并将自己的结论用数学语言表述并进行交流.

【王彤赏析】 通过小组实验的方式进行有关三角形全等条件的探索，充分将班级授课中学生合作学习的优势发挥出来，并且利用拼碎片的形状，形成直观感受，为下一步的探索做好了铺垫；对残片②学生可以很快地进行还原，而对残片①学生则要多些波折才能得出“不能进行还原”的结论，这时教师再及时抛出“如果只有残片①，还需要补充什么条件才能还原？”的问题；对于残片②，到底给我们提供了多少个条件呢？抽象为数学符号语言描述条件？等等问题，则会很好地抓住学生的思想活动，顺理成章地发展，一步步逼近本堂课的教学目标.

十二、情境 7.12——“K 型”全等

教师：如图 2-1-11 所示，同学们看到了什么？

学生：（七嘴八舌）很多五边形，一朵花……

教师：不论你看到什么，请用一个字来形容你看到这幅图的感受.

学生：美！

教师：我们今天的数学探索之旅就从这样一朵美丽的“花”开始，同学们知道老师是怎么画出这样一朵美丽的花的吗？

图 2-1-11

学生：五边形里面装五边形.

教师：对，要解决五边形中这样画五边形的问题，我们先从简单的正方形入手. 同学们解决老师之前布置的课前学习任务了吗？请说一说（出示课前学习内容，并请同学们描述画法）.

【宋敏赏析】 本节课通过让学生欣赏一朵美丽的“花”，同色的 5 个三角形是一个正五边形中分割出来的，观察发现同色的 5 个三角形总是全等的，这就是典型的“K 型”全等. 这个看似与数学无关的活动来引入，直观形象地抽象出“K 型”全等模型，让学生感受到几何图形之美，构造之美，无限之美.

十三、情境 8.01——无理数概念的引入

课前准备：扑克牌（每三人一副）.

过程设计：望着学生满含期待、好奇和疑惑的眼睛（因为他们不知道老师“葫芦里卖的什么药”），老师举着扑克牌说：“我们都知道这是扑克牌，请问它有什么作用？”

学生（争着说）：斗地主、打跑得快、升级、双扣（四川指两副牌的升级）、拱猪……

（等学生停止回答后）

教师：利用扑克牌，我们在数学中可有新的用途？

（学生感到满头雾水，老师随机在黑板上写出：3）

下面三人一组开始小组活动.

活动规则：一位同学负责拿着扑克牌，一个同学负责抽牌报数，一个同学负责记数. 抽牌的同学随意在扑克牌中抽取一张牌，报出牌上的数字（J、Q、K、小王、大王分别记 11、12、13、14、15）；另一位记数的同学则在“3”后面依次记下该数，抽出的牌随机插入扑克牌中就算完成一次记数. 如遇到前面括号中的数，同样依次写出；再抽牌、报数、记数，如此反复下去，大概抽了 10 次左右，教师叫停，然后让各组负责记数的同学将各组得到的数字写到黑板上.

教师：大家看一看，我们都在 3 的后面加一个小数点，这些数有什么特点？

学生：不相等、没有规律……

教师：我们这样不停地做下去，大家想一想能得到怎样的一个小数呢？

学生（齐答）：没有止境的小数（也有学生说是无限小数）

教师：对，是无限小数. 那么是循环小数吗？

学生（绝大部分）：不是.

老师追问：为什么？

个别学生：由于牌是任意取的，具有随意性.

教师（赞许）：非常好！正如前面也有同学提到我们在后面加上的数是任意取的，得到的数具有偶然性，无限继续下去，一般得到的数是无限不循环小数，我们把无限不循环的小数称为“无理数”.

教师：现在，我们知道了扑克牌在数学中新的用途了吧？

学生（笑答）：产生无理数！

教师：可是，没那么简单. 为什么说“一般”产生无限不循环小数，那就是有可能产生循环小数，尽管可能性小. 我们怎样有计划地构造无限不循环小数呢？

（可启发，开平方如 $\sqrt{3}$，构造 0.11010010001……）

其乐融融中，学生既轻松地学习和接受了新的知识，又更好地激发了学习数学的兴趣.

【张小平赏析】 ① 利用同学们身边熟悉而且感兴趣的事物，容易调动学生参与的积极性，顺理成章地引入新课；“疑是思之始”，通过教师不断地巧设疑问，引起学生求知的欲望和思考的兴趣；教师出人意料的举动，往往使学生产生好奇心和疑问，能让学生的思维积极性得到更大程度的提高，进而有效提高课堂教学效益；② 必须认识操作活动的局限性，只产生有限小数，无限小数则在“思想”中产生.

十四、情境 8.02——展开与折叠（勾股定理应用）

准备：课前要求学生每人准备若干个相同正方形纸片.

过程：利用透明胶将其中的 6 个贴起来制作简易的正方体，其余备用.

教师：请同学们设想一下，教室地面墙角 A 有一只蚂蚁要爬到天花板对角处 C_1，请大家为蚂蚁选一条最短的爬行线路（见图 2-2-12）.

生 1：从 A 到 C 再到 C_1.

生 2：从 A 到 A_1 再到 C_1.

生 3：从 A 到 B 再到 C_1.

教师：同学们从不同的方向为蚂蚁选择了不同的爬行线路，那么这些线路是最短的吗？让我们回顾一下两点之间最短是？

学生：线段.

教师：那么 A、C_1 之间最短的应是？

学生：AC_1 这条线段.

教师：蚂蚁能沿这条线爬过去吗？

学生：不能，除非它能飞.

教师：既然蚂蚁不能凌空飞渡，就只能沿墙面爬行，我们知道平面上两点之间线段最短，那么我们在找最短线路时是否应该将蚂蚁爬行的线路放在同一平面上，请同学们结合手中的正方体试一试.

（学生动手得到正方体展开图，找到最短线路，见图 2-1-12）

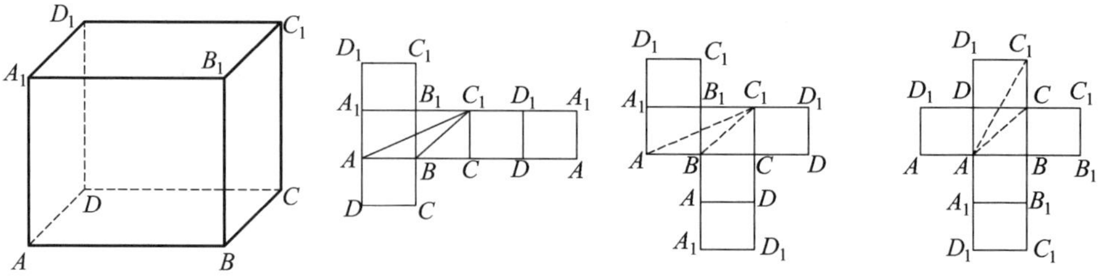

图 2-1-12

教师：出示几个展开图讲解几个可选线路.

教师：刚才，同学们将正方体展开后，我们看到出现了几个图形，也就是说这几个图形可以围成一个正方体，现在请同学们再思考一下，正方体有多少种展开图形呢？哪一种对解答本问题最好用？

（学生继续展开手中的正方体，观察所得到的图形）

教师：大家都动手展开几个正方体，但正方体展开图是否就只有同学们所展开的这几种呢？我们是否可将刚才的问题换一个思考角度：我们都知道正方体有 6 个面，因此我们可以思考 6 个相连的正方形有多少种图形，其中有哪些可以围成一个正方体.

教师：思考，如果长方体（设 $a>b>c$），最短线路又如何呢？

【王玮赏析】 ① 课堂中以形象化的手法引入新课，在轻松愉快中调动了学生参与的积极性，使学生自觉投入到动手实验中；② 让学生研究正方体的展开图并提出研究方法，使学生不至于无从下手，无所事事，在学生的研究过程中发展学生空间想象力；③ 展开方法很多，要有一个标准：保留哪一个面不动，围绕着它展开，就好选择了.

十五、情境 8.03——能得到直角三角形吗？（勾股定理的逆定理）

准备：将一根绳子打上 13 个等距的结.

教师：请 4 位同学，同学 1 同时握住绳子的第 1 个结和第 13 个结，同学 2 握住第 4 个结，同学 3 握住第 8 个结（见图 2-1-13），同学 4 用量角器测出 3 个角的度数，能得到什么结论.

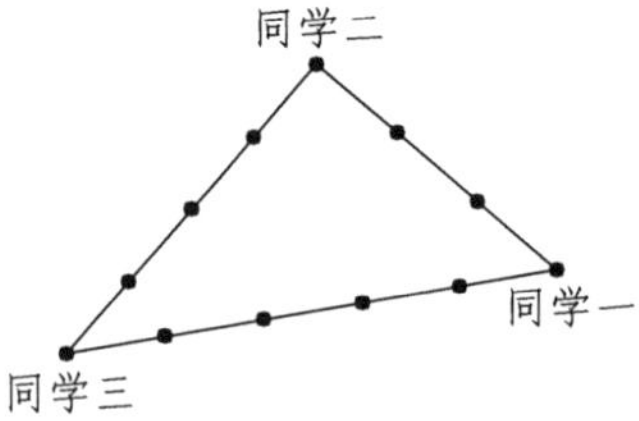

图 2-1-13

学生：是一个直角三角形.

教师：这个三角形的三边分别是多少？它们满足什么关系？

引导学生猜想若三角形三边 a、b、c 满足 $a^2+b^2=c^2$，那么这个三角形是直角三角形. 注意：要让学生明确由特殊归纳、猜想的结论不一定正确，需进一步验证，但上述的结论是一定正确的，我们可以从理论上进一步说明.

【霍佳赏析】 此教学情景体现了由特殊到一般的推理方法，让学生感悟“图形”与“数量”的内在联系，进一步渗透数形结合思想，使学生经历直角三角形判定条件的探索过程，培养学生主动探究的习惯.

【杨之赏析】 如称 3、4、5 为一组“勾股数”，还能举出勾股数吗？引导学生证明“勾股逆定理”（可用同一法或反证法）.

十六、情境 9.01——三角形相似的判定定理

教师：同学们，你们有谁能简单测量出一座建筑的高度吗？一条河的宽度呢？（停顿一会儿）相似三角形的有关知识，将帮助你们找到简单可行的办法.

【谢祥赏析】 从知识可能的应用入手，设计引人入胜的开场白，使将要学习的知识立刻对学生产生强大的诱惑力，从而激发起学生学习的欲望. 接着，如果给出具体问题（如何测量学校旗杆的高度），效果更佳.

十七、情境 9.02——二次函数的引入

小黑板上板书两个问题：

（1）60 m 长的篱笆围成矩形，矩形长为 l（m），面积为 s（m^2），面积 s 与长 l 的关系是什么？当 l 为多长时，s 最大？

（2）矩形长 8 cm，宽 6 cm，剪去四个角（四角为四个小正方形，其边长为 x）. 求剩余部分的面积 y 与 x 的关系？当 x 为何值时，折成的无盖长方体盒子的体积最大？

教师：请大家写出两个关系，试着给出该类函数的名称（学生尝试下定义……）.

学生：二次函数.

教师：此函数的关键特征是什么？你能否给出二次函数一般表达式？

【谢祥赏析】 ① 由实例引出二次函数解析式并加以命名，可激发学生的兴趣；② 由特殊到一般的概括，符合认识概念先感性再理性的认识规律；③ 两道题关于最值的追问，隐含了研究二次函数解析式的必要性.

十八、情境 9.03——根与系数的关系（引入）

准备：老师在黑板上随手写出系数较大的一元二次方程 $2020x^2-2021x+10=0$.

教师：老师不解此方程就能立刻说出方程的两根之和与积，同学们能吗？（激励）

【谢祥赏析】 ①从将要学习的结论出发，创设问题情境，不解方程，就能说出两根之和与积，这是怎么回事？学生的好奇心、求知欲一下子就被激发起来，就像魔术师袖子里冒出来的兔子，稀奇！感觉奇异美. ②又如，提问"一次考试命题想出一道一元二次方程的题目，希望它的两根是 3 和 −8，你能一下子写出这个方程吗？"等，也可起到这样的作用.

十九、情境 9.04——切线的判定方法

准备：在黑板上作 $\triangle ABC$，使得 $AB=AC$，$\angle B=30°$，作 $\odot O$，使点 O 在 BC 上，且过点 A、B，如图 2-1-14 所示.

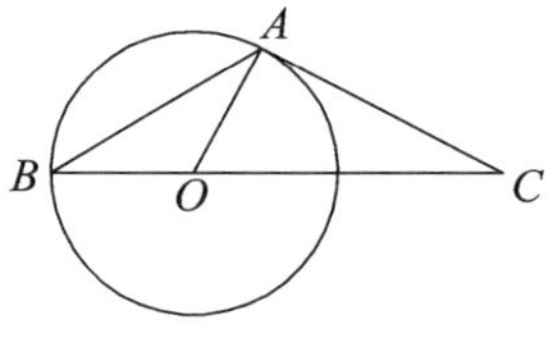

图 2-1-14

教师：怎样判断图中 AC 与 $\odot O$ 是否相切呢？

学生：连接 OA，判断 OA 长是否是圆心到 AC 的距离.

教师：怎样说明 OA 长是圆心到 AC 的距离呢？

学生：只需要 $OA\perp OC$.

学生：注意到 $\angle OAC=90°$.

教师：能证明 $\angle OAC=90°$ 吗？

学生：能.

教师：对于任何一条过半径外端点的直线，要证明它是圆的切线，只需要证明这条直线垂直于这条半径？对吗？（引导学生得出切线的判定定理）

【霍佳赏析】 由特殊的等腰三角形的腰和圆相切的位置关系，创设了问题情境，利用已有的知识，得出了切线结论，有效地运用了从特殊到一般的认知规律.

第二节　教学过程方面的片段

“课题”引进之后，教师就要组织、引导学生展开研讨，运用“教学、学习、研究（发现）同步协调”（就是老师的教，学生的学，统一于师生共同的研究探索之中）的方法，将课程向前推进. 在推进过程中，如何突出重点，以重点带动一般；如何突破（而不是分散）难点，就是要考虑的问题.

这里应指出的是突出数学教学的内容的重点，攻克方法上的难点，恰当地运用一些直观方法（包括实验、观察、操作活动）是完全可以的. 但过多的活动，甚至是非数学的游戏，则是不必要的，这会白白浪费师生宝贵的时间. 因为操作活动，无非是为了吸取经验，现在的青少年，大多经历丰富，见多识广，在教学中，只需开发利用而不必重新操作. 事实上，数学中的许多“操作”，往往只能在“思想”上进行（如一张纸对折 7、8 次已很难，对折 20 次只可靠想象了），这叫作“思想实验”. 数学中的实物操作，并没有特别的意义，更多的实验、观察，应以数、式、图形、表格为对象，更可在电脑上进行.

一、过程 7.01——从不同方向看（一）

准备：5 个大小一样的正方体.

教师：请画出图 2-2-1（a）所示几何体的三视图.

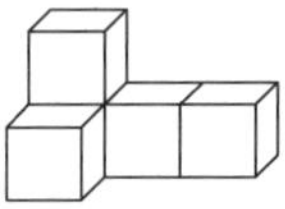

（a）

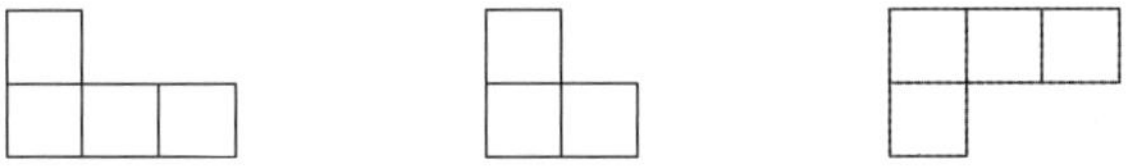

（b）主视图　　（c）左视图　　（d）俯视图

图 2-2-1

教师：如果我们在第一列前后添加小正方体，三视图会怎么变化？

（学生讨论分析后得出：主视图不变）

教师：那么我们在左右各加数量不等的小正方体，三视图又怎么变化的？如果上面上正方体呢？请大家画图、交流，并总结你的结论.

生 1：我们在前面加正方体，主视图不变，但左视图与俯视图要变.

生 2：看图画左视图时，我们在左右加正方体，则左视图不变，主视图与俯视图要变化. 如果我们在几何体上面加正方体时，将几何体加高，则只有俯视图不变.

生 3：老师，我觉得在前后与左右加正方体时，应该在高度上加以限制，即不能超过原有的每列的高度，这样才有主视图或左视图不变.

教师：三位同学总结得非常漂亮，尤其是第三位同学，敢于质疑，将我们的结论总结得更加完美……

【陈波赏析】 在图形的变换中，发展学生的空间观念及分析归纳能力. 片段中，让学生经历图形的增减变化，通过对比，分析、归纳寻求三视图的变化规律，在此过程中使学生思维能力得到发展.

二、过程 7.02——两个负数比较大小

准备：（板书）例 1：比较大小 -6 与 -3.

教师：请大家动手画一条数轴，并在数轴上标上 -6 与 -3，利用数轴思考 -6 与 -3 谁大？为什么？

学生：-6 在 -3 左边，所以 $-6<-3$.

教师：这是一种规定，反映了落得越远的跑得越慢，是按顺序性规定的.

教师：但是，我们从绝对值角度考虑 $6>3$.

这是另一种规定，反映了欠债越多的，财产越少.

6 是 -6 的______（有意停顿，让学生补充）.

3 是 -3 的______（停顿，让学生补充）

我们得到的一个重要发现：可以规定，两个负数，较小负数的绝对值______，（学生补充）较大负数的绝对值______（学生补充）.

想一想，能否反过来，利用绝对值大小比较两个负数的大小？大家猜想一下会有什么结论？

学生：两个负数，绝对值大的反而小（猜想）.

教师：能否用数轴给予说明（实为简单证明）.

板书：两个负数，绝对值大的反而小.

例 2：比较大小：$-\frac{2}{3}$ 与 $-\frac{3}{4}$（①用数轴法；②用绝对值法）.

教师：完成例 2，并尝试概括比较两个负数大小的步骤……可见，两种规定是一致的.

变式训练：

① $-\frac{1}{2}$与$-\frac{1}{3}$，② $\frac{1}{2}$与$\left|-\frac{1}{3}\right|$，③ $-\frac{1}{2}$与$\frac{1}{3}$

【谢祥赏析】 ① 引导学生认识数的大小，有两种规定，它们是一致的；② 逆向思考，提出猜想：两个负数，绝对值大的反而小；③ 引导学生利用数轴给出简单语言叙述，数形结合解决问题；④ 放手让学生自己总结方法，步骤；⑤ 例题安排由浅入深，有层次感，特别是最后的变式训练②③两小题的安排，对“思维定势”起到警示作用，也加深对“绝对值大的反而小”是只针对“两个负数”而言的理解.

三、过程 7.03——相反数概念教学

准备：在黑板上板书.

A 组：$+3$与-3；$+1$与-1；$\frac{1}{2}$与$-\frac{1}{2}$；0与-0；a与$-a$.

B 组：2与-3；-5与$+6$；-7与2.

教师：请大家观察这两组中各对数各有什么特点？

生 1：A 组每对数中只有符号不同，其余都相同. B 组每对数中，除了符号不同，符号后的数值也不同.

教师：大家观察很仔细，A 组中，每对数只有符号不同，我们把这样的两个数叫互为相反数.（板书相反数的代数定义，并对“互为”加以解释）

教师：你们能再举一些互为相反数的数对吗？（让学生多举一些例子，加强对定义的理解）

教师：现请大家把 A 组的每对数分别表示到数轴上（请一名学生上黑板完成，并加以评定）.

教师：请大家观察在数轴上表示两个互为相反数的点具有什么特点？（可提示与原点的关系来考虑）

生 2：互为相反数的两个点在原点的左、右两侧，并到原点的距离相等.

教师：很好，大家知道了互为相反数的两个数组数轴上位置的特点了，那么在数轴上怎样的两个数互为相反数呢？

生 3：在数轴上位于原点的左、右两侧，且到原点的距离相等的两个点所代表的两个数互为相反数.（板书互为相反数的几何意义：关于原点对称的两个点所表示的数.）

教师：想一想，我们的有理数除了正数，负数还有什么数？

生众：0.

教师：那么零的相反数是什么？

生众：0.

教师：符合定义吗？

学生：0 与 - 0 一样，0 与 - 0 也只有符号不同.

教师：0 的相反数是 0，它是相反数定义的一部分.（将 0 的相反数是 0 板书在相反数的定义后面）

游戏：两名同学分成一组，一个同学说原数，另一个同学说相反数，或一个同学说相反数，另一个同学说原数，看谁答得快.

【谢晓燕赏析】 借助学生已有的知识，列举具体数据，让学生辨析，归纳总结出相反数的代数定义和几何定义，在概念的形成中展示由表象概括到抽象概括到思维认识过程；让学生从不同的方面建立相反数的概念，使学生加深了对概念的理解，同时让学生对概念的概括能力得到了训练.

【杨之赏析】 如有学生问老师：在相反数的定义中“只有符号不同”，为什么不说“什么相同”？老师将如何回答？老师必须弄清楚，不能把学生堵回去.

四、过程 7.04——相反数的意义

课前准备：黑板上画一条数轴.

教学过程：

请观察以下各数对，看看有什么特点：

3 与 - 3； - 5 与 5；7 与 - 7； - 3.4 与 3.4；0 与 - 0；a 与 - a.

学生总结归纳.

教师：我们把只有符号不同的两个数叫作互为相反数，（杨之点评，什么相同？妙在不言）你能写出下列数的相反数吗？

4， - 8，5.6， - 7.3，a.

学生：……

教师：请问， - 3 与 + 4 是相反数吗？

（强调：只有符号不同，这里数字也不同）

教师：在数轴上，两个相反数有什么特点呢？请在数轴上找出 3 和 - 3 所对应的点.

（在数轴上找到并用字母表示，学生讨论有什么特点）

生 1：一正一负，在原点的两侧.

生 2：好像到原点的距离相等.

见图 2-1-12 教师：对，再看看 – 5 与 5 呢？

学生：也是一样.

教师：那么我们能不能得到一般的结论是什么呢？

学生：互为相反数的两个数的点，分布在原点的两侧并且到原点到距离相等.

教师：注意，这只是相反数的几何意义，不是定义.

教师：（1）有一个数轴上的点到原点的距离是 7 个单位，那么该点对应的数是什么？

（2）在数轴上给定一个点，请找出它表示的数的相反数所表示的点.

（3）0 的相反数是什么？

【宋利川赏析】本片段通过学生观察、归纳得到结论，相反数的定义，培养学生的观察归纳能力，并让学生经历特殊到一般，再由一般指导特殊的过程，从而培养学生探究知识并应用知识解决问题的能力，体会成功感.

【杨之赏析】 注意：在相反数的定义中，说“只有符号不同”，而不说什么相同，很妙. 因为不能说，一说就给“绝对值”的定义造成困难.

五、过程 7.05——相反数与绝对值

教师：我们已经学习了相反数与绝对值的概念，你能谈一下你对这两个概念的认识吗？

生 1：两个数只有符号不同，那么这两个数互为相反数，绝对值指的是数轴上一个数到原点的距离.

生 2：0 的相反数、绝对值都是 0.

教师：那么相反数与绝对值有什么联系与区别呢？（学生讨论）

生 3：我谈区别，正数的相反数是负数，负数的相反数是正数，但任何数的绝对值都不可能是负数；只有符号不同的两数互为相反数，还有相同的部分呢？这就是绝对值，可见相反数的绝对值相同.

生 4：在数轴上，不为 0 的两个数互为相反数时，一定分布在原点的两侧，且到原点的距离相等.

教师：这个距离是指什么呢？

生 4：就是指这两个数的绝对值.

教师：这是循环定义.

生 5：求绝对值时，正数和 0 的绝对值就是它自己，而负数的绝对值就是它的相反数，互为相反数的两个数绝对值相等.

教师：定义绝对值的关键词是相反数,（停顿）不用距离；定义相反数的关键词是只有符号不同.

【陈波赏析】 ① 学生学完相反数和绝对值两个概念，极易混淆两者，反思性地分析理清它们的联系、区别是概念学习的好方法；② 这里，老师应归纳几条结论，让学生明确（如相反数、绝对值、距离定义的顺序等）.

【杨之赏析】 在“相反数”的定义中，不说“什么相同”，因为一说就导致循环定义，真是“妙在不言中”.

六、过程 7.06——有理数加法法则的学习

运算操作（学生活动）计算一支足球队在一场足球比赛时的胜负可能结果的各种不同情形.

$(+3)+(+2)\to+5$，$(-2)+(-1)\to-3$，$(+3)+(-2)\to+1$，$(-3)+(-2)\to-5$，$(-3)+0\to-3$，$(+3)+(-3)\to0$

（其中每个和式中的两个有理数是上、下半场中的得分数）

教师：从以上算术式我们是否可以分析出有理数加法的符号规律呢？

学生易分析出同号相加、异号相加、一个数同零相加等的过程.

教师把各种规律综合在一起，成为一个完整的有理数加法法则，并产生求有理数和的方法：有理数 + 有理数 = ①符号；②数值.

【刘萍赏析】 有理数加法法则以一种综合的心理图示建立在学生的头脑中，其中既有具体的足球比赛的实例，又有抽象的操作过程.

七、过程 7.07——有理数的加法

准备：投影仪.

出示投影：“$(-3)+(+2)=$？能否根据自己已有的经验探索结果？”

（学生讨论）

生 1：$(-3)+(+2)=-1$. 如以正东为正，向西走 3 m，计作 -3 m，再向东走 2 m，计作 $+2$ m，最后结果是向西走 1 m，计作 -1 m. 因此，$(-3)+(+2)=-1$.

生 2；我欠小王 3 元钱，计作 -3，第二天，我还了小王 2 元，计作 $+2$，结果我还欠小王 1 元钱，计作 -1. 因此，$(-3)+(+2)=-1$.

教师：刚才两位同学根据自己的实际经验探索出，$(-3)+(+2)=-1$. 同理，我们也可以探索其他有理数的加法运算法则.

【王玮赏析】 生活中处处有数学的素材，培养学数学的探索意识，引导学生去观察生活，领悟生活中的数学，巧妙设置情景，引出课题，一则让学生有兴趣，二则让学生觉得数学法则也是有来历的，三则培养学生的自信心，因为自己也可以归纳出法则，享受成功的快乐.

【杨之赏析】 导入课题后，教师要运用适当的模型（如水面升降模型、火车运动模型等）系统地探索有理数加法法则，不可停留在零星的举例上.

八、过程 7.08——同类项概念的探索

教师：多项式 $3x^2y-4xy^2-3+5x^2y+2y^2x+5$ 有几项？它们分别是什么？

学生：六项，它们分别是 $3x^2y, -4xy^2, -3, +5x^2y, +2y^2x, +5$.

教师：在其他项中能否找出与第一项 $3x^2y$ 可归为一类的项？

学生：第四项 $+5x^2y$ 与 $3x^2y$ 可归为一类.

教师: 这两个可归为一类的项具有什么共同特征？（让学生交流并归纳，教师补充）

学生：①所含字母相同；②相同字母的指数分别相同.

教师：谁能说一说什么样的项是同类项.（学生回答）

教师：想一想同类项的系数该怎么看呢？（是相同还是不同）

学生：可以相同，也可以不相同.

教师：字母排列顺序呢？

学生：也可以不管.

教师：为什么呢？

学生：因有乘法交换律.

教师：根据定义，上面的多项式还有哪些项是同类项呢？

学生：第二项 $-4xy^2$ 与第五项 $+2y^2x$.

教师：为什么？其实只要注意几个条件？

学生：判断同类项的两点，一是所含字母相同，二是相同字母的指数分别相同.

教师：什么可以不管？

学生：系数与字母的排列顺序.

教师：这叫两同两不管.

【刘萍赏析】 学生积极思考，主动探索，促使概念形成，让学生感受到

了付出劳动，得到发现，取得成功的乐趣．因此，经过师生的互动交流，学生对概念的认识清清楚楚．

【杨之赏析】 应引导学生进一步思考：“同类项”的这个“标准”合理吗？为什么要有这个概念？

九、过程 7.09——代数式求值

教师：展示例题，已知 a、b 互为相反数，求代数式 $3a-b+(-a)+3b$ 的值．

学生化简得到：$3a-b+(-a)+3b=2a+2b$．

教师：怎么利用 a 与 b 互为相反数的条件？

生 1：a、b 互为相反数，设 $a=1$，$b=-1$，得 $2a+2b=0$.

（学生议论，还可以设 $a=2$，$b=-2$；$a=0$，$b=0$ 等）

教师：a，b 互为相反数，大家能取完具有这种特征的数吗？我们还有没有其他方法来解决问题？

生 2：因为 a、b 互为相反数，所以 $a+b=0$，$2a+2b=2(a+b)=2\times0=0$.

教师：好，同学们抓住了 a 与 b 满足的关系，从特殊的规律研究出了一般的规律．实际上大家所用到的方法就是数学中的整体代换思想方法．

变式：已知 $2x-3y=5$，求 $4x-6y-3$ 的值．

教师：进一步引导学生观察已知条件与所求代数式的特征，了解 x 与 y 的具体取值不能确定的情况下尝试将 $2x-3y$ 看成一个整体，在 $4x-6y-3$ 中构造出 $2(x-3y)-3$，用整体代换思想求出代数式的值．

【陈波赏析】 ① 展现由特殊到一般的研究方法；② 在教学中渗透整体代换的思想；③ 变式举例过于浅显，还可以设计有一点难度的问题，实现思维训练的进阶，如变式已知 $\frac{1}{x}-\frac{1}{y}=\frac{1}{x-y}$，求 $\frac{y}{x}+\frac{x}{y}$ 的值．

十、过程 7.10——规律探究

准备：坐标纸．

教师：展示例题，线段 AB 上有一个点时，图 2-2-2 中有 3 条线段，AB 上有两个点时，有 6 条线段，AB 上有三个点时，有 10 条线段，则有 n 个点时，有多少条线段？（师生共同列表分析）

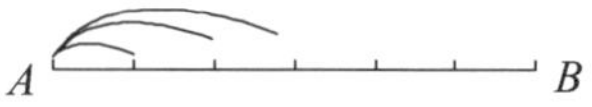

图 2-2-2

点的个数（n）	1	2	3	4	5	…	n
线段条数（s）	3	6	10	15	21	…	

生 1：当点的个数为 2 时，6 可以看成 $3+3$，依次可以写为 $n=2$，$s=3+3$；$n=3$，$s=3+3+4$；$n=4$，$s=3+3+4+5$；$n=5$，$s=3+3+4+5+6$.

生 2：当点的个数为 1 时，3 可以看 $1+2$，于是可得出，

$$\begin{aligned} s &= 3+3+4+5+\cdots\cdots+(n+1) \\ &= 1+2+3+4+5+\cdots\cdots+(n+1) \\ &= \frac{(n+2)(n+1)}{2} \end{aligned}$$

教师：观察 $s=\dfrac{(n+2)(n+1)}{2}$，这是一个二次函数的解析式，那么你还能从什么方面考虑这种规律的探究方法？

生 2：将点数与线段数对应写成坐标（1，3），（2，6），（3，10），（4，15），（5，21），（6，28），在坐标系中描点连线后我发现图形是抛物线的一部分，那么规律肯定体现了二次函数的特征，所以用求二次函数解析式的方法可以解决.（展示图象及过程）

教师：总结、归纳……

【陈波赏析】 ① 让学生在学习数学方法的同时，学会反思，发展思维；② 在规律探索中渗透函数思想.

十一、过程 7.11——七巧板

课前准备：学生找资料或上网查询有关七巧板的资料.

教学过程：

活动 1：让学生说一说七巧板的设计和制作意图.（此项活动老师事先要求学生回去找资料或上网查询）

活动说明：此活动的目的是让学生学会自己解决问题，并在此活动中学会更多的知识，感受祖国光辉灿烂的文化，培养学生的爱国主义精神.

活动 2：学生观察课本上的七巧板图案（或老师事先画好的七巧板），并经过自己探索后，制作出有自己特色的七巧板.

活动说明：此活动意在让学生学会观察分析观察问题分析问题，并在制作过程中加深对所学过的线段、平行线、垂线、锐角、直角、钝角等有关概念的理解和掌握，培养学生学好数学的信心和兴趣.

活动 3：小组内交流各自制作七巧板体验，并让两到三名同学上讲台代表本组发表自己的感受，如果有别的组的想法不一样，则让更多的同学上台展示自己.

活动说明：此活动意在让学生学会欣赏别人，理解和尊重他人的见解，并能从中学会提出问题，表达自己意见的能力.

活动 4：寻找七巧板中所蕴藏的数学知识.

（1）一个正方形被几条线段分割成七块？

（2）图中有几组相互平行的线段？几组相互垂直的线段？

（3）图中有几个锐角？几个钝角？几个直角？

活动说明：通过此活动加深学生对线段中点、平行线、垂线、锐角、钝角、直角等有关几何概念的认识，丰富学生的几何概念和数学意识.

活动 5：用剪刀把自己的七巧板中的七块几何图形剪下来，拼成自己喜欢的图形并赋予其意义，且在组内与同学交流思想.

活动说明：通过学生动手操作，培养动手实践能力和创新精神；通过与组内同学间的交流，培养学生的探究性学习能力和合作学习的意识；通过赋予图案的意义，培养学生的空间想象能力，体验获得成功的喜悦.

活动 6：新闻话发布会.

学生自由上台展示自己所拼的图案，向老师、同学说明自己所画图案的意义，对同学和老师的提问做出合理的解释. 在此基础上指出，自己或别人的图案中有哪些平行线？垂线有几个锐角？几个直角？几个钝角？

活动说明：此活动意在给学生一个发现自己表现自己创造力的空间和时间，使学生各自的个性得到充分的发挥，满足学生个性的发展.

活动 7：把小组内的几个同学的图案拼在一起，看看能得到一个什么样的图案，或者能否编出一个数学故事.

活动说明：这是本节课的最后一个活动，意在培养学生的团队合作精神，体现数学的文化价值.

【宋利川赏析】 通过不同的活动，培养学生的观察能力、归纳能力以及动手动脑的能力，让学生通过展示成果，体验合作精神和成功感，同时学到一些数学知识.

十二、过程 7.12——百分比问题

动脑筋：一件商品，现已涨价 25%，如果再要恢复原价，那么降价百分率还是 25% 吗？

准备：在黑板上板书此题.

教师：怎样求降价百分率呢？（学生各抒己见）建议引入恰当的辅助量，如本题我们最关心的是这件商品的原价为多少，因此可用一个字母 m 来表示原价，这个字母表示已知，然后再用 x 来表示所求百分率，于是可画出如图 2-2-3 所示.

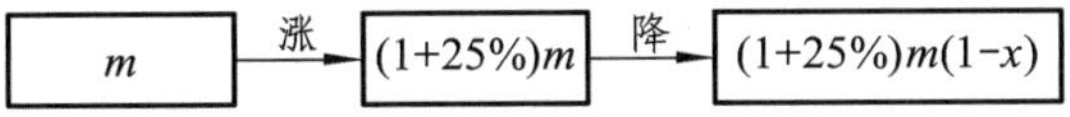

图 2-2-3

依题意，得 $(1+25\%)m\cdot(1-x)=m$

解得：$x=20\%$.

【刘贵斌赏析】 恰当引入辅助量可以让疑难问题化难为易，用图示法呈现问题解决的思路过程，更易于理解.

十三、过程 7.13——数据的收集（二）

教学过程：

教师：大千世界，芸芸众生，相聚是缘分.

问题 1：我们班学生中有同月同日出生的吗？

学生 1：我们可以收集一些数据进行考察和说明.

教师：太好了！那么，怎么让数据说话、数据怎样收集呢？具体的我们该怎么做呢？我很想听听同学们的建议和方法.

学生 2：可以先按月份来对全班同学和老师您进行分类记录，然后再看一个月中是否有同一天出生的人.

学生 3：可以采用举手示意的方式.

学生 4：老师您可以在黑板上做记录，请两位同学唱票.

学生 5：学生们报出的月份必须统一成阳历或者农历.

学生 6：数据一定要真实！

学生 7：也可以分组……

教师：好，同学们分小组经历调查和收集数据的过程.

问题 2：要求调查事件、展示数据、发表评论、提出建议. 希望同学们的选题能来自生活.

学生 8：关于中学生近视的调查报告.

学生 9：关于青少年饮食习惯（中西餐）的调查报告.

学生 10：关于学生们对各门学科喜好程度的调查报告.

学生 11：关于卫生习惯的调查报告.

……

【宋利川赏析】 问题 1 的设计，让学生在一个十分人文的数据收集过程中，亲历调查收集数据的六个步骤，同时充分感受到整个数据的收集在十分温馨、和睦、快乐的气氛中进行着.每一次、每一组生日的“偶遇”都给师生们带来莫大的惊喜和亲情，作为一名教育者，我很想告诉学生们的就是：“珍惜缘分，感恩生活”，那是人生应该拥有的温度！

问题 2 的设计，不仅给了学生独立、自由、民主、宽松的思维空间，同时也给予了学生挑战性的课题，当然，有一种超然的自信在学生们对报告的设计阐述中渐渐升华.

十四、过程 7.14——整式的乘法（多项式乘以多项式）

准备：4 张如图 2-2-4 所示的长方形卡片.

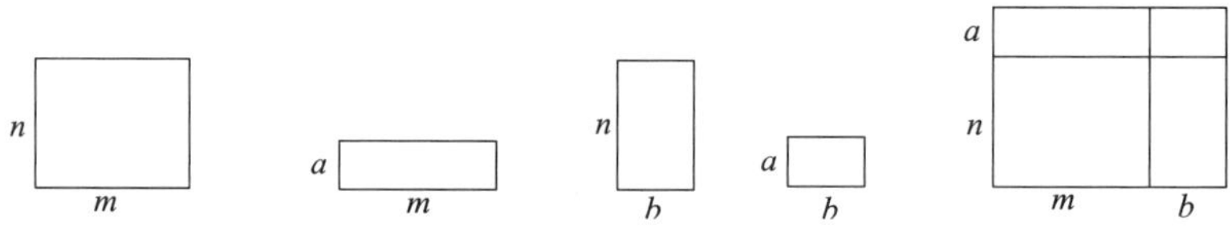

图 2-2-4

教师：你能将这 4 张卡片拼成一个大的长方形吗？（引导学生拼出大的长方形）

教师：大的长方形有很多拼法，展示学生的各种拼法.

教师：你能用不同的方法表示这个长方形的面积吗？

生 1：可以表示为 $(m+b)(a+n)$.

生 2：可以表示为 $a(m+b)+n(m+b)$.

生 3：可以表示为 $mn+nb+am+ab$.

教师：这些同学所说的都是表示的大长方形的面积，因此有 $(m+b)(a+n)=a(m+b)+n(m+b)=mn+nb+am+ab$.

引导学生领悟出多项式乘法的法则.

【霍佳赏析】 从感性认识到理性认识，使知识点的难度降低，使知识点更具体、更形象，学生更容易接受.

【杨之赏析】 引导学生应用推广的乘法分配律，去推导多项式乘法法则，并反思多位数乘法法则.

十五、过程 7.15——平方差公式

准备：一张正方形纸、剪刀，学生分组（二人一组）.

教师：请操作并思考，如图 2-2-5 所示.

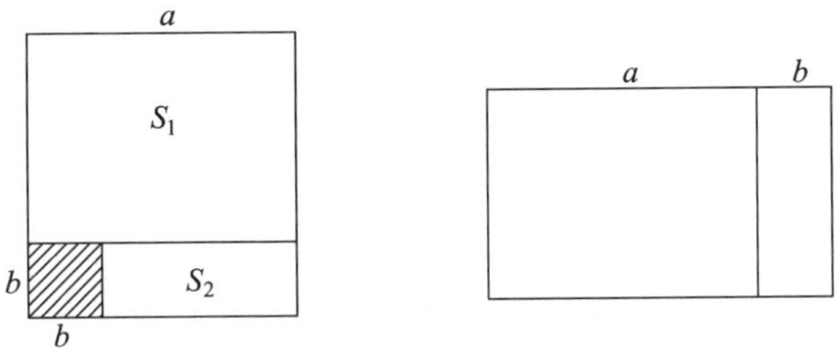

图 2-2-5

（1）$S_1 =$ ______?

（2）能将这个图形剪切成一个矩形吗?

（3）你有什么新的发现吗?

学生活动，并进行记录，形成有关的代数式，得到 a^2-b^2 和 $(a+b)(a-b)$ 之间的相等关系 $(a+b)(a-b)=a^2-b^2$.

教师：用多项式乘以多项式计算 $(a+b)(a-b)$ 会有什么结论？计算 ① $(x+2)(x-2)$，② $(y+3z)(y-3z)$ 你能有什么新发现，会用这个发现的结论去计算 $(5+6x)(5-6x)$，$(-m+n)(-m-n)$ 吗?

【王彤赏析】 首先是通过做一个数学实验去得到平方差公式的一个结论，渗透了“数形结合”的思想，不是将代数与几何分割开来，而是利用代数知识的学习，去渗透其几何意义；其次是在利用几何图形得到初步结论的同时，又回归到乘法运算的代数知识，从多项式乘法的角度得到规律性的结论，使平方差公式的代数意义和几何意义都较完整地呈现给学生．在这里“数形结合”的意义将在完全平方公式的学习中再次得到加强，使学生形成代数、几何是相互密切联系的印象.

【杨之赏析】 应当指出这种“结合”的局限性：因“式子”可能是负的．如 $(-x^2-y^2)(-x^2+y^2)$ 怎样画成图形？多项式乘法法则的基本依据仍是乘法分配律.

十六、过程 7.16——角与角之间的特殊关系

教师：用量角器验证图 2-2-6 中的 $\angle 1+\angle 3=180°$.

学生：（推广到一般）如果两个角的和等于一个平角（180°），就说这两个角互为补角，简称互补.

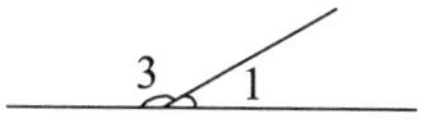

图 2-2-6

教师：因为 $\angle 3+\angle 4=180°$，所以 $\angle 3$ 和 $\angle 4$ 互为补角.

学生：$\angle 3$ 和 $\angle 4$ 互为补角，同样，$\angle 4$ 也是 $\angle 3$ 的补角.

【宋利川赏析】 用类比、归纳法教学，培养学生的知识迁移能力.

教师：分小组讨论，探究下列问题.（借助多媒体投影）

（1）关于互补两角，请你发表一些看法.

（2）如何表示一个角的补角？

（3）相等角的补角大小如何？

（4）一个锐角的补角比这个角的余角大多少度？

（5）互余的两个角一定是锐角吗？互补的两个角呢？

（6）若一个角与它的余角相等，则这个角是多少度？若一个角与它的补角相等，则这个角又是多少度？

（7）邻补角不重合的两边如何？

（8）互余两角顶点及一边重合，另一边会如何？

（9）两边分别平行的两角，如何？

（10）两边分别垂直的两角，又如何？

学生 4 人一组，热烈而充分地讨论了 6 分钟，出色地回答了所有问题.

生 1：互补的两角一定不都是锐角.

生 2：可看成互补的两角中，其中一个是锐角，则另一个是钝角；一个是直角，则另一个也是直角.

【宋利川赏析】 通过分小组“自主学习，交互讨论，合作探究”的学习方式，凸显“学生是数学学习的主人”，学生的讨论可谓“嘈嘈切切错杂弹”，结果汇报却是“大珠小珠落玉盘”.

十七、过程 7.17——角与角之间的特殊关系

教师：两条直线相交，构成了 $\angle 1$，$\angle 2$，$\angle 3$，$\angle 4$ 四个角，若 $\angle 1=30°$，则 $\angle 2=$______，$\angle 3=$________，$\angle 4$ ________.

经过学生回答与补充得出：$\angle 1$ 和 $\angle 3$ 叫作对顶角，$\angle 2$ 和 $\angle 4$ 也叫作对顶角.

【宋利川赏析】 从具体的计算中，凭直觉得出结论，渗透从特殊到一般的思想方法.

学生用自己的语言表述.

生 1：对顶角相等.

生 2：顶点重合.

生 3：两边分别互为反向延长线.

【宋利川点评】 问题在尝试中逐步解决，鼓励学生用自己的语言描述所得的结论，虽然学生的回答中有许多不成熟之处，但这却是真实地反映出学生的认知水平. 弗赖登塔尔说："对知识的感觉和体验，有着很大的解释余地，以至于教师无法再垄断对它的解释."

教师：再仔细想想，∠1 的补角有______，它们相等吗？你能证明吗？能用"同角的邻补角相等"证明"对顶角相等吗？"

分析：此题为例 2 的变式题，在新的问题情境中，调动学生的思维，把思考的时空还给学生.

学生在充分思考后回答问题.

【宋利川赏析】 在问题的回答中暴露学生的思维过程.

【杨之赏析】 由观察给出猜想，由证明确定猜想为定理，是数学常规.

十八、过程 7.18——平行线的认识

准备：方格纸，无方格的一张白纸、直尺、三角板.

教师：请同学们在方格纸上画出平行线，与同伴交流有几种画法？（借助投影仪展示学生的画法，通过学生动手操作，师生共同总结三种画法：横、竖、斜）.

教师：请大家考虑：这样画出的两直线必定平行吗？为什么？

教师：再给出一张白纸，让学生尝试画图，老师巡回加以指导（多媒体演示画法）.（师生共同总结画图的关键：一放、二靠、三推、四画，让学生利用上面的作图方法，思考回答给出的问题，并动手操作，进行探讨交流，由学生归纳总结，老师从旁引导得出，经过直线外一点，有且只有一条直线与这条直线平行）

教师：这结论能证明吗？

【刘萍赏析】 学生相互学习，在操作中学生动口、动手、动脑，充分调动了学生的各种感官参与学习，使学生在不知不觉中接受新知识，有利于难点的突破，同时又在操作中，培养了学生的思维能力和概括能力.

【杨之赏析】 数学学习必须从操作到严格表述、计算、推理证明，否则，只是游戏.

十九、过程 7.19——探索直线平行的条件

准备：学具（三条木棒）、作图工具.

教师：工人师傅如何钉一个与已知木棒平行的木条呢？请同学们思考？

教师：请同学们用手上的学具去探究直线平行的条件．如图 2-2-7 所示转动木条 a，如何得到 $a /\!/ b$．当 $a /\!/ b$ 时，你有什么发现？

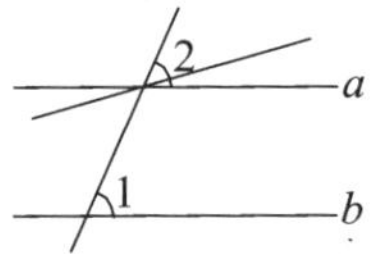

图 2-2-7

学生实验后可以得到：转动木条 a，角度也会变化．

教师：$\angle 1$ 和 $\angle 2$ 有什么关系？$\angle 1=\angle 2$，$\angle 1$ 和 $\angle 2$ 是什么位置关系的角？（同位角）

学生可得到：同位角相等，两直线平行的猜想．

教师：你会画平行线吗？在画图过程中，上面的猜想会怎样帮助你？

教师：能证明你的猜想吗？

（学生活动）

【王彤赏析】 利用问题情境引入课题，体现了判定两直线平行同角变化的关系，通过实验启迪思维（注意：实验不是做数学），用变化中的木条 a 来凸显同位角相等是两条直线平行的必要条件，同时通过画图过程中的几何原理的揭示，把几何作图依据一定的几何原理的事实潜移默化地呈现出来，为后续学习几何作图和利用几何作图证明命题打下基础．

二十、过程 7.20——探索三角形三边关系

准备：两根长度不相等的小木棍、一根电视天线（可伸长、缩短）．

教师：拿出课前准备好的小木棍和电视天线，同时让一位同学上讲台帮忙．先让学生拿着两根小木棍，让小木棍的一端黏合在一起，另一端分别与电视天线贴合，然后老师逐渐伸长（缩短）天线，让下面学生仔细观察天线的长度改变对三角形形成的决定因素；最后老师引导学生用书面语言总结三角形三边的数量关系．

【唐有林赏析】 天线长度的伸长（缩短）非常直接，形象地说明三角形两边之和大于第三边，两边之差小于第三边，学生在轻松、愉快的氛围中掌握三角形三边关系．

二十一、过程 7.21——三角形的三边关系

准备：让每个学生事先准备好长度 6 cm、10 cm、12 cm、15 cm、20 cm 五根小木棒．

教师：大家利用手中的 5 根小木棒任取 3 根按三角形的定义将其首尾相接，拼成三角形，并将能拼成和不能拼成三角形的三根小木棒的长度分别做

好记录回答下列问题：

问题 1：是否是任意三根小木棒都能拼成三角形？

问题 2：有几组三根小木棒能拼成三角形？

问题 3：有几组三根小木棒不能拼成三角形？

问题 4：通过记录，观察能构成的三角形的三根小木棒的长度，猜想，构成三角形的任意两边长度之和与第三边的长度之间存在什么数量关系？

问题 5：请用简洁的文字归纳你的猜想？你能证明你的猜想吗？

【谢晓燕赏析】 用一连串的问题引导学生思维的逐步深入，并通过动手、动口、动脑来完成探究学习的过程，培养学生的探究能力和归纳能力.

【杨之赏析】 注意：问题 1 和 3 得出的“猜想”中，有暂时证不出的，但应告诉学生，今后是可以证明的.

二十二、过程 7.22——已知三角形三边，判定三角形的形状

准备：两根木条、一根橡皮筋. 先将两根木条的一端定在一起（可以转动木条），然后另两端分别与橡皮筋两端连接.

教师：先固定一根木条，转动另一根木条，当两木条处于垂直关系时停下来，一方面让学生仔细观察图形，同时让学生回答此时三角形三边关系（a，b 分别表示两木条长度，c 表示橡皮筋长度）.

学生：$a^2+b^2=c^2$.（好！给予表扬）

教师：反问若 $a^2+b^2=c^2$，那么三角形为直角三角形吗？为什么？（正确回答是据勾股逆定理）进而将橡皮筋再拉长（很直观），即 c 边变大，c^2 变大，而 a^2，b^2 不变，故有 $a^2+b^2<c^2$. 这时，橡皮筋所对应角变大；反之即 c^2 变小，而 a^2，b^2 不变，故 $a^2+b^2>c^2$，边 c 所对角如何？学生可归纳出：

一个三角形最长边 c 与较短两边 a，b 有如下关系：

$a^2+b^2>c^2$ 三角形为锐角三角形；

$a^2+b^2=c^2$ 三角形为直角三角形；

$a^2+b^2<c^2$ 三角形为钝角三角形.

【唐有林赏析】 斜三角形形状与边的相互关系属于高中内容，在这里用“勾股逆定理”作工具去研究，通过木条的旋转，橡皮筋的伸长、缩短来直观刻画对应角与直角比较，观察变化规律，从而得出结论，真正体现了抽象问题具体化.

【杨之赏析】 同时，写出来或严谨表述，就是证明，可要求学生写出来.

二十三、过程 7.23——折纸画三线（中线、角平分线、高线）

准备：先给每个学生发一张如图 2-2-8 所示小纸片，纸片上有一个锐角 $\triangle ABC$，一个钝角 $\triangle A'B'C'$.

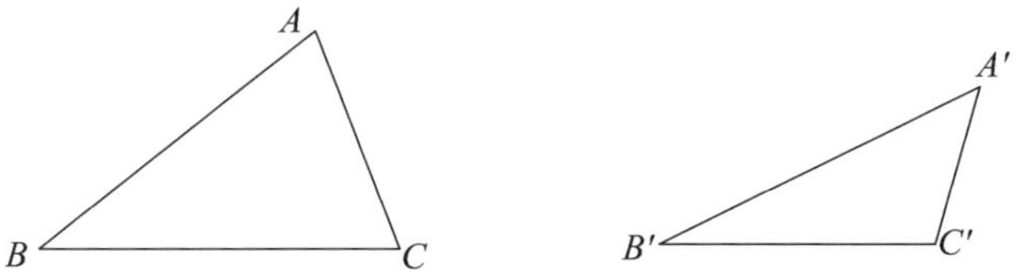

图 2-2-8

教师：请大家动手实验，看能否通过折纸找折痕，画出过三角形顶点 A、A' 的三线（中线、角平分线和高线）？先独立尝试操作，再交流经验.

【谢祥赏析】 ① 此处恰当地组织了学生的动手折纸，做数学实验，既有利于加深对数学知识的理解和掌握，又有利于培养学生活学活用数学的能力，更有利于培养学生的数学兴趣；② 此环节后面应进一步数学化，引向“尺规作图”，如未过渡到用尺规作图，那么并不是数学教学.

二十四、过程 7.24——全等图形

准备：多媒体课件、教案、计算机房.

教师：在我们日常生活中，见过许多能够完全重合的图形，比如同底的两张同尺寸的照片（多媒体演示一些能够完全重合的图形），我们把这些能完全重合的图形称为全等图形. 下面请同学们再比较一下下列图形.

学生：全体在计算机上动手操作，通过使用鼠标拖动、旋转图形，找出能完全重合的图形.

教师：（多媒体演示，归纳全等图形的特征：① 形状相同；② 大小一样）提出问题：你能说出生活中的全等图形吗？

学生：我们使用的课本，同底、同尺寸的两张照片……

教师：好，现在是我们游戏时间了，请大家将图 2-2-9 所示的图形分成两个全等的图形，分割正确的记奖励分.

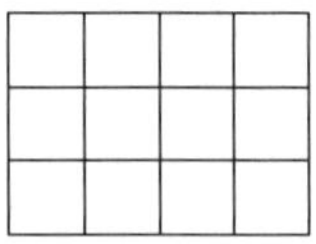

图 2-2-9

学生：动手操作计算机，得出结果后，在教师机上给全体同学看.

【王玮赏析】 ① 本环节使用多媒体辅助教学，将课本中

练习转化为一种游戏，使学生能得以在游戏中学习，记分奖励又调动了学生学习热情，一题多解发散了学生思维；② 教师在本节课中用多媒体辅助教学，打破了“多媒体不过是一个高级幻灯”的说法，教学中实现人机互动，使教学形式得以丰富，有效地提高了教学效率.

【杨之赏析】 应注意渗透“分割”后的全等判别.

二十五、过程 7.25——三角形全等的判定方法

问题 如图 2-2-10 所示，已知 $AD = AC$，要使 $\triangle ADB \cong \triangle ACB$，需添加的一个条件是__________.

变式 1 如图 2-2-11 所示，已知 $AD = AE$，要使 $\triangle ADC \cong \triangle AEB$，需要添加的一个条件是__________.

变式 2 如图 2-2-12 所示，已知 $\angle B = \angle E$，要使 $\triangle ABC \cong \triangle AED$，需要添加的一个条件是______________.

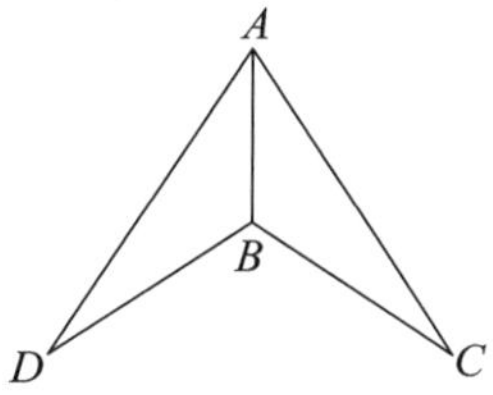

图 2-2-10

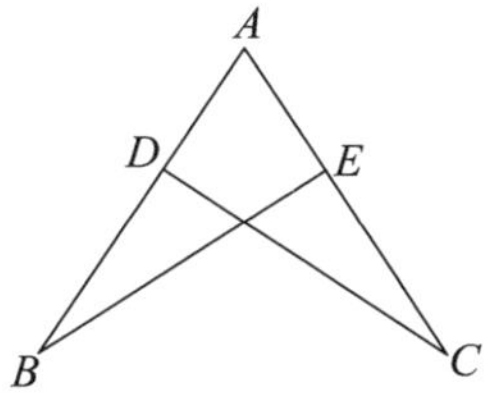

图 2-2-11

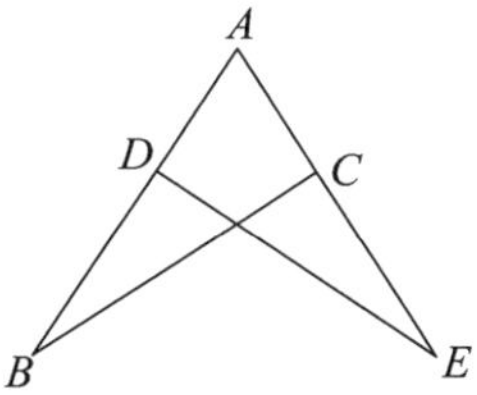

图 2-2-12

【谢祥赏析】 复习小结课有一个重要功能就是“知识结构化、方法系统化”，该片段（一问题两变式）已知一个条件，隐含一个条件（含有公共边或公共角），要使两三角形全等，把添加的条件留给学生，其实质就是按全等的几个判定方法去添条件，有多种添法. 这样利用问题及变式作为载体，在“做”中回顾总结，比直接回顾判定方法（教师或学生口述）更直观更有效. 而且，添条件时有一个陷阱（易错点）即“边边角”问题（除非角为 90°）. 如原问题“添 $\angle D = \angle C$ 或者 $\angle DBA = \angle CBA$”都错了；除非添 $\angle D = \angle C = 90°$ 则正确. 像这样在具体情境中纠错，效果非常好.（注：谢祥取材于成都市高新区赛课）

二十六、过程 7.26——“SSA”能否判定两个三角形全等

相关知识点：同一三角形中，大角对大边，小角对小边.

1．已知角是锐角

已知：如图 2-2-13 所示，$AB = A'B' = 3.5$ cm，$BC = B'C' = 2.5$ cm，$\angle A = \angle A' = 30°$，研究$\triangle ABC \cong \triangle A'B'C'$？

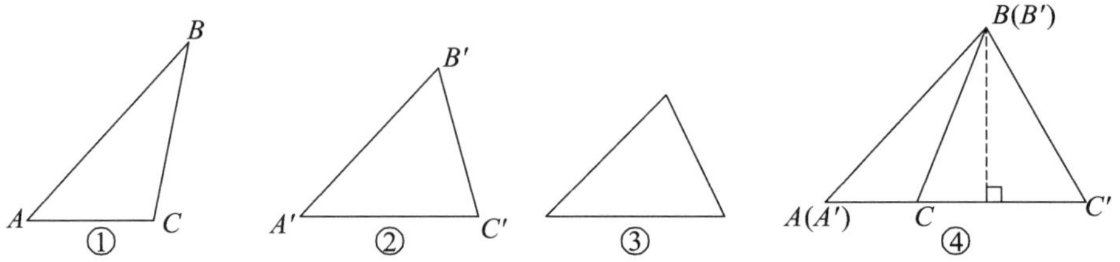

图 2-2-13

画图可知$\triangle ABC$与$\triangle A'B'C'$可能全等或不全等. 故当 SSA 中已知角是锐角是不能用来判断两个三角形是否全等.

教师：怎样补救（补充条件）而可得证全等？

学生：$\angle C$ 与$\angle C'$同为锐角、直角或钝角.

2．已知角是直角

在直角三角形中已知角是直角，已知一边是直角边，另一边是斜边，直角三角形中，斜边 > 直角边，故由于直角三角形的这个特点有判定方法 HL.

3．已知角是钝角

由于在钝角三角形中，钝角所对应的边是最大边，已知的两条边，其中一条是已知角的对边，且有两边之中大的边是钝角所对的边，故三角形确定，可以用来判断两三角形全等.

4．小　结

对 SSA，若符合下列条件之一者，① 相等的角是直角，② 相等的角是钝角，③ 相等的角所对的边是最长边，则可判定为两三角形全等.

【杨之赏析】 对 SSA，不是当“废物”抛弃，而是加以改造、利用，符合“资源节约”和环境友好的精神.

二十七、过程 7.27——探索三角形全等的条件（二）

准备：3 个大小相同的三角形纸片、剪刀.

设计内容：学生 4 人一组，小组间进行比一比、赛一赛，看哪个小组做得最好最快. 每个小组的学生将其中两个三角形纸片分别剪成如图 2-2-14 所示的形状来模拟三角形全等的探索过程，然后思考：每一块纸片保留了三角形的哪些元素，能否从中只选择一块碎纸片，配制一个与原来大小一样的三角形纸片？

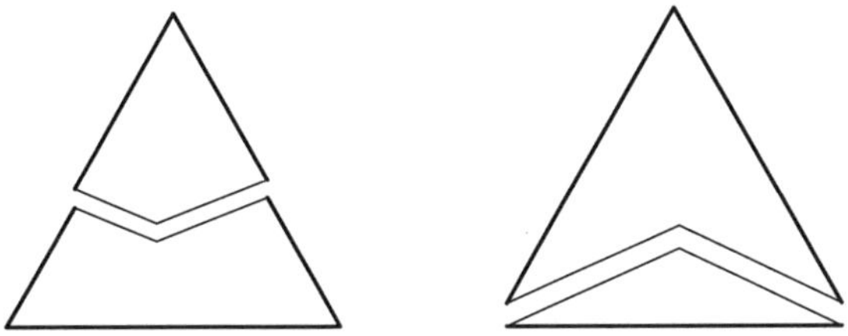

（a）　　　　（b）

图 2-2-14

引导学生得出结论：要验证两个三角形全等不必六个元素对应相等，那么我们就一个条件、两个条件、三个条件对应相等的两个三角形能否全等进行探讨.

- 一个条件
  - 一角
  - 一边
- 两个条件
  - 二角
  - 二边
  - 一角一边
- 三个条件
  - 三角
  - 两角一边
    - 两角一对边
    - 两角一夹边
  - 三边
  - 两边一角
    - 两边一对角
    - 两边一夹角

通过对上面三种情形探讨和总结得出三角形全等的判定方法……

【熊挺军赏析】 数学教学不仅要教给学生数学知识，而且还要揭示获取知识的思维过程，本节课主要通过从实际问题的需求出发，启发为什么要引入三角形全等的判定方法，让学生亲身经历探索数学知识产生、发展的思维过程，从中体验整体、转化等数学思想，从而归纳、总结判定方法，通过这种方法能更好地激发学生学习数学的兴趣和求知欲望，使学生变被动学习为主动学习，积极有效地参与到教学中来，产生较好的教学效果.

【杨之赏析】 由碎片拼图引出确定一个三角形的条件，再引导进入下面的分类探索.

二十八、过程 7.28——三角形全等变换

全等图形的拼图游戏，其实是全等变换，但对于初一学生我们可以从另

一个角度：对应要素完全或部分重叠进行拼图．在教学中我把学生分为三个组，分别准备一组全等的锐角三角形、直角三角形、钝角三角形，按一定规律去拼图并画出下面所拼图形，以一组钝角三角形为例可拼出图 2-2-15 至图 2-2-17 所示的图形：

（1）对应边（部分）重叠．

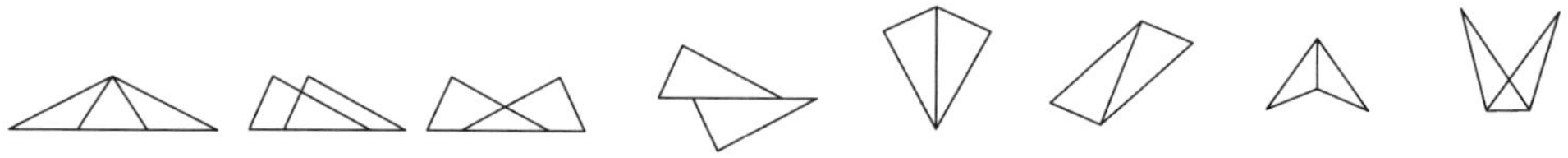

图 2-2-15

（2）对应角（部分）重叠．

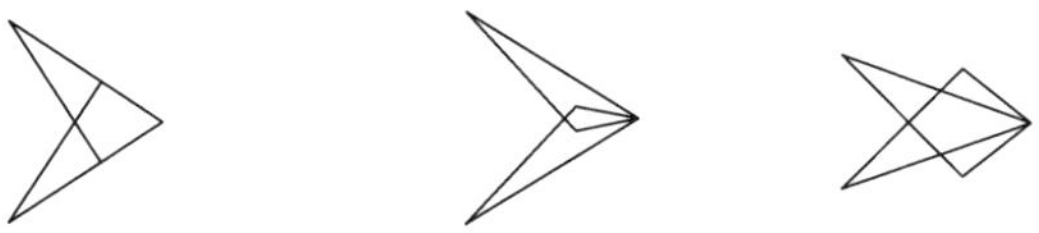

图 2-2-16

（3）对应顶点重叠．

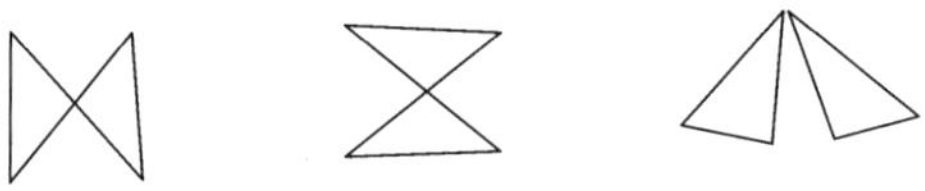

图 2-2-17

（4）非对应要素（部分）重叠以及三角形相离的图形在此就不再赘述．

通过以上活动：

（1）学生自己动手拼图、画图，并且拼出的图形也很漂亮，对于学生数学兴趣的培养很有一定的作用．

（2）通过拼图、画图，揭开了全等三角形中几乎所有可能的图形组合的神秘面纱，为全等三角形的判定中图形的分解、拆移打下了基础．

（3）可复习平行的证明，对拼出的图形进行分析处理．

如图 2-2-18 所示，已知 $\triangle ABC \cong \triangle A'B'C'$．求证：$AC \parallel A'C'$．

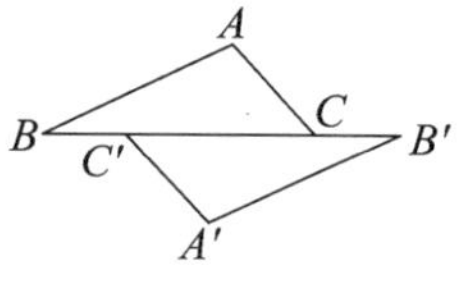

图 2-2-18

（4）添线构成新图形，这为后面图形的分解、作辅助线、删减图形中多余的线段都有帮助，如可说明直角三角形 HL 判定的合理性，也可说明等腰三角形三线合一．又如，连接图 2-2-19 中 BB' 可成为图 2-2-20．

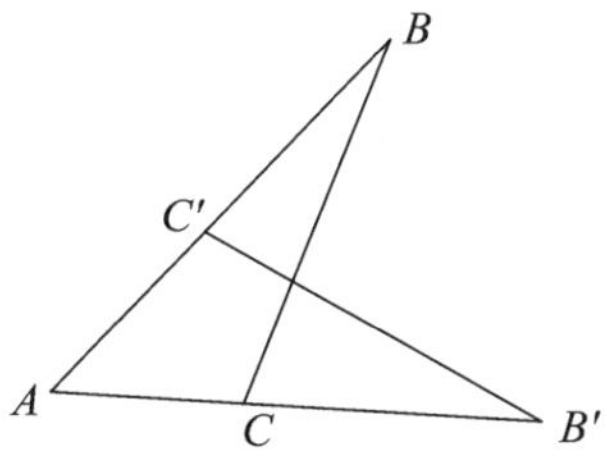

图 2-2-19

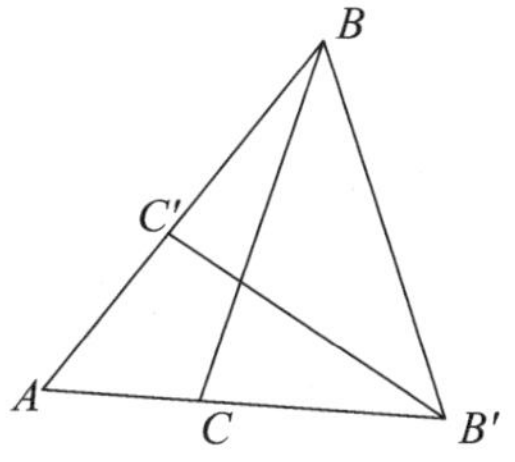

图 2-2-20

【杨之赏析】 该片段构思新巧，切合学生数学认知规律，教学效果一定好.（本片段取材于刘萍老师的研究课）

二十九、过程 7.29——全等基本图形之“K 型”全等

1. 如图 2-2-21（a）所示，已知正方形 $ABCD$，点 E 在边 AB 上，求作正方形 $EFGH$，使得除 E 外的三个顶点分别在正方形 $ABCD$ 的剩下三边上.

2. 如图 2-2-21（b）所示，已知等边三角形 ABC，点 D 在边 BC 上，求作等边三角形 DEF，使得除 D 外的两个顶点分别在三角形 ABC 的剩下两边上.

3. 如图 2-2-21（c）所示，已知五边形 $ABCDE$，图（a）、（b）的要求作正五边形 $FGHIJ$.

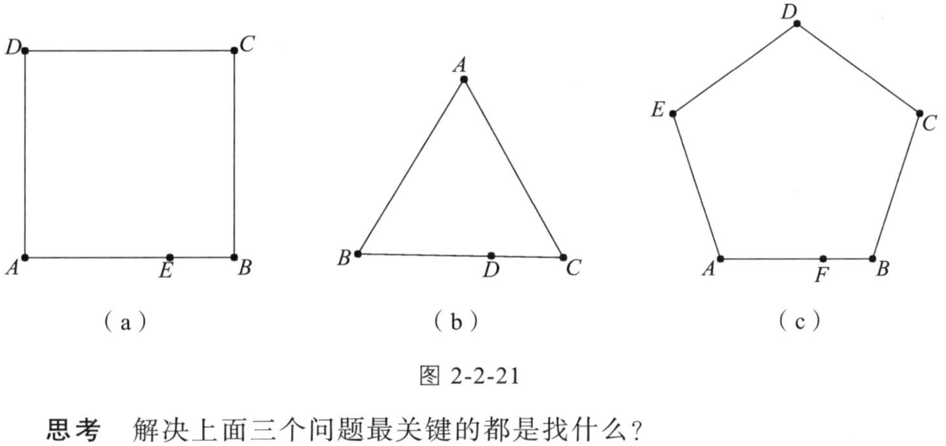

图 2-2-21

思考 解决上面三个问题最关键的都是找什么？

同学们的画法不唯一，（以正方形为例）有人是在各边上截取 AF，DG，CH 与 BE 相等，然后顺次连接即可［见图 2-2-22（a）］；也有同学是只截取了一段，然后就作垂直，以此类推. 同理在 2、3 两个问题中方法可推广，只是将垂直换为其他角度.

当画法确定之后，老师引导学生思考并得出在以上画法中最关键的都是要构造如图 2-2-22（b）所示的全等三角形.

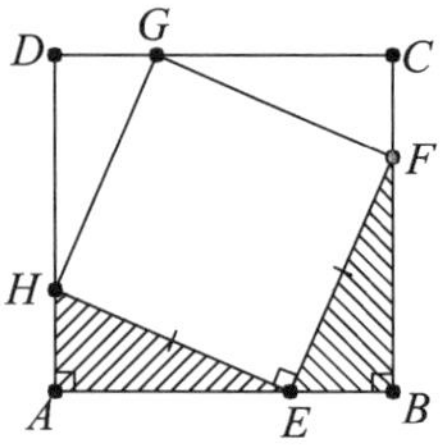

$\Delta AEH \cong \Delta BFE$

（a）

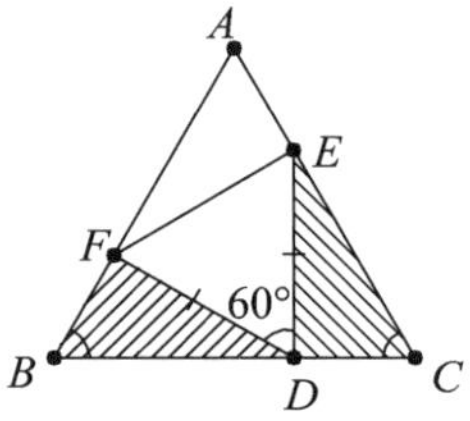

$\Delta BDF \cong \Delta CED$

（b）

图 2-2-22

通过以上的操作和讨论总结，发现存在有一种特殊位置的三角形全等，教师将其抽象出来，并引导学生思考这类全等图形有什么共同的特点，得出“一线三等角”，特点的总结除了为识别 K 型图做准备，更是为构造 K 型图做准备，但这里没有加上“两等边”的条件，是为了后面学习 K 型相似做准备.

以上的过程学生基本上都能够很好的感知 K 型全等模型，接下来将图 2-2-23 中的角度一般化，并完成 K 型图的全等证明，从而实现抽象模型的目的.

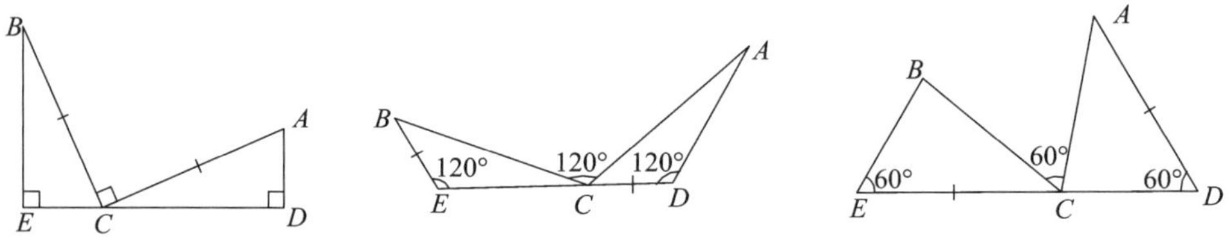

图 2-2-23

如图 2-2-24 所示，如果 $\angle B = \angle D = \angle ACE = \alpha$，且 $AC = CE$，图中有没有全等三角形？请说明理由.

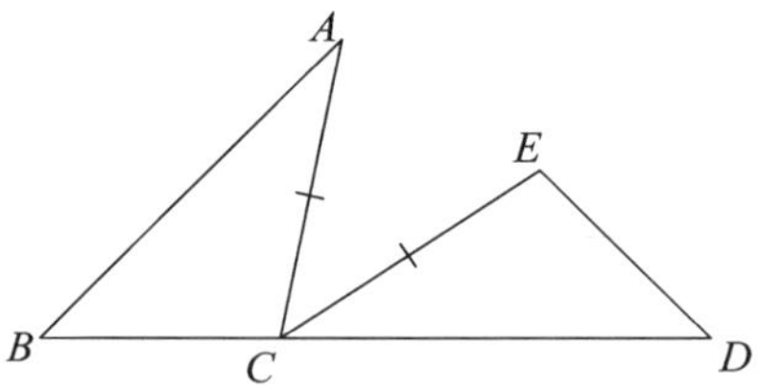

图 2-2-24

这里需强调 K 型图只是为我们解决问题的一个切入点，为我们从复杂图形中分离出基本图形指明方向，不能作为代替全等证明的理由.

【宋敏赏析】 本节课是一节全等基本模型专题研究课，着眼于学生核心素养，即数学建模的培养. 学生在几何学习中对基本模型的掌握可以减轻几何学习的压力，帮助学生在复杂问题中找到解题的思路. 但是模型是如何被发现的，肯定不是教师直接灌输的，引导学生动手操作来抓住模型本质，也为后续在寻找模型，运用模型以及构造模型奠定基础. 因此，在设计中强调学生通过自己的画图操作，观察思考，讨论交流，辅之老师的适时点拨，完成对 K 型全等的感知到抽象，再到运用，以及构造的思维深入、生成过程.

三十、过程 7.30——刨“根”究底，“衍”生精彩

根题 （选自七年级下习题）如图 2-2-25 所示，已知等边三角形 ABD 和等边三角形 ACE 中，若点 A、B、C 三点在同一直线上，连接 CD，BE. 图中存在哪些我们熟悉的结论？曾经证明过的结论？

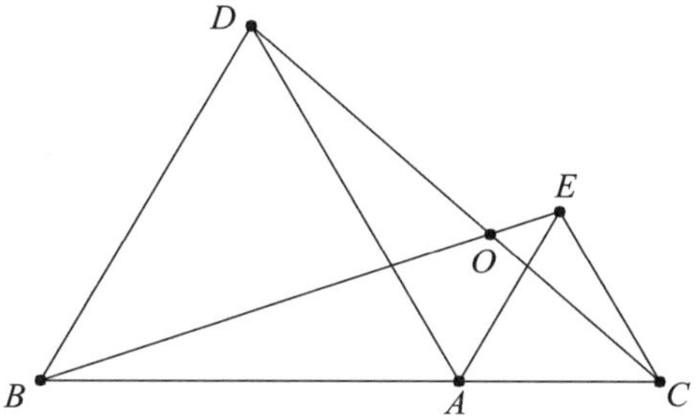

图 2-2-25

【谢祥赏析】 此时如果再追问：若将其中一个正三角形（如正三角形 ACE）旋转一下，使点 A、B、C 三点不在同一直线上，结论还成立吗，引导学生感悟两正三角形共顶点，无论怎么旋转，三角形 ACD 逆时针旋转 $60°$ 总和三角形 AEB 重合，所以 BE 与 CD 之间始终保持相等的数量关系，保持夹角 $60°$ 的位置关系，变中隐含不变的规律，就更妙！

同“类”变化，平行衍生

变式 1 如图 2-2-26 所示，已知正方形 $ADFB$ 和正方形 $AEGC$ 中，连接 BE、DC，若点 A、B、C 三点不在同一直线上，即当正方形 $AEGC$ 绕点 A 旋转的过程中，则 BE 与 DC 的关系改变了吗？

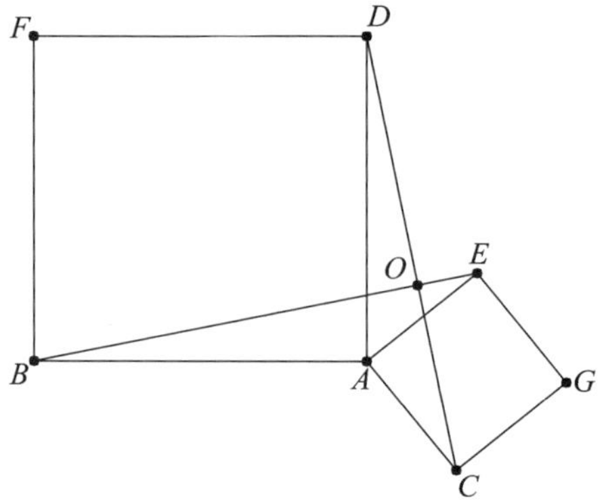

图 2-2-26

【谢祥赏析】 由两个正三角形共顶点，类比两个正方形共顶点，对应两线段 BE 与 CD 还保持相应的数量关系和位置关系？这个类比研究是非常漂亮的，引导学生发现 $BE=CD$，$BE\perp CD$ 是令人惊喜的，尤其是利用三角形 ACD 绕 A 点逆时针旋转 90 度，与三角形 AEB 重合的方法，对于证明 BE 与 CD 的关系，方法简洁！此时，学生应该跃跃欲试，纷纷猜想：正五边形、正六边形……正 n 边形，是否还有这个漂亮结论？所以，以下两个变式最好由学生提出.

继续类比，递进衍生

变式 2 如图 2-2-27 所示，已知 AB、AD 是以 AB 为边向 $\triangle ABC$ 外所作正五边形的一组邻边；AC，AE 是以 AC 为边向 $\triangle ABC$ 外所作正五边形的一组邻边. 若 BE, CD 相交于点 O, ① 求证: $BE=CD$, ② 探究 $\angle BOC=$________.

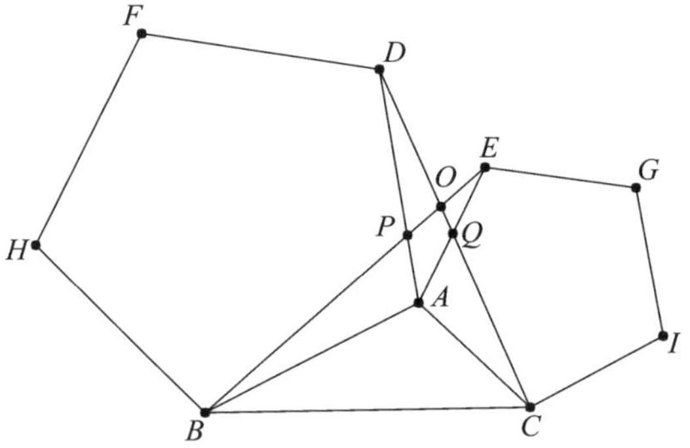

图 2-2-27

推广一般，无限衍生

变式 3 如图 2-2-28 所示，已知 AB、AD 是以 AB 为边向 $\triangle ABC$ 外所作

正 n 边形的一组邻边；AC，AE 是以 AC 为边向 $\triangle ABC$ 外所作正 n 边形的一组邻边. BE,CD 相交于点 O. ① 求证：$BE=CD$,② 探究 $\angle BOC=$________（用含 n 的式子表示）.

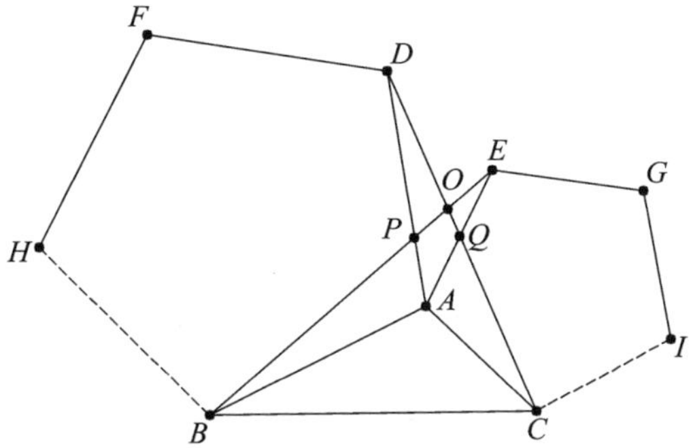

图 2-2-28

【谢祥赏析】 探究 $\angle BOC$ 的度数，最好改为探究 $\angle BOD$，引导学生用旋转的方法，容易发现 $\angle BOD$ 实为正多边形的一个内角，即 $\dfrac{180°(n-2)}{n}$，到此，彻底地解决了两个边数相同的正多边形如果共顶点，有共同的规律（即变式 3 的结论），达到由“一道题”迁移到“一类题”，“举一反三”的效果！（本片段取材于成都七中万达学校余睿老师的研究课）

三十一、过程 7.31——变形题“根”，衍生新“枝”

问题 如图 2-2-29（a）所示，在正方形 $ADFB$ 和正方形 $AEGC$ 中，连接 FG，若点 A、B、C 三点在同一直线上，P 是线段 FG 的中点，连接 PD，PE. 探究 PD 与 PE 的位置关系及 $PE:PD$ 的值.

【谢祥赏析】 引导学生探究，至少有两种方法，可证明：$PD=PE$，$PD\perp PE$. 如果再追问（或者变式）：将正方形 $ACGE$ 绕 A 点顺时针旋转一个角，如图 2-2-29（b）所示，连接 FG，取其中点 P，DP 与 PE 是否仍然相等，且互相垂直？若连接 PB、PC，PB 与 PC 是否仍然相等，且互相垂直？

自主探究，发散衍生

请同学们以小组为单位，参考上一系列的衍生、变化的思想，改变上题中的某些条件（探究的问题不变），或者不改变条件，去探索新的结论……然后进行合作讨论，解决新题（作图并证明）.

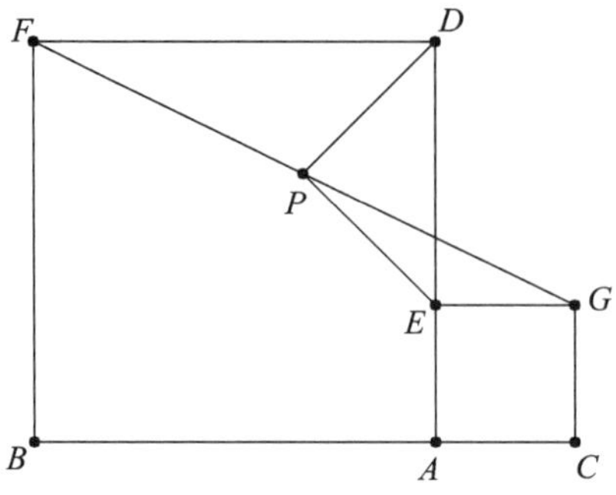

（a）

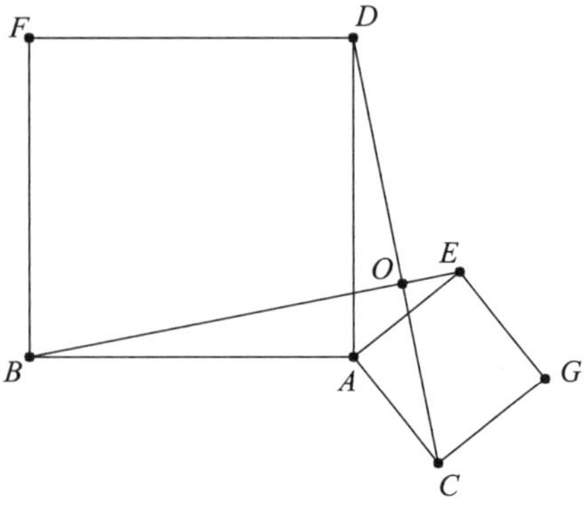

（b）

图 2-2-29

【谢祥赏析】 这是一个具有开放性的自主编题的活动，关于两正方形共顶点的同一个图形，学生研究发现并证明了 4 个不同结论（此处省略），学生获得了发现规律的快乐．这是数学课非常成功的地方！教学实践证明，学生编题的积极性是很高的．学生一旦抓住了问题的本质，他们是能够尝试改编甚至创新数学问题的，学生也是很乐意去编题的——希望将问题考考同学，附带也考考老师．（本片段取材于成都七中万达学校余睿老师的研究课）

三十二、过程 7.32——等腰三角形的判定

教师：平行线的性质定理的逆命题，就是平行线的判定定理，那么通过“类比”，可否猜出等腰三角形判定方法呢？（提出猜想）

教师：等腰三角形底角相等，其逆命题是什么？

生 1：底角相等的三角形是等腰三角形．

教师：能说“底角”吗？

生 2：逆命题应该是：若一个三角形的两个角相等，那么这个三角形是等腰三角形．

教师：能否更简洁些？

生 3：等角对等边．（注：此处应强调三角形中）

教师作图，引导学生写出已知、求证．

教师：如何证明这个命题呢？

生 4：过 A 作 BC 边的垂线，构造两个三角形，证全等．

教师：还有其他办法吗？

生 5：作∠A 的平分线，构造两个三角形，证全等.（用以上方法写出证明）

教师：作 BC 的中线，能证明命题吗？

学生讨论，发现不可以.

教师：能想法证明它“可以”吗？

（能证明 SSA 且 A 为锐角，则两个三角形全等吗？可让大家讨论）

教师：如果判定“等边三角形”呢？

学生：按等角对等边，只需三个角相等.

教师：都为多少度？（板书）推论：三个角都相等的三角形是等边三角形.

教师：在等腰三角形的基础上，添加一个什么条件，就为等边三角形呢?

（学生思考后再讨论）

生 A：若等腰三角形的顶角为 60°，则为等边三角形.

生 B：有一个底角为 60° 的等腰三角形是等边三角形.

教师：能否将两个同学的发现再综合概况一下？

生 C：有一个角为 60° 的等腰三角形是等边三角形.

教师：非常漂亮的概括！

（板书）推论 2：有一个角是 60° 的等腰三角形是等边三角形.

【谢祥赏析】 ① 应用“类比”，提出猜想，恰当选取知识的生长点，是成功的开端；② 引导学生自己探索证明猜想的方法；③ 等边三角形是特殊的等腰三角形，教学中“由一般到特殊”，引导学生探索得出“有一个角是 60° 的等腰三角形是等边三角形”，这个漂亮的结论，该环节设计精妙；④ 讨论“作中线”能不能证，是一个挑战，对学生学习大有助益.

三十三、过程 7.33——探索角的平分线的性质

准备：一个三角形、一张画好一条线段的纸张.

探索活动：（教师示范，按以下步骤折纸）

（1）在准备好的三角形的每个顶点上标好字母：A、B、C，把∠A 对折，使得这个角的两边重合.

（2）在折痕（即角平分线）上任意找一点 O.

（3）过点 O 折 OA 边的垂线，得到新的折痕 OD，其中，点 D 是折痕与 AC 的交点即垂足.

（4）将纸打开，新的折痕与 AB 边交点为 E.

教师要引导学生思考：

我们现在观察到的只是角的一部分，注意角的概念.

学生通过思考，大部分学生都能明白角是轴对称图形这个结论.

在上述的操作过程中，你发现了哪些相等的线段？说明你的理由，在角平分线上再另找一个点试一试，是否也有同样的发现？

下面证明发现：

（1）如图 2-2-30（a）所示，已知 AO 平分角 $\angle BAC$，$OE\perp AB$，$OD\perp AC$，求证：$OE=OD$.

（2）如图 2-2-30（a）所示，已知 $OE\perp AB$，$OD\perp AC$，$OE=OD$，试证：AO 为 $\angle A$ 的平分线.

（3）能否用尺规作出角平分线？

巩固练习：如图 2-2-30（b）所示，在直角 $\triangle ABC$ 中，BD 是角平分线，$DE\perp AB$，垂足为 E，DE 与 DC 相等吗？为什么？

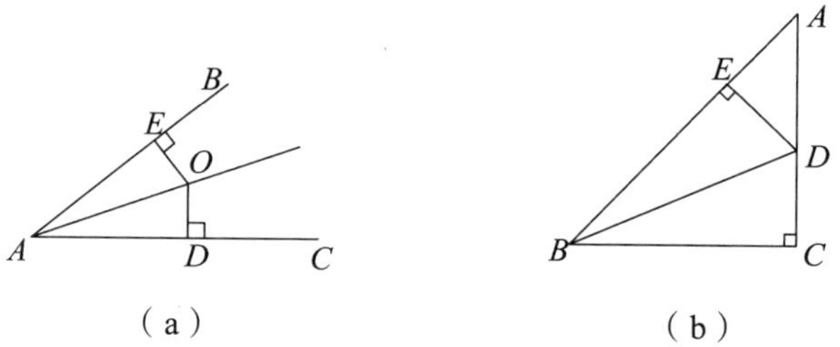

图 2-2-30

（1）如图 2-2-31（a）所示，OC 是 $\angle AOB$ 的角平分线，点 P 在 OC 上，$PD\perp OA$，$PE\perp OB$，垂足分别是 D、E，$PD=4$ cm，则 $PE=$ ________cm.

（2）如图 2-2-31（b）所示，在三角形 ABC 中，角平分线交 BC 于 D，点 D 到 AB 的距离为 5 cm，则 $CD=$ ________cm.

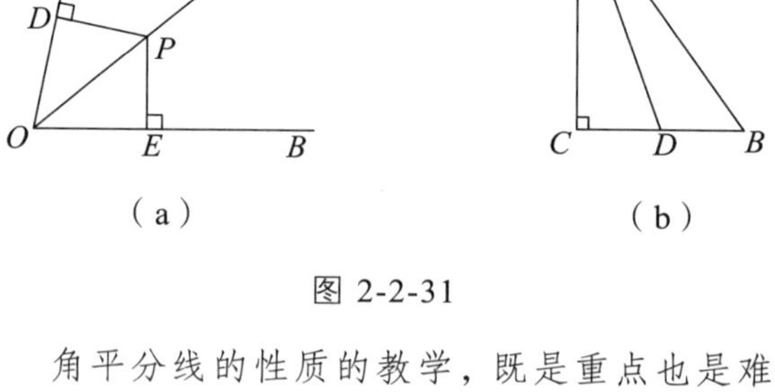

图 2-2-31

【田洪赏析】 角平分线的性质的教学，既是重点也是难点，如何更好地突破这个难点是数学教师长期探索的课题. 本片段以折纸活动引导学生探索角平分线的性质，既能提高学生的学习积极性，又符合学生的认知水平，更为精彩的是探索活动所提出的问题，用所学的知识加以证明，并配以适当的练习这就为学生提供了学数学的很好途径.

【杨之赏析】 在很多情形下，角是不容许"折"的，这时，应设法用尺规来画（即尺规作图），真正过渡到数学方法.

三十四、过程 7.34——对于事件发生可能性的理解

教师：这里有一只装有红、白两色小球的袋子（红球数 3，白球数 7）. 如果摸出红球则加一分；如果是白球则不得分. 学生上去摸球，再放入，参与面广，且讨论热烈，并将摸出次数进行记录，根据结果让学生猜想以下几个问题.

问题 1：通过刚才的记录，你认为摸出红球还是白球的可能性大？

问题 2：为什么摸出白球可能性大，你有一个认为合理的解释吗？

问题 3：不同的人在摸球以前，摸到白球的可能性与摸到红球的可能性是否会不同？

【王彤赏析】 采用游戏的方式进入新课的导入环节，可以充分调动学生的积极性，而且通过直观感受来进行体验."可能性"所涉及的概率问题是产生于实验的，让学生充分地通过实验去得出结论，并通过教师提出的问题串来引起他们的理性思维，有助于纠正学生生活经验中的直觉错误，并形成正确观察和随机意识.

三十五、过程 7.35——三角形内角和定理

准备：模型、一根橡皮筋、图钉若干.

教师：如图 2-2-32 所示，直线 $a//b$，直线 c 与直线 a、b 相交于 A、B 两点，$\angle 1$ 与 $\angle 2$ 的关系是什么？

生 1：（位置关系）$\angle 1$ 与 $\angle 2$ 是同旁内角，（数量关系）$\angle 1+\angle 2=180°$.

生 2：$\angle 1$ 与 $\angle 3$ 是内错角，$\angle 1=\angle 3$.

教师：（将橡皮筋固定在 A、B 两点，再拉到 C 点，见图 2-2-33），此时，A、B、C 三点就构成了 $\triangle ABC$，那么 $\triangle ABC$ 的三个内角和为多少度呢？即 $\angle 1+\angle 3+\angle 4=?$

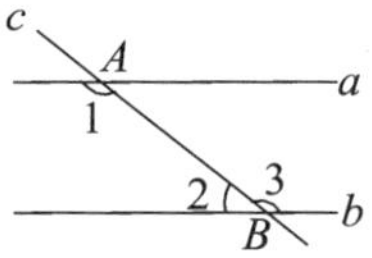

图 2-2-32

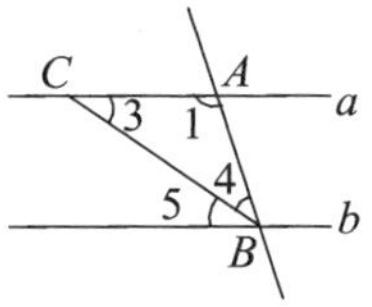

图 2-2-33

生 3：三角形的三个内角和为 180°.

教师：你能证明吗？

生 3：因为 $a /\!/ b$

所以 $\angle 3=\angle 5$，$\angle 1+\angle 4+\angle 5=180°$.

所以 $\angle 1+\angle 3+\angle 4=180°$.

教师：很好，当 C 点不在直线 a 而在直线 b 上一样吗？

生 3：一样.

教师：当 C 点在直线 a、b 之间时，$\triangle ABC$ 的内角和还为 180° 吗？（教师摆出模型，让学生思考后讨论）

生 4：是 180°，如图 2-2-34 所示，过点 C 作 $d /\!/ a$，因为 $a /\!/ b /\!/ d$.

所以 $\angle 1=\angle 3$，$\angle 4=\angle 6$.

因为 $a /\!/ b$.

所以 $(\angle 1+\angle 2)+(\angle 5+\angle 6)=180°$.

所以 $\angle 2+(\angle 3+\angle 4)+\angle 5=180°$.

即 $\triangle ABC$ 的内角和为 180°.

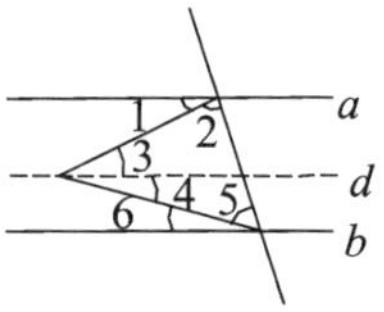

图 2-2-34

教师：任给 $\triangle ABC$，怎样仿照如上方法，作辅助线，证明三角形内角和定理呢？这请大家考虑.

教师：很好，大家今天发现了三角形的内角和定理，即三角形的三内角和为 180°.（板书课题，三角形的内角和定理）

【谢晓燕赏析】 让学生观察分析，通过图形的变化，探索、发现三角形的内角和定理，让学生感知了知识的发生、形成过程，为进一步证明定理奠定了基础；处理点 C 的位置，渗透分类讨论的数学思想.

【杨之赏析】 改进设计，如果用上内错角和“平角”，即可得通常证法.

三十六、过程 8.01——探索勾股定理

准备：剪两个大小相等的长方形纸板.

教师：将两个大小相等的长方形纸板竖直重合，然后将其中一张做顺时针 90° 旋转，对角线 AC 与 $A'C'$ 有怎样的位置关系？试说明，若长方形 $ABCD$

的长和宽分别是 a、b，对角线 AC 的长为 c，连接 AA'，图中有哪些几何图形？你能用 a、b、c 的代数式表示图中几何图形的面积吗？（引导学生找出图中的长方形、三角形、直角梯形，观察直角梯形的面积 $S_{ABD'A'}$，是由两个全等的直角三角形的面积 $S_{\triangle ABC}$、$S_{\triangle A'C'D'}$ 和等腰直角三角形的面积 $S_{\triangle ACA'}$ 求和得到的，建立等量关系并化简，从而得出并证明了勾股定理）

【霍佳赏析】 数学教学是数学活动的教学，学生在数学活动中，经历了知识的形成过程，激发学生探索知识的热情，渗透了数形结合的思想.

【杨之赏析】 这只是一种勾股定理的特殊证明方法（数学史上被称为美国"加菲尔德总统"证法），不如用赵爽弦图（见图 2-2-35），或者发展为赵爽弦图.

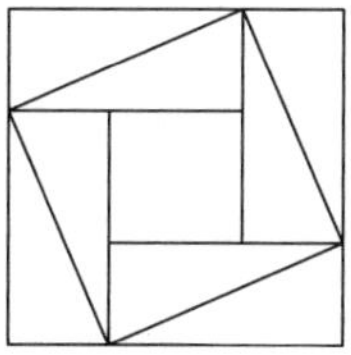

图 2-2-35

三十七、过程 8.02——平面直角坐标系（一）

准备：请一个同学站起来，规定其位置为原点，左手前伸作 y 轴，右手侧伸作 x 轴，规定相邻两个同学的位置间距为"1 个单位".

教师：现在我们已建立了坐标系了，请问班长，你的坐标是什么？

班长：横坐标-3，纵坐标 1，即（-3，1）.

教师：非常好，请代表"原点"的同学将手放下，老这样就太累了，谢谢你的配合.（指另一位同学）辛苦你代表坐标原点站一下，好不好？……

（学生站起来）

教师：谢谢配合，再请你们分别说出自己的坐标……

【谢祥赏析】 ① 通过数学游戏，加深对数学知识的理解和应用，增加了数学知识本身的趣味性，刺激了学生参与的积极性；② "左手前伸为 y 轴"，应改为"左手前伸为 y 轴正方向"更准确些，同样"右手侧伸为 x 轴"应改为"右手侧伸为 x 轴正方向"；③ 本环节还可改进，比如让"活动"数学化还可以琢磨琢磨.

三十八、过程 8.03——平面直角坐标系（二）

准备：指定一个同学站起来作为坐标原点，规定 x 轴，y 轴的正方向.

教师：现在，根据我设置的坐标系，请同学们迅速确定自己的坐标，我下面要说几个坐标，凡被我说中坐标的同学，请站起来一下，比一比看谁的反应快.

（教师连说 3 个坐标，点中的同学都能迅速站起来）

教师：现在我再说一个坐标（-2，-5）.

（没有学生站起来）

教师：怎么回事，（-2，-5）没有这个位置吗？（学生齐往左后方第三象限看去……）

一个听课的教师站了起来……

教师：谢谢这位老师支持配合（全场热烈鼓掌），现在请坐标为（-3，2.5）和（-50，120）的同学站起来……

【谢祥赏析】 ① 在课堂上引入“比赛”机制，充分调动了学生参与的积极性；② 有意或无意中，将听课教师拉进了数学游戏中，使课堂活动气氛融洽、和谐，热烈的掌声更使数学游戏达到高潮；③ 最后的问题，将引导学生向认识“完整的坐标系”靠近，让活动数学化.

三十九、过程 8.04——平面直角坐标系（三）

准备：请一个同学站起来作为坐标原点，规定 x 轴，y 轴的正方向.

教师：我们再做一个游戏，来表演一下团体操，请大家听我说口令，点中的同学都站起来示意一下.

教师：x 轴……（x 轴上的同学站起来）

教师：很好，请坐，但坐标原点先不要坐. y 轴……

教师：第一象限的同学……

（第一象限的同学站了起来，老师走近 x 轴，故作悄声地问，你们怎么不站起来？几个同学面带疑惑神色地站了起来）

教师：我说第一象限的同学，他们该不该站起来？

学生：数轴上的点不属于任何象限，他们不该站起来.

教师：哈哈，刚才有几个同学上当了……那么，坐标系中，按坐标特点，可以分成多少区域呢？

【谢祥赏析】 ① 通过团体操表演，使学生对象限的认识形象而生动；② 故设陷阱，加深了对“x 轴不属于任何象限”的认识，也起到了很好的警示作用；③ 按“+”“−”“0”，将坐标（x，y）可以分为 9 类，可更深刻地认识坐标系.

四十、过程 8.05——一次函数图象的应用

教师：摩托车的油箱最多可储油 10 升，加满油后，油箱中的剩余油量

y（L）与摩托车行驶路程 x（km）之间的关系如图 2-2-36 所示，那么摩托车每行驶 100 km 消耗多少升汽油？

（将书上给出的图象改造成如下简单清晰的图象）

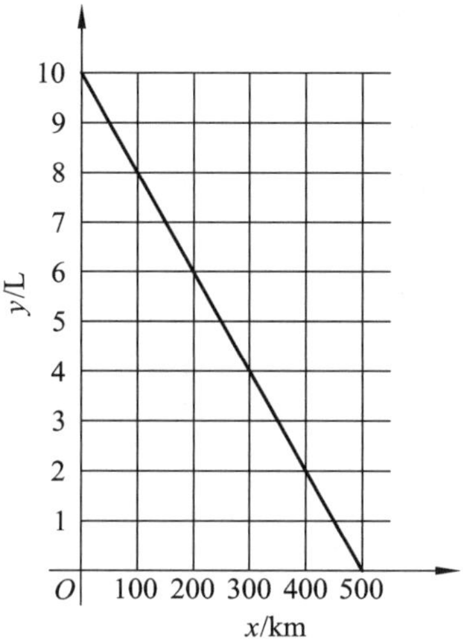

图 2-2-36

生甲：摩托车行驶 500 km 需要消耗 10 L 汽油，1 L 汽油能行驶 50 km，那么行驶 100 km 要消耗 2 L 汽油.

生乙：由图象可以看出摩托车行驶 400 km 油箱中剩余 2 L 汽油，行驶 500 km 汽油耗尽，那么行驶 100 km 要消耗 2 L 汽油.

生丙：由图象可以看出摩托车行驶 100 km 油箱中剩余 8 L 汽油，行驶 200 km 油箱中剩余 6 L 汽油，那么每行驶 100 km 要消耗 2 L 汽油.

生丁：由图象可以看出摩托车行驶 200 km 油箱中剩余 6 L 汽油，行驶 300 km 油箱中剩余 4 L 汽油，那么每行驶 100 km 要消耗 2 L 汽油.

生戊：由图象可以看出摩托车行驶 300 km 油箱中剩余 4 L 汽油，行驶 400 km 油箱中剩余 2 L 升汽油，那么每行驶 100 km 要消耗 2 L 汽油.

教师：观察图象得当 x 从 100 增加到 200 时，y 从 8 减少到 6，减少了 2，因此摩托车每行驶 100 km 消耗 2 L 汽油.

【谢娜赏析】 根据实际探究的需要不用书上现成的图而加以简单的改造，并且不急于给出一个所谓的标准答案，这样图象的直观性能让很多学生从不同的角度思考问题并加以解答，培养学生良好的识图能力.

四十一、过程 8.06——等腰三角形的性质

教师利用多媒体设备展示出各种等腰三角形的图案，及现实生活的背景中存在的等腰三角形.

教师：等腰三角形是一种很美的图形，你能从这组图形中观察出等腰三角形的特征吗？

学生：可以观察出等腰三角形应是一个轴对称图形.

教师：很好！请同学们用准备好的等腰三角形的纸张做分组活动实验. 首先，验证一下刚才的观察结果是否正确呢？你通过实验还有什么新的发现吗？（学生在教师的指导后开始分组活动，折纸实验，验证等腰三角形的轴对称性是否正确）

学生在实验的基础上，形成自己的结论，记载下来并作为讨论的依据，学生分组进行交流.

学生：通过折纸实验可以得到等腰三角形的轴对称性是否正确的结论，而且还有新的发现，等腰三角形的底边上的高、底边的中线，平分顶角.

教师：在折纸过程中，我们的发现都是通过操作的实验直观地感受的，那么你能通过我们所学的知识进行严格地推理得到这些性质，即证明这些性质吗？

板书：等腰三角形的底边上的高、中线、顶角的平分线三线合一.

【王彤赏析】 新课程标准强调学生学习的过程体验，强调在课堂中通过活动，学生去经历和体验知识的发生过程，并且在自己的直观经验的基础上去认识问题，在教师的引导下去探索原因，进而形成一个初步的结论，一个猜想的命题. 正是在这样的理念指导下，教师较充分地利用了学生的直观感受和先前经验，为将等腰三角形的新知识转化成轴对称的旧知识奠定了基础，学生从图片和现实生活的经验中感受到了等腰三角形的轴对称性. 但在折纸前，并没有直接的体验，通过折纸讨论这一活动，不仅在折纸过程中，学生也对等腰三角形的性质更进一步的思考，并且猜出了有关等腰三角形“三线合一”的性质，而且从中得到“如何证明”的启发.

【杨之赏析】 实验和操作，只能得到初步的印象；“数学化”后可以得到“猜想”，证明后，才是定理.

四十二、过程 8.07——用方格纸探索平移的性质特征

准备：一张方格纸、纸片上画好$\triangle ABC$.

教师：让学生将方格上的$\triangle ABC$向右平移 5 个单位得$\triangle A'B'C'$，然后再将$\triangle A'B'C'$向下平移 3 个单位得$\triangle A''B''C''$，让学生先独立观察、发现平移前后三角形对应线段、对应角、对应点的连线段的数量与位置关系，然后再小组交流讨论.

学生：手动平移三角形，作对应点的连线段.（对探索较吃力的学生给予暗示性语言提示或适当帮助）

最后得出平移性质特征：对应角相等、对应线段相等、对应点的连线段平行且相等.

【唐有林赏析】 用方格纸平移三角形直观、简单、易于学生探究平移性质特征. 小组合作交流、讨论能培养学生团结协作意识，同时让学生有很强成就感，他们自己就能探索知识、结论.

四十三、过程 8.08——旋转和平移变化和轴对称的比较

教师：玩过俄罗斯方块游戏的同学请举手！你们能否将游戏中的形状画出来，能否描述出它们如何变化的.（打游戏）

学生活动：图 2-2-37 中的 5 种基本图形可以变化成游戏中所需要的图案.

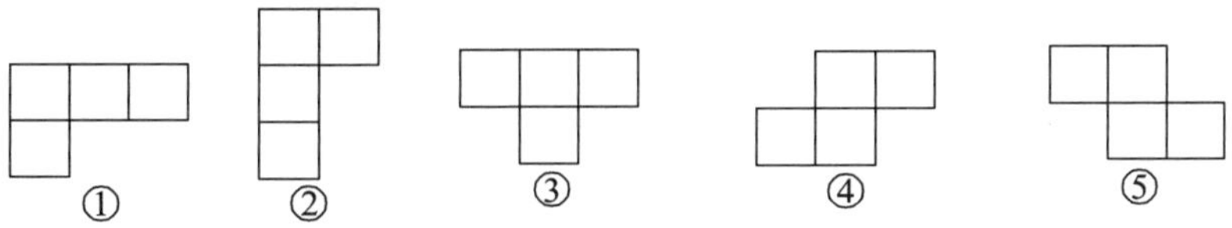

图 2-2-37

教师：在这些图形的变化中，哪些是平移，哪些是旋转？（打游戏过程中）

学生根据情况进行分类比较.

教师：②可以通过①平移和旋转做到吗？可以通过平移和旋转做到哪些图形间的互化？怎样才可互化？

【王彤赏析】 “俄罗斯方块”是学生十分熟悉的一款电子游戏，“游戏中的几何变换”正是以学生感兴趣的事物、熟悉的事物抽象出的几何概念，让学生通过合理想象形成认识，不必再去演示，而是想象作图，从而促进学生认识图形的能力，发展了他们的想象能力，对平移运动和旋转运动的认识，也更加深入具体. 他们不仅感受到两种不同的运动之间的区别，也认识到各自能做到什么，不能做到什么. 在最后的提问中，将①和②进行比较，纠正

学生的一个认识误区，即旋转和平移可以将任何平面图形变化成所需的全等的图形，而且从中可以让他们感受到轴对称变换是必不可少的.

四十四、过程 8.09——平行四边形的性质探索

准备：作图工具、平行四边形纸片、分组.

教师：两组对边平行的四边形是平行四边形，那么具有这样特征的四边形有什么特点呢？请同学们做以下的实验来探索平行四边形的性质，先在纸上画一个与平行四边形纸片重合的平行四边形，并以平行四边形纸片的对角线交点为中心旋转 180°，你有什么发现？这些发现体现出平行四边形的什么性质？

学生通过分组实验，得到猜想：两组对边平行且相等，对角线相互平分，对角相等.

【王彤赏析】 利用学生学习过的旋转知识去验证和得到平行四边形的性质，既是对新课的引入又是对旧知识的应用，新课程强调用数学的意识，不仅仅是在应用解决实际问题，也在于数学探索.

四十五、过程 8.10——平行四边形的判断

准备：每位同学发一张纸，纸上印有一些平行四边形.

过程：

复习（演示以下投影片，要求学生回答）

问题 1：在图 2-2-38 所示平行四边形 $ABCD$ 中，尽可能多地找出边、角之间的关系结论：① $AB /\!/ CD$，② $AD /\!/ BC$，③ $AB = CD$，④ $AD = BC$，⑤ $\angle A = \angle C$，⑥ $\angle B = \angle C$.

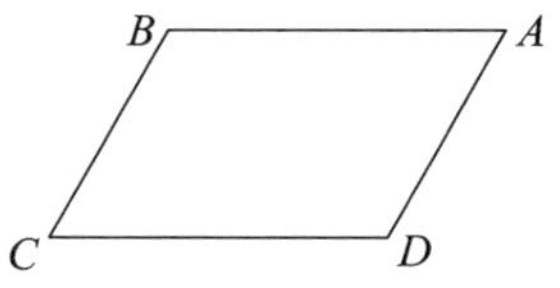

图 2-2-38

问题 2：已知四边形 $ABCD$，考虑以上 6 个条件，任意取其中的两个，能否得出“四边形 $ABCD$ 是平行四边形”这个结论？

独立学习：学生在印有平行四边形的纸上独立研究问题 1，教师巡回做适当的个别辅导.

合作交流：当每个学生至少得出一个结论后，请学生介绍自己的研究成果.

教师：要全面完整地回答问题应当首先请从 6 个条件中任取两个，共有哪些不同的取法，这就需要有条理地列出所有可能的情况.（共同讨论写出 15 种可能组合）

进一步提问：是否需要对这 15 种情况逐一进行研究？引导学生发现有些情况没有本质区别，并将其进行分类，师生共同完成对 15 种可能组合进行分类.

合作交流：每四个人一组讨论，证明，举反例证伪.

小结：判定一个四边形是平行四边形的方法有，两组对边分别平行；两组对边分别相等；一组对边平行且相等；一组对边平行，一组对角相等.

练习：如图 2-2-39 所示，E 是等腰梯形 $ABCD$ 的底边 AB 上的一点，为使四边形 $AECD$ 是平行四边形，点 E 应满足什么条件？答案不止一个，试着尽可能多地找出答案.

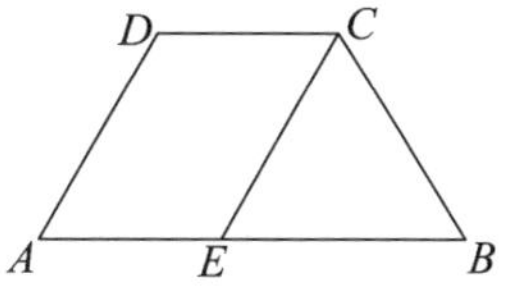

图 2-2-39

【王玮赏析】 ① 本环节渗透分类的数学思想方法，注重了对学生独立研究问题能力的培养，培养了学生研究问题的方法，也让学生在实际研究中体验发现数学规律的乐趣；② 学生讨论交流有的放矢，在学生交流时，都有自己的看法与结论，使学生在相互交流的过程中进一步体会成功带来的愉悦，并通过自己的阐述使知识更牢固地扎根在心中，同时也惊讶于别人的发现，在轻松愉快的氛围中拓展了学生思维；③ 课堂练习进一步让学生的已有体验及时得以运用和深化.

【杨之赏析】 注意，小组讨论交流是在每个学生都有自己的想法后才开展，否则交流活动流于形式.

四十六、过程 8.11——平行四边形的判别

教师：请同学们拿出课前准备的小木条，帮助小明爸爸钉制平行四边形框架.

学生活动：学生按小组进行探索.

探索一：如图 2-2-40（a）所示，将两根木条 AC、BD 的中点重合，并用钉子固定，则四边形 $ABCD$ 就是平行四边形.

探索二：如图 2-2-40（b）所示，用两根同样长的木条 AB、CD 平行放置，再用木条 AD、BC 加固，得到的四边形 $ABCD$ 就是平行四边形.

探索三：如图 2-2-40（c），将两根不等的木条 AB、CD 平行放置，再将另两根不等的木条平行放置在 AB、CD 上得到的四边形 $PQRM$ 是平行四边形.

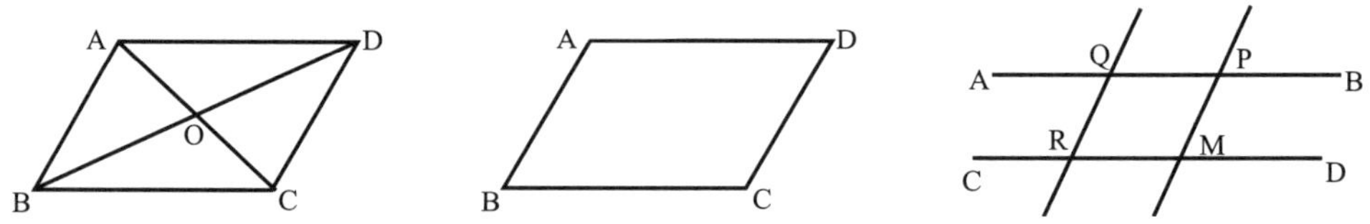

（a）（b）（c）

图 2-2-40

教师：对学生采用多种探索方法得出结论猜想，给予鼓励，然后用数学语言表述，逐个证明……

【刘萍赏析】 本环节以实际问题"钉制平行四边形的框架"引入，学生经过探索讨论，得出平行四边形的判别方法，教师再引导学生归纳，得出结论，从而使学生能正确运用平行四边形的知识解决平行四边形的相关问题.

【杨之赏析】 注意，教师不可用自己的想法去"框"学生，否则，就是以探究之名，行注入之实；探索之后用数学符号表示（已知，求证）和严格证明是不可缺少的.

四十七、过程 8.12——三角形的中位线定理

准备：每一位同学准备一个三角形纸片和一把剪刀.

教师：请大家利用手中的三角形和剪刀依次完成下列任务：

（1）利用折痕，折出三角形的一条中位线（见图 2-2-41 中的 DE），怎样折才能实现呢？

（2）沿着这条中位线剪开，将原三角形分开成一个小△ADE 和一个四边形 $BCED$.

（3）将剪下△ADE 和一个四边形 $BCED$（让 AE 与 CE 重合，D 落到 D'）拼在一起（见图 2-2-42，拼好后依次提问，完成一个再问下一个）.

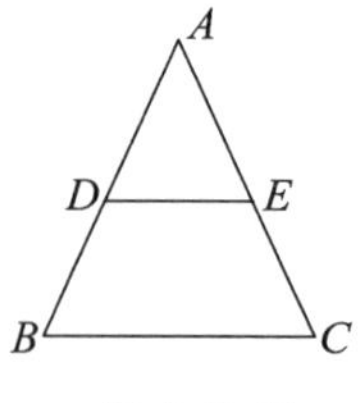

图 2-2-41

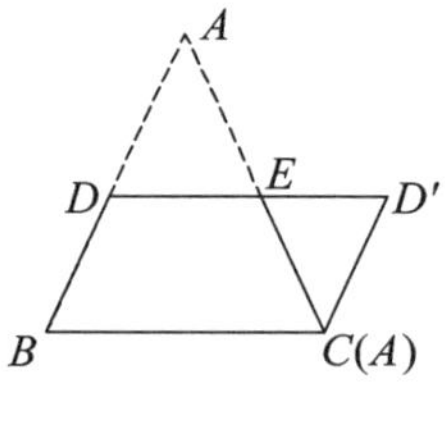

图 2-2-42

问题：（1）观察 BD 和 CD'有何关系？（数量关系和位置关系）

（2）拼成的四边形 $BCD'D$ 是什么特殊四边形？你能证明吗？

（3）DE 与 BC 有何关系（数量和位置）？你能证明吗？

【谢晓燕赏析】 通过学生自己折、剪后，再在老师一步步地提问引导下，让学生自我发现三角形中位线的性质，激发了学生求知欲望，培养了学生自我探究新知的能力.

【杨之赏析】 前面实物操作只是为了发现，尔后，还要回归几何图形重作辅助线予以证明，由数学猜想上升到数学理性化证明.

四十八、过程 8.13——平面图形的密铺

准备：全等的正六边形、正三角形、正五边形、平行四边形、任意四边形的纸片若干.

教师：现实生活中的拼地板、铺地砖等都涉及一个问题，哪些平面图形是可以密铺的，今天我们大家来一起做个实验进行研究.

学生分组实验，将结论进行记录并交流，利用全等的正六边形、正五边形、正四边形、四边形、三角形实验，得出具体的结论.

教师：能进行密铺（镶嵌）的图形中，三角形和四边形有什么特点，正多边形中哪些可以密铺？

学生在实验上进行合情推理，推测并交流：四边形的内角和是 360°，可以密铺；三角形可以拼成四边形，也可以密铺；正六边形的每个内角是 120°，3 个六边形可以无缝不重叠地密铺；正三角形、正四边形一定可以的，因为三角形和四边形可以；正八边形不可以……

教师：正五边形、正十一边形呢？为什么？内角与 360° 有怎样的关系的正多边形才可以密铺？

学生：正六边形每个内角 120°，而比六边形的边数多的正多边形内角都大于 120°，又不大于 180°，所以边数大于 6 的正多边形无法密铺.

【王彤赏析】 从实验得出实验结论，并通过对问题串分析，形成实验—归纳—推理论证的过程. 由内角和、内角度数与能否密铺的关系展开研究，从中体现了科学研讨的过程，学生体验到了“化归”思想——将三角形转化成四边形，而四边形的密铺可以由内角和做出合理解释，并从正多边形的密铺探究中，发展学生应用几何知识的能力.

【杨之赏析】 教学重点应集中在一、两点，不可泛化.

四十九、过程 8.14——探索多边形的内角和

准备：如图 2-2-43 所示，黑板上画一个四边形和一个五边形.

教师：怎样求一个多边形的内角和呢？如图 2-2-44 所示，以四边形为例，将四边形分成几个三角形.

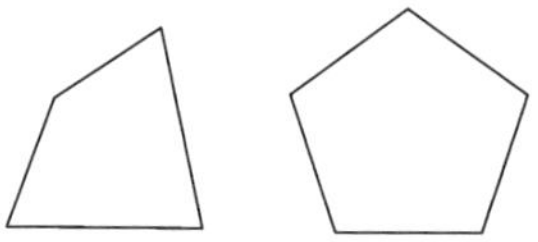

图 2-2-43

图 2-2-44

引导学生用已学过的三角形内角和等于 180°，将四边形转化为三角形来求内角和.

五边形的内角和问题可以类比四边形内角和，n 边形内角和也类比四边形内角和，将多边形转化为三角形来解决.

【霍佳赏析】 认识可以通过类比、归纳获得数学知识，类比是一种重要的学习方法，渗透转化的数学思想，可以将复杂的问题简单化.

【杨之赏析】 这里是一种特殊的转化，将未知化为已知，称为化归. 转化方法多种多样，勿去“框”学生.

五十、过程 8.15——探究多边形的外角和

准备：铅笔、作图工具、画好的多边形.

教师：请同学们做一个实验，将铅笔沿多边形各边移动，回到起点时，铅笔的位置和方向有没有变化（见图 2-2-45）. 我们在锻炼身体时，若沿着一个多边形路径跑圈，回到起点时，面对的方向有没有变化？从中你有什么发现？

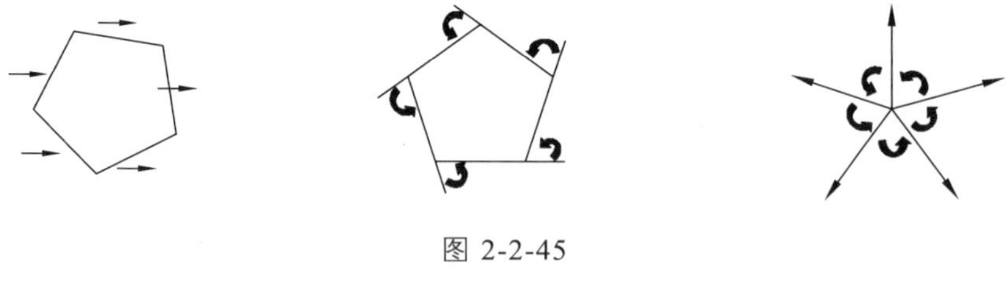

图 2-2-45

学生实验：思考教师的提问，学生进行交流，合作学习并形成看法.

教师：过每一条边铅笔方向要改变，改变的角度是什么？你能用角度之

间的关系来刻画回到起点方向不变的原因吗？有什么数学结论？

【王彤赏析】 实验让学生丰富直观经验，并在纸上画出相关图形，便于研究外角和，同时发现一个现象：方向不变，实际上，转了一圈，转了360°又回到原来位置，便于他们去理解多边形的外角和.

五十一、过程9.01——关于菱形的面积

准备：先在黑板上画一个菱形$ABCD$，然后教师提出问题，已知菱形$ABCD$的两条对角线长分别为m和n，如何求此菱形的面积.

由学生展示方法（总结思路）

（1）常规方法：如图2-2-46所示，易证图中四个直角三角形全等

$$S_{\text{菱形}ABCD}=4S_{\triangle AOB}=4\cdot\frac{1}{2}\cdot\frac{1}{2}m\cdot\frac{1}{2}n=\frac{1}{2}mn$$

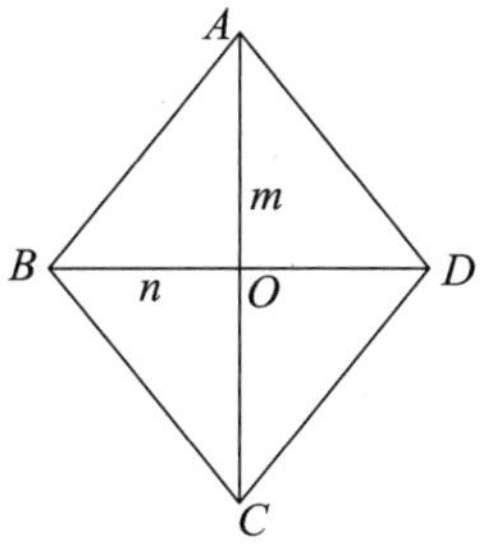

图2-2-46

（2）创新方法：把菱形补成一个矩形，这个菱形的面积就等于矩形面积的一半.

【刘贵斌赏析】 由特殊到一般，归纳思维，将结论推广：如图2-2-47所示，对角线相互垂直的四边形面积等于这两条对角线乘积的一半，即$S_{\text{四}ABCD}=\frac{1}{2}BD\times AC$.

【杨之赏析】 再推广到对角线互相垂直的筝形（凹四边形$ABCD$），即$S_{\text{四}ABCD}=\frac{1}{2}BD\times AC$；再推广到任意四边形（两对角线$BD$、$AC$夹角为$\alpha$），可用三角函数表示$S_{\text{四}ABCD}=\frac{1}{2}BD\times AC\times\sin\alpha$.

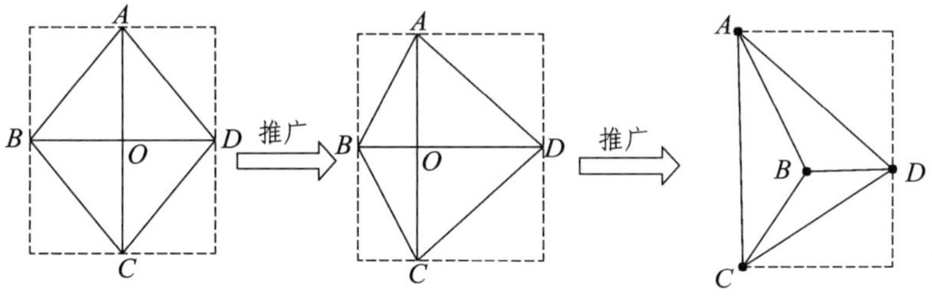

图2-2-47

五十二、过程 9.02——推导一元二次方程的求根公式（一）

准备：黑板板书一元二次方程 $ax^2+bx+c=0\quad(a\neq 0)$.

教师：配方法求根是常用方法，而配方法的关键是根据二次项和一次项，配常数项.

对于一般的一元二次方程 $ax^2+bx+c=0(a\neq 0)$，

两边同乘以 $4a$ 得 $4a^2x^2+4abx+4ac=0$.

此时，二次项与一次项符合完全平方的要求，于是有：$(2ax+b)^2=b^2-4ac$.

当 $b^2-4ac\geqslant 0$ 时，$2ax+b=\pm\sqrt{b^2-4ac}, x_{1,2}=\dfrac{-b\pm\sqrt{b^2-4ac}}{2a}$.

【谢祥赏析】 ① 推导求根公式，常规方法是：方程两边同除以 a，使二次项系数为 1，即 $x^2+\dfrac{b}{a}x+\dfrac{c}{a}=0$，实质是将二次项、一次项符合完全平方式的要求.

配方得 $\left(x+\dfrac{b}{2a}\right)^2=\dfrac{b^2-4ac}{4a^2}$.

当 $b^2-4ac\geqslant 0$ 时，$x+\dfrac{b}{2a}=\pm\sqrt{\dfrac{b^2-4ac}{4a^2}}=\pm\dfrac{\sqrt{b^2-4ac}}{2a}$.

易造成误解 $\sqrt{4a^2}=2a$，而将方程两边同乘以 $4a$，使二次项、一次项完全符合完全平方的要求，且平方时，避开使用公式 $\sqrt{4a^2}=2a$ 之嫌.

② 但“两边同乘以 $4a$”，像帽子里变出个兔子，是老师“赐”给学生的，是典型的注入式. 教师应引导学生去发现，把发现机会留给学生. 比如，可以引导学生分析配方法的基本要求，思考二次项除了“两边同除以 a”变为 1，还有没有其他方法变为完全平方（比如“两边同乘”是否也可以处理系数）？

五十三、过程 9.03——推导一元二次方程的求根公式（二）

准备：黑板板书一元二次方程 $ax^2+bx+c=0\quad(a\neq 0)$.

教师：配方法求一元二次方程的根，关键是变形使方程的二次项符合完全平方的要求，那么，对于 $ax^2+bx+c=0\ (a\neq 0)$ 做怎样的变形，可使二次项成为平方项？

生 1：因为 $a\neq 0$，所以两边同样除以 a，得 $x^2+\dfrac{b}{a}x+\dfrac{c}{a}=0$.

教师：配方得$\left(x+\frac{b}{2a}\right)^2=\frac{b^2-4ac}{4a^2}$.

当$b^2-4ac\geqslant 0$，$x+\frac{b}{2a}=\pm\sqrt{\frac{b^2-4ac}{4a^2}}$……………………①

$=\pm\frac{\sqrt{b^2-4ac}}{2a}$……………………②

追问：注意到$\sqrt{4a^2}=\pm 2a$，为什么②式中只有一个“±”？

生2：由于前面已有“±”号，所以不再取“±”号

生3：可以这样：$x+\frac{b}{2a}=\pm\sqrt{\frac{b^2-4ac}{4a^2}}=\pm\frac{\sqrt{b^2-4ac}}{\pm 2a}=\pm\frac{\sqrt{b^2-4ac}}{2a}$.

教师：还有其他配方法吗？

生4：两边同乘以a，成为$a^2x^2+abx+ac=0$.

教师：配方得$\left(ax+\frac{b}{2}\right)^2=\frac{b^2-4ac}{4}$.

当$b^2-4ac\geqslant 0$，$ax+\frac{b}{2}=\pm\sqrt{\frac{b^2-4ac}{4}}=\pm\frac{\sqrt{b^2-4ac}}{2}$.

生5：也可两边同乘以$4a$……

【谢祥赏析】 抓住配方的关键，引导学生从相除、相乘两个方向进行配方，第一种方法，教师在关键处提问，有利于对易错点予以警示，可以像学生那样“补救”；第二种方法缘于教师启发式追问“还有其他配方法吗？”教学中建议多一点“还有没有？”的追问. 该方法巧妙避开了两次取“±”号的问题，展示了这种方法的内在美.

五十四、过程9.04——探索一元二次方程$x^2+bx+c=0$的解法

准备：（黑板上板书）

例 （1）$x^2=4$，（2）$(x-1)^2=4$，（3）$x^2-2x+1=4$，（4）$x^2-2x-3=0$.

教师：教师引领学生对从方程$x^2+bx+c=0$中，应用特殊化，依次对例1的（1）、（2）、（3）、（4）进行求解，同时提醒学生注意4个方程之间的变化特征.

学生：

（1）$x^2=4\rightarrow x=\pm 2$.

（2）$(x-1)^2=4\rightarrow(x-1)=\pm 2\rightarrow x-1=2$或$x-1=-2\rightarrow x=3$或$x=-1$.

（3）$x^2-2x+1=4 \to (x-1)^2=4 \to (x-1)=\pm 2 \to x-1=2$ 或 $x-1=-2 \to x=3$ 或 $x=-1$.

（4）$x^2-2x-3=0 \to x^2-2x+1=4 \to$ 转化为（3）.

（本例提醒学生解决问题的关键环节）

教师：板书例 2 解方程 $x^2+3x-2=0$.

解

$$x^2+3x-2=0$$

$$x^2+3x=2$$

$$x^2+3x+\left(\frac{3}{2}\right)^2=2+\left(\frac{3}{2}\right)^2$$

$$\left(x+\frac{3}{2}\right)^2=\frac{17}{4}$$

$$x+\frac{3}{2}=\pm\frac{\sqrt{17}}{2}$$

$$x+\frac{3}{2}=\frac{\sqrt{17}}{2} \text{ 或 } x+\frac{3}{2}=-\frac{\sqrt{17}}{2}$$

$$x_1=\frac{-3+\sqrt{17}}{2} \text{ 或 } x_2=\frac{-3-\sqrt{17}}{2}.$$

【唐有林赏析】 引导学生由特殊到一般，发现“配方法”解一元二次方程 $x^2+bx+c=0$ 方法，体现了研究问题、解决问题的一般规律：特殊→一般→特殊，同时培养学生逆向思维意识.

五十五、过程 9.05——利用根与系数的关系求值

准备：在黑板上板书例题已知一元二次方程 $2x^2+4x+1=0$ 的两根为 x_1，x_2，不解方程，求代数式 $\sqrt{\frac{x_1}{x_2}}+\sqrt{\frac{x_2}{x_1}}$ 的值.

教师：我们知道：$x_1+x_2=-2$，$x_1 \cdot x_2=\frac{1}{2}$，要求此代数式的值，应努力把它变成含 x_1 与 x_2 和、积的式子，怎么办呢？本题的主要特征是含有两个根号，两个被开方数无法直接相加，这正是解决此题的当前障碍，你用什么方法克服这个障碍呢？

（估计学生易犯如下错误）

$$\sqrt{\frac{x_1}{x_2}}+\sqrt{\frac{x_2}{x_1}}=\frac{\sqrt{x_1x_2}}{x_2}+\frac{\sqrt{x_1x_2}}{x_1}=\frac{x_1+x_2}{x_1x_2}\sqrt{x_1x_2}=-2\sqrt{2}.$$

教师：（在学生参与下）很显然，两个非负数的算术平方根之和不可能是负数，问题出现在哪里？（先让学生作自我检查，然后老师再点评）

此题还有别的方法吗？ $\sqrt{\dfrac{x_1}{x_2}}+\sqrt{\dfrac{x_2}{x_1}}=?$

【刘贵斌赏析】 从某种意义上说，“错误”也是一种珍贵资源，教师有意无意将错就错，常常可以警示他人.

【杨之赏析】 学生在学习中，不犯错误是偶然的，犯错误是正常的. 对估计不到的错，要从容处理：引导学生从对错误的反思中获益，也是一种教学艺术.

五十六、过程 9.06——平行线截线段成比例的定理

问题 已知 $l_1 /\!/ l_2 /\!/ l_3$，l_1 与 l_2 的距离为 a，l_2 与 l_3 的距离为 b.

任意一条线段与三条平行线分别相交于 A、B、C，求 $AB:BC$ 的值

变式 已知 $l_1 /\!/ l_2 /\!/ l_3$，l_1 与 l_2 的距离为 a，l_2 与 l_3 的距离为 b. 任意两条直线与三条平行线相交，分别交于 A、B、C，A_1、B_1、C_1，分别求 $AB:BC$ 与 $A_1B_1:B_1C_1$ 的值

追问：有何发现？任意 n 条线段与这三条平行线相交，其对应线段的比都等于线段间对应的距离之比.

【谢祥赏析】 ① 平行线截线段成比例，其实质就是“都等于线段间对应的距离之比”. 本教学设计中，贵在巧妙设计一个“顺序”两个环节，由特殊到一般，很自然地把背后隐藏的实质挖掘出来. 学生不仅知道“平行线截线段成比例”这个定理是什么，而且还知道“为什么”；② 这个结论，联系平行线的平行传递性，可否也看作平行线的传递性，传递了线段间的比，前者是几何特征（平行性）的传递，后者是代数特征（线段间的比）传递.（本片段取材于锦西中学杨小芳的研究课）

五十七、过程 9.07——黄金分割

（从女性穿上高跟鞋能给人带来美感引入黄金分割的课题）

教师：（在最后一个教学环节的设计中给出探究问题）在人体躯干与身高的比例上，肚脐是理想的黄金分割点，即比值越接近 0.618，越给人美感. 某女士原本身体躯干（脚底到肚脐的长度）与身高的比为 0.60，她的身高为

1.60 m，她应选择多高的高跟鞋看起来会更美？

教师：引导学生将人体抽象成线段图（见图 2-2-48）进行分析.

教师：现场通过脚跨上讲台直观地引导学生进一步分析问题(见图 2-2-49).

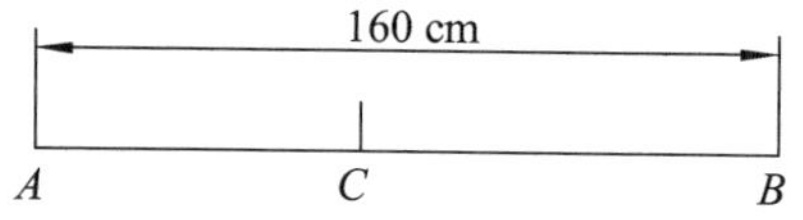

图 2-2-48

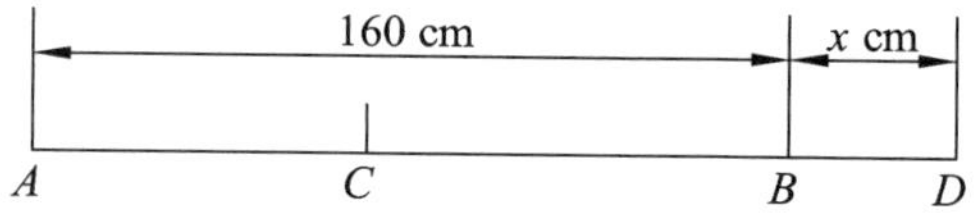

图 2-2-49

【谢娜赏析】 前面用高跟鞋问题导入新课，在教学即将结束的环节，再应用本节课的知识解决前面的悬念，这样设计让学生从应用情境中再次回到高跟鞋，首尾呼应，在形成了一个完整的教学环节的同时充分调动了学生的探究热情. 另外，教师及时地语言以及动作上的引导能让学生能更轻松地解决问题.（本片段取材于成都市锦西中学校杨小芳老师的研究课）

五十八、过程 9.08——矩形相似问题（一个美丽的错觉）

原问题 已知矩形的长为 a，宽为 b（$b<a$），现截去相同宽度 m（$m<\dfrac{b}{2}$）的边框，当 m 为何值时，得到的新矩形与原矩形相似？

教师引导学生利用相似的概念，列比例式，求解 m，发现 $m=0$.

【谢祥点评】 截去相同宽度的边框，看上去好像相似，其实不然，得到的新矩形不会相似于原矩形（说明眼见不一定为“实”），这是一个美丽的错觉！一个生动活泼的相似问题！诱发一个非常有趣的发现！

教师追问：是否还有其他方法，同样能判定新旧矩形不相似？

（1）极端思维法：当 m 逐步接近 $\dfrac{b}{2}$ 时，新矩形就逐步接近于线段，显然新矩形不会相似于原矩形.

【谢祥赏析】 此方法能否定新矩形一定相似于原矩形，但此方法不能判定，是否存在某一时刻，新矩形可以相似于原矩形……

（2）糖水浓度法（构造情境类比）：溶液为 a，其中含糖 b，现往溶液中加糖 m，显然糖水浓度变大，永远不会再等于 $\dfrac{b}{a}$.

【谢祥赏析】 内外矩形相似问题，如果考虑宽与长之比是个真分数，逆向思考，小矩形往外加相同宽度的边框变为大矩形，其实质就是真分数的分子、分母同时加相同的数，分数的值变大，利用糖水浓度变化，非常形象生动得到新矩形的长宽之比永远不会等于旧矩形的长宽之比.

变式问题 如果改变“相同宽度的边框”这个条件，原长的方向截去宽度 m，原宽的方向应截去宽度为多少，能使新矩形与原矩形相似？

【谢祥赏析】 回到如果相似的问题，探讨使“新矩形与原矩形相似”，则在长与宽两个方向截去的宽度应“满足怎样的数量关系”？到此问题完全解决.（本案例取材于成都铁中府河校区李娜老师的研究课）

五十九、过程 9.09——视图

教师：请同学们画出这个水杯的三视图.

学生：在课堂练习本上画出三视图.

教师：老师也画出了这个无盖水杯的三视图（见图 2-2-50），请同学们看看和老师画的是否一样？

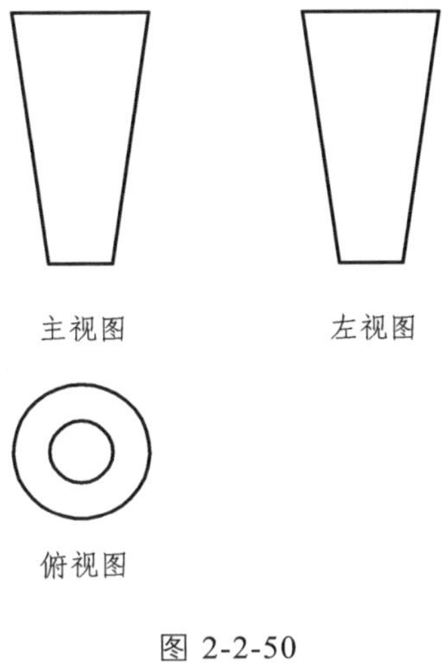

图 2-2-50

教师：这个同学观察得很仔细，同学们把掌声送给他. 那么如果在刚才那个水杯上面加上一个不透明的盖子，那么它的三视图又是怎样的呢？

（引导学生看不见的重要轮廓线可以用虚线表示）

学生：（在课堂练习本上画出三视图）

学生：老师，你开始忽略了水杯本身的厚度，俯视图应该还有一圈实线，应该是 3 个同心圆.

【谢娜赏析】 加盖子这个问题情境的设计能很好地引导学生初步体会能用虚实线刻画立体图形的轮廓线，而且学生能够指出杯壁厚度这个细节上的问题，这超出教师的预设，是本节课的一大亮点，看似教学设计有些瑕疵，实际上却真实地反映了学生通过问题情境的引导，积极地投入思考，独立发现新问题，这是非常难得的漂亮的新发现.

六十、过程 9.10——游戏公平吗？（二）

教师：我们知道不确定事件的可能性是可用数量来反映出来，如掷硬币“正面朝上”的概率为 $\frac{1}{2}$，怎样计算不确定事件发生的概率呢？下面同学们先做一个实践活动.（分发装玻璃球的不透明的塑料袋）

教师：① 如果将袋子里的每个球都编上号码，分别记为 1 号球（红）、2 号球（红）、3 号球（红）、4 号球（白），那么摸到每个球的可能性一样吗？

② 任意摸出一个球，可能是几号球？可能的结果有几种？

③ 摸到红球可能出现的结果有几种？

四人一组活动. 在装有 3 个红球和 1 个白起的袋子里任意摸出一个球，讨论：

① 每次摸到球的颜色是否一样？

② 摸到哪种颜色球的可能性大？

学生：① 由于球的形状与大小都相同，所以摸到每个球的可能性一样.

② 可能是 1 号或 2 号或 3 号或 4 号四种.

③ 三种，1 号球、2 号球、3 号球.

【王彤赏析】 “做数学”是新课标所倡导的一种方式，对于需要经历、体验的数学知识而言，是十分有益和有效的；通过研究实际问题，学生实践活动始终围绕着对随机现象的研究，渗透随机思想.“做数学”始终在教师的引导下，有目的地展开，通过对摸出球的颜色的分析，能使学生从感性认识上升到理性认识，形成对概率的深入认识. 从了解和理解简单的概率计算方式，到会计算概率，这一环节为本课的后续学习起到了很好的铺垫.

【杨之赏析】 如果不注意对“活动”加以数学化（即活动在数学上意味着什么，恰当地抽象与概括，以及数学思想方法的渗透），那么就不是做数学，而是做游戏而已.

六十一、过程 9.11——正弦和余弦

准备：两个大小不同的含 30° 的直角三角形.

教师：创设问题情境.

问题 1：如图 2-2-51 所示，在 Rt△*ACB* 中，斜边 *AB* 和直角边 *AC*，怎样求出直角边 *BC*？

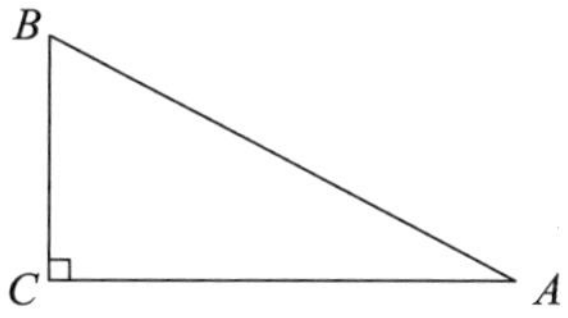

图 2-2-51

学生：用勾股定理可以求出.

问题 2：Rt△*ACB*，$\angle C=90°$，已知 $\angle C$ 和斜边，怎样求出直角边 *BC*？

（教师在学生用勾股定理不能解决的情况下，引导学生探究发现）

问题 3：如果 $\angle A=30°$，Rt△*ACB* 中，$\angle A$ 的对边与斜边有什么关系？

学生活动：$\dfrac{\angle A\text{对边}}{\text{斜边}}=\dfrac{BC}{AB}=\dfrac{1}{2}$.

问题 4：将 Rt△*ACB* 放大，保持新的 Rt△$A'C'B'$ ∽ Rt△*ACB*，$\angle A'=30°$，则 $\angle A'$ 的对边与斜边关系变吗？

学生活动：作图测量 $B'C'$，$A'B'$ 的长度，计算出 $\dfrac{B'C'}{A'B'}=\dfrac{1}{2}$

探究变式：如果 $\angle A=60°$，$\angle A=45°$ 呢？$\angle A=\alpha$ 呢？

教师：引导学生归纳、猜想，Rt△*ACB* 中，$\angle A$ 取固定值（见图 2-2-52），$\angle A$ 的对边与斜边的比值是固定值（可用相似法证明）

$\dfrac{BC}{B'C'}=\dfrac{AB}{AB'}\Rightarrow\dfrac{BC}{AB}=\dfrac{B'C'}{AB'}$，说明，它是由 α 决定而与△*ACB* 边长无关的一个定值，一个巨大的发现，命名正弦、余弦.

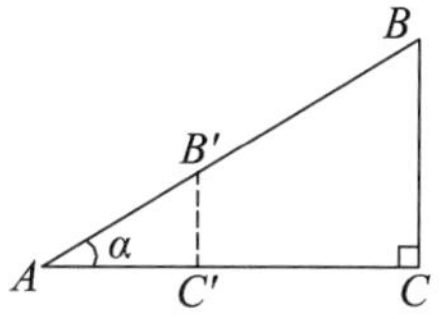

图 2-2-52

【陈波赏析】 ① 数学概念的学习，要关注其背景与形成过程，在“正余弦”教学中，引导学生经历正弦概念的发生过程，由具体到抽象，培养了学生的概念和抽象思维能力；② 在勾股定理不能解决问题的认知冲突中激发学生的探究热情；③ 由“相似比”转化到三角形内部两边之比，是便于应用的重大发现.

六十二、过程 9.12——二次函数 $y=ax^2+bx+c$ 的图象和性质

（1）复习上节课学过的二次函数 $y=ax^2$ 的图象与性质.（师生共同完成）

（2）教师提出课题，请全班同学阅读课本并思考 3 个问题.

① 课本中三个函数 $y=\frac{1}{2}x^2$，$y=\frac{1}{2}(x+3)^2$，$y=\frac{1}{2}(x+3)^2-2$ 的图象是怎样作出的？

② 它们的形状是否相同？最值各是多少？

③ 你能发现他们的位置变化规律吗？

学生分组活动交流，探索研究上述 3 个问题. 老师又请一名学生说出这 3 个函数的图象顶点和对称轴后，问如何从表、图象及函数的解析式中去观察函数图象的顶点和对称轴呢？哪种方法好？有局限性吗？教师针对学生的回答进行必要的指导.

教师继续引导学生，将 $y=\frac{1}{2}(x+3)^2$，$y=\frac{1}{2}(x+3)^2-2$ 分别化为 $y=\frac{1}{2}x^2+3x+\frac{9}{2}$，$y=\frac{1}{2}x^2+3x+\frac{5}{2}$ 同学们能不能画出后面两个函数的图象呢？

学生：能！它们实质上就是 $y=\frac{1}{2}(x+3)^2$，$y=\frac{1}{2}(x+3)^2-2$ 的图象.

教师：为什么？

学生："配方"这种变形不会改变函数的图象.

（3）从特殊到一般.

教师：函数 $y=ax^2+bx+c$ 的图象的形状、顶点、对称轴和相对应位置如何求呢？要解决这个问题，事先做什么工作呢？

学生：先要配方.

教师把学生配方的结果 $y=ax^2+bx+c=a\left(x+\frac{b}{2a}\right)^2+\frac{4ac-b^2}{4a}$ 与上图中的函数进行比较，引导学生说出函数 $y=ax^2+bx+c\ (a\neq 0)$ 的性质.

总结解题方法（先让学生归纳，教师补充，最后写出）：求抛物线的对称轴、顶点坐标以及二次函数的最值，有两种基本方法，一是配方法，二是公式法. 要重视配方法，而不能仅仅满足于会代公式.

【刘萍赏析】 本节课围绕本课本知识而开展，细腻中见扎实，如图象的"平移变换"是重点，学生需要掌握，教师分三步对学生进行引导，即从列表上看→从图上→看从解析式上看，最后落实到从一般解析式的配方看出平移方向和距离.

六十三、过程 9.13——二次函数图象间的关系

画一画，想一想：下面几个二次函数的图象之间有何关系？

① $y=x^2$，② $y=x^2+3$，③ $y=x^2-3$，④ $y=(x+3)^2$，⑤ $y=(x-3)^2$.

准备：给每位学生印发一张坐标纸，并各准备一支铅笔.

教师：请在印发的坐标纸上画出这 5 个函数的图象.（指导学生画图）

请问：这 5 个函数图象之间有何关系？

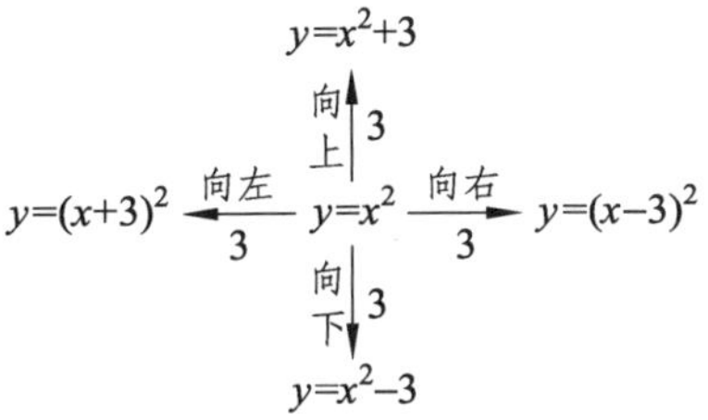

通过作图，弄清了 $y=ax^2+bx+c(a\neq 0)$ 中 a、b、c 各“掌管”图象的什么性质.

【刘贵斌赏析】 用图示法显示出这几个函数图象之间的相互关系，简单明了，学生易于理解和掌握.

【杨之赏析】 再通过与 $y=\frac{1}{2}x^2$，$y=-2x^2$ 对比，为弄清 a、b、c 对图象的影响打下基础.

六十四、过程 9.14——求函数解析式

准备：在黑板上板书例题，已知二次函数 $y=x^2+bx+c$ 的图象经过点 (－1，0)，顶点 M 在 $y=-4x$ 上，求这个二次函数的解析式.

教师：怎样求这个二次函数的解析式？我们知道二次函数解析式有三种形式.

一般式：$y=ax^2+bx+c$.

顶点式：$y=a(x+m)^2+n$.

根式：$y=a(x-x_1)(x-x_2)$.

由一般式 $y=ax^2+bx+c$ 知道，图象顶点坐标为 $\left(-\frac{b}{2a},\frac{4ac-b^2}{4a}\right)$.

方法提示：常规方法 $\begin{cases}\dfrac{4c-b^2}{4}=-4\times\left(-\dfrac{b}{2}\right).\\ 1-b+c=0\end{cases}$

创新方法，设顶点 $M(t,-4t)$ 那么所求函数解析式为 $y=(x-t)^2-4t$.

【刘贵斌赏析】 本题的常规解法是学生很容易想到的，但大多数学生仅仅满足于常规解法，创新意识差. 因此，我们在数学活动中应刻意培养学生的创新意识和能力.

【杨之赏析】 创新方法，如何引导学生发现？这是非常值得思考的，直接把“方法”展示给学生，乃是典型注入式，应引导学生，使他们人人能想到，才能实现创新方法的教学价值.

六十五、过程 9.15——垂径定理

实际问题引入.

油槽问题

（1）模型，如图 2-2-53 所示，求圆柱形油槽中，水平放置时，油的最大深度.（多媒体演示）

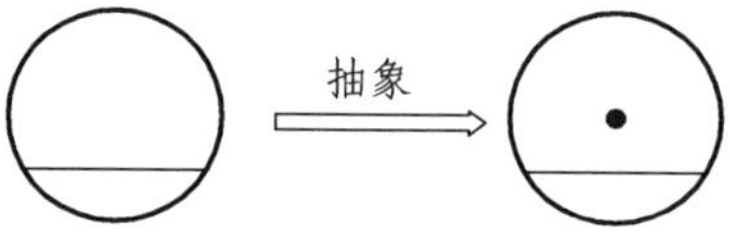

图 2-2-53

（2）要解决这个问题，有必要对垂直于弦的直径进行研究，采用“截面研究法”.

探究活动一

实验：如何迅速确定圆形纸片的圆心，为什么？

说明：圆是轴对称图形，经过圆心的每一条直线都是圆的对称轴.

探究活动二

利用折纸对图形进行折叠与展开变换的研究：

如图 2-2-54 所示，在⊙O 中直径 $AB\perp$ 直径 CD，你能找到哪些相等的量？为什么？

探究活动三（运动变化）

（1）如果 $A_1B_1\perp CD$，CD 是直径，但 A_1B_1 不是直径（见图 2-2-54），你在图中能找到哪些相等的量？

学生活动：观察，小组讨论，分析得出自己的发现结果，并展示自己的结果.

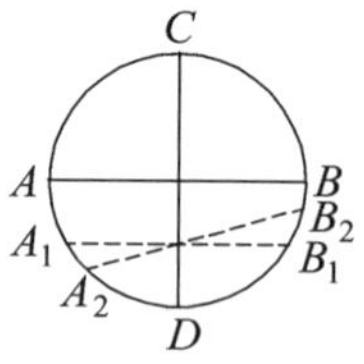

图 2-2-54

猜想：$\overset{\frown}{A_1D}=\overset{\frown}{B_1D},\overset{\frown}{A_1C}=\overset{\frown}{B_1C},\cdots\cdots$

学生归纳出文字命题，并进行论证.

（2）如果 CD 是直径，A_2B_2 能不能不是直径，又不垂直于 CD 呢？

【王彤赏析】 ① 无法测量油的深度时，如何计算深度？用问题“逼”出截面模型法. ② 实验研究，找圆心，体验圆的轴对称性，从学生日常学习中似乎无意识的折纸中，包含有未解决的几何问题，为什么对折两次后可以确定圆心？引导思索深入的问题，有一条弦是直径，另一条弦不是直径，如果相互垂直，那么它们能相互平分吗？不能，但不是直径的弦被平分了，还有什么发现和看法呢？从轴对称性的研究产生出一系列的结论，也就是垂直于弦的直径的特点，动态地呈现知识的发生，是新课标所提倡的理念.

【杨之赏析】 注意引导学生理解“折纸”在数学上意味着什么.

六十六、过程 9.16——认识相交弦、切割弦定理

准备：多媒体课件.

教师：根据图 2-2-55，说出相交弦定理、切线长定理、割线定理、切割线定理及其推论的内容.

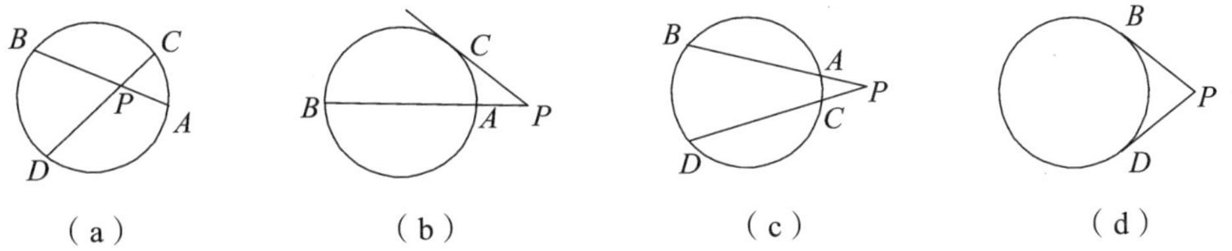

图 2-2-55

教师：相交弦、切割线定理及其推论三者之间有什么联系？

学生：经过思考后回答.

教师：利用多媒体研究图形变化过程.

（1）图 2-2-56（a）中，弦 AB、CD 交于 P，则 $PA\cdot PB=PC\cdot PD$.

（2）P 点运动到圆上时［见图 2-2-56（b）］，点 P 与 B、D 重合，$PB=PD=0$，$PA\cdot PB=PC\cdot PD=0$ 成立.

（3）P 点在圆外［见图 2-2-56（c）］，两弦的延长线交于圆外一点 P，PA、PC 是两条割线，$PA\cdot PB=PC\cdot PD$.

（4）一条割线绕圆外 P 点在运动［见图 2-2-56（d）］，最终 C、D 重合，得切线长 PC、PD，即有 $PC\cdot PD=PA\cdot PB$，即 $PC^2=PA\cdot PB$.（引导学生观

察、思考并认识定理的联系）

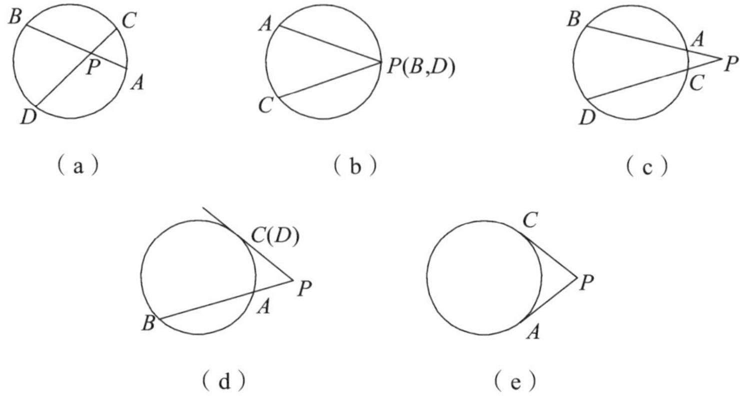

图 2-2-56

归纳：

$PC \cdot PD = PA \cdot PB$ —点 P 运动到圆外→ $PA \cdot PB = PC \cdot PD$ —P 在圆外，旋转 PD，C、D 重合→ $PC^2 = PA \cdot PB$

（相交弦定理）　　（割线定理）　　（切割线定理）

↓ 旋转 AB

$PA = PC$

（切线长定理）

【陈波赏析】 通过运动变化，揭示了定理产生的全过程，同时展示了定理与定理之间的内在联系.

【杨之赏析】 如果能推导出统一的形式：$PA \cdot PB = |R^2 - OP^2|$，就更妙！这个结论揭示了“积为什么相等”，因为“积”只与圆半径、OP 长度相关，数学教学重在揭示结论背后的为什么.

六十七、过程 9.17——弦切角

准备：前面我们曾经学过圆心角、圆周角及其相关定理，请同学们算一算这道题.（挂出小黑板，AB、AC 为两根细棒，可绕 A 点转动），如图 2-2-57（a）所示，AB 为 $\odot O$ 的切线，A 为切点，$\angle AOC = 140°$，求 $\angle BAC$ 的度数.

生 1：连接 OA、OC，得等腰 $\triangle OAC$，则

$\angle AOC = 140°$，所以 $\angle OAC = 20°$

又根据切线的性质，$OA \perp AB$，

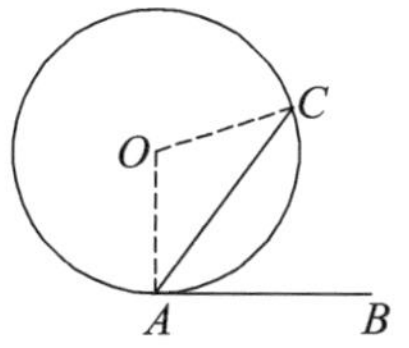

（a）

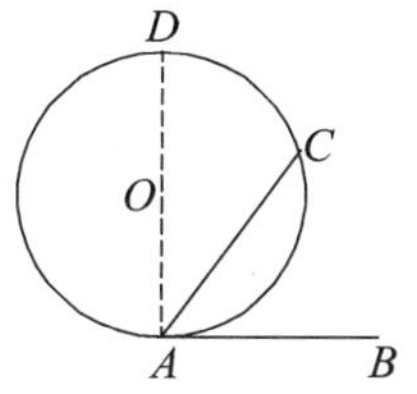

（b）

图 2-2-57

所以 $\angle BAC=70°$.

教师：还有别的解法吗？

生 2：如图 2-2-57（b）所示，作直径 AD，因为 $\angle AOC=140°$，所以 $\angle COD=40°$，由圆周角度数定义可得 $\angle CAD=20°$，由于 $OA\perp AB$，所以 $\angle BAC=70°$.

教师：都解得很好.

生 3：我直接应用圆周角度数定理，因为 $\angle AOC=140°$，所以 $\angle BAC=70°$ 不是很简单吗？

教师：大家考虑一下，$\angle BAC$ 可不可以称为圆周角？为什么？

生众：不可以，因为 $\angle BAC$ 的一边不与圆相交.

教师：对，那么这个角叫什么角呢？我们先观察一下它有什么特征？

生 4：这是顶点在圆上，一边与圆相交，另一边与圆相切的角.

教师：这种顶点在圆上，一边与圆相交，另一边与圆相切的角，人们形象地称为“弦切角”.（弦与切线所成的角）

（板书课题）弦切角可以是锐角，这时圆心在角的外部；可以是直角，这时圆心在一条边上；还可以是钝角，这时圆心在角的内部……

【刘萍赏析】 教师利用活动教具演示这道计算题，一开始就吸引学生.计算本题，可以学习应用圆心角、圆周角度数定理解题的技巧，同时还可以运用比较手段，从圆周角引入弦切角，并导出相关定理，学生喜欢在比较中学习新知识，这样便于学，易于记.

六十八、过程 9.18——求阴影部分面积

准备：在黑板上出示题目，激起学生思考.

教师：如图 2-2-58（a）所示，已知正方形的边长为 a，怎样求阴影部分的面积？

法一：如图 2-2-58（b）所示，

$$S_{阴}=8S_1=8\left[\frac{1}{4}\pi\left(\frac{a}{2}\right)^2-\frac{1}{2}\cdot\frac{a}{2}\cdot\frac{a}{2}\right]=\frac{\pi}{2}a^2-a^2$$

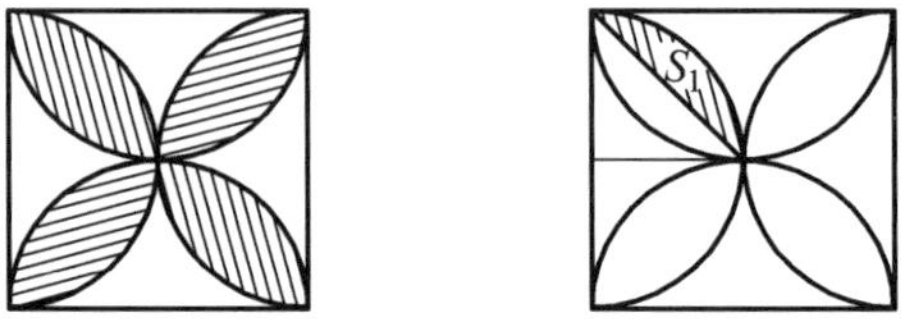

（a）　　（b）

图 2-2-58

教师：这里抓住一个“口形”的一半（弓形），它是直角扇形去掉一个直角三角形的事实，通过分割拼补的方法得到答案. 还可以怎样分割？

法二：如图 2-2-59（a）所示，

$$S_{阴}=4S_3=4(S_1+S_2)=4\left[\frac{1}{2}\pi\left(\frac{a}{2}\right)^2-\frac{1}{2}\cdot a\cdot\frac{a}{2}\right]=\frac{\pi}{2}a^2-a^2$$

法三：如图 2-2-59（b）所示，

$$S_{阴}=S_{正}-2(S_1+S_2)=S_{正}-2(S_{正}-S_{圆})=2S_{圆}-S_{正}=\frac{\pi}{2}a^2-a^2$$

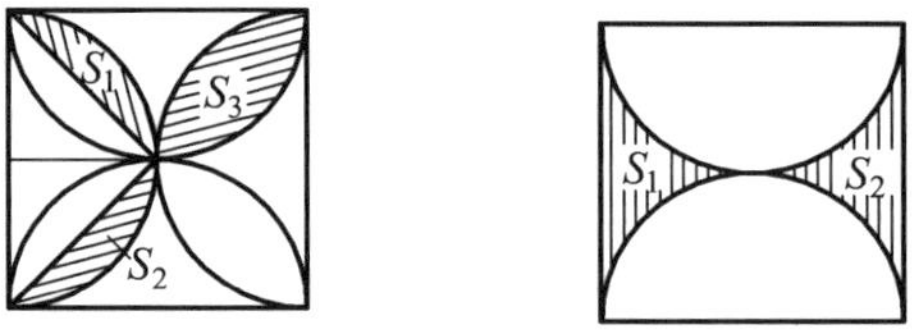

（a）　　（b）

图 2-2-59

杨之追问：以上三种方法都是分割拼补，根据结果“$2S_{圆}-S_{正}$”，通过平移、旋转、翻折，能否做到呢？

【刘贵斌赏析】 善于将复杂图形分解成简单图形（基本图形），这是常见的化归思想，使用恰当就能使问题迎刃而解.

【杨之赏析】 对各种“方法”要进行分析，找到“思路”的线索，才能使学生获益，不宜单纯“展示方法”（价值不大）.

第三节　典型方法运用的教学片段

在数学教学中，我们的任务是，引导学生自我增进一般科学素养，提高社会文化修养，形成、发展数学品质，提升身心健康水平，从而全面和谐地发展. 但作为数学教学，应直接地、主要地教、学、研究数学，包括知识、思想、方法和能力. 其中，研究典型的数学思想方法，是非常重要的，其他的素养和品质，要在学习和研究过程中，通过渗透和使用，逐渐地、自然地形成、发展和提升.

我们有 8 个方向的教学举措，其中 5 个：数学返璞归真教育，数学美与数学情感教育，数学史志教育，问题意识与思维批判性教育，科学思维方式教育属于“教育”，是说在数学教育中，通过渗入相关内容、思维，用某些方式处理相关的内容和问题，使学生耳濡目染，感受体验，逐渐形成. 而另外 3 个方面是合情、演绎与辨证推理的数学，数学语言的教学，一般解题方法的教学则是我们要直接操作的，要手把手教，逐点落实，细致纠错，找出规律.

一、方法 8.01——解二元一次方程组

准备：2002 年世界杯足球预选赛亚洲“十强”赛的有关资料.

2002 年世界足球预选赛亚洲“十强”赛中，规定胜一场记 3 分，平一场记 1 分，负一场记 0 分，中国队共赛 8 场获取 19 分，其中只输了一场，那么中国队胜、平各多少场?

教师：分析题意，你能找出题中的等量关系吗?

学生：该题含有两个等量关系，一个是胜、平、负的场数等于 8，一个是胜、平、负的得分等于 19.

教师：若设胜 x 场，平 y 场，你能列出方程组吗?

学生：$\begin{cases} x+y+1=8 \\ 3x+y=19 \end{cases}$

教师：那么中国队胜、平各多少场? 需要解这个方程组.

【霍佳赏析】 由学生感兴趣的具体事例激发学生的求知欲.

教师：方程 $x+y+1=8$ 的正整数解有哪些?

学生：满足方程 $x+y+1=8$ 的解有 $\begin{cases}x=1\\y=6\end{cases}$，$\begin{cases}x=2\\y=5\end{cases}$，$\begin{cases}x=3\\y=4\end{cases}$，$\begin{cases}x=4\\y=3\end{cases}$，$\begin{cases}x=5\\y=2\end{cases}$，$\begin{cases}x=6\\y=1\end{cases}$.

教师：方程 $3x+y=19$ 的正整数解呢？

学生：是 $\begin{cases}x=1\\y=16\end{cases}$，$\begin{cases}x=2\\y=13\end{cases}\cdots\begin{cases}x=6\\y=1\end{cases}$.

教师：这两个方程的公共解是什么？

学生：是 $\begin{cases}x=6\\y=1\end{cases}$.

教师：用这种方法解方程组太麻烦，而且未必能求出恰当的解，现在这样想，在方程 $x+y+1=8$ 中，任给一个 x 的值，$y=7-x$；就是 $\begin{cases}x=x\\y=7-x\end{cases}$ 对方程 $3x+y=19$，也有 $\begin{cases}x=x\\y=19-3x\end{cases}$，我们希望 y 也一样，$y=y$，就是 $7-x=19-3x$，$x=6$ 所以 $y=1$.

教师：现在换一个思路，由于方程组中的相同字母表示同一个未知数，所以第一方程中的 $y=7-x$，第二个方程中的 y 也应等于 $7-x$，这样可以用 $7-x$ 代替第二个方程中的 y，由此你能得到什么？

学生：$3x+(7-x)=19$，y 不见了，得到的是一元一次方程，解方程得 $x=6$，从而可以得 $y=7-6=1$，所以中国队胜 6 场、平 1 场.

【霍佳赏析】 让学生了解解二元一次方程组的“消元”的思想，体会数学研究“化未知为已知”的化归思想.

二、方法 8.02——用数轴比较有理数的大小

准备：直尺.

教学过程：

教师：怎样比较有理数的大小呢？方法就在我们小学学过的算术中，我们会比较算术中的数的大小，请用“<”号将下列各数连接起来，并把这些数都表示在同一条数轴上（教师给出 5 个“算术数”，如 $\frac{1}{2}$，4，0，3，$\frac{1}{4}$）.

问题 1：观察后回答，表示上述 5 个数的点在数轴上的位置与这 5 个数

的大小之间有何关系？

问题 2：由上述观察的结果，能总结出数的大小与它在数轴上位置的关系吗？

问题 3：在数轴上表示负数 -3 与 -5，能说出谁大谁小吗？为什么？

（在学生回答时，可能有不同的答案，让学生在教师的引导下进行讨论）

问题 4：回忆负数的实际含义，试举出一个实例，说明你对 -3 与 -5 的大小比较结果与通常的看法一致吗？

问题 5：请总结出数轴上任意数的位置，与这两个有理数大小间关系的一般规律.

让学生回答后，由教师总结“在数轴上，越靠右的点（数轴箭头所指方向）所表示的有理数越大”的一般性结论，从而得出用数轴来比较两个有理数的大小的方法.

【宋利川赏析】 上述用数轴比较有理数大小的数学教学片段设计，突出了数学教学中对学生进行思维训练的功能，在教学中，教师引导学生参与的是数学思维活动，学生所获得的不仅仅是数学知识，更重要的是使他们在潜移默化中，收到了归纳与类比两种创造性思维形式的训练，使学生的个性品质在更高层次上得到优化.

三、方法 8.03——梯形辅助线的基本做法

展示梯形.

教师：梯形有一组对边平行，与我们所学的什么图形相近？

学生：平行四边形.

教师：梯形还有一组对边不平行，能与我们所学的什么图形有什么关系？

学生：三角形.

教师：现在请同学们结合所学过的几何图形拼出图形，画在本子上，

（学生活动，教师巡视指导）展示学生的作品.

教师：除此而外，还有很多拼法，但图 2-3-1 的这几种拼法显示的辅助线都能将梯形转化成我们熟悉的三角形和平行四边形，因此是我们研究的重点. 现在归纳一下，“辅助线”作法.

学生：如图 2-3-1（a）所示，过 A 点作 $AE/\!/DC$ 交 PC 于 E，通过平移一腰，将梯形分成了三角形和平行四边形，构造出上、下底之差——BE. 请同学们也评析一下图 2-3-1 中后 3 种辅助线作法.

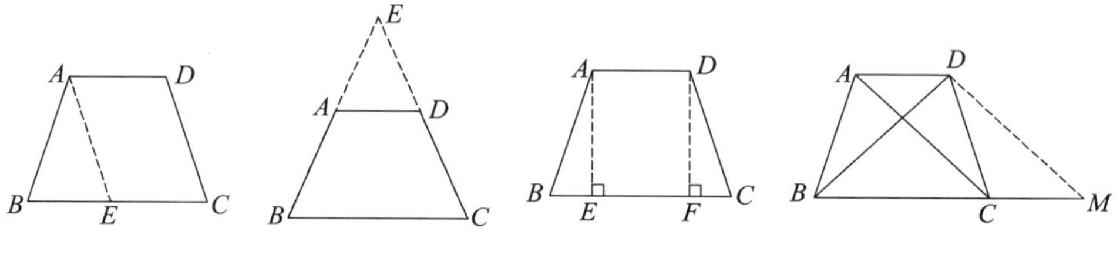

（a）（b）（c）（d）

图 2-3-1

学生：如图 2-3-1（b）所示，延长 BA、CD 交于点 E，凑出一大一小两个三角形，其中 $AD \parallel BC$ 可以与平行线分线段成比例联系.

学生：如图 2-3-1（c）所示，分别过点 A、D 作 $AD \perp BC$，$DF \perp BC$，垂足分别为 E、F，把梯形分成了两直角三角形和一个矩形，可以与面积和勾股定理联系.

学生：如图 2-3-1（d）所示，过点 D 作 $DM \parallel AC$ 交 BC 延长线于 M，通过平移对角线，将梯形补成了平行四边形和三角形拼成的图形，构造出上、下底之和——BM，$\triangle ABD$ 和 $\triangle DCM$ 的面积相等，梯形 $ABCD$ 的面积与 $\triangle BDM$ 的面积相等.

教师：其中图 2-3-1（a）和（d）都得用线段的平移达到转移线段的目的，当一腰上出现中点时，如出现 DC 中点 F，我们又该怎么办呢？

学生：延长中线.

教师：延长哪条中线呢？

学生：是 $\triangle ADC$ 边 DC 边上的中线.

教师：噢，那要怎样作图？连接 AF 并延长交 BC 延长线于 P，你能观察出图形中有哪些等量关系？

学生：$AF = PF$，$\triangle ADF$ 与 $\triangle CPF$ 的面积相等，梯形 $ABCD$ 与 $\triangle ABP$ 的面积相等.

教师：我们还可以把 $\triangle CPF$ 看成是 $\triangle ADF$ 怎样变形得到的？

学生：绕点 F 顺时针旋转 $180°$ 得到的.

【童明雁赏析】 通过图形的拆、凑，将学生不熟悉的知识转成熟悉的知识，便于学生知识网络的完整化，同时也教会学生怎样将四边形问题转化成三角形问题；利用平移和旋转更深刻地认识图形间的联系，融汇各章节知识，学会识图. 通过拼图找“辅助线”，是一大创举.

四、方法 9.01——一元二次方程的求解原理

准备：黑板上板书求方程的解 $x^2=4$.

教师：一元二次方程怎样解？根据什么？首先，最简单的方程 $x^2=4$，我们会解吗？

教师：由平方根的意义，哪个数的平方等于 4？

学生：$(\pm2)^2=4$，$x=\pm2$.

教师：求解形如 $x^2=a\,(a\geqslant0)$ 的方程可以直接开平方，思考解方程 $(2x+3)^2=5$.

生 1：可以将 $2x+3$ 看作是 y，也就是解方程 $y^2=5$. 求出 y 的值后再求 x.

教师：很好，这里运用了“换元”的数学思想方法.

生 2：将方程两边直接开平方，得到 $2x+3=\sqrt{5}$ 和 $2x+3=-\sqrt{5}$ 两个一次方程，从而求出 x 的值.

生 3：也可以移项分解因式：$(2x+3+\sqrt{5})(2x+3-\sqrt{5})=0$，则 $2x+3+\sqrt{5}=0$ 或 $2x+3-\sqrt{5}=0$.

教师：很不错，这种解法是将二次方程转化成两个一次方程，实质上是将原方程“降次”.

生 3 同学的依据是 $AB=0$，则 $A=0$ 或 $B=0$.

【霍佳赏析】 该教学设计上学生经历了由简单到复杂的过程，并且渗透了“换元”“降次”的数学方法，让学生证解题的过程中对数学方法的重要性及其意义的认识进一步强化.

【杨之赏析】 教学中，注意让学生认识两条原理：① $x^2=a\,(a\geqslant0)$ 则 $x=\pm\sqrt{a}$，② $AB=0$，则 $A=0$ 或 $B=0$.（反之亦然）

五、方法 9.02——直线和圆的位置关系

准备：多媒体、印有例题的课堂练习单.

过程：

出示例题：如图 2-3-2（a），已知 BC 切 $\odot O$ 于 B 点，$CE\perp$ 半径 AO 于 E 点，交 BA 于点 D，求证：$CB=CD$（一题多解）.

理解题意，分析可能途径.

证明一：如图 2-3-2（b）所示，连接 BO.

重点提示：

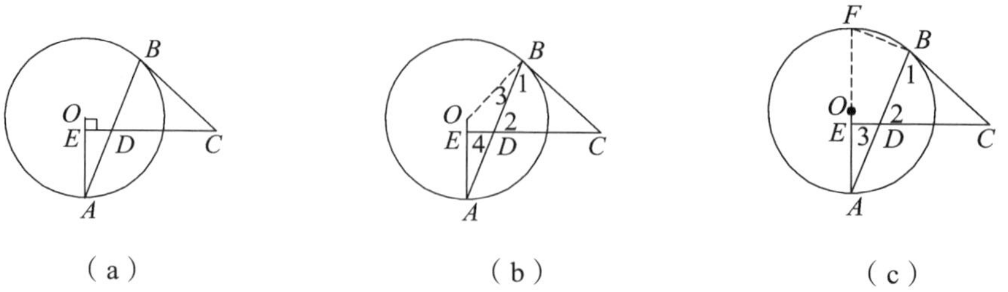

图 2-3-2

（1）圆的半径相等，可以构造等腰三角形.

（2）切线与过切点的半径垂直.

$$\left.\begin{array}{l}\left.\begin{array}{l}CE\perp AO\Leftrightarrow\angle CEO=90^\circ\Leftrightarrow\angle A+\angle 4=90^\circ\\ \angle 2=\angle 4\end{array}\right\}\Leftrightarrow\angle A+\angle 2=90^\circ\\ \left.\begin{array}{l}CB\text{切}\odot O\text{于}B\Leftrightarrow\angle 1+\angle 3=90^\circ\\ AO=BO\Leftrightarrow\angle A=\angle 3\end{array}\right\}\Leftrightarrow\angle A+\angle 1=90^\circ\end{array}\right\}$$

$$\Leftrightarrow\angle 1=\angle 2\Leftrightarrow CB=CD$$

证明二：如图 2-3-2（c）所示，延长 AO 交 $\odot O$ 于点 F，连接 FB.

重点提示：

（1）直径所对的圆周角是直角 $\angle F+\angle A=90^\circ$.

（2）弦切角等于它所对的圆周角.

$$\left.\begin{array}{l}\left.\begin{array}{l}CE\perp AO\Leftrightarrow\angle CEA=90^\circ\Leftrightarrow\angle A+\angle 3=90^\circ\\ AF\text{为直径}\Leftrightarrow\angle ABF=90^\circ\Leftrightarrow\angle A+\angle F=90^\circ\end{array}\right\}\Leftrightarrow\angle F=\angle 3\\ \angle 2=\angle 3\\ \angle F=\angle 1\end{array}\right\}$$

$$\Leftrightarrow\angle 1=\angle 2\Leftrightarrow CB=CD$$

反思：对角互补的四边形内接于圆，而 $\angle F=\angle 1$ 所以 $\angle 1=\angle 2$.

证明三：如图 2-3-3（a）所示过 A 点作 $\odot O$ 的切线 AF.

重点提示：

（1）两弦切角所夹的圆弧相等，则这两个弦切角相等 $\angle 1=\angle 3$.

（2）切线与过切点点半径垂直，$\angle 1=\angle 3$，所以 $\angle 1=\angle 2$.

$$\left.\begin{array}{l}\left.\begin{array}{l}AF\text{切}\odot O\text{于}A\Leftrightarrow AF\perp AO\\ CE\perp AO\end{array}\right\}\Leftrightarrow CE\parallel AF\Leftrightarrow\angle 2=\angle 3\\ \angle 1=\angle 3\end{array}\right\}$$

$$\Leftrightarrow\angle 1=\angle 2\Leftrightarrow CB=CD$$

证明四：如图 2-3-3（b）所示，延长 CD 交 O 与点 F，连接 BF、BG.

$$\left.\begin{aligned}&\left.\begin{aligned}&\left.\begin{aligned}&AO\perp FG\\&AO\text{过圆心}O\end{aligned}\right\}\Leftrightarrow \overset{\frown}{AF}=\overset{\frown}{AG}\Leftrightarrow\angle 2=\angle 3\\&CB\text{切}\odot O\text{于}B\Leftrightarrow\angle 1=\angle 4\end{aligned}\right\}\Leftrightarrow\angle 1+\angle 2=\angle 3+\angle 4\\&\angle CBD=\angle 1+\angle 2\\&\angle 5=\angle 3+\angle 4\end{aligned}\right\}$$

$$\Leftrightarrow \angle CBD=\angle 5\Leftrightarrow CB=CD$$

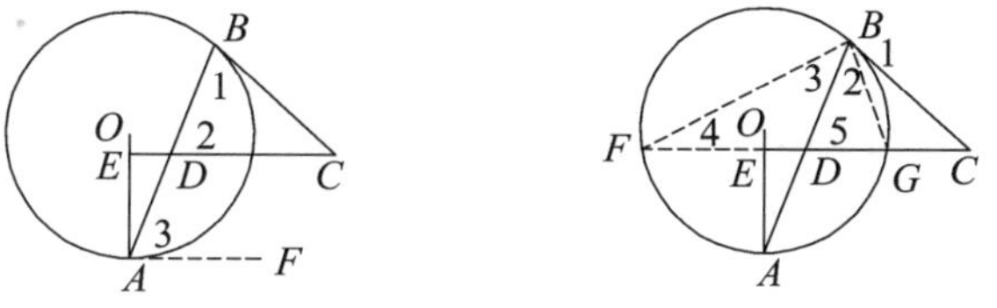

（a）　　　　（b）

图 2-3-3

反思：本题能够通过多种证法，回顾了圆中的常见辅助线的作法，及圆的一些重要定理. 大家还可以再想想有没有其他的证明方法.

展示可采用的辅助线的作法，如图 2-3-4 所示.

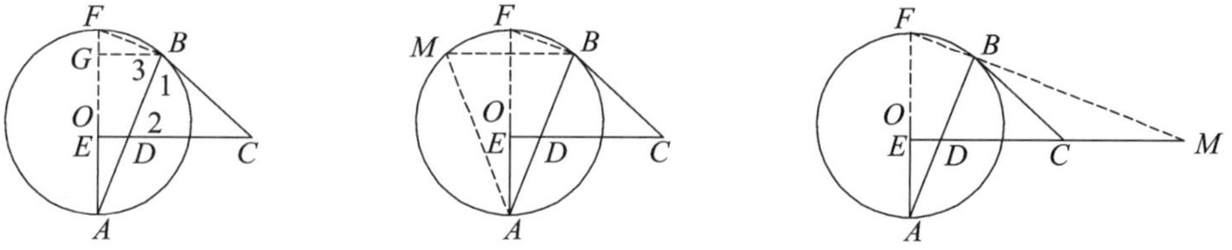

（a）　　　　（b）　　　　（c）

图 2-3-4

【王玮赏析】 ① 本节课教师以典型例题复习圆中有关性质及寻找线段、角相等的方法，例题代表性强，在轻松的氛围中让学生对圆的有关结论有了详尽的认识；② 一题多解是拓展学生思维，培养发散性思维的良丹妙药；③ 教学中教师引导学生及时反思，注意训练了思维的深刻性；④ 精选的两个例题将圆中常见的辅助线揭示无遗.

【杨之赏析】 对四种证法，要“评论”一下，孰优孰劣，哪种易于想到，哪种构思奇妙，哪种可用于其他题……

六、方法 9.03——一道中考几何试题的讨论

如图 2-3-5 所示，$\odot O_1$ 和 $\odot O_2$ 相交于 A、B 两点，O_1 在 $\odot O_2$ 上，$\odot O_2$ 的弦 BC 切 $\odot O_1$ 于 B，延长 BO_1 与 CA 交于点 P，PB 于 $\odot O_1$ 交于点 D.

（1）求证：AC 是 $\odot O_1$ 的切线.

（2）连接 AD，O_1C，求证：$AD \parallel O_1C$.

（3）若 $PD=1$，$\odot O_1$ 的半径为 2，求 BC 的长.

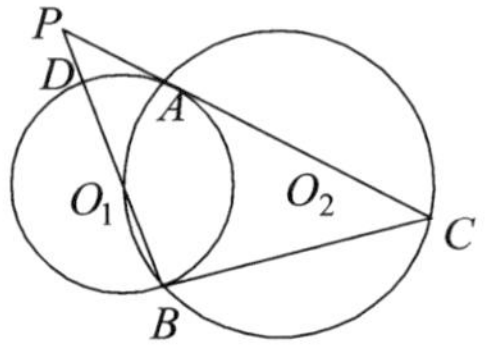

图 2-3-5

讲解：

1. 分析

（1）带领学生一起阅读题目，在读题中引导从题干中得到信息，并在草稿纸上记录.

教师：两圆心相交有哪些结论，哪些常用方法？

生 1：连心线垂直平分公共弦.

生 2：连接公共弦.

教师：本题 O_1 在 O_2 上说明什么？

生 3：$O_1O_2=R$，A、O_1、B、C 四点在同一个圆上.

教师：直线与圆相切有什么结论？

生 4：有垂直.

生 5：这条直线要垂直于过切点的半径.

2. 所要解决的问题

教师：证明圆的切线的办法是什么？

生 6：有两种方法：① 连半径证垂直；② 作垂直证半径.

教师：本题用什么？为什么？

生 7：用连半径证垂直，因为题中 A 在 O_1 上，连 AO_1 就是 $\odot O_1$ 的半径，然后我们证到 $AO_1 \perp AC$ 即可.

（学生动手连线）

教师：证明垂直得找到 90°，那么这道题中从刚才的读题中哪些结论有关联？

生 8：连心线垂直平分公共弦，圆的切线.

教师：证明平行有些什么方法？

生 9：找三线八角之间的关系，找线段成比例等.

教师：本题的首选是什么？理由呢？

生 10：三线八角之间的联系，因为 BD 为直径，有圆周角等于 90°，而公共弦又垂直于 O_1O_2.

教师：第三问的待求线段，已知量和在读题中的分析哪些结论有关，能否自己解决？

生 11：能，用切割线定理.

3. 学生独立动手写出证明过程

证明：

（1）连接 O_1A，因为 BC 是 $\odot O_1$ 的切线，

所以 $\angle O_1BC=90°$.

因为四边形 AO_1BC 是 $\odot O_2$ 的内接四边形，

所以 $\angle O_1BC+\angle O_1AC=180°$.

所以 $\angle O_1AC=90°$.

所以 AC 是 $\odot O_2$ 的切线.

（2）连接 AB，

因为 BC 是 $\odot O_1$ 的切线，

所以 $\angle PAD=\angle ABD$.

因为 $\angle ACO_1=\angle ABO_1$，

所以 $\angle PAD=\angle ACO_1$，

所以 $AD\parallel O_1C$.

（3）因为 $AD\parallel O_1C$，

所以 $PD:DO_1=PA:AC$，$1:2=\sqrt{5}:AC$，所以 $AC=2\sqrt{5}$.

因为 AC、BC 分别切 $\odot O_1$ 于 A、B，

所以 $AC=BC$，$BC=2\sqrt{5}$.

给几分钟时间让学生回忆刚才的分析过程，形成一定的解答这类问题的模式和基本技能.

小结：

（1）当两圆相交时，常作两圆的公共弦为辅助线.

（2）此题考查了圆的切线的判定、两直线平行的判定及利用切线定理进行计算，或利用相似知识进行计算.

（3）此题的解法不一，有多种解法，请你想一想，还可以怎样解？

设计说明：

这道题本身不难，但所包含的知识点不少，有圆的切线的判定、两直线平行的判定及利用切割线定理、相似三角形等. 通过这样的分析讲解，主要是能够让学生进一步地回忆和巩固有关圆的知识，同时培养他们分析、解答几何命题的基本方法和基本的出发点，也加强他们对几何证明题的规范书写.

【颜刚赏析】 应该说，这道题本身并不好，条件和结论琐碎，但讨论过程可圈可点.

第四节 章末复习教学片段案例

一、复习 7.01——给条件求值

想一想，做一做：如图 2-4-1 所示，如果一次函数 $y=mx+4$ 与 $y=nx-6$ 的图形交于 x 轴上的同一点，那么 $\frac{m}{n}$ 的值为______.

准备：在黑板上板书上面的题目.

教师：弄清题目，在这里“条件”意味着什么？由此，可以怎样解？（如此启不发，则动用下策）

教师：（点拨方法之一）

（1）设一次函数 $y=mx+4$ 的图形与 x 轴相交于点 A，你能写出点 A 的坐标吗？

（2）设一次函数 $y=nx-6$ 的图形与 x 轴相交于点 B，你能写出点 B 的坐标吗？

（3）你认为满足题目的条件 A、B 两点位置关系如何？

（点拨方法之二）

你能根据题意画出这两个函数的大致图象吗？

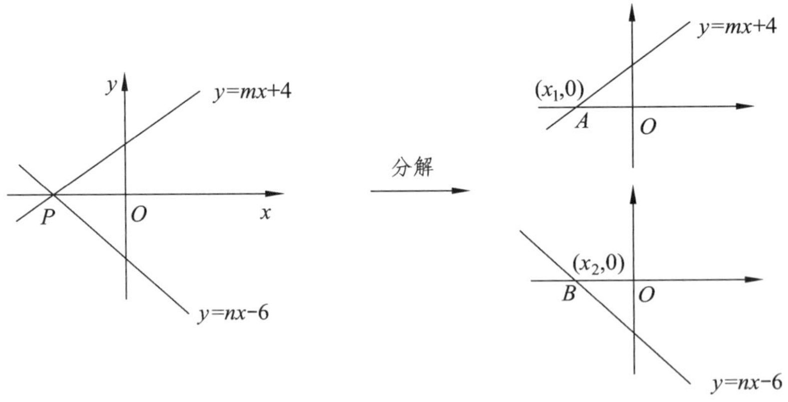

图 2-4-1

【刘贵斌赏析】 把复杂的问题分解成若干个简单的问题是一种克服教学难点的常用方法，符合循序渐进的原则，这种方法适用于中、下水平学生.

二、复习 7.02——全等三角形回顾与思考

图 2-4-2 所示是常见的构造全等三角形的方法.

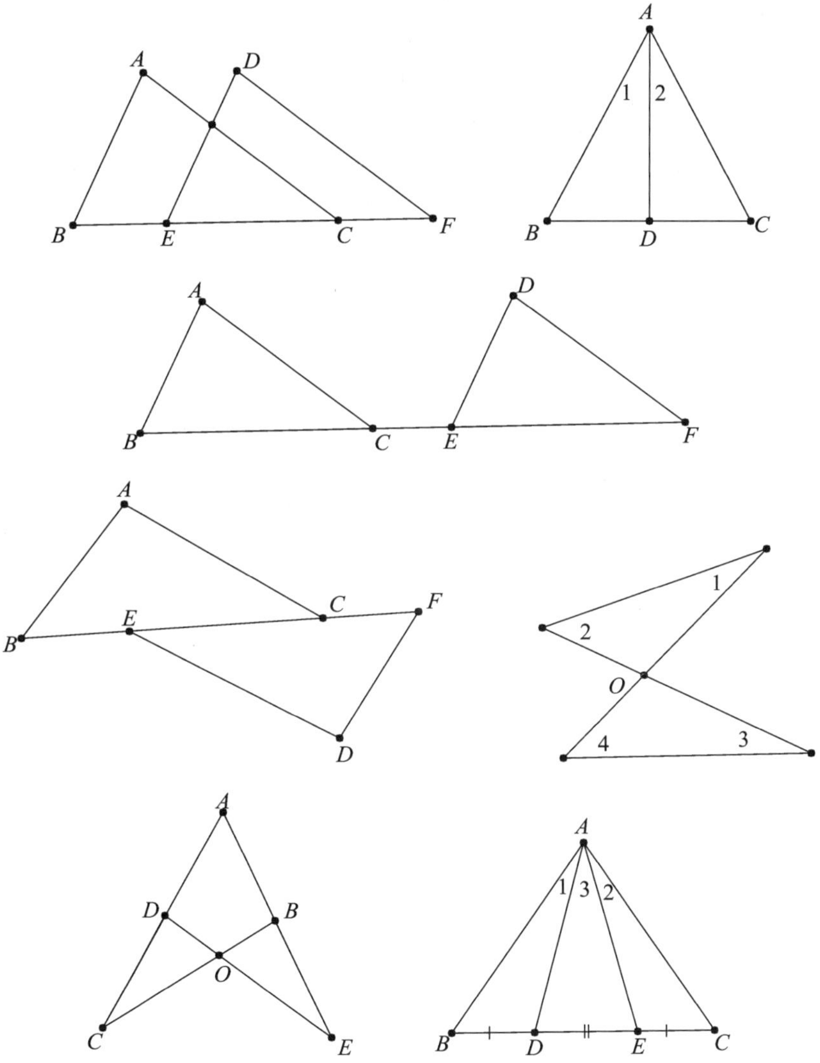

图 2-4-2

【谢祥赏析】 引导学生归纳全等三角形的基本图形结构“库”，总结基本图形特征为：含公共边、含部分公共边、含平行线、含对顶角、含公共角、含部分公共角等，强化基本图形的识别，有利于培养学生“从复杂图形中提取基本图”的识图能力，有利于形成结构化的知识系统.（本案例取材于成都七中高新校区汪晓斌的课例）

三、复习 7.03——全等三角形　回顾与思考

例题 如图 2-4-3 所示，在 $\triangle ABC$ 中，$AC=BC$，$AC\perp BC$，D 为 BC 延长线上的点，直线 DF 交 AC 于点 F，且 $CF=CD$，连接 AD、BF，则 BF 与 AD 有何数量关系和位置关系？试说明理由.

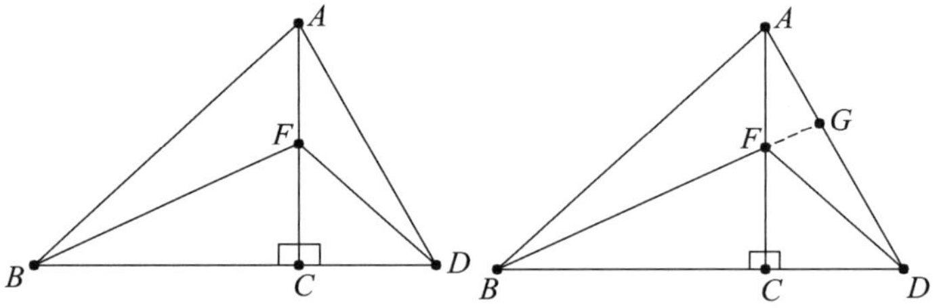

图 2-4-3

变式 1 将 $\triangle FCD$ 以点 C 为中心顺时针转动一定的角度，如图 2-4-4 所示.

变式 2 将 $\triangle FCD$ 以点 C 为中心顺时针继续转动一定的角度，使 F 点在 G 点外侧，如图 2-4-5 所示.

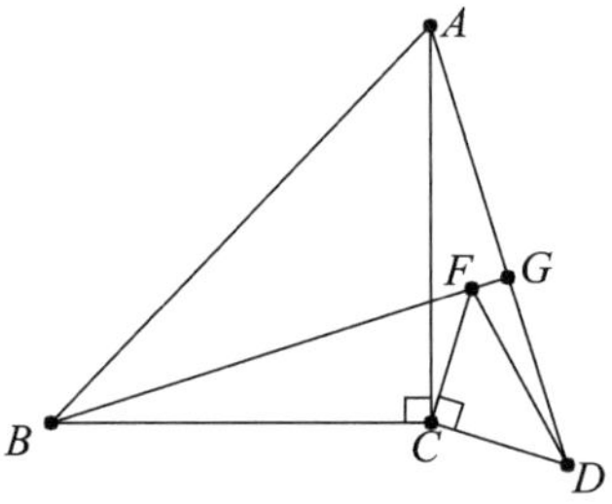

图 2-4-4

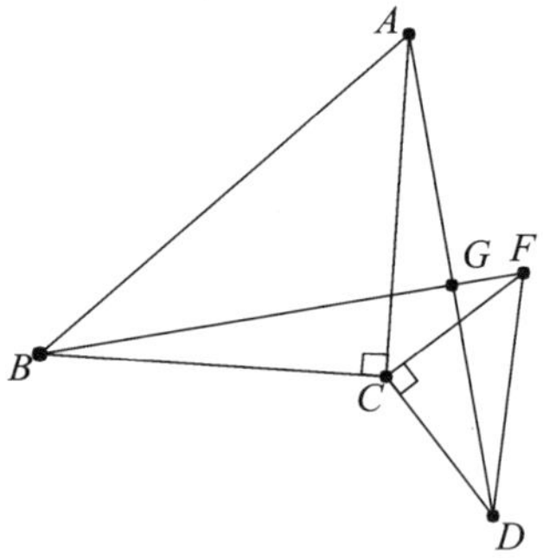

图 2-4-5

变式 3 将 $\triangle FCD$ 以点 C 为中心顺时针继续转动一定的角度，使 F 点在 C 点下方，如图 2-4-6 所示.

变式 4 将$\triangle FCD$以点C为中心顺时针继续转动一定的角度，使F点在B点和AC之间，如图 2-4-7 所示.

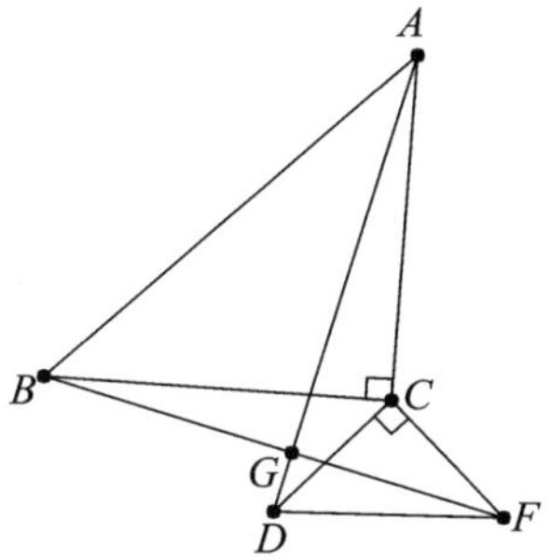

图 2-4-6

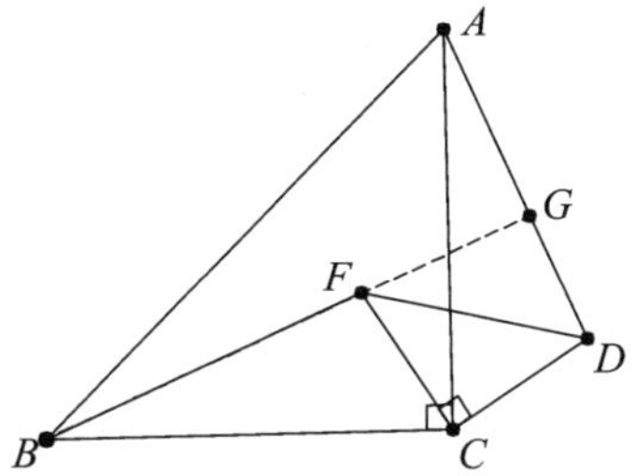

图 2-4-7

思考题：如图 2-4-8 所示，点B、C、D在同一条直线上，$\triangle ABC$和$\triangle CDE$都是等边三角形，试问AD和BE的数量关系，并求出其夹角，并说明理由.

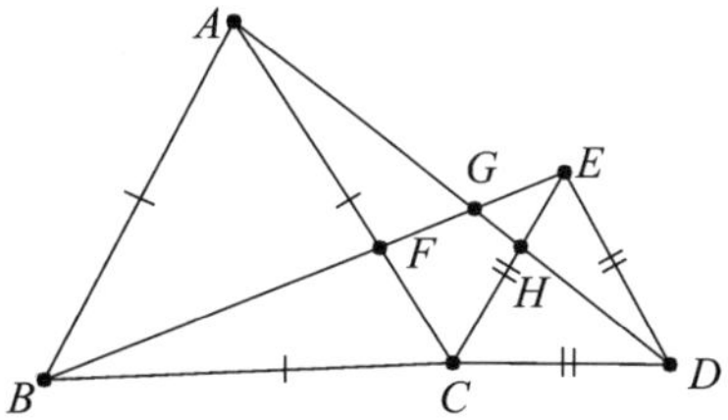

图 2-4-8

【谢祥赏析】 题根是两个等腰直角三角形共顶点，且有一直角边共线，求证两对应线段垂直且相等. 变式 1 到变式 4，将小等腰直角三角形旋转到不同位置，研究两对应线段是否还垂直且相等. 思考题再变到两正三角形的研究，将顶角由 90° 变到 60°（为什么不变为研究两顶角为一般角的等腰三角形？）让几何图形动起来！在运动变化中去探索发现其不变的规律，这是非常奇妙非常有趣的，有利于把握方法的实质，实现由一道题向一类题迁移，形成结构化的方法系统，提升能力.（本案例取材于成都七中高新校区汪晓斌的课例）

四、复习 7.04——三角形 回顾与思考（一）

回顾："一定义"（三角形定义）；"两定理"（三边关系定理，内角和定理）；"三线段"（中线，高线，角平分线）；"四判定"（SAS，ASA，AAS，SSS）的理解和应用.

【谢祥赏析】 将本节课的基本知识要点利用数字 1234 串联，使知识结构既清楚明快，又方便学生记忆，巧妙！

五、复习 7.05——三角形 回顾与思考（二）

问题 1 数一数图 2-4-9 中有多少个三角形？

变式 图 2-4-10 中有多少个三角形？

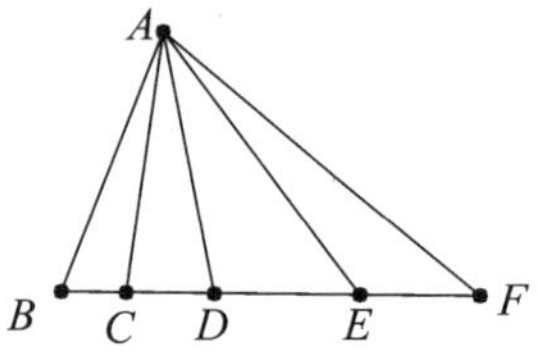

图 2-4-9

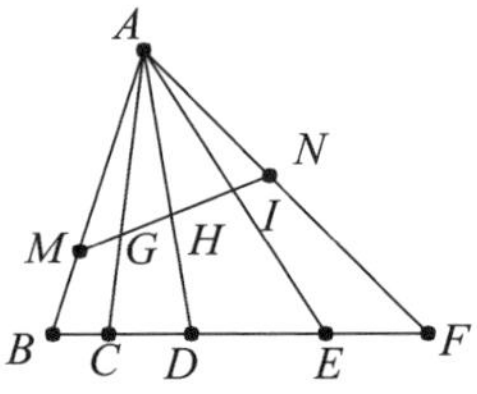

图 2-4-10

问题 2 已知：在 $\triangle ABC$ 中，O 是三角形内一点，$\angle BAC = 80°$，$\angle ABO = 40°$，$\angle ACO = 30°$，求 $\angle BOC$ 的度数.

解此题的辅助线作法如图 2-4-11 所示.

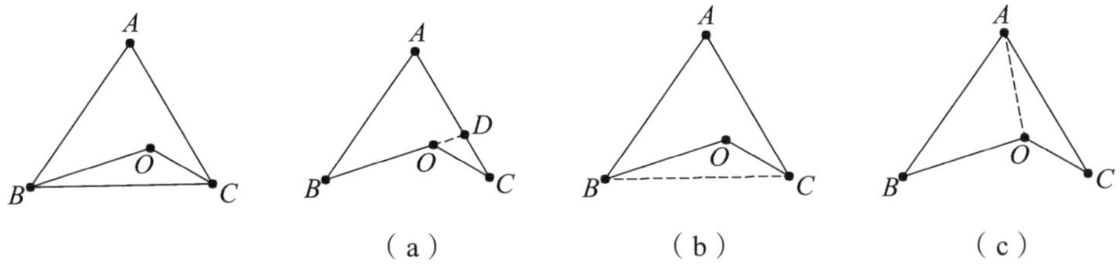

图 2-4-11

【谢祥赏析】 数学方法是数学思想的载体，数学思想是数学方法的灵魂. 问题 1 及变式，引导学生将“数三角形”转化为“数线段”，渗透转化思想. 更巧妙的是，教师联系生活中每两人握一次手的问题，n 个人握手的次数，可转化为每两点可连一条线段问题.（再追问：变式中 M 点如果与 B 点重合，又有多少三角形？）

问题 2，一题三解，三解归一，都是利用构造辅助线使问题转化. 有利于培养学生多角度思考问题和解决问题的能力. 再追问：如果不看 A、B、C 三个角的具体度数，能否得出一般结论？渗透由特殊到一般的数学思想.

六、复习 7.06——全等三角形回顾与思考

例题 如图 2-4-12 所示，A、B、C 三点在一条直线上，$EA \perp AC$，$DC \perp AC$，$AB = CD$，$AE = CB$，求证：$BE = BD$，$BE \perp BD$

变式 1 如图 2-4-13 所示，在 $\triangle ABC$ 中，$\angle BAC = 90°$，$AB = AC$，若 MN 是经过点 A 的直线，$BD \perp MN$ 于 D，$CE \perp MN$ 于 E，求证：$DE = BD + CE$.

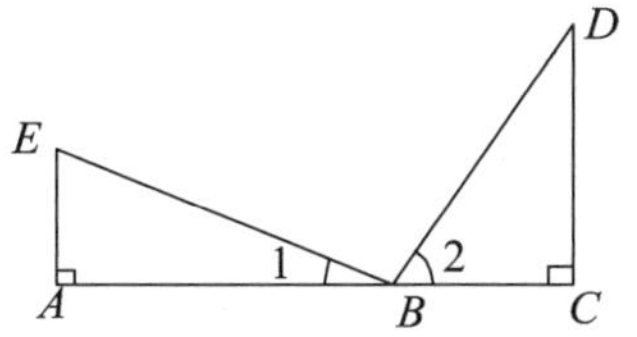

图 2-4-12

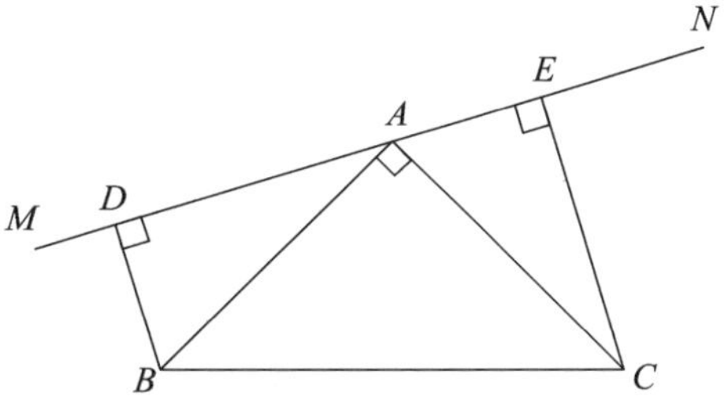

图 2-4-13

教师提问：

（1）请同学们观察，在图形的变化过程中，哪些关系是不变的？

（2）类比上一题的做法，你能解决这个题吗？

通过小组合作交流，猜想、探索、证明，最后得出结论.

变式 2 将变式 1 的图形变换到如图 2-4-14 所示的位置时，试探究 BD、CE、DE 的数量关系，请说明理由.

【谢祥点评】 例题及它的变式 1、变式 2，实质是直线 MN 过等腰直角 $\triangle ABC$ 的直角顶点 A，再从 B、C 向该直线 MN 作垂线，垂足分别是 D、E，① 若直线 MN 在 $\triangle ABC$ 外部，则有结论 $DE = BD + CE$；② 若直线 MN 在 $\triangle ABC$ 内部，则有结论 $DE = BD - CE$ 或者 $DE = CE - BD$. 这是两个美丽的孪生结论！引导学生欣赏数学规律的一致性（统一美）、简洁性（简单美），渗透数学美育，有利于培养学生学习数学的兴趣.

变式 3 如图 2-4-15 所示，在 $\triangle ABC$ 中，$AB = AC$，D、A、E 三点都在直线 m 上，① 当 $\angle BDA = \angle AEC = \angle BAC = 120°$ 时，结论 $DE = BD + CE$ 成立吗？

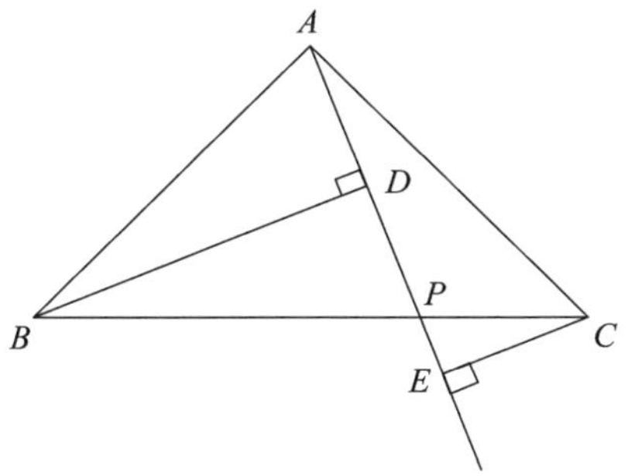

图 2-4-14

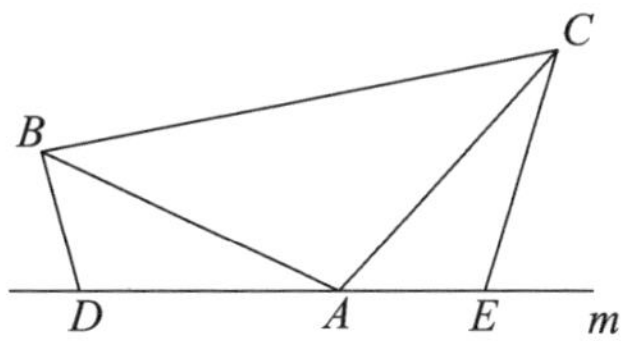

图 2-4-15

教师提问：此题目中垂直条件没有了，那互余关系就没有了，新问题出现了，此时这几条线段之间的关系仍然成立吗？请小组内先讨论一下.

【谢祥赏析】 引导学生观察分析，将前面图形中的三个直角改为三个120°的角，其实质仍然同原例题，都是“一线三等角”，拓展学生的视野，互余关系和同角的余角相等这一结论可以拓展到三角形内角和的知识，让学生将零散的一些知识联系起来，形成知识系统.

变式 4 如图 2-4-16 所示，当 $\angle BDA=\angle AEC=\angle BAC=\alpha$，其中 α 为任意钝角，$AB=AC$，D、A、E 三点都在直线 m 上，请问结论 $DE=BD+CE$ 是否成立？若成立，请你给出证明；若不成立，请说明理由.

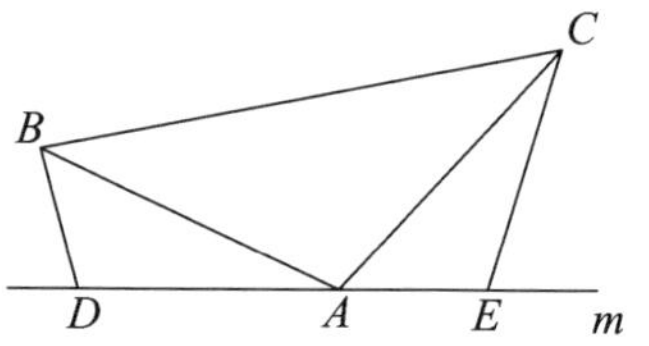

图 2-4-16

【谢祥赏析】 该片段是例题 4 变式，由一道题生成一串题，由特殊角推广到一般钝角（$\angle BDA=\angle AEC=\angle BAC=\alpha$，其中 α 为什么一定要是钝角？），形成一类题，4 个变式循序渐进，既有利于培养学生的逻辑思维能力，更有利于学生形成解决一线三等角的“K 形图”的方法系统，在拓展延伸的研究过程中，欣赏数学规律的统一美，并获得解决一类题的成就感！

另外思考：对于顶角非 90° 的等腰三角形，变式 2 的结论还成立吗？

七、复习 8.01——分式与分式方程　回顾与思考（一）

小组活动：

问题 1 下列选项是否正确?如果不正确应该怎么改?你能从中得到什么启示?

（1）$\dfrac{x}{\pi+1}$ 是分式，$\dfrac{ab}{a}$ 不是分式.

（2）当 $a=\pm3$ 时，$\dfrac{a^2-9}{a-3}$ 值为 0.

（3）$\dfrac{m}{-m-n}=-\dfrac{m}{m-n}$.

（4）$\dfrac{2a+4}{b+2}=\dfrac{a+2}{b+1}$.

（5）$a^2\div b\cdot\dfrac{1}{b}=a^2$.

（6）$\dfrac{2}{m-3}-\dfrac{m-1}{m-3}=\dfrac{1}{m-3}$.

【谢祥赏析】 （1）题强化分式的概念，明确分式是代数式中含分母且分母中含字母，而不能看化简后的结果；（2）题提醒学生在分式求值时，应始终保证分式有意义，即分母不为0，这是学生容易忽略的问题.（3）至（6）题是在分式运算中常犯的错误，含符号错误、约分错误、运算顺序错误等.

另附：与分式有关的经典的美丽错误.

（1）已知 $\dfrac{1}{a}+\dfrac{1}{b}=\dfrac{1}{a+b}$，求 $\dfrac{b}{a}+\dfrac{a}{b}$ 的值.

（2）已知 $a^2+a+1=0$，求 $a+\dfrac{1}{a}$ 与 $a^2+\dfrac{1}{a^2}$ 的值.

（3）已知 $x=2016$，$y=2015$，先化简 $\dfrac{x^2-2xy+y^2-1}{x-1-y}$，再求它的值.

你能发现错在哪里？

（本案例取材于成都八中段安娜的课例）

八、复习 8.02——分式与分式方程 回顾与思考（二）

问题 2 （1）当 $x=$ ______时，分式 $\dfrac{|x|-2}{x+2}$ 值为 0.

（2）当 $a=$ ______时，分式 $\dfrac{2-a}{a-3}$ 值为 1.

教师提问：根据分式的值求字母的取值时方法是什么？要注意什么问题？

变式 1 当 x______时，$\dfrac{x-3}{2x-1}$ 值为负数.

变式 2 当整数 $a=$ ______时，分式 $\dfrac{3}{a+2}$ 的值是整数.

【谢祥赏析】 教师能在关键处（归纳一般方法）提问，并警示学生注意分母！再次强化分式有意义的条件.变式 1，将分式值的问题转化为不等式的问题，再利用分类讨论的思想，将不等式转化为不等式组进行求解，不仅将分式的知识与不等式的知识联系起来，更让学生感受转化和分类讨论的数学思想在分析问题解决问题中的作用. 变式 2 是整数解的问题，学生采用枚举法完成，此问题与含参数的一元一次方程的整数解问题相联系，让学生发现本质，总结方法. 这两个变式，充分起到拓展延伸，提升能力之功效.（本案例取材于成都八中段安娜的课例）

九、复习 8.03——分式与分式方程回顾与思考（三）

给条件求值问题

例 1 已知 $x^2+x-1=0$ 则：

① $x-\dfrac{1}{x}=$________；

② $x^2+\dfrac{1}{x^2}=$________；

③ $\dfrac{1-x^2-x^3}{x-1}=$________.

例 2 已知 $\dfrac{1}{x}-\dfrac{1}{y}=3$，则 $\dfrac{2x+3xy-2y}{x-2xy-y}=$________.

【谢祥赏析】 这两道例题，都是给条件求值问题，解题关键是建立条件与目标式之间的联系，都是应用“构造关联式”，整体代入的方法求值. 例 1 与例 2，其条件等式的区别在于前者是一元，后者是二元. 例 2 一题多解，既可以从已知的等式进行恒等变形，也可从未知的分式入手，利用分式的基本性质变形，最后均利用整体思想，实现多解归一，（二元代数式求值问题，可否应用特殊值法？如 $x=\dfrac{1}{4},y=1$）有利于学生构建给条件求值的方法系统.

十、复习 8.04——分式与分式方程回顾与思考（四）

例 1 当 m 为何值时，若关于 x 的方程 $\dfrac{3}{x}=\dfrac{2}{x-4}+\dfrac{mx}{x^2-4x}$ 的解为正数？

预想大部分同学都能正确地将分式方程化为整式方程 $(m-1)x=-12$，并且根据题意 $x>0$，能快速得出 $m-1<0$. 但是易错点在于学生容易忽略增根. 因此教师给出引导性提问.

问题 1：分式方程的解与去分母后整式方程的解是否相同？为什么？

问题 2：如何才能得到分式方程的解？

问题 3：要使分式方程的解为正数，除了满足 $m-1<0$ 之外，还需要满足其他条件吗？

变式 1 当 m 为何值时，关于 x 的方程 $\dfrac{3}{x}=\dfrac{2}{x-4}+\dfrac{mx}{x^2-4x}$ 会产生增根？

教师引导性提问：使分母为 0 的未知数的取值是否就是分式方程的增根？

教师引导学生总结增根要满足两个条件：① 使分母为 0；② 使去分母后的整式方程成立.

变式 2　当 m 为何值时，关于 x 的方程 $\frac{3}{x}=\frac{2}{x-4}+\frac{mx}{x^2-4x}$ 无解？

教师引导学生总结，分式方程无解包含两种情形：

（1）去分母后整式方程无解.

（2）去分母后整式方程有解，但这个解使得原分式方程的分母为 0，从而原方程仍无解.

【谢祥赏析】　本例题很经典，它有一个易错点，即 $(m-1)x=-12$ 方程中，隐含条件 $x\neq 4$ 容易被忽略. 它的两个变式都研究同一个分式方程，变式 1 探讨分式方程有增根的条件，变式 2 探讨分式方程无解的条件，这有助于学生深入理解分式方程无解与增根的区别和联系，有利于发展学生思维的严密性.

十一、复习 8.05——数据的分析　回顾与思考（一）

1. 学校 8 名学生三月份参加义务劳动的时间（小时）分别为 3，6，4，3，7，5，7，4，这组数据的中位数是__5__.

【正解】　先将数据进行排序：3，3，4，4，5，6，7，7，因此中位数为 $\frac{4+5}{2}=4.5$.

2. 广州某地连续 10 天的最高气温统计见表 2-4-1.

表 2-4-1

最高气温（°C）	22	23	24	25	26
天数	1	2	2	4	1

这组数据的中位数是__24__.

【正解】　表 2-4-1 中 22、23、24、25、26 只是属于最高温度的类型，需要讨论的数据其实有 10 个：22、23、23、24、24、25、25、25、25、26，因此这组数据的中位数是 $\frac{24+25}{2}=24.5$.

3. 有 8 个数的平均数是 10，还有 12 个数的平均数是 12，则这 20 个数的平均数是__11__.

【正解】　$\bar{x}=\frac{10\times 8+12\times 12}{20}=11.2$. 这 20 个数的平均数是 11.2.

4. 数据 1、2、2、2、3、3、4，则这组数据的众数是__3__.

【正解】 由题意可得 2 一共出现了 3 次，众数出现的次数为 3，众数为 2.

5. 若数据 8, 7, 8, x, 5 的平均数是 7, 则这组数据的众数是____8____.

【正解】 由题意可得 $\frac{8+7+8+x+5}{5}=7$，所以，$x=7$，故这组数据的众数为 7、8.

【谢祥赏析】 以上 5 个典型问题，1、2 题是与顺序有关的“中位数”，3 题是与数据和有关的“平均数”，4、5 题是关于数据出现次数多的“众数”. 辨析错误，达到巩固“中位数”“平均数”“众数”三个概念的目的，帮助学生纠正错误.

十二、复习 8.06——数据的分析 回顾与思考（二）

例 1 某校八年级学生开展踢毽子比赛活动，每班派 5 名学生参加. 按团体总分多少排列名次，在规定时间每人踢 100 个以上（含 100 个）为优秀，表 2-4-2 是成绩最好的甲班和乙班 5 名学生的比赛数据（单位：个）. 根据以上信息，你认为应该把冠军奖状发给哪一个班级？简述理由.

表 2-4-2

	1 号	2 号	3 号	4 号	5 号
甲班	100	98	110	89	103
乙班	86	100	98	119	97

例 2 考察同排气量的 A、B、C，三种品牌的汽车时，对价格、耗油量、最高车速、外形，这 4 项分别打分，这三种品牌的汽车的各项得分（单位：分）如表 2-4-3 所示.

表 2-4-3

品牌	得分			
	价格	耗油量	最高车速	外形
A	95	73	90	90
B	82	90	89	95
C	75	93	92	85

作为消费者，你认为购买哪种品牌的汽车比较合适？

例 3 我市射击队甲、乙两位优秀队员在相同的条件下各射靶 10 次，每次射靶的成绩情况如图 2-4-17 所示.

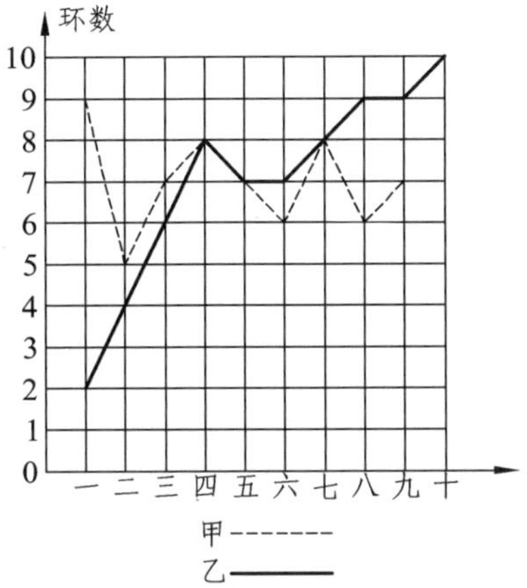

图 2-4-17

请从不同的角度对这次测试结果进行分析，并简要说明理由.

甲				
乙				

如果省射击队到市射击队选拔苗子进行培养，你认为应该选谁？为什么？

【谢祥赏析】 这 3 个关于数据分析的应用题都具有典型性. 例 1 主要考察平均数和方差，当平均数相等时注意考察数据的离散程度（即方差）；例 2 和例 3 具有开放性，要让学生展开思维，充分讨论，在合作交流中共同提高. 例 2 侧重体会“权”在具体情境中的意义和影响，并能根据数据信息作出评判和决策；例 3 则需要同学们小组合作，从不同的角度对结果进行分析，在展示的过程中注重说理，目的是发展学生的统计意识，将知识与方法拓展延伸，提升能力.

十三、复习 8.07——数据的分析　回顾与思考（三）

问题 1 根据中国跑男两支队伍的三种比赛（跳绳、跳高和射击）具体数据，请思考哪一支队伍可以有资格代表中国？

比赛一：跳绳

“大叔队”6 人参加，一分钟成绩分别为 40、70、85、100、90、35，“美男队”5 人参加，一分钟成绩分别为 48、94、120、82、56，选择哪一队更好？

比赛二：跳高

（1）“大叔队”7 人参加，跳高成绩（cm）分别为 64、91、122、145、103、81、91，“大叔队”7 人中某人想知道自己是否有参赛的资格，他应看哪一项数据？

（2）“大叔队”7 人参加，跳高成绩（cm）分别为 64、91、122、145、103、81、91，“美男队”6 人参加，跳高成绩（cm）分别为 112、43、96、88、101、39，分别选出 4 人参赛，哪一队会获胜？

比赛三：射击

两队各 7 名选手轮流射击，成绩如表 2-4-4 所示.

表 2-4-4

选手编号	一号	二号	三号	四号	五号	六号	七号
“大叔队”成绩	10	5	7	3	10	7	10
“美男队”成绩	9	8	7	9	9	8	7

若以出现次数最多的那个成绩作为最终成绩，则哪一队会获胜？

【谢祥赏析】 分别针对“平均数”“中位数”“众数”三个概念，巧妙创设不同的问题情境——不同的比赛，以比赛为线索，“一线”串“三珠”，利于整理知识结构，也利于培养综合应用统计知识解决实际问题的能力.

十四、复习 9.01——图形的相似　回顾与思考

问题 1　已知 $x=\dfrac{b+c}{d}=\dfrac{a+c}{b}=\dfrac{a+b}{c}$，求 $x=$__________.

问题 2　已知线段 $AB=10$ cm，点 C 是线段 AB 的黄金分割点，则 AC 的长为__________.

【谢祥赏析】 问题 1，容易忽略的情况是 $a+b+c=0$，漏解；问题 2，根据对称性，黄金分割点应该有两个，容易得 $x=5\sqrt{5}-5$ 漏掉 $x=15-5\sqrt{5}$ 这个解. 这是两道经典的易错题，渗透数学的分类讨论思想.

探究问题：

如图 2-4-18 所示，正方形 $ABCD$ 的边长为 4，点 E 是 CD 边上一点，$CE=1$，点 F 是 BC 的中点，

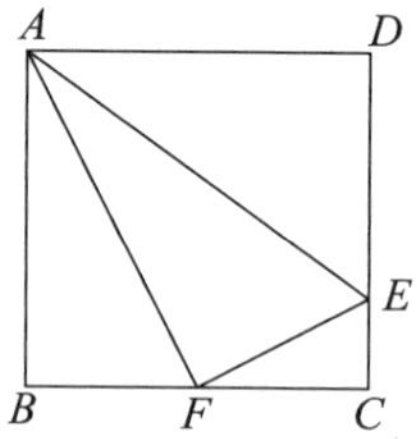

图 2-4-18

（1）求证：$AF \perp EF$.

（2）图中有哪些相似三角形？请说明理由.

（3）图中有哪些角相等？你发现了什么？

（4）线段 AF、AE、AB 满足什么数量关系？

你还能找出类似的关系吗？

变式 1 如图 2-4-19 所示，正方形 $ABCD$ 的边长为 4，点 E 为 AB 边的中点，点 G、F 分别为 AD、BC 边上的动点，$\angle GEF = 90°$，求 GF 长度的最大值.

变式 2 如图 2-4-20 所示，在正 $\triangle ABC$ 中，边长为 4，点 D 为 BC 边的中点，E、F 分别为 AD、BC 边上的动点，$\angle EDF = 60°$，求 EF 长度的最大值.

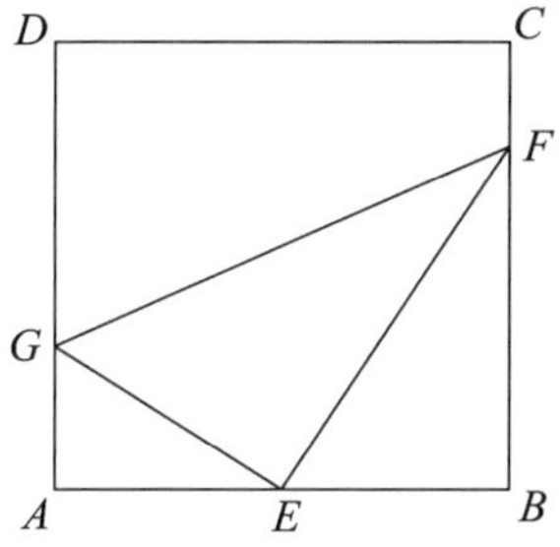

图 2-4-19

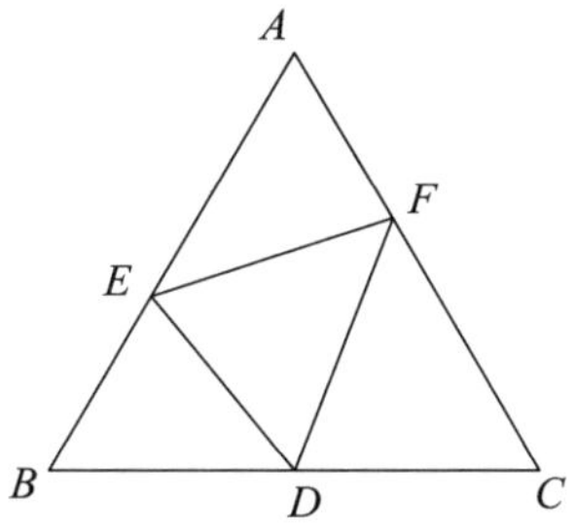

图 2-4-20

【谢祥赏析】 探究问题中的（2）、（3）、（4）是很好的比较基础的开放性问题，难度不大［只是（2）、（3）最好换一下顺序］. 变式 1，拓展延伸，求 GF 的最大值，让图形中的线段 GF 动起来，具有很好的综合性与探究性，并有多种解法，所以，变式 1 具有很好的生成性，容易让学生在积极讨论与深入思考后，产生思维的火花（灵感）. 变式 2，将正方形变成正三角形，图形虽变，研究方法没有变，实现由一道题到一类题的迁移，渗透转化与化归的数学思想（变式 1 如果再追问：若 E 点不是中点，而是任意点……）

<<<<<< 第三章

赏析妙题巧解巧变

什么是妙题？希尔伯特认为，好的数学问题应该具有一定的难度，应该清晰、简明、易懂、可解、内涵丰富深沉，从它的研究探索中可以获得丰富的收益. 好问题来源于外部经验世界和数学内部的逻辑组合.

问题是数学的心脏，数学离不开解题. 对于解题的思维过程，我们首推波利亚的《解题表》. 傅学顺老师在此基础上，抓住“见微知著”等策略，深入分析，经反复实验，提出“数学模块思维”方法，对波利亚的学说有所发展. 国外数学教育工作者把波利亚解题学说发展为“问题-解决”，与数学建模相联系，在“提出问题”和“回顾”环节又做了些文章，确实使我们对“解题”和“解题表”加深了认识. 因此，我们建议：“一般解题方法的教学”就按波利亚的《解题表》行事.

我们还要特别倡导解题后的回顾反思. 倡导“一般性”反思：解题的入手点，方法的关键点，解题易错点，达到解一题会一类题，触类旁通；倡导“审美性”反思：原问题结构妙在何处？方法巧在何处？该问题还能否拓展变式？能否发现一般的（或者特殊的）规律？引导学生自我提问和启发，减少机械重复的解题量，提高单题收益率，从而大幅度提高解题能力和应试能力（包括心理承受能力）. 妙题巧解的回顾，妙题的拓展变式，其实是通过解题教学渗透数学美育.

第一节　七年级妙题巧解

一、妙题 7.01

计算 $123456787\frac{1}{123456789}\div123456788$

带分数除法，常规思路是将带分数化假分数后，再计算，但本题数据太大！怎么算？好像无从下手.

巧思：不妨先计算 $7\frac{1}{9}\div8$

【谢祥赏析】 这实质是在原来三个数据上去掉相同的前面 8 位数，即“12345678”. 将复杂问题条件弱化或特殊化，退回到解决最简单问题，通常便于寻找解题思路. 注意解决本题的关键是能否绕开“带分数化假分数”去找新的方法.

观察可以发现：7、8、9 三个数相邻，可以“拆开带分数”……

巧解 $7\frac{1}{9}\div 8=\left(7+\frac{1}{9}\right)\div 8=(8+\frac{1}{9}-1)\div 8=\left(8-\frac{8}{9}\right)\times\frac{1}{8}=1-\frac{1}{9}=\frac{8}{9}$

任意带分数都可以拆开为整数与分数的和．本题拆开带分数后，做恒等变形：整数部分加 1，分数部分减 1，$\frac{1}{9}-1$得$-\frac{8}{9}$！巧妙利用负数将问题转化，足显“负数”的巨大威力！

【谢祥赏析】 这个方法绕开“带分数化假分数”的复杂计算，运算十分简单漂亮！但必须追问：本方法的应用条件是什么？事实上，应用这个漂亮的方法是有条件的（即是三数相邻），原问题是否具备“三数相邻”这个条件？类比可速解原问题．

巧解

$$\begin{aligned}&123456787\frac{1}{123456789}\div 123456788\\&=\left(123456788+\frac{1}{123456789}-1\right)\div 123456788\\&=\left(123456788-\frac{123456788}{123456789}\right)\times\frac{1}{123456788}\\&=1-\frac{1}{123456789}=\frac{123456788}{123456789}\end{aligned}$$

巧变 1（推广） 一般地，有结论 $(n-1)\frac{1}{n+1}\div n=\frac{n}{n+1}$（多么漂亮的结论！）

证明：

$$\begin{aligned}&\left[(n-1)+\frac{1}{n+1}\right]\div n=\left(n+\frac{1}{n+1}-1\right)\div n\\&=\left(n-\frac{n}{n+1}\right)\times\frac{1}{n}\\&=1-\frac{1}{n+1}=\frac{n}{n+1}\end{aligned}$$

应用这个美丽的方法，可以速解类似下面这样的计算题

巧变 2 计算 $987654321\frac{1}{987654323}\div 987654322$

巧变 3 计算 $201920182017\frac{1}{201920182019}\div 201920182018$

巧变 4 计算 $987654322\div 987654321\frac{1}{987654323}$

以上题目都能一眼看出结果，你不妨试试！

二、妙题 7.02

计算 $99+101+98+102+99+97+103+101+100+99$.

巧解 注意到求和的 10 个数据，都在 100 附近，所以取 100 为标准数，超过的记为“+”不足的记为“－”.

$$原式=100\times 10+(-1+1-2+2-1-3+3+1+0-1)=1000-1=999$$

【谢祥赏析】 一般方法，求 n 个数据 $a_1,a_2,a_3\cdots a_n$ 的和，可以选一个相对集中的数据作为“标准数”，超过“标准数”的记为“+”不足的记为“－”，则求和公式为

$$n\times 标准数+所有“超过的与不足的”和$$

巧变 1 计算 $1001+999+998+1003+1004+1002+997+995+1001$

巧解 原式 $=1000\times 9+(1-1-2+3+4+2-3-5+1)=9000$

巧变 2 计算 $9.9+10.1+9.8+10.2+9.9+9.7+10.3+10.1+10+9.9$

巧解 原式 $=10\times 10+(-0.1+0.1-0.2+0.2-0.1-0.3+0.3+0.1+0-0.1)$

$=100-0.1=99.9$

三、妙题 7.03（绝对值相关计算）

已知 $|a|=5$，$|b|=3$，求 $a+b$ 的值.

巧解 （1）若 $a>0$，$b>0$，则 $a=5$，$b=3$，$a+b=8$

（2）若 $a>0$，$b<0$，则 $a=5$，$b=-3$，$a+b=2$

（3）若 $a<0$，$b>0$，则 $a=-5$ $b=3$，$a+b=-2$

(4) 若 $a<0$，$b<0$，则 $a=-5$，$b=-3$，$a+b=-8$

【谢祥赏析】 当 $|a|=5$，则 $a=-5$ 或者 $a=5$. 一般地，当已知字母的绝对值求字母的取值时，要分正负两种情况取值，对于两个字母的取值要进行组合，则有 4 种情况. 拓展追问，如果是三字母又有多少种情况（6 种还是 8

种）？类比追问“如果对字母求差、求积呢？”

变式 1　已知$|a|=6$，$|b|=4$，求$a-b$的值.

巧解　分 4 种情况讨论，其值分别为 2，10，－10，－2.

变式 2　求代数式$\frac{a}{|a|}+\frac{b}{|b|}+\frac{ab}{|ab|}$所有可能的值.

巧解　因为字母a可能为正数，也可能为负数，所以$\frac{a}{|a|}=1$或者$\frac{a}{|a|}=-1$，同理$\frac{b}{|b|}=1$或者$\frac{b}{|b|}=-1$. 当a，b同正，$\frac{a}{|a|}+\frac{b}{|b|}+\frac{ab}{|ab|}=3$，当$a$，$b$同负，或者$a$，$b$异号，$\frac{a}{|a|}+\frac{b}{|b|}+\frac{ab}{|ab|}=-1$.

【谢祥赏析】　该题分 3 种情况，a，b同正，a，b同负，a，b异号，其可能值只为 3，－1. 拓展追问，$\frac{a}{|a|}+\frac{b}{|b|}+\frac{c}{|c|}+\frac{abc}{|abc|}$所有可能的值有哪些？

变式 3　解方程$3|x|+|x-2|=4$.

巧解　分三种情况讨论：

当$x\geqslant 2$时，方程为$3x+x-2=4$，解得$x=\frac{3}{2}$，与$x\geqslant 2$矛盾，故舍去.

当$0\leqslant x<2$时，方程为$3x-x+2=4$，解得$x=1$.

当$x<0$时，方程为$-3x-x+2=4$，解得$x=-\frac{1}{2}$.

方程解为$x=1$或者$x=-\frac{1}{2}$.

【谢祥赏析】　该题是解含绝对值的方程，以上巧解通常称为“零点分段法”，由于该题有两个绝对值，所以就有两个取零的点，将此二点标注在数轴上，显然会将数轴分三段. 追问“若零点有 3 个，应分几段？零点有n个，又应分多少段？”注意，在每段上化简方程，解方程，得出的解要检验，即看方程的解是否在对应的那一段上，若不在，则矛盾，应该舍去此解.

四、妙题 7.04（同类项概念）

若$-5x^{2n}y^3$与$3x^5y^{2m}$是同类项，求$|n-m|$的值.

巧解　因为$-5x^{2n}y^3$与$3x^5y^{2m}$是同类项，

所以$2n=5$，$2m=3$　解得$n=\frac{5}{2}$，$m=\frac{3}{2}$.

故 $|n-m|=1$.

变式 1 若 $-5x^{2n}y^3$ 与 $3x^5y^{2m}$ 的和为单项式，求 $|n-m|$ 的值.

答案 单项式的和差仍为单项式，说明它们是同类项，所以 $|n-m|=1$.

变式 2 若 $-3x^my+5x^2y^n=2x^2y$，求 $mn(m+n)$ 的值.

答案 $m=2, n=1$，$mn(m+n)=6$.

变式 3 已知 $-3x^{m+n}y^{m+1}$ 与 $2x^4y^3$ 的和为单项式，求 m、n 的值.

答案 因为 $m+n=4$，$m+1=3$，解得 $m=2$，$n=2$.

【谢祥赏析】 利用同类项的定义（即两同），相同字母的指数应该相同，巧妙建立等量关系求参数. 求同类项的"和差"即合并同类项，是对系数"和差"运算，合并同类项是化简代数式的基本方法之一.

五、妙题 7.05（完全平方式的参数）

已知 $9x^2+12x+k$ 是完全平方式，则 $k=$________.

【谢祥赏析】 已知完全平方式的某两项，配凑第三项，实质包含两类：一类是求首或尾平方项，方法是分解交叉乘积的中间项，另一类是由两个平方项找中间项，容易漏解（没注意中间项可正也可负）.

变式 1 若 $k^2+12x+9x^2$ 是完全平方式，则 $k=$________.

【谢祥赏析】 由例题 k 变为本题 k^2，目的是什么？为什么变式题习惯在原题上变化，而不重新换新题？事实上，直接在原题上改，有利于比较变化"差异"找方法.

变式 2 若 $9x^2+kx+4$ 是完全平方式，则 $k=$________.

【谢祥赏析】 已知平方项求交叉乘积项的系数，很容易漏负数解，这是一个重要的考点.

变式 3 若 $9x^2+12x-k$ 是完全平方式，则 $k=$________.

【谢祥赏析】 变式 3 与例题对比，会发现什么？若追问：$9x^2-12x+k$ 是完全平方式，求 k，与原例题对比，又会发现什么？

变式 4 若 $9x^2+2(a+4)x+4$ 是一个完全平方式，则 $a=$__________.

【谢祥赏析】 变式 4 与变式 2 对比，相当于将变式 2 的系数 k 变为代数式"$2(a+4)$"，它的取值应为 ± 12 两个值，注意不要漏解.

六、妙题 7.06（一元一次方程的概念）

若方程 $-4x^{m-1}-3=0$ 是关于 x 的一元一次方程，则 $m=$__________.

【谢祥赏析】 这是关于一元一次方程的概念，针对次数设计的问题.

变式 1 若方程 $-4x^{|m|-1}-3=0$ 是关于 x 的一元一次方程，则 $m=$______.

【谢祥赏析】 变式 1 针对次数再设计，将指数参数 m 加绝对值，是原问题的平行变式.

变式 2 若方程 $(m-2)x^{|m|-1}-3=0$ 是关于 x 的一元一次方程，则 $m=$______.

【谢祥赏析】 变式 2 针对次数、系数再设计，考点增加，难度加大，是原问题的递进变式.

变式 3 若方程 $(|m|-1)x^2+(m-1)x-3=0$ 是关于 x 的一元一次方程，则 $m=$______.

【谢祥赏析】 变式 3 仍然针对次数、系数再设计，是变式 2 的再次平行变式，是原问题的递进变式.

七、妙题 7.07（配方法求值）

已知 $x-y+z=7$，$xy+yz+y+z^2+16=0$，求 $\dfrac{y}{x}$ 的值.

巧解 $xy+yz+y+z^2+16=0$

$y(x+z+1)+z^2+16=0$

因为 $x+z=7+y$

所以 $y(8+y)+z^2+16=0$

$(y+4)^2+z^2=0$

所以 $y=-4$，$z=0$

解得，$x=3$

则 $\dfrac{y}{x}=-\dfrac{4}{3}$

【谢祥赏析】 关键步骤 $x+z=7+y\to y(8+y)+z^2+16=0$，方法的实质在于先消元 x，再配方，转化为关于 y、z 的平方和为零的问题. 观察发现已知的第二个条件等式中 x 用 $x=7+y-z$ 代入也能消元， 且效果一样.

变式 1 已知 $x-y+z=7$，$yz-zx-z+y^2+16=0$，求 $\dfrac{z}{x}$ 的值.

变式 2 已知 $x-y+z=7$，$yz-zx+z+y^2+9=0$，求 $\dfrac{z}{x}$ 的值.

变式 3 已知 $x-y+z=7$，$xy-zx+x+z^2+9=0$，求 $\dfrac{y}{x}$ 的值.

变式 4 已知 $x-y+z=7$，$xy-zx+x-4z+z^2+13=0$，求 $\frac{y}{x}$ 的值.

变式 5 已知 $x-y+z=7$，$zy+yx+y+x^2+16=0$，求 $\frac{y}{z}$ 的值.

变式 6 已知 $x-y+z=7$，$zy+yx+x^2+y-4x+20=0$，求 $\frac{y}{z}$ 的值.

【谢祥赏析】 变式 1、2 是一组，先消元 x；变式 3、4 是一组，先消元 y；变式 5、6 是一组，先消的元是 z. 这 3 组变式都是原问题的平行变式.

八、妙题 7.08（代入法求值）（蜀西实验 杨泽秀）

已知 $3x-6y-8=0$，则 $2x-4y+3=$__________.

巧解 1（整体代入法） 由 $3x-6y-8=0$，得 $x-2y=\frac{8}{3}$

所以 $2x-4y+3=2(x-2y)+3=2\times\frac{8}{3}+3=\frac{25}{3}$

巧解 2（消元代入法） 由 $3x-6y-8=0$，得 $x=2y+\frac{8}{3}$

所以 $2x-4y+3=2\left(2y+\frac{8}{3}\right)-4y+3=\frac{25}{3}$

【杨泽秀赏析】 此题常用“整体代入法”，先把条件化简，然后把要求的代数式化成能代入的形式，代入即可；还可考虑已知条件是二元一次方程，用含字母 y 的代数式表示 x，从而减少未知数的个数. 对于填空题，事实上还可以用特殊值法，任取满足已知条件的一组数据，代入目标代数式求值即可.

九、妙题 7.09（数字变字母）

计算 $\frac{2021^2}{2020\times2022+1}$.

巧解 设 $a=2021$，则

$$原式=\frac{a^2}{(a-1)(a+1)+1}=\frac{a^2}{a^2}=1$$

【杨泽秀赏析】 对于这类问题我们通常用“字母表示数”，先把 2021 设为 a，把算式化简，然后利用平方差公式化简即可.

变式计算

$$\frac{123456787^2}{123456786\times123456788+1}$$

你能解吗？

十、妙题 7.10（割补法求阴影面积）（金牛实验　刘贵斌）

如图 3-1-1 所示，在 $\triangle ABC$ 中，$\angle C=90°$，正方形 $DCEF$ 的三个顶点 D、E、F 均在 $\triangle ABC$ 的各边上，求阴影部分的面积.（要求：不用相似知识解答）

巧解

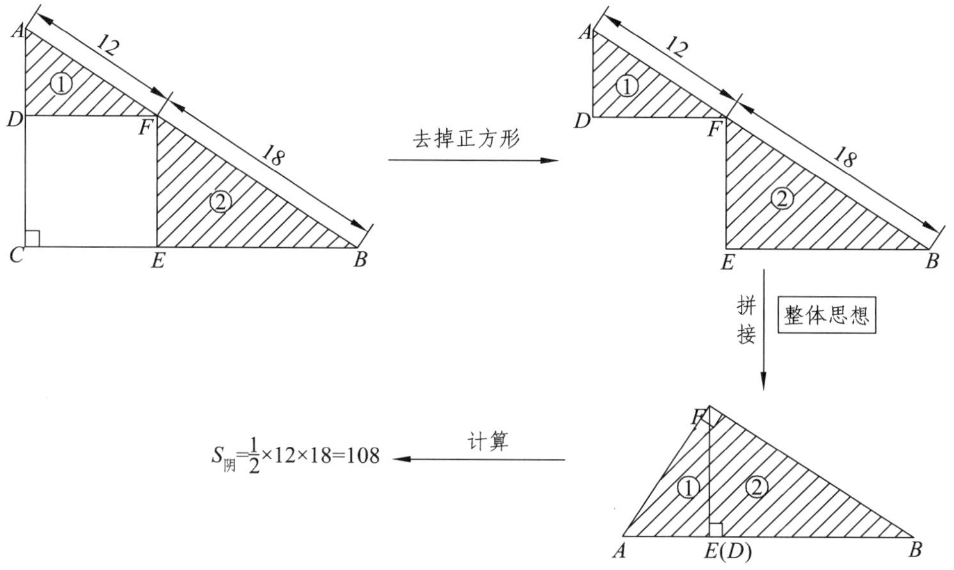

图 3-1-1

答：阴影部分的面积为 108.

【谢祥赏析】 如果用常规的相似三角形知识求解，本题会很麻烦.而去掉正方形拼接成三角形，且为直角三角形. 为什么 A、E、D 三点在一条直线上？为什么刚好拼接成直角三角形？美在“恰到好处”，一切刚刚好！

追问：方法不变的情况下，本问题可否弱化条件，做拓展推广？

第二节　八年级妙题巧解

一、妙题 8.01

化简 $\sqrt{4-\sqrt{15}}$

巧解 1　令 $4-\sqrt{15}=(\sqrt{x}-\sqrt{y})^2$，其中 $x>y\geqslant 0$，

则 $4-\sqrt{15}=x+y-\sqrt{4xy}$

比较系数，有 $\begin{cases}x+y=4\\4xy=15\end{cases}$　解得 $\begin{cases}x=\dfrac{3}{2}\\y=\dfrac{5}{2}\end{cases}$（舍去）或者 $\begin{cases}x=\dfrac{5}{2}\\y=\dfrac{3}{2}\end{cases}$

所以　$\sqrt{4-\sqrt{15}}=\sqrt{\left(\sqrt{\dfrac{5}{2}}-\sqrt{\dfrac{3}{2}}\right)^2}=\sqrt{\dfrac{5}{2}}-\sqrt{\dfrac{3}{2}}=\dfrac{\sqrt{10}-\sqrt{6}}{2}$.

巧解 2　$\sqrt{4-\sqrt{15}}=\sqrt{\dfrac{8-2\sqrt{15}}{2}}=\sqrt{\dfrac{8-2\sqrt{5}\times\sqrt{3}}{2}}=\sqrt{\dfrac{(\sqrt{5}-\sqrt{3})^2}{2}}=\dfrac{\sqrt{5}-\sqrt{3}}{\sqrt{2}}$

再分母有理化，得 $\sqrt{4-\sqrt{15}}=\dfrac{\sqrt{10}-\sqrt{6}}{2}$.

【谢祥赏析】　重根号的化简，通常是将根号内的代数式，凑配成完全平方式. 巧解 1，直接设完全平方（设两个未知数），将代数式化简问题转化为方程问题，思路简洁. 巧解 2，因内层根号前没有系数 2，利用分式的性质，分子分母同乘以 2（将凑配成完全平方式看成分母是 1），分解 15 为 3 乘 5，直接将分子凑配成完全平方式，方法简洁漂亮. 重根号化简的关键是“恰当分解内层根号的因数”.

变式 1　化简（1）$\sqrt{2-\sqrt{3}}$，（2）$\sqrt{2+\sqrt{3}}$.

答案　（1）$\sqrt{2-\sqrt{3}}=\sqrt{\dfrac{4-2\sqrt{3}}{2}}=\sqrt{\dfrac{\left(\sqrt{3}-1\right)^2}{2}}=\dfrac{\sqrt{3}-1}{\sqrt{2}}=\dfrac{\sqrt{6}-\sqrt{2}}{2}$.

（2）$\sqrt{2+\sqrt{3}}=\dfrac{\sqrt{6}+\sqrt{2}}{2}$.

变式 2　化简（1）$\sqrt{7-4\sqrt{3}}$，（2）$\sqrt{7+4\sqrt{3}}$.

答案　（1）$\sqrt{7-4\sqrt{3}}=\sqrt{7-2\times2\sqrt{3}}=\sqrt{4+3-2\times2\sqrt{3}}=\sqrt{(2-\sqrt{3})^2}=2-\sqrt{3}$.

（2）$\sqrt{7+4\sqrt{3}}=2+\sqrt{3}$.

变式 3 化简（1）$\sqrt{7-2\sqrt{6}}$，（2）$\sqrt{5-2\sqrt{6}}$.

分析 $\sqrt{6}=\sqrt{3}\times\sqrt{2}=\sqrt{6}\times 1$ 由于 $5=(\sqrt{3})^2+(\sqrt{2})^2$，$7=(\sqrt{6})^2+1^2$.

答案 （1）$\sqrt{7-2\sqrt{6}}=\sqrt{6}-1$，（2）$\sqrt{5-2\sqrt{6}}=\sqrt{3}-\sqrt{2}$.

二、妙题 8.02

试比较 $\sqrt{14}-\sqrt{13}$ 与 $\sqrt{13}-\sqrt{12}$ 的大小.

巧解 1 因为 $\sqrt{14}-\sqrt{13}=\dfrac{1}{\sqrt{14}+\sqrt{13}}$

$\sqrt{13}-\sqrt{12}=\dfrac{1}{\sqrt{13}+\sqrt{12}}$

比较分母：$\sqrt{14}+\sqrt{13}>\sqrt{13}+\sqrt{12}$ 所以 $\dfrac{1}{\sqrt{14}+\sqrt{13}}<\dfrac{1}{\sqrt{13}+\sqrt{12}}$

$\sqrt{14}-\sqrt{13}<\sqrt{13}-\sqrt{12}$.

【谢祥赏析】 巧妙在于将差的比较转化为和的比较.

巧解 2 考虑 $\sqrt{14}-\sqrt{13}\sim\sqrt{13}-\sqrt{12}$ 注意：~是表示待定大小关系的符号.

即考虑 $\sqrt{14}+\sqrt{12}\sim\sqrt{13}+\sqrt{13}$

两边平方，$26+2\sqrt{14}\times\sqrt{12}\sim 26+2\sqrt{13}\times\sqrt{13}$

化简得 $\sqrt{14}\times\sqrt{12}\sim\sqrt{13}\times\sqrt{13}$，即比较 14×12 与 13×13 的大小.

由于 $14\times 12<13\times 13$， 所以“~”符号是“<”.

即 $\sqrt{14}-\sqrt{13}<\sqrt{13}-\sqrt{12}$.

【谢祥赏析】 巧妙在于，待定大小符号，通过变形，将差的比较转化为和的比较，再平方运算都是常用的方法，妙在化无理数为有理数.

变式 1 试比较 $\sqrt{2019}-\sqrt{2018}$ 与 $\sqrt{2020}-\sqrt{2019}$ 的大小.

答案 $\sqrt{2019}-\sqrt{2018}>\sqrt{2020}-\sqrt{2019}$.

变式 2 试比较 $\sqrt{n+1}-\sqrt{n}$ 与与 $\sqrt{n+2}-\sqrt{n+1}$（n 为正整数）的大小.

答案 $\sqrt{n+1}-\sqrt{n}>\sqrt{n+2}-\sqrt{n+1}$.

三、妙题 8.03

二次根式的化简求值

已知若 $m=\sqrt{3-n}+\sqrt{2n-6}+2$，求 $\sqrt{n^2-2mn+m^2}$ 的值.

巧解 由题意得$\begin{cases}3-n\geqslant 0\\2n-6\geqslant 0\end{cases}$，解得$\begin{cases}n\leqslant 3\\n\geqslant 3\end{cases}$，所以$n=3$.

代入原已知条件得$m=2$.

所以$\sqrt{n^2-2mn+m^2}=\sqrt{(n-m)^2}=\sqrt{(3-2)^2}=1$.

【谢祥赏析】 若条件中两个根式的被开方数互为相反数，则两个二次根式有意义的条件是它们同时为零. 这实质是“二次根式有双重非负性”的应用.

变式 1 若$y=\sqrt{5-x}+\sqrt{2x-10}+7$，求$\sqrt{x^2-2xy+y^2}$的值.

答案 $x=5$，$y=7$，$\sqrt{x^2-2xy+y^2}=2$.

变式 2 已知$y=\sqrt{x-8}+\sqrt{8-x}+18$，求$\dfrac{x+y}{\sqrt{x}-\sqrt{y}}-\dfrac{2xy}{x\sqrt{y}-y\sqrt{x}}$.

答案 $x=8$，$y=18$.

$$\frac{x+y}{\sqrt{x}-\sqrt{y}}-\frac{2xy}{x\sqrt{y}-y\sqrt{x}}=\frac{x+y}{\sqrt{x}-\sqrt{y}}-\frac{2\sqrt{x}\sqrt{y}}{\sqrt{x}-\sqrt{y}}=\frac{(\sqrt{x}-\sqrt{y})^2}{\sqrt{x}-\sqrt{y}}=\sqrt{x}-\sqrt{y}$$

原式$=2\sqrt{2}-3\sqrt{2}=-\sqrt{2}$.

变式 3 已知$y=\sqrt{8x-1}+\sqrt{1-8x}+\dfrac{1}{2}$，求$\sqrt{\dfrac{x}{y}+\dfrac{y}{x}+2}-\sqrt{\dfrac{x}{y}+\dfrac{y}{x}-2}$的值.

四、妙题 8.04

若$x-\sqrt{1-2x+x^2}=1$，求x的取值范围

巧解 由于根号内的式子是完全平方式，去根号去平方化简为$x-|1-x|=1$，变形得$|1-x|=x-1$，所以得x的取值范围是$x\geqslant 1$.

【谢祥赏析】 对于型如$\sqrt{a^2}$的根式化简，通常先用绝对值符号过渡，即$\sqrt{a^2}=|a|$，将问题转化为去绝对值符号，然后关键就是判断代数式a的正负号.

变式 1 已知$x\geqslant 1$，化简代数式$x-\sqrt{1-2x+x^2}$.

答案 $x-\sqrt{(x-1)^2}=x-|x-1|=1$.

变式 2 若$\sqrt{(x-1)^2}+|x-2|=2x-3$恒成立，求$x$的取值范围.

答案 由于$\sqrt{(x-1)^2}=|x-1|$，由条件得$|x-1|+|x-2|=2x-3$，所以x的取值范围是$x\geqslant 2$.

五、妙题 8.05

已知 $m-n<1$，化简（1）$\sqrt{(n+1-m)^2}$，（2）$\sqrt{(m-2-n)^2}$.

巧解　（1）由于 $m-n<1$，所以变形得 $n+1>m$，所以 $n+1-m>0$，所以 $\sqrt{(n+1-m)^2}=n-m+1$.

（2）由于 $m-n<1$，所以变形得 $n+1>m$，所以 $m-n<1$，显然 $m-n<2$，所以 $m-n-2<0$，所以 $\sqrt{(m-2-n)^2}=|m-2-n|=-(m-2-n)=n-m+2$.

【谢祥赏析】　要判断目标代数式 $n+1-m$ 的正负符号，找出目标代数式与已知条件不等式之间的关系，由已知不等式出发，变形得到目标代数式.

变式 1　已知 $m-n<1$ 化简（1）$\sqrt{(n+5-m)^2}$，（2）$\sqrt{(m-9-n)^2}$.

答案　（1）$\sqrt{(n+5-m)^2}=n-m+5$.

（2）$\sqrt{(m-9-n)^2}=n-m+9$.

变式 2　$y<x<2$，化简 $\sqrt{(x-2)^2}+\sqrt{(3-y)^2}$.

答案　$\sqrt{(x-2)^2}+\sqrt{(3-y)^2}=2-x+3-y=5-x-y$.

变式 3　若 $0<x<1$，化简 $\sqrt{\left(x-\frac{1}{x}\right)^2+4}-\sqrt{\left(x+\frac{1}{x}\right)^2-4}$.

答案　$\sqrt{\left(x-\frac{1}{x}\right)^2+4}-\sqrt{\left(x+\frac{1}{x}\right)^2-4}=\sqrt{\left(x+\frac{1}{x}\right)^2}-\sqrt{\left(x-\frac{1}{x}\right)^2}=\left|x+\frac{1}{x}\right|-\left|x-\frac{1}{x}\right|$

因为 $0<x<1$，所以 $\frac{1}{x}>1$，$\frac{1}{x}>1>x>0$.

所以 $\left|x+\frac{1}{x}\right|-\left|x-\frac{1}{x}\right|=x+\frac{1}{x}-\left(\frac{1}{x}-x\right)=2x$，

化简，得原式 $=2x$.

六、妙题 8.06

满足 $y=\sqrt{x+2021}+\sqrt{x+13}$ 的整数对（x，y）有多少对？

巧解　设 $m=\sqrt{x+2021}$，$n=\sqrt{x+13}$，显然 m，n 只能同时为整数，

则 $m^2-n^2=2008$，$(m-n)(m+n)=2\times1004=4\times502=8\times251$

由于 $m-n$、$m+n$ 同为奇数或者同为偶数，所以只有两对.

$\begin{cases}m-n=2\\m+n=1004\end{cases}$ 解得 $\begin{cases}m=503\\n=501\end{cases}$ $x=250988$， $y=1004$.

$\begin{cases}m-n=4\\m+n=502\end{cases}$ 解得 $\begin{cases}m=253\\n=249\end{cases}$ $x=61988$， $y=502$.

如下变式题，你能解吗？

变式 1 满足 $y=\sqrt{x+2008}+\sqrt{x+1}$ 的整数对（x，y）有多少对？

变式 2 满足 $y=\sqrt{x+2011}+\sqrt{x+1}$ 的整数对（x，y）有多少对？

【谢祥赏析】 巧设辅助元，巧借平方差为常数，消去 x，有“转化问题”“欲擒故纵”的美妙，再因式、因数分解，建立方程组求得辅助元. 此解法让我们欣赏到“数学方法的奇异美”！

七、妙题 8.07（蚂蚁觅食之长方体表面最短路径问题）（铁中府河学校 李娜）

如图 3-2-1（a）所示，长方体木块的长宽高分别为 3、2、4，有一只蚂蚁从点 A 爬到点 B 处觅食，要爬行的最短路程是________.

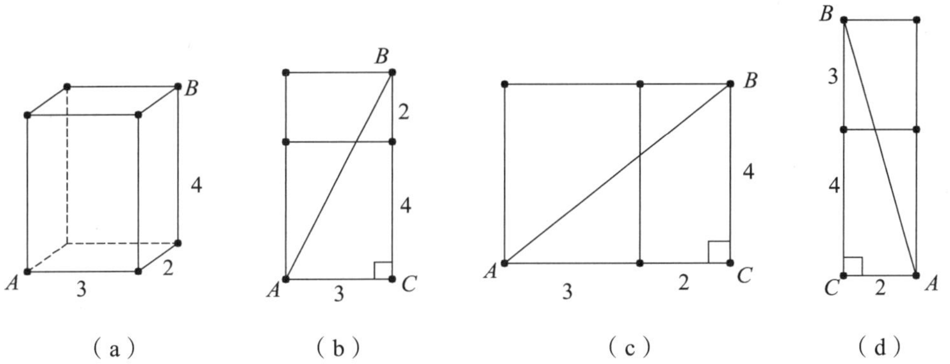

图 3-2-1

常规解法 因为蚂蚁只能从长方体表面爬行. 因为两点之间线段最短，所以要把立体图展成平面图，则有下面三种情况：

巧解

（1）如图 3-2-1（b）所示，将前面和上底面展开，连接 AB，在 Rt$\triangle ABC$ 中，由勾股定理得，$AB=\sqrt{AC^2+BC^2}=\sqrt{3^2+6^2}=\sqrt{45}=3\sqrt{5}$.

（2）如图 3-2-1（c）所示，将前面和右面展开，连接 AB，在 $\mathrm{Rt}\triangle ABC$ 中，由勾股定理得，

$$AB=\sqrt{AC^2+BC^2}=\sqrt{5^2+4^2}=\sqrt{41}.$$

（3）如图 3-2-1（d）所示，将左面和上底面展开，连接 AB，在 $\mathrm{Rt}\triangle ABC$ 中，由勾股定理得，$AB=\sqrt{AC^2+BC^2}=\sqrt{2^2+7^2}=\sqrt{53}$.

因为 $\sqrt{41}<3\sqrt{5}<\sqrt{53}$

所以最短路程是 $\sqrt{41}$.

推广　如图 3-2-2 所示长方体木块的长宽高分别为 a、b、c（$a<b<c$）. 有一只蚂蚁从点 A 爬到点 B 处觅食，要爬行的最短路程是______.

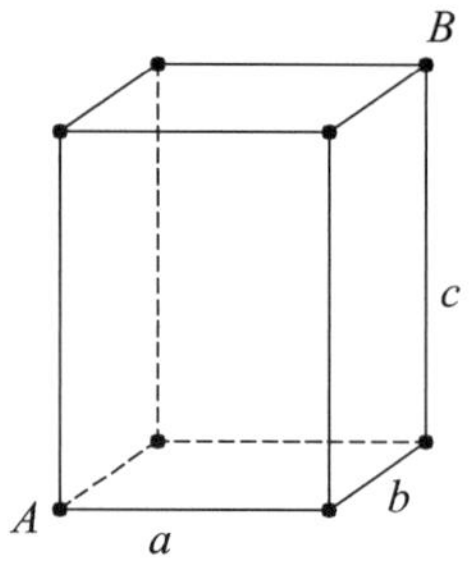

图 3-2-2

分析：将顶点 A、B 所在的两个面展开，会有三种不同的情况，连接 AB，从而构造出 3 个不同的直角三角形，其直角边分别为（1）$a+b$，c，（2）$a+c$，b，（3）$b+c$，a. 此时斜边分别为 $\sqrt{(a+b)^2+c^2}$，$\sqrt{(a+c)^2+b^2}$，$\sqrt{(b+c)^2+a^2}$，通过比较不难发现，$\sqrt{(a+b)^2+c^2}$ 最小.

结论：若 $a<b<c$，则最短路程为 $\sqrt{(a+b)^2+c^2}$.

【李娜赏析】　此教学片段的优秀之处在于① 体现了数学的分类讨论思想，转化思想；② 从常规解法中发现技巧，从而得出一个解决此类题目的更快捷的算法，将大大提高做题效率和准确率.

八、妙题 8.08（中点四边形问题）（铁中府河　李娜）

如图 3-2-3 所示，依次连接四边形 $ABCD$ 各边中点所得的四边形 $EFGH$ 称为中点四边形.

问题 1　中点四边形 $EFGH$ 一定是平行四边形吗？为什么？

问题 2　当四边形 $ABCD$ 至少满足什么条件时，中点四边形 $EFGH$ 是菱形？

问题 3　当四边形 $ABCD$ 至少满足什么条件时，中点四边形 $EFGH$ 是矩形？

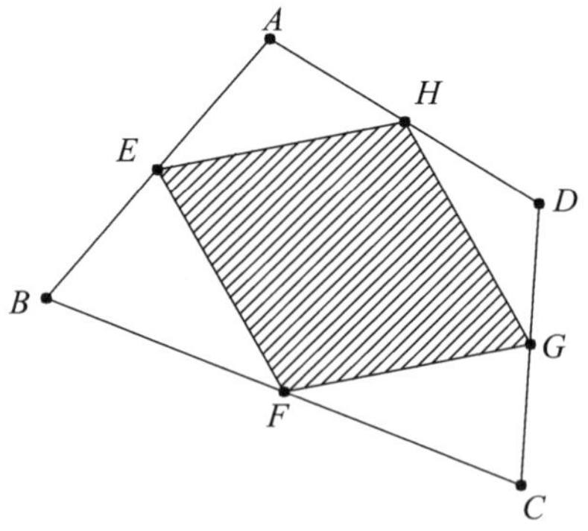

图 3-2-3

问题 4 当四边形 $ABCD$ 至少满足什么条件时，中点四边形 $EFGH$ 是正方形？

巧解 （1）先请学生独立思考问题 1，必要时可以采取小组讨论，然后师生交流.

解析 如图 3-2-4 所示，连接 AC，利用中位线定理可以证得

$EF /\!/ AC$ 且 $EF=\dfrac{1}{2}AC$；同理，$HG /\!/ AC$ 且 $HG=\dfrac{1}{2}AC$；

从而可以证得 $EF /\!/ HG$，$EF=HG$，所以 $EFGH$ 是平行四边形.

（2）在学生充分理解了问题 1 结论的基础上，再来思考问题 2，就会发现 $EFGH$ 如果是菱形，只需在平行四边形的基础上再满足邻边相等即可，然后在图 3-2-5 中利用中位线定理不难发现答案是 $AC=BD$；

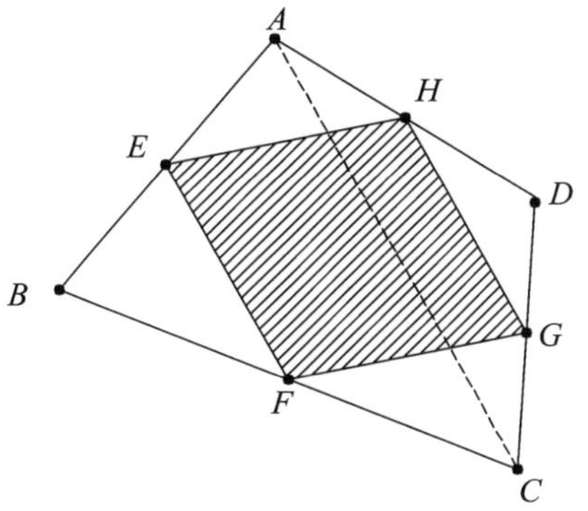

图 3-2-4

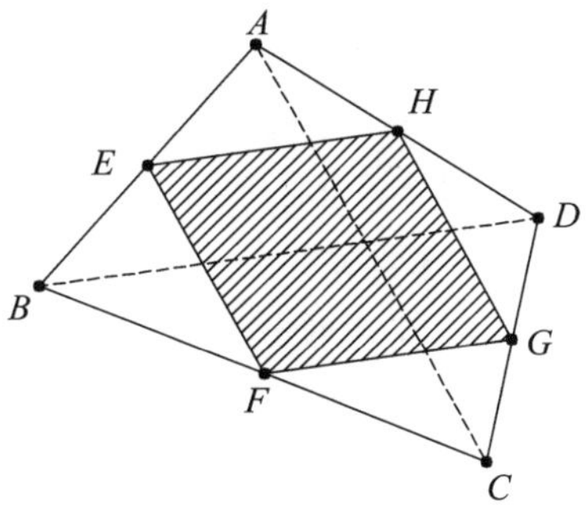

图 3-2-5

（3）如图 3-2-6 所示，在前两个问题的基础上，学生不难想到当 $AC\perp BD$ 时，中点四边形是矩形.

（4）解决了前 3 个问题后，最后一个问题就非常简单了，满足 $AC=BD$ 且 $AC\perp BD$ 即可，如图 3-2-7 所示.

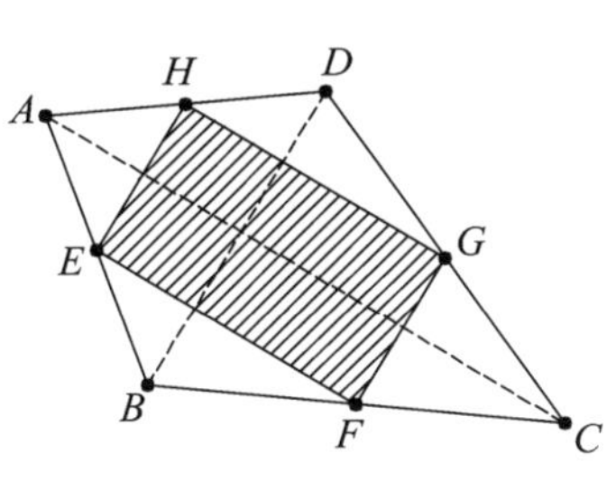

图 3-2-6

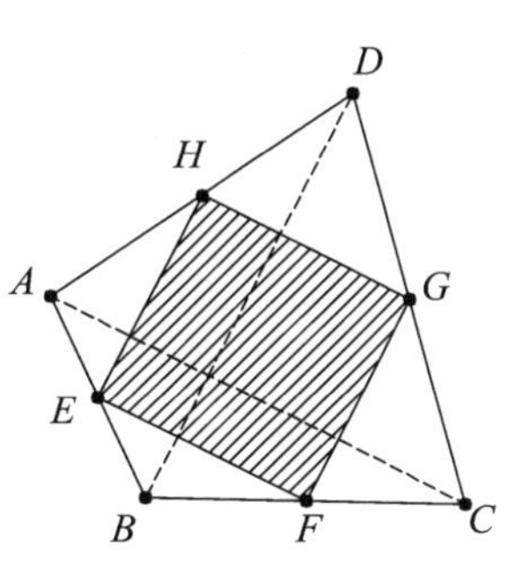

图 3-2-7

最后，当学生利用推理的方法掌握了各种情况后，老师强调中点四边形的形状只与原四边形的对角线的位置和数量关系有关. 然后老师再利用几何画板分别演示一下各种情况，帮助学生加深印象. 并总结出表 3-2-1 的规律.

表 3-2-1

原四边形	中点四边形的形状
对角线既不相等也不垂直	平行四边形
对角线相等	菱形
对角线垂直	矩形
对角线既相等又垂直	正方形

追问学生：

问题 5 平行四边形的中点四边形是什么形状？

问题 6 菱形的中点四边形是什么形状？

问题 7 矩形的中点四边形是什么形状？

问题 8 正方形的中点四边形是什么形状？

【李娜赏析】 本片段的精彩之处在于设计了层层递进的问题串，启发诱导学生利用中位线定理，发现问题本质：中点四边形的形状只与原四边形的对角线有关. 主要利用推理解决问题，此外又利用几何画板软件演示，数形结合，帮助学生加强直观印象.

九、妙题 8.09（与直角三角形相关的问题）（铁中府河学校廖春龙）

如图 3-2-8 所示，在 Rt△ABC 中，$\angle C=90°$，$AB=5$ cm，$AC=3$ cm，动点 P 从点 B 出发沿射线 BC 以 1 cm/s 的速度移动，设运动时间为 t，当△ABP 为直角三角形时，求 t 的值.

分析：当 $\angle BAP=90°$ 时，最易想到的是利用相似或射影定理，但此法不适合八年级学生. 以八年级学生的知识储备，可考虑利用方程思想，设 $PC=x$ cm，

巧解 1（利用勾股定理和面积法）

如图 3-2-9 所示

因为 $PC=x$，则 $BP=4+x$，

所以在 Rt△ACP 中，$AP=\sqrt{3^2+x^2}$

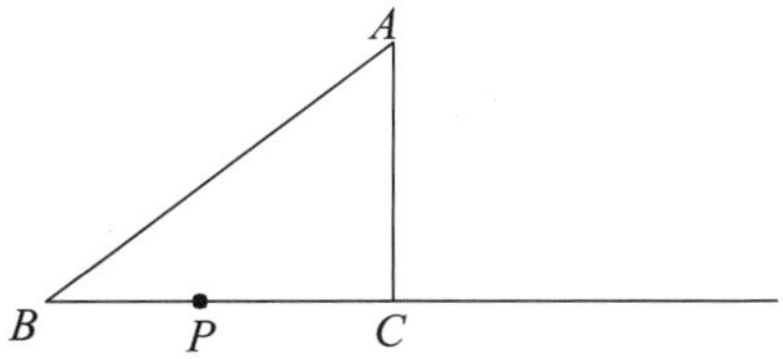

图 3-2-8

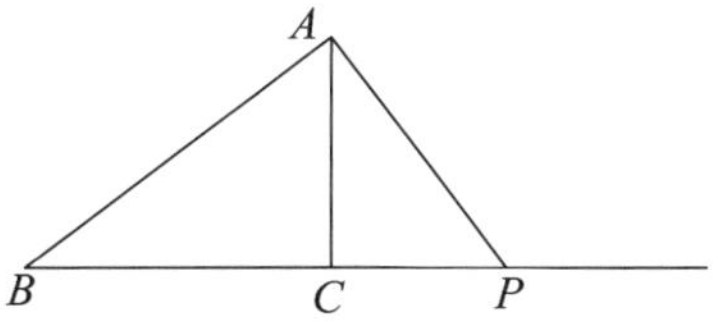

图 3-2-9

由 $BP \cdot AC = AB \cdot AP$ 得

$3(4+x) = 5\sqrt{3^2 + x^2}$

对方程变形得：$16x^2 - 72x + 81 = 0$，

即得 $(4x-9)^2 = 0$

解得 $x = \dfrac{9}{4}$

最后可解得 $t = \dfrac{BP}{1} = \dfrac{4+\dfrac{9}{4}}{1} = \dfrac{25}{4}$ s

【廖春龙赏析】 此法中列的方程不是八年级学生所熟悉的一元方程，且解方程的过程中涉及因式分解，对那些不熟悉完全平方式的灵活运用的学生来说，无疑是很难理解的，因此，我们需要进一步优化解法.

巧解 2（利用勾股定理和“AC 边同为两个直角三角形的边”，见图 3-2-10）

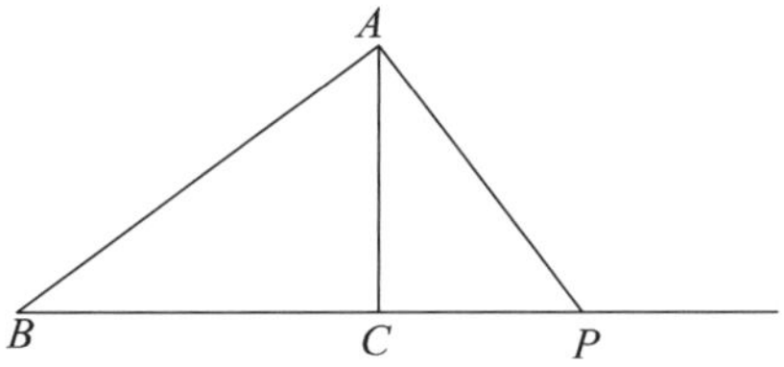

图 3-2-10

因为 $PC = x$，则 $BP = 4 + x$，

所以在 Rt△ACP 中，$AP^2 = x^2 + 3^2$

在 Rt△ABP 中，$AP^2 = (x+4)^2 - 5^2$

所以 $x^2 + 3^2 = (x+4)^2 - 5^2$

解得 $x = \dfrac{9}{4}$

最后可解得 $t = \dfrac{BP}{1} = \dfrac{4+\dfrac{9}{4}}{1} = \dfrac{25}{4}$ s

【廖春龙赏析】 给学生评讲此题时，可按照“提及‘相似’”“赏析‘法一’”“详讲‘法二’”的顺序逐步进行. 第一，可以“预告”将来他们要学习的知识，以此打下一个小小的伏笔；第二，可以引导学生不断地去思考解法的优化，从而培养了学生探究问题的好习惯；第三，也是对方程思想和勾股定理灵活运用的一个回顾复习.

十、妙题 8.10（二元一次代数式的取值范围问题）

已知 $-2<x+y<3$①，且 $1<x-y<4$②，求 $2x+3y$ 的取值范围.

解法 1 设 $2x-3y=a(x+y)+b(x-y)$

则 $2x-3y=(a+b)x-(b-a)y$

所以 $a+b=2$ 且 $b-a=3$

解得 $\begin{cases} a=-\dfrac{1}{2} \\ b=\dfrac{5}{2} \end{cases}$

① $\times\left(-\dfrac{1}{2}\right)$得

$-\dfrac{3}{2}<-\dfrac{1}{2}(x+y)<1$

② $\times\left(\dfrac{5}{2}\right)$得

$\dfrac{5}{2}<\dfrac{5}{2}(x-y)<10$

两式相加

$1<-\dfrac{1}{2}(x+y)+\dfrac{5}{2}(x-y)<11$

所以 $1<2x+3y<11$.

解法 2 ①＋②得

$-1<2x<7$③

②＋①×(－1) 得

$-2<-2y<6$

所以 $-3<-3y<9$④

③＋④得

$-4<2x-3y<16$

【谢祥赏析】 我们知道，一元一次不等式的意义是数集，其几何意义应为数轴上的点集. 二元一次不等式（二维）的几何意义应为平面内的点集. 如图 3-2-11 所示，满足条件 $-2<x+y<3$ 的点（x，y）在 AB，CD 二平行线之间，满足条件 $1<x-y<4$ 的点（x，y）在 AD，BC 二平行线之间，满足题设条件的点落在四边形 $ABCD$ 内.

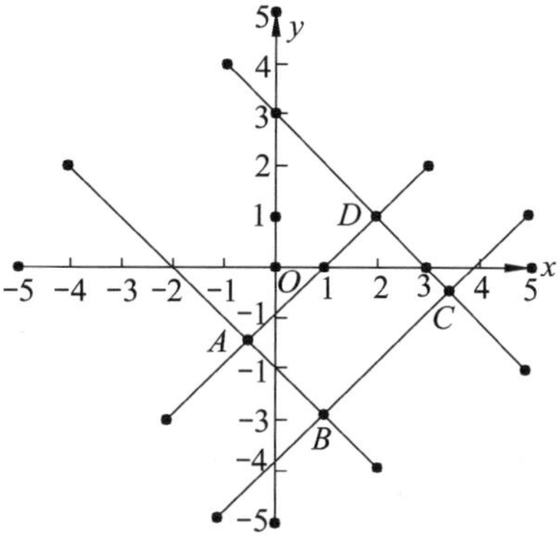

图 3-2-11

解法 1，用待定系数法，整体构造目标代数式 $2x-3y$，实质上是将 $x+y$，$x-y$ 分别视为一个元素（当作一个整体），这实质就转化为一维，利用不等式的性质（同向不等式相加）得出的解，正确.

解法 2 中，单独看，变量 x，变量 y 的范围都是正确的，但 x 与 y 是相关联的，而不是相互独立的，这里讲的相关联，就是指 x，y 有序数对的点不是在 $-\dfrac{1}{2}<x<\dfrac{7}{2}$，与 $-3<y<1$ 所形成的矩形区域内，所以不能用这两个变量的范围（数的范围）构造二元代数式的值的范围. 解法 2 是标准的错误，也是一个美丽的错误.

变式 1 已知 $-4\leqslant 2m+n\leqslant 8$，$-5\leqslant m-n\leqslant 4$，求（1）$m$、$n$ 的范围，（2）$m+n$ 的取值范围.

变式 2 已知 $6\leqslant m\leqslant 12$，$\dfrac{m}{3}\leqslant n\leqslant 3m$，求（1）$m+n$ 的范围，（2）$m-n$ 的取值范围.

你能解这两个变式题吗?

十一、妙题 8.11

已知 $x\sqrt{1-y^2}+y\sqrt{1-x^2}=1$，求证：$x^2+y^2=1$.

证明 1：因为 $x\sqrt{1-y^2}+y\sqrt{1-x^2}=1$

所以 $x\sqrt{1-y^2}=1-y\sqrt{1-x^2}$

两边同时平方，得 $x^2(1-y^2)=1-2y\sqrt{1-x^2}+y^2(1-x^2)$

$x^2=1-2y\sqrt{1-x^2}+y^2$

所以 $1-x^2-2y\sqrt{1-x^2}+y^2=0$

所以$\left(\sqrt{1-x^2}\right)^2-2y\sqrt{1-x^2}+y^2=0$

$\left(\sqrt{1-x^2}-y\right)^2=0$

所以$\sqrt{1-x^2}=y$，即$x^2+y^2=1$.

【熊挺军赏析】 着眼于条件与结论的差异，从两边同时平方去掉根号入手，通过代数式恒等变形，不断向结论转换，巧妙之处在抓住了$1-x^2$、y^2和$2y\sqrt{1-x^2}$之间的联系，进行配方，从而利用非负数性质得证. 既然$y\sqrt{1-x^2}$可视作完全平方式中的乘积项，能否从条件直接进行配方呢？

证明 2 由条件$x\sqrt{1-y^2}+y\sqrt{1-x^2}=1$，考虑添项配方，先两边同乘以$-2$，得

$-2x\sqrt{1-y^2}-2y\sqrt{1-x^2}=-2$

$1-y^2-2x\sqrt{1-y^2}+x^2+1-x^2-2y\sqrt{1-x^2}+y^2=0$

$\left(\sqrt{1-y^2}-x\right)^2+\left(\sqrt{1-x^2}-y\right)^2=0$

所以$\sqrt{1-y^2}=x$且$\sqrt{1-x^2}=y$

所以$1-y^2=x^2$，$1-x^2=y^2$

即$x^2+y^2=1$.

【熊挺军赏析】 巧妙之处在于将条件中的$x\sqrt{1-y^2}$和$y\sqrt{1-x^2}$都视作完全平方公式的乘积项，且x、$\sqrt{1-y^2}$、y和$\sqrt{1-x^2}$这四项的平方之和为2，从而可将条件配方成完全平方式之和为零.

证明 3：设$\sqrt{1-x^2}=b$，$\sqrt{1-y^2}=a$，则$1-x^2=b^2$，$1-y^2=a^2$

所以$a^2+b^2+x^2+y^2=2$ ①

又因为$x\sqrt{1-y^2}+y\sqrt{1-x^2}=1$

所以$ax+by=1$ ②

①$-2\times$②得：$a^2-2ax+x^2+y^2-2by+b^2=0$

所以$(a-x)^2+(b-y)^2=0$，即$a=x$，$b=y$

所以$\sqrt{1-x^2}=y$，故$x^2+y^2=1$.

【熊挺军赏析】 从结论与条件比较，凭直觉可得$\sqrt{1-y^2}=x$，$\sqrt{1-x^2}=y$，但如何证明呢？这种方法的巧妙之处就在于换元，将$\sqrt{1-y^2}$和$\sqrt{1-x^2}$分别设为a、b，并将条件用新元重新书写，从而引出新的解题思路.

证明 4：如图 3-2-12 所示，在直径$BD=1$的$\odot O$中作弦$BC=x$，$AB=y$，

连接 AD、CD，则四边形 $ABCD$ 为圆内接四边形，

又因为 BD 为 $\odot O$ 直径

所以 $\angle BAD = 90°$， $\angle BCD = 90°$

由勾股定理得

$CD=\sqrt{1-x^2}$， $AD=\sqrt{1-y^2}$

根据托勒密定理得

$AB\cdot CD+BC\cdot AD=AC\cdot BD$

所以 $y\sqrt{1-x^2}+x\sqrt{1-y^2}=AC\times 1$

因为 $x\sqrt{1-y^2}+y\sqrt{1-x^2}=1$，

所以 $AC=1$，AC 也是 $\odot O$ 直径，故由勾股定理得

$x^2+y^2=1$.

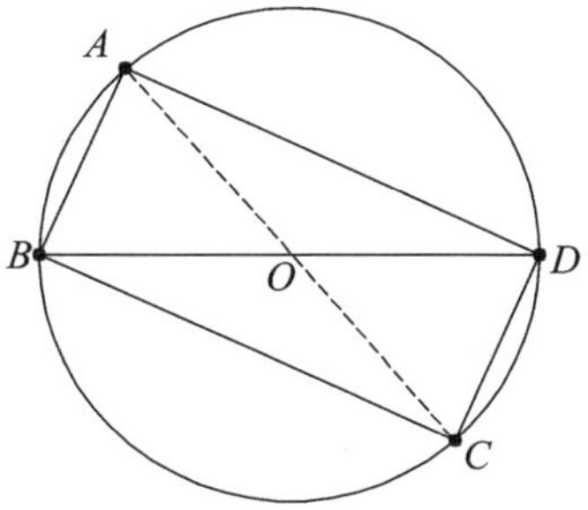

图 3-2-12

【熊挺军赏析】 从条件和结论的形式，容易联想到勾股定理，关键是如何构造出直角三角形来沟通条件与结论？上面这种证明方法巧妙地构造了以1为公共斜边的两个直角三角形，再利用圆内接四边形的性质得出结论.

证明 5：设 $x\sqrt{1-y^2}-y\sqrt{1-x^2}=k$，

则 $\left(x\sqrt{1-y^2}+y\sqrt{1-x^2}\right)\times\left(x\sqrt{1-y^2}-y\sqrt{1-x^2}\right)=k$

得 $x^2(1-y^2)-y^2(1-x^2)=k$， $x^2-y^2=k$，

又 $\left(x\sqrt{1-y^2}+y\sqrt{1-x^2}\right)+\left(x\sqrt{1-y^2}-y\sqrt{1-x^2}\right)=2x\sqrt{1-y^2}=1+k$

即 $2x\sqrt{1-y^2}=1+x^2-y^2$，$1-y^2-2x\sqrt{1-y^2}+x^2=0$，配方得 $\left(\sqrt{1-y^2}-x\right)^2=0$

故 $\sqrt{1-y^2}=x$， $x^2+y^2=1$.

【熊挺军赏析】 巧在引入了有理化因式. 对于任何一个二次根式而言，都可以找到其有理化的因式，有理化因式的乘积为有理式，而有理化因式的和（差）又总能抵消一部分，从而达到简化运算的目的.

十二、妙题 8.12（巧证线段长短关系）

如图 3-2-13 所示，在 $\triangle ABC$ 中，D、E 分别是 AB、AC 上的点，且 $BD=CE$，试说明 $BC>DE$.

巧解：如图 3-2-14，将线段 DE 平移到 BF，连接 EF，

过点 E 作 $\angle CEF$ 的角平分线交 BC 于点 G，连接 FG.

因为 BF 由 DE 平移得到

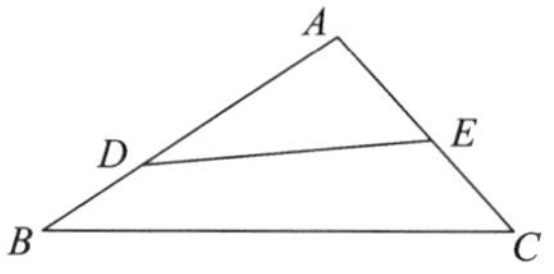

图 3-2-13

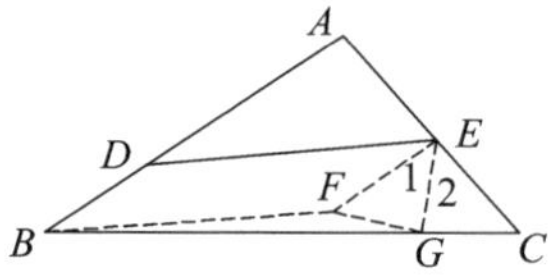

图 3-2-14

所以 $BF \parallel DE$，$BF = DE$

所以四边形 $BDEF$ 是平行四边形

所以 $BD = EF$

又因为 $BD = CE$

所以 $EF = CE$

又因为 EG 平分 $\angle CEF$

所以 $\angle 1 = \angle 2$

又因为 $FG = FG$（公共边）

所以 $\triangle EFG \cong \triangle ECG$(SAS)

所以 $FG = CG$

在 $\triangle BFG$ 中，$BG + FG > BF$

所以 $BG + GC > DE$

即：$BC > DE$

【杨荫坪赏析】 看似显而易见的结论，但问题中的两条线段不共端点，怎样利用相关理论知识证明呢？具体方法就是如何转化到能够利用“三角形三边关系”中比较边的长短？所以通过巧妙添加辅助线的方法，把这两条线段转化到一个三角形中去. 巧解中利用平移、作角平分线构造全等三角形是关键.

十三、妙题 8.13

计算 $\dfrac{1}{1+\dfrac{1}{1+\dfrac{1}{1+\dfrac{1}{1+\cdots}}}}$ 的值.

这个式子包含“省略号”，意味着按这个结构无限延续下去.

巧思妙解 设 $x = \dfrac{1}{1+\dfrac{1}{1+\dfrac{1}{1+\dfrac{1}{1+\cdots}}}}$

则 $\frac{1}{x}=1+\cfrac{1}{1+\cfrac{1}{1+\cfrac{1}{1+\cfrac{1}{1+\cdots}}}}$ 由于“省略号”代表无限多

所以 $\frac{1}{x}=1+x$

$x^2+x-1=0$

$x=\frac{-1\pm\sqrt{5}}{2}$

因为 $x>0$ 所以 $x=\frac{-1-\sqrt{5}}{2}$(舍)

所以 $x=\frac{\sqrt{5}-1}{2}\approx 0.618$

惊奇地发现，它的值竟然是“黄金分割”的比值!

【谢祥赏析】 对于含省略号的代数式求值，通常整体设“元”，将代数式的计算问题转化为方程求解问题，隐含漂亮的方程思想.

变式 计算 $\sqrt{2\sqrt{2\sqrt{2\sqrt{2\sqrt{\cdots}}}}}$ 的值.

巧解

设 $m=\sqrt{2\sqrt{2\sqrt{2\sqrt{2\sqrt{\cdots}}}}}$

则 $m^2=2\sqrt{2\sqrt{2\sqrt{2\sqrt{\cdots}}}}$

即 $m^2=2m$

$m^2-2m=0$

$m(m-2)=0$

因为 $m\neq 0$ 所以 $m=2$.

十四、妙题 8.14

如图 3-2-15 所示，E、F 分别在矩形 $ABCD$ 的边 BC 和 CD 上，若 $\triangle CEF$，$\triangle ABE$，$\triangle ADF$ 的面积分别是 3、4、5，求 $\triangle AEF$ 的面积.

几何中的计算问题，通常可考虑设未知数建立方程去求解.

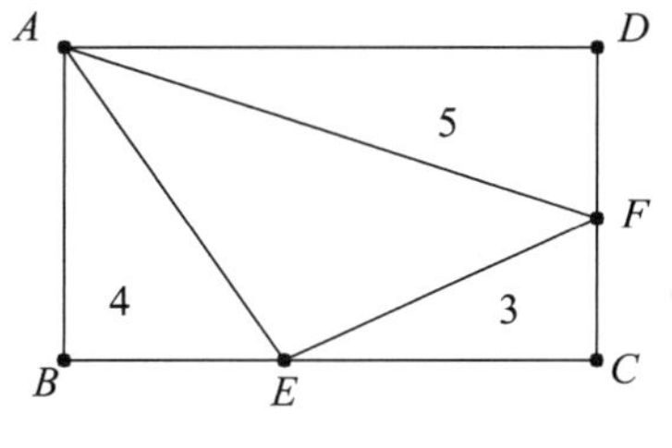

图 3-2-15

巧思妙解

设 $AB=b$， $AD=a$， $EC=y$， $FC=x$， $S_{\triangle AEF}=S$

则列方程组 $\begin{cases} xy=b & ① \\ a(b-x)=10 & ② \\ b(a-y)=8 & ③ \\ ab=12+S & ④ \end{cases}$

4 个方程，含 5 个未知量，如何解？由于是要求“S”这个量，所以其他量尽可能用 S 表示. 沿着“减元”的思路往下

由②得 $ab-ax=10$

所以 $ax=ab-10$ 代入④得

$ax=2+S$

同理由③得 $by=4+S$

构造 ax，by，只需将①×④

$ab\cdot xy=6(12+S)$

$ax\cdot by=6(12+S)$

代入 ax，by 用 S 的表达式

即得 $(2+S)(4+S)=6(12+S)$

化简得 $S^2=64$

所以 $S=8$

【谢祥赏析】 a、b、x、y 这 4 个元设而不求，它们最终用 S 这个主元素表示出来，就完成了它们的使命，非常美妙的方法！

一般地：在前问题的图形中，将数据 3、4、5 分别用 m_1、m_2、m_3 表示，求 $S_{\triangle AEF}$.

易求得

$S_{\triangle AEF}^2=(m_1+m_2+m_3)^2-4m_2m_3$

这是个非常美丽的一般结论！你能证明它吗？

十五、妙题 8.15 等边三角形内的“美丽点”(成都树德中学博瑞实验学校 王保云)

已知等边 $\triangle ABC$ 内有一点 P，且 $PA=3$， $PB=4$， $PC=5$.

（1）求 $\angle APB$ 的度数，并比较 $\angle APB$ 、$\angle APC$ 、$\angle BPC$ 的大小.

（2）求等边 $\triangle ABC$ 的面积.

（3）分别求$\triangle APB$、$\triangle APC$、$\triangle BPC$的面积.

巧解 （1）如图 3-2-16（a）所示，将$\triangle APC$绕点A顺时针旋转 60°到$\triangle AP'B$，

易证：$\angle APB = 60° + 90° = 150°$.

如图 3-2-16（b）所示，将$\triangle APB$绕点A逆时针旋转 60°到$\triangle AP'C$，易证：$\angle BPC = 60° + \angle CPP'$（$\angle CPP'$是边$CP' = 4$的所对的角）.

如图 3-2-16（c）所示，将$\triangle APB$绕点B顺时针旋转 60°到$\triangle CP'B$，易证：$\angle BPC = 60° + \angle CPP'$（$\angle CPP'$是边$CP' = 3$的所对的角）.

综上可知：$150° = \angle APB > \angle APC > \angle BPC$.

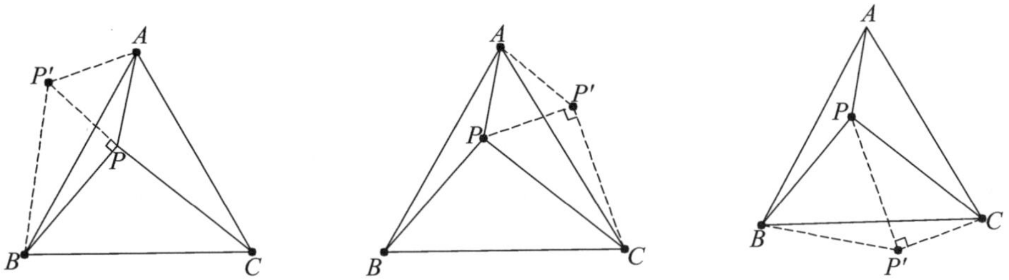

（a）　　（b）　　（c）

图 3-2-16

（2）方法一：如图 3-2-17，过点A作$AH \perp BP$的延长线交于点H.

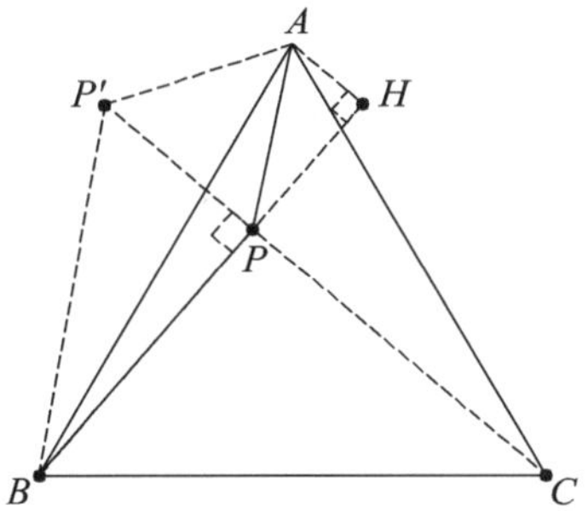

图 3-2-17

因为$\angle APB = 150°$，所以$\angle APH = 30°$，所以$AH = \dfrac{3}{2}$，$PH = \dfrac{3}{2}\sqrt{3}$.

所以，在 Rt$\triangle ABH$中，$AB^2 = \left(\dfrac{3}{2}\right)^2 + \left(\dfrac{3}{2}\sqrt{3} + 4\right)^2 = 25 + 12\sqrt{3}$

故，$S_{\triangle ABC}=\dfrac{\sqrt{3}}{4}\cdot AB^2=\dfrac{\sqrt{3}}{4}(25+12\sqrt{3})=\dfrac{25\sqrt{3}}{4}+9$

方法二：由图 3-2-17（a）可知：$S_{\triangle APB}+S_{\triangle APC}=\dfrac{\sqrt{3}}{4}\times 3^2+\dfrac{1}{2}\times 3\times 4=\dfrac{9}{4}\sqrt{3}+6$

由图 3-2-17（c）可知：$S_{\triangle APB}+S_{\triangle BPC}=\dfrac{\sqrt{3}}{4}\times 4^2+\dfrac{1}{2}\times 3\times 4=4\sqrt{3}+6$

同理，可求：$S_{\triangle APC}+S_{\triangle BPC}=\dfrac{\sqrt{3}}{4}\times 5^2+\dfrac{1}{2}\times 3\times 4=\dfrac{25}{4}\sqrt{3}+6$，所以

$$2(S_{\triangle APB}+S_{\triangle APC}+S_{\triangle BPC})=\left(\dfrac{9}{4}\sqrt{3}+6\right)+(4\sqrt{3}+6)+\left(\dfrac{25}{4}\sqrt{3}+6\right)=\dfrac{25}{2}\sqrt{3}+18$$

故 $S_{\triangle APB}+S_{\triangle APC}+S_{\triangle BPC}=\dfrac{25}{4}\sqrt{3}+9$

即 $S_{\triangle ABC}=\dfrac{25\sqrt{3}}{4}+9$

（3）由图 3-2-17（a）可知：$S_{\triangle APB}+S_{\triangle APC}=\dfrac{\sqrt{3}}{4}\times 3^2+\dfrac{1}{2}\times 3\times 4=\dfrac{9}{4}\sqrt{3}+6$

由图 3-2-17（c）可知：$S_{\triangle APB}+S_{\triangle BPC}=\dfrac{\sqrt{3}}{4}\times 4^2+\dfrac{1}{2}\times 3\times 4=4\sqrt{3}+6$

由（2）中方法一可求，$S_{\triangle APB}=\dfrac{1}{2}\times 4\times\dfrac{3}{2}=3$

故，$S_{\triangle APC}=\left(\dfrac{9}{4}\sqrt{3}+6\right)-3=\dfrac{9}{4}\sqrt{3}+3$

$S_{\triangle BPC}=(4\sqrt{3}+6)-3=4\sqrt{3}+3$

【王保云赏析】 探究旋转类问题，要明确旋转的三要素，即旋转中心、旋转方向、旋转角度. $PA=3$ 与 $PB=4$ 的夹角最大为 150°，$PB=4$ 与 $PC=5$ 的夹角最小，可利用 $\angle APB=150°$ 求出构成等边三角形的每一个小三角形的面积. 若将此题中 PA、PB、PC 的长度分别改为 6、8、10 或 5、12、13 等勾股数，可用一样的方法探究上述问题.

十六、妙题 8.16（2019 桂林中考第 12 题）(成都树德中学博瑞实验学校　王保云)

如图 3-2-18 所示，四边形 $ABCD$ 的顶点坐标分别为 $A(-4,\ 0)$，$B(-2,\ -1)$，$C(3,\ 0)$，$D(0,\ 3)$，当过点 B 的直线 l 将四边形 $ABCD$ 分成面积相等

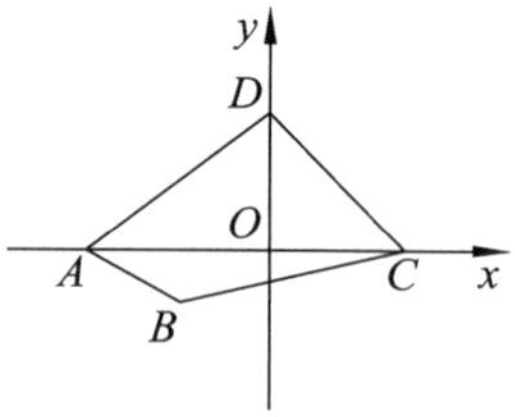

图 3-2-18

的两部分时，直线 l 所表示的函数表达式为（　　）.

A. $y=\frac{11}{10}x+\frac{6}{5}$　　　　B. $y=\frac{2}{3}x+\frac{1}{3}$

C. $y=x+1$　　　　D. $y=\frac{5}{4}x+\frac{3}{2}$

巧解

方法一：（代数法）

如图 3-2-19 所示，因为直线 l 过点 $B(-2,\ -1)$，故设直线 l 的解析式为：$y=kx+2k-1$

易求 CD 的解析式为 $y=-x+3$

联立 $\begin{cases}y=kx+2x-1\\y=-x+3\end{cases}$，解得 $\begin{cases}x=\dfrac{4-2k}{k+1}\\y=\dfrac{5k-1}{k+1}\end{cases}$

所以 $E\left(\frac{4-2k}{k+1},\frac{5k-1}{k+1}\right)$

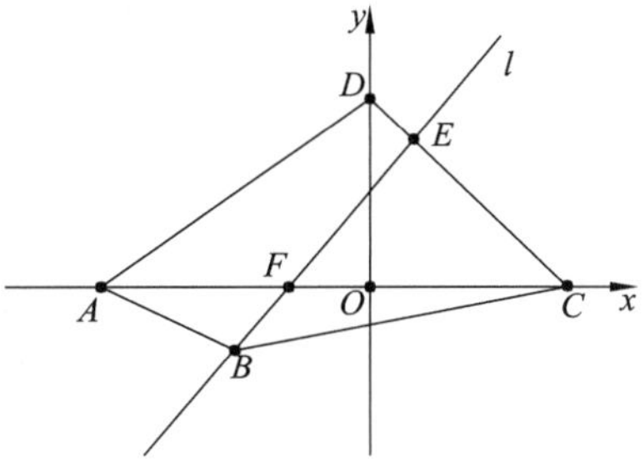

图 3-2-19

令 $y=kx+2k-1=0$，则 $x=\frac{1-2k}{k}$，所以 $F\left(\frac{1-2k}{k},0\right)$

则 $CF=3-\frac{1-2k}{k}=\frac{5k-1}{k}$

易求四边形 $ABCD$ 的面积为

$S=\frac{1}{2}\times7\times3+\frac{1}{2}\times7\times1=14$

因为直线 l 平分四边形 $ABCD$ 的面积，所以 $S_{\triangle BCE}=\frac{1}{2}\cdot CF\cdot(y_E-y_B)=7$

所以，$\frac{1}{2}\cdot\frac{5k-1}{k}\cdot\left(\frac{5k-1}{k+1}+1\right)=7$

解得 $k=\frac{5}{4}$

所以直线 l 的解析式为：$y=\frac{5}{4}x+\frac{3}{2}$

方法二：（几何法）

如图 3-2-20 所示，连接 BD，取 AC 的中点 M，过点 M 作 $MN/\!/BD$ 交 AC 于点 N，连接 BN、DM.

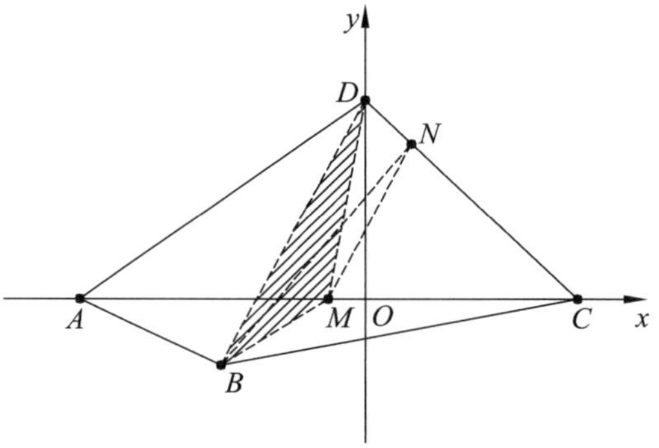

图 3-2-20

因为点 M 为 AC 的中点，故易证 $S_{\triangle DCM}+S_{\triangle BCM}=\frac{1}{2}\times 14=7$

因为 $MN/\!/BD$，所以 $S_{\triangle BDM}=S_{\triangle BDN}$

所以 $S_{\triangle DCM}+S_{\triangle BCM}=S_{\triangle BCD}-S_{\triangle BDM}=S_{\triangle BCD}-S_{\triangle BDN}=S_{\triangle BCN}$

所以，$S_{\triangle BCN}=7$，即为四边形 $ABCD$ 面积的一半，则直线 BN 即为所求.

因为 $B(-2,-1)$，$D(0,3)$，所以 BD 的斜率为 $k=2$

因为 $MN/\!/BD$，所以 MN 的斜率也为 $k=2$

因为点 M 为 AC 的中点，则 $M\left(-\frac{1}{2},0\right)$

所以，MN 的解析式为

$y=2x+1$

联立 $\begin{cases}y=2x+1\\y=-x+3\end{cases}$，解得 $\begin{cases}x=\frac{2}{3}\\y=\frac{7}{3}\end{cases}$，所以 $N\left(\frac{2}{3},\frac{7}{3}\right)$

又因为 $B(-2,-1)$，所以 BN 的解析式为 $y=\frac{5}{4}x+\frac{3}{2}$

即，直线 l 的解析式为 $y=\frac{5}{4}x+\frac{3}{2}$.

【王保云赏析】 此题是2019年桂林市中考数试题第12题，主要考查一次函数与三角形面积相关知识. 此题有两种解法，一种是代数法，此法易想不易算；另一种是几何法，此法易算不易想. 几何法中，利用“平行线间的距离处处相等”这一知识进行三角形面积的等价转化. 教学中应加强数学方法的赏析，重视数学思想的渗透.

十七、妙题 8.17

如图 3-2-21 所示,有大小两个正方形,如何只剪两刀拼成一个大正方形?

巧思妙解

设原来大正方形边长为 a，原小正方形边长为 b，拼出来的正方形边长为 x，因为剪拼前后面积相等，所以列方程为 $a^2+b^2=x^2$.

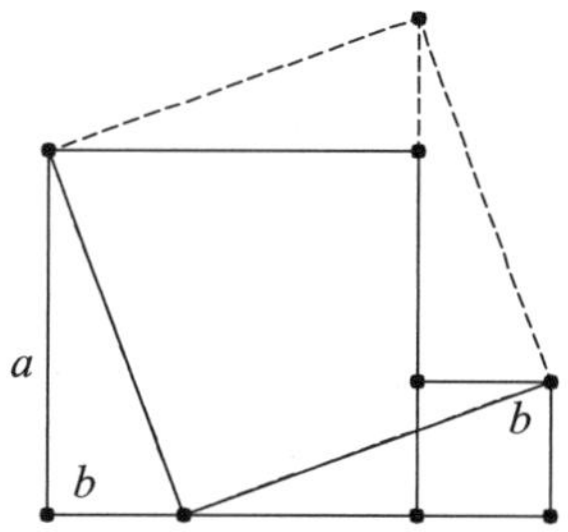

图 3-2-21

【谢祥赏析】 根据剪拼前后面积相等，想到从“方程”入手，找新正方形的边长. $a^2+b^2=x^2$，该方程的几何意义（数形结合）即直角三角形的勾股定理，未知的正方形边长恰好是“以 a、b 为直角边的直角三角形的斜边”，所以需构造直角三角形. 如图 3-2-21 所示剪两刀，拼的方法见虚线. 方法漂亮至极!

第三节　九年级妙题巧解

一、妙题 9.01（过两点的直线方程）（罗增儒　陕西师大）

已知 $mn\neq 0$，$n^2+4m>0$，$a\neq b$，$ma^2+na-1=0$，$mb^2+nb-1=0$.

求：过 $A(a,a^2)$、$B(b,b^2)$ 两点的直线方程（解析式用 m、n 表示出）.

常规解法　因为 $ma^2+na-1=0$，$mb^2+nb-1=0$

那么 a，b 为方程 $mx^2+nx-1=0$ 的两个不等的根

由韦达定理得

$$a+b=-\frac{n}{m},ab=-\frac{1}{m}$$

设一次函数解析式为

$y=kx+c$

代入 $A(a,a^2)$、$B(b,b^2)$

解得 $k=a+b,c=-ab$

所以 $k=-\dfrac{n}{m},c=\dfrac{1}{m}$

故直线方程为 $y=-\frac{n}{m}x+\frac{1}{m}$.

巧解 由已知条件 $ma^2+na-1=0$ 得，$A(a,a^2)$ 在直线 $my+nx-1=0$ 上，

由已知条件 $mb^2+nb-1=0$ 得，$B(b,b^2)$ 在直线 $my+nx-1=0$ 上，

$a\neq b$，两点确定一条直线，所以，过 $A(a,a^2)$、$B(b,b^2)$ 两点的直线方程为

$my+nx-1=0$

即 $y=-\frac{n}{m}x+\frac{1}{m}$

【谢祥赏析】 巧解之美在于，抓住问题的本质“A、B 两点在二次函数 $y=x^2$ 曲线上，且 A、B 两点的坐标满足直线方程 $my+nx-1=0$”. 拓展变式，追问，如果 A、B 两点在三次函数 $y=x^3$ 曲线上如何求解呢？

拓展巧变 1 $mn\neq 0$，$a\neq b$，$ma^3+na-1=0$，$mb^3+nb-1=0$.

求过 $A(a,a^3)$、$B(b,b^3)$ 两点的直线方程（解析式用 m，n 表出）.

巧解 由已知条件 $ma^3+na-1=0$ 得，$A(a,a^3)$ 在直线 $my+nx-1=0$ 上，

由已知条件 $mb^3+nb-1=0$ 得，$B(b,b^3)$ 在直线 $my+nx-1=0$ 上.

$a\neq b$，两点确定一条直线，

所以，过 $A(a,a^3)$、$B(b,b^3)$ 两点的直线方程为

$my+nx-1=0$

即 $y=-\frac{n}{m}x+\frac{1}{m}$

拓展巧变 2 已知 $a\neq b$，$\frac{3}{a}+2a+2019=0$，$\frac{3}{b}+2b+2019=0$.

求过 $A\left(a,\frac{1}{a}\right)$、$B\left(b,\frac{1}{b}\right)$ 两点的直线方程.

巧解 由已知条件 $\frac{3}{a}+2a+2019=0$ 得，$A\left(a,\frac{1}{a}\right)$ 在直线 $3y+2x+2019=0$ 上，

由已知条件 $\frac{3}{b}+2b+2019=0$ 得，$B\left(b,\frac{1}{b}\right)$ 在直线 $3y+2x+2019=0$ 上

$a\neq b$，两点确定一条直线，所以过 $A\left(a,\frac{1}{a}\right)$、$B\left(b,\frac{1}{b}\right)$ 两点的直线方程是

$3y+2x+2019=0$

拓展巧变 3 已知 $a\neq b$，$mn\neq 0$，$\frac{m}{a}+na+2020=0$，$\frac{m}{b}+nb+2020=0$.

求：过 $A\left(a,\dfrac{1}{a}\right)$、$B\left(b,\dfrac{1}{b}\right)$两点的直线方程（解析式用 m，n 表出）

巧解　方法同前，过 $A\left(a,\dfrac{1}{a}\right)$、$B\left(b,\dfrac{1}{b}\right)$两点的直线方程为 $my+nx+2020=0$.

说明：该妙题源于陕西师范大学罗增儒教授讲座的一个例题.

二、妙题 9.02（巧求分式的值）

已知 $\dfrac{x}{y+z}=\dfrac{y}{x+z}=\dfrac{z}{x+y}$，求 $\dfrac{x}{y+z}$ 的值.

巧解　（1）若 $x+y+z\neq 0$ 则由等比的性质得

$$\frac{x}{y+z}=\frac{x+y+z}{y+z+x+z+x+y}=\frac{1}{2}$$

（2）若 $x+y+z=0$　则 $y+z=-x$

$$\frac{x}{y+z}=-1$$

【谢祥赏析】　若 $\dfrac{a}{b}=\dfrac{c}{d}=\cdots=\dfrac{m}{n}(b+d+\cdots+n\neq 0)$，则 $\dfrac{a+c+\cdots+m}{b+d+\cdots+n}=\dfrac{a}{b}$，应用此等比定理解题有一个重要条件就是“分母之和不等于零”，即 $b+d+...+n\neq 0$.所以，按分母是否为 0 分类讨论是解本题的关键.

变式 1　已知 $\dfrac{a+b-c}{c}=\dfrac{a-b+c}{b}=\dfrac{-a+b+c}{a}=k$，求 k 的值.

巧解　当 $c+b+a\neq 0$ 时，由合比定理得 $\dfrac{a+b-c+a-b+c-a+b+c}{a+b+c}=k$，解得 $k=1$

当 $c+b+a=0$，则 $a+b=-c$ 代入已知等式解得 $k=-2$

综上所述，k 的值为 - 2 或者 1.

变式 2　已知 $\dfrac{c}{a+b-c}=\dfrac{b}{a-b+c}=\dfrac{a}{-a+b+c}$，求 $\dfrac{abc}{(a+b)(b+c)(a+c)}$ 的值.

巧解　设 $\dfrac{c}{a+b-c}=\dfrac{b}{a-b+c}=\dfrac{a}{-a+b+c}=k$

（1）当 $c+b+a\neq 0$ 时，由合比定理解得 $k=1$，所以 $c=a+b-c$，变形得 $a+b=2c$

同理 $b+c=2a$，$a+c=2b$，代入目标代数式

$$\frac{abc}{(a+b)(b+c)(a+c)}=\frac{abc}{2c\times 2a\times 2b}=\frac{1}{8}$$

（2）当 $c+b+a=0$ 时， 则有 $b+a=-c$ ， $b+c=-a$ ， $a+c=-b$ ，代入目标代数式

$$\frac{abc}{(a+b)(b+c)(a+c)}=\frac{abc}{(-c)\times(-a)\times(-b)}=-1$$

【谢祥赏析】 解变式 2 时，受变式 1 的启发，当 $a+b+c\neq 0$ 时巧设参数 k，利用合比定理求出参数 k 值，从而找到 a、b、c 三者之间的关系（即任意两数和与另一个数间的关系）；当 $a+b+c=0$ 时，直接变形找到任意两数和等于另一个数的相反数.

三、妙题 9.03（以等腰三角形底边中点为中心的旋转问题）

已知两个全等的等腰直角 $\triangle ABC$ 、 $\triangle DEF$ ，其中 $\angle ACB=\angle DFE=90°$ ，点 E 为 AB 中点，$\triangle DEF$ 可绕点 E 旋转，线段 DE、EF 分别交线段 CA、CB（或它们所在的直线）于 M、N.

（1）如图 3-3-1（a）所示，当线段 EF 经过 $\triangle ABC$ 顶点 C 时，点 N 与点 C 重合，线段 DE 与线段 AC 交于 M，求证 $AM=MC$.

（2）如图 3-3-1（b）所示，当线段 EF 与线段 BC 边交于 N 点，线段 DE 与线段 AC 交于 M，连接 MN，请探究线段 AM、MN 和 CN 之间的等量关系，并说明理由.

（3）如图 3-3-1（c）所示，当线段 EF 与线段 BC 的延长线交于 N 点，线段 DE 与线段 AC 交于 M，连接 MN，请猜想线段 AM、MN 和 CN 之间的等量关系，并说明理由.

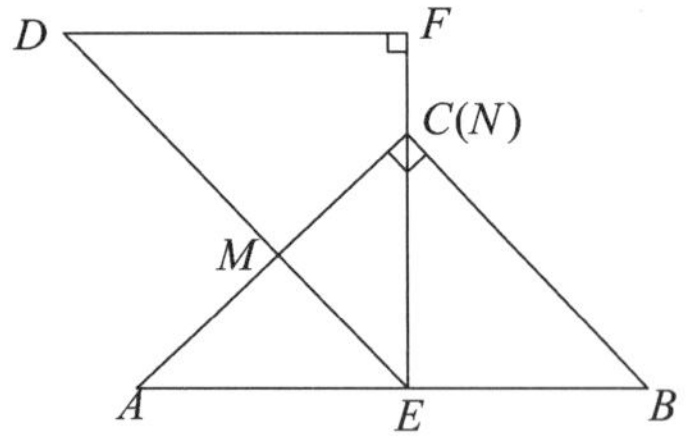

（a）

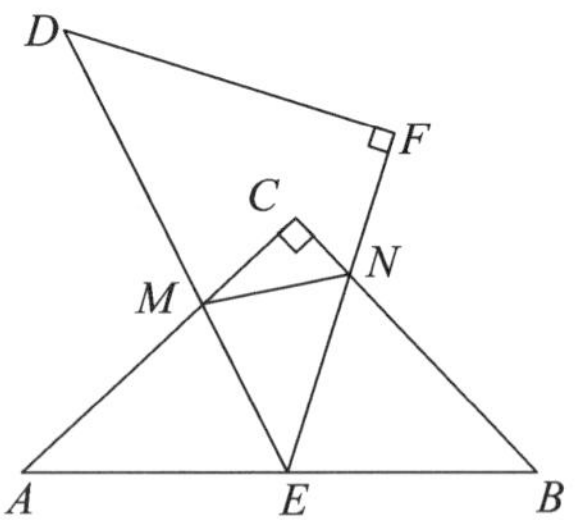

（b）

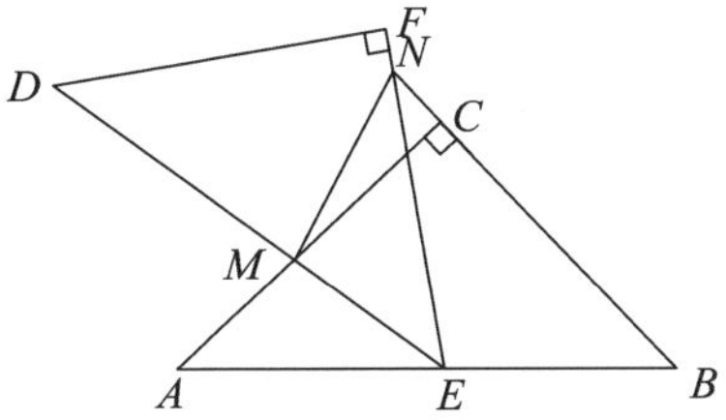

（c）

图 3-3-1

（1）证明：如图 3-3-2 所示，在等腰直角 $\triangle ABC$ 中，因为 $AE=BE$，所以 $CE\perp AB$，CE 平分 $\angle ACB$

所以 $\angle A=\angle ACE=45°$，所以 $AE=CE$

因为 $\triangle DEF$ 是等腰直角三角形

所以 $\angle DEF=45°$，所以 $\angle AEM=\angle CEM=45°$

所以 $AM=CM$

（2）$AM=MN+CN$

证明：如图 3-3-3 所示，连接 CE，在 AM 上截取 $AG=CN$

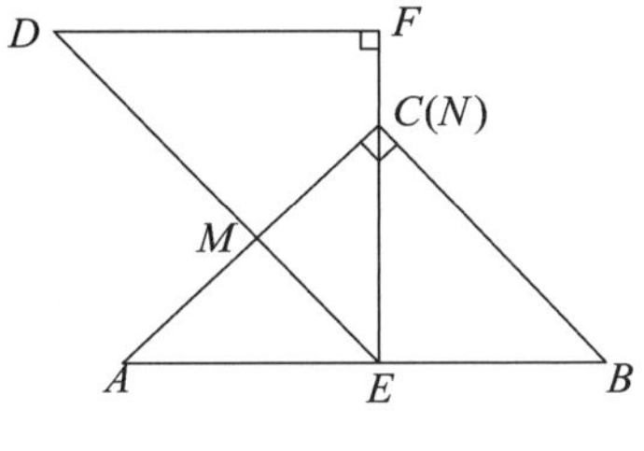

图 3-3-2

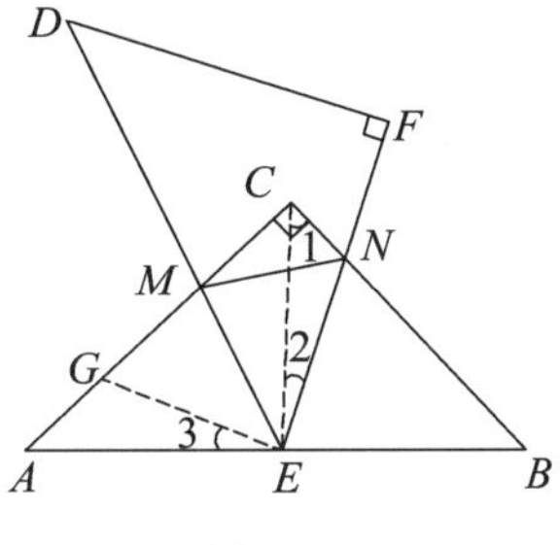

图 3-3-3

因为 $\triangle ABC$ 是等腰直角三角形，点 E 是 AB 中点

所以 $AE=CE$，$\angle A=\angle 1=45°$，$CE\perp AB$.

在 $\triangle AEG$ 和 $\triangle CEN$ 中

因为 $\begin{cases} AG=CN \\ \angle A=\angle 1 \\ AE=CE \end{cases}$

所以 $\triangle AEG\cong\triangle CEN$

所以 $EG=EN$，$\angle 3=\angle 2$

所以 $\angle 3+\angle GEC=\angle 2+\angle GEC=90°$，即 $\angle GEN=90°$

因为$\triangle DEF$是等腰直角三角形，

所以$\angle DEF = 45°$，

$\angle GEM = \angle GEN = 45°$.

在$\triangle GEM$和$\triangle NEM$中

因为$\begin{cases} EG = EN \\ \angle GEM = \angle NEM \\ EM = EM \end{cases}$

所以$\triangle GEM \cong \triangle NEM$.

$MG = MN$，$AM = AG + MG = CN + MN$

所以$AM = MN + CN$.

（3）$AM = MN - CN$，理由略.

【谢祥赏析】 证明问题（2）$AM = MN + CN$，也可以旋转$\triangle CEN$，以E为中心，逆时针旋转90°，点C重合于A，N落在线段AC上于G点. 证明三线段之间的和（或差）关系，通常的方法是“截长补短”，这里的“截长”是指在“较长”的线段上先截出“和”中的一条线段，再证明剩下的线段恰好等于“和”中的另一条线段.

如果将问题（2）弱化条件，只抽取核心条件：以E为顶点，作一个角为45°，此角的两边交AC、BC边分别于M、N两点，则$AM = MN + CN$. 去掉三角形的干扰（留下45°角），我们就会对称思维，就会发现另一个对称的姊妹结论$BN = MN + CM$. 你能证明吗？

变式1 已知$\triangle ABC$中，$AB = AC$，$\angle BAC = 120°$，$AD \perp BC$，以点D为顶点的等边$\triangle DGH$，边DG和DH分别与AB，AC所在的直线交于点E、F.

（1）如图3-3-4（a）所示，试判断$\triangle DEF$的形状，并给予证明.

（2）在（1）的结论下，过点D作AC的垂线交AC于点M，试探究AM、AF、AE的数量关系，并给予证明.

（3）把$\triangle DGH$绕点D顺时针旋转，当DG与BA的延长线相交时，如图3-3-4（b）所示，请问以上（1）、（2）小题中的结论是否成立，若不成立，请写出你的猜想，不用证明.

（1）$\triangle DEF$为等边三角形.

证明：如图3-3-5所示，作$DM \perp AC$于M，$DN \perp AB$于N

因为$AB = AC$，$AD \perp BC$

所以AD平分$\angle BAC$

所以$DM = DN$

又因为$\angle BAC = 120°$，所以$\angle MDN = 60°$

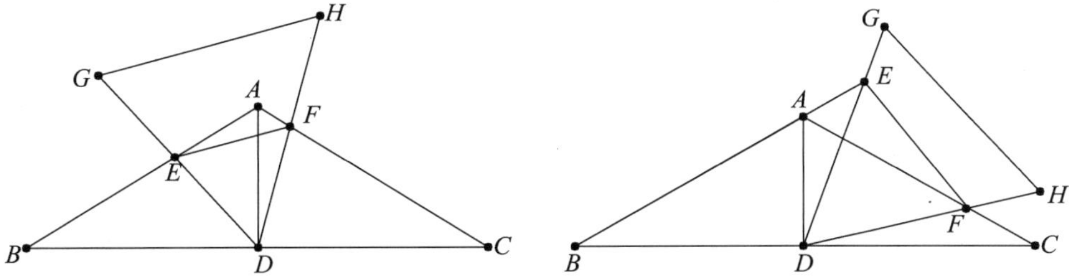

（a）　　（b）

图 3-3-4

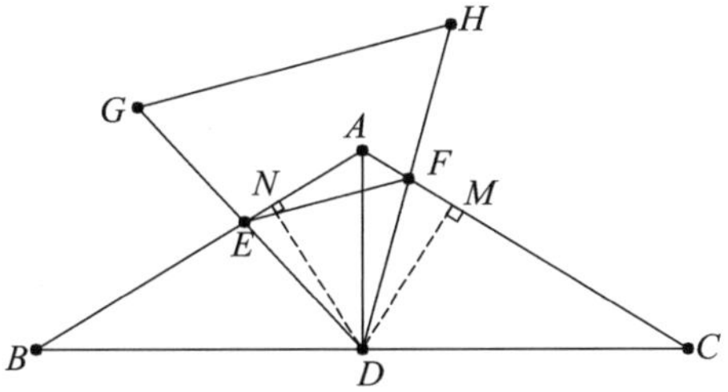

图 3-3-5

因为 $\triangle DGH$ 是等边三角形

所以 $\angle GDH = 60^\circ$

所以 $\angle MDN = \angle GDH$

所以 $\angle MDN - \angle MDF = \angle GDH - \angle MDF$

即 $\angle MDF = \angle NDE$

在 $\triangle MDF$ 和 $\triangle NDE$ 中，$\begin{cases} \angle DMF = \angle DNE = 90^\circ \\ DM = DN \\ \angle MDF = \angle NDE \end{cases}$

所以 $\triangle MDF \cong \triangle NDE$

所以 $DE = DF$

又因为 $\angle EDF = 60^\circ$

所以 $\triangle DEF$ 为等边三角形.

巧证：观察四边形 $AEDF$，由于两对角和为 180°，所以 A、E、D、F 四点共圆. 易得 $\angle EFD = \angle EAD = 60^\circ$，后略.

（2）$2AM = AE + AF$

证明：由（1）知：$\triangle MDF \cong \triangle NDE$

所以 $MF = NE$

所以 $AM - AF = AE - AN$

因为 AD 平分 $\angle BAC$，$DM \perp AC$，$DN \perp AB$

所以 $\angle ADN = \angle ADM$

所以 $AM = AN$

所以 $AM - AF = AE - AM$，即 $2AM = AE + AF$.

（3）如图 3-3-6 所示.

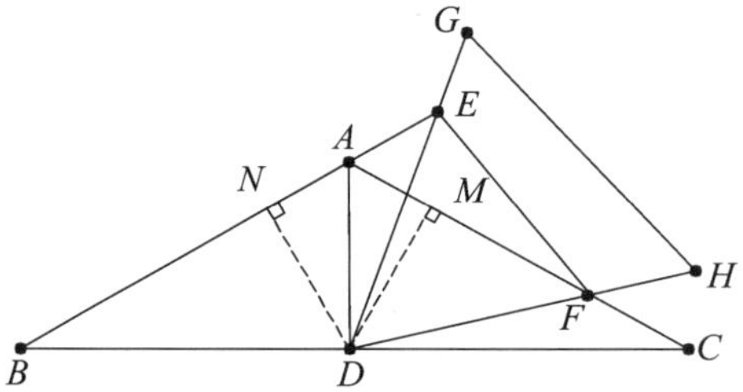

图 3-3-6

（1）的结论成立：$\triangle DEF$ 还是等边三角形.

（提示：A、D、F、E 四点共圆）

（2）的结论不成立，正确的是 $2AM = AF - AE$.

（提示：将 $\triangle EAD$ 顺时针旋转 60°）

【谢祥赏析】 点 E 在线段 AB 上或在 BA 的延长线上，$\triangle DEF$ 是正三角形，结论具有一致性，规律具有数学统一美. 点 E 在线段 AB 上或在 BA 的延长线上，AM、AF、AE 三者的数量关系，前者对应"和"，后者对应"差"，规律具有数学对称美.

变式 2 已知 $\triangle ABC$ 中，$AB = AC$，$\angle BAC = 2\alpha$，$AD \perp BC$，以点 D 为顶点的等腰 $\triangle DGH$，其中 $DG = DH$，且 $\angle GDH = 180° - 2\alpha$，边 DG 和 DH 分别与 AB，AC 所在的直线交于点 E、F.

（1）如图 3-3-7（a）所示，试判断 $\triangle DEF$ 的形状，并给予证明.

（2）在（1）的结论下，过点 D 作 AC 的垂线交 AC 于点 M，试探究 AM、AF、AE 的数量关系，并给予证明.

（3）把 $\triangle DGH$ 绕点 D 顺时针旋转，当 DG 与 BA 的延长线相交时，如图 3-3-7（b）所示，请问以上（1）、（2）小题中的结论是否成立，若不成立，请写出你的猜想，不用证明.

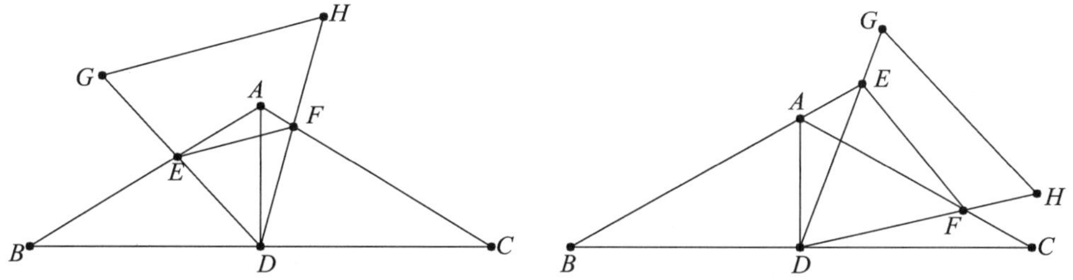

（a）　　（b）

图 3-3-7

证明：略

【**谢祥赏析**】 归纳思维，由特殊等腰三角形推广拓展到一般等腰三角形，发现一般规律，即变式 1 的相关结论仍然成立.

四、妙题 9.04（动点在线段上运动的旋转问题）

如图 3-3-8 所示，在$\triangle ABC$中，$AC=BC=8$，$\angle BCA=60^\circ$，$AD\perp BC$，E是AD上的一个动点，连接EC，将线段EC绕点C按逆时针方向旋转60°得到FC，连接DF. 则在点E运动过程中，DF的最小值是__________.

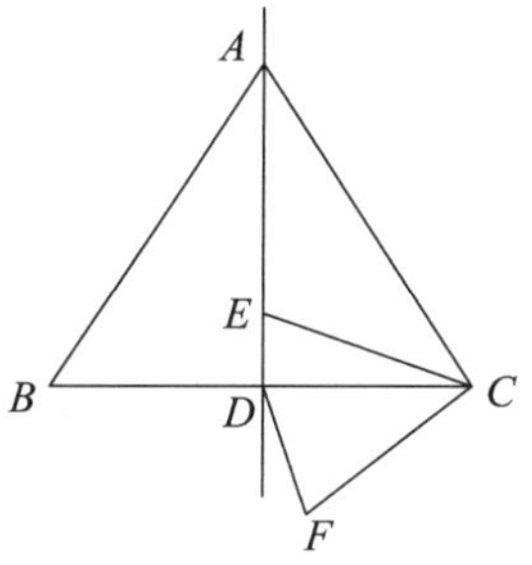

图 3-3-8

巧解 线段EC绕点C按逆时针方向旋转60°得到FC，所以问题的实质是将$\triangle ADC$绕C点按逆时针方向旋转60°，F点在AD旋转60°后的直线上.

DF的最小值就是 D 点到该直线的距离，即$\frac{1}{2}BD=2$

变式 1 如图 3-3-8 所示，在$\triangle ABC$中，边$AC=BC=8$，$\angle BCA=60^\circ$，$AD\perp BC$，E是AD上的一个动点，连接EC，将线段EC绕点C按逆时针方向旋转60°得到FC,连接DF. 则在点E运动过程中,DF的最大值是________.

【**谢祥赏析**】 对称思维，由最小值联想到最大值. 易得DF的最大值是 4.

变式 2 如图 3-3-8 所示，在$\triangle ABC$中，边$AC=BC=8$，$\angle BCA=60^\circ$，$AD\perp BC$，E是AD上的一个动点，连接EC，将线段EC绕点C按逆时针方向旋转60°得到FC，连接DF. 在点E运动过程中，若以D为坐标原点，BC为x轴，DA为y轴，求F点运动的轨迹方程.

【**谢祥赏析**】 F点运动的轨迹是在一条线段上，其线段所在的直线方程为

$$y=-\frac{\sqrt{3}}{3}(x+4)=-\frac{\sqrt{3}}{3}x-\frac{4\sqrt{3}}{3}.$$

变式 3 如图 3-3-8 所示，在 $\triangle ABC$ 中，边 $AC=BC=8$，$\angle BCA=60°$，$AD\perp BC$，E 是 AD 上的一个动点，连接 EC，将线段 EC 绕点 C 按逆时针方向旋转 90° 得到 CF，连接 DF. 则在点 E 运动过程中，DF 的最小值与最大值分别是________________.

【谢祥赏析】 将“旋转 60°”变化为“旋转 90°”，由特殊到特殊，属于类比思维. 实质就是将高线 AD 绕点 C 按逆时针方向旋转 90°，得到 F 点的轨迹是与 BC 平行的线段. DF 的最小值与最大值分别是 4，$4\sqrt{2}$.

变式 4 如图 3-3-8 所示，在 $\triangle ABC$ 中，边 $AC=BC=8$，$\angle BCA=60°$，$AD\perp BC$，E 是 AD 上的一个动点，连接 EC，将线段 EC 绕点 C 按逆时针方向旋转 30° 得到 FC，连接 DF. 则在点 E 运动过程中，DF 的最小值与最大值分别是________________.

【谢祥赏析】 再将“旋转 60°”变化为“旋转 30°”，由特殊到特殊，属于类比思维. 实质就是将高线 AD 绕点 C 按逆时针方向旋转 30°，F 点的轨迹为高线 AD 绕点 C 按逆时针方向旋转 30° 的线段. DF 的最小值与最大值分别是 D 到线段上的点的线段长的最小值与最大值.

变式 5 如图 3-3-8 所示，在 $\triangle ABC$ 中，边 $AC=BC=8$，$\angle BCA=60°$，$AD\perp BC$，E 是 AD 上的一个动点，连接 EC，将线段 EC 绕点 E 按顺时针方向旋转 60°，点 C 落到 F 点，连接 DF. 则在点 E 运动过程中，DF 的最小值与最大值分别是________________.

【谢祥赏析】 变式 5 属于创新思维，改变旋转中心且旋转中心在变化，如何找到 F 点的运动变化规律？似乎难度加大不少. 其实观察发现，$\triangle EFC$ 总是等边三角形，换位思考，其实也可以以 C 为中心，CE 逆时针旋转 60°，E 点也落到 F 点，将问题转化为初始的原问题，迎刃而解.

五、妙题 9.05（正方形中的半角问题）

如图 3-3-9 所示，在正方形 $ABCD$ 中，$AB=6$，E 为 CD 上一动点，AE 交 BD 于 F，过 F 作 $FH\perp AE$ 交 BC 于点 H，过 H 作 $GH\perp BD$ 于 G，连接 AH，在以下四个结论中：① $AF=HE$，② $\angle HAE=45°$，③ $FG=2\sqrt{2}$，④ $\triangle CEH$ 的周长为 12，其中正确的结论有____.

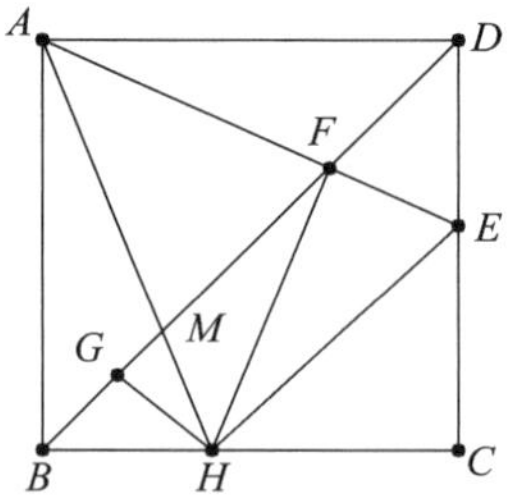

图 3-3-9

巧解 易知 A、B、H、F 四点共圆，所以 $\angle HAF=\angle FBH=45°$，②正确. 又有 $AF=FH<HE$，所以①错误.

以 A 为中心，将 $\triangle ADE$ 顺时针旋转 $90°$，D 重合于 B，E 点落到点 P，易证明 $\triangle AEH\cong\triangle APH$，于是可得 $EH=DE+BH$，所以 $\triangle CEH$ 的周长为 12，④正确.

设 $BG=t$，则 $GH=t$，$BH=\sqrt{2}t$，$AH^2=36+2t^2$，$FH^2=\frac{1}{2}AH^2=18+t^2$，$FG^2=FH^2-GH^2=18$，$FG=\sqrt{18}=3\sqrt{2}$，所以③错误.

【谢祥赏析】 当 E 点运动，$\triangle AFH$ 在变化，但它是等腰直角三角形的特征不变；F、G 两点的位置在对角线上变化，但线段 FG 的长度不变（$FG=3\sqrt{2}$）；只要 $\angle HAE=45°$，无论 E、H 两点的位置如何变化，但 $EH=DE+BH$ 结论不变. 这三个结论非常漂亮.

变式 1 如图 3-3-10 所示，在正方形 $ABCD$ 中，E 为 CD 上一动点，AE 交 BD 于 F，过 F 作 $FH\perp AE$ 交 BC 于点 H，过 H 作 $GH\perp BD$ 于 G，连接 AH 交 BD 于 M.

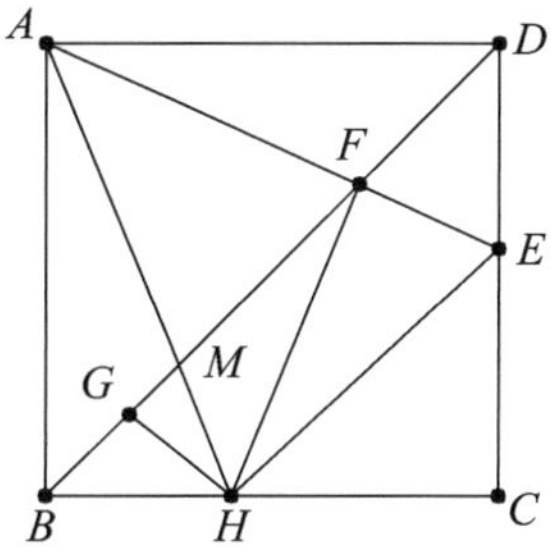

图 3-3-10

求证：（1）$AF=FH$.

（2）$EH=BH+DE$.

（3）$FM^2=BM^2+DF^2$.

巧证（3） 以 A 为中心，将 $\triangle ADF$ 顺时针旋转 $90°$，D 重合于 B，F 点落到点 P，连接 PM，易证明 $\triangle APM\cong\triangle AFM$，$PM=FM$. 又因为 $\angle PBM=90°$，所以 $PM^2=BM^2+DF^2$，即得 $FM^2=BM^2+DF^2$.

【谢祥赏析】 在正方形的一个直角内截 $45°$ 角，常常被大家称为“半角模型”. 其中 $EH=BH+DE$，$FM^2=BM^2+DF^2$ 这两个漂亮结论都是可以用旋转的方法去证明. 反之，如果已知这两个结论中的一个，都可以证明 $\angle HAE=45°$.

变式 2 如图 3-3-10 所示，在正方形 $ABCD$ 中，$AB=a$，E 为 CD 上一动点，AE 交 BD 于 F，过 F 作 $FH\perp AE$ 交 BC 于点 H，过 H 作 $GH\perp BD$ 于 G，连接 AH. 求 FG 的长.

巧解 设 $BG=t$，则 $GH=t$，$BH=\sqrt{2}t$，$AH^2=a^2+2t^2$，$FH^2=\frac{1}{2}AH^2=\frac{1}{2}a^2+t^2$，$FG^2=FH^2-GH^2=\frac{1}{2}a^2$，$FG=\sqrt{\frac{1}{2}a^2}=\frac{\sqrt{2}}{2}a$.

【谢祥赏析】 该变式将原问题的正方形边长由特殊数据 6 变为一般字母

a，当 F、G 两点的位置在对角线上变化时，线段 FG 的长度不变，它总是保持为对角线长度的一半，非常美妙的一般结论.

变式 3 如图 3-3-10 所示，在正方形 $ABCD$ 中，$AB=a$，E 为 CD 上一动点，AE 交 BD 于 F，过 F 作 $FH\perp AE$ 交 BC 于点 H，过 H 作 $GH\perp BD$ 于 G，连接 AH. 求证 $FG=BG+FD$.

巧解 同变式 2，求得 $FG=\sqrt{\frac{1}{2}a^2}=\frac{\sqrt{2}}{2}a$，它是对角线长度的一半，所以 $FG=BG+FD$.

【谢祥赏析】 通过计算 FG 的长度，发现它是对角线长度的一半，从而实现对原问题的证明. 事实上，数学计算也是属于逻辑推理.

六、妙题 9.06（一直角三角形与等腰三角形共点共线问题）

如图 3-3-11（a）所示，D 为等腰 $\triangle ABC$ 底边 BC 的中点，E、F 分别为 AC 及其延长线上的点，已知 $\angle EDF=90°$，$ED=DF=\sqrt{10}$，$AD=5$，求线段 BC 的长.

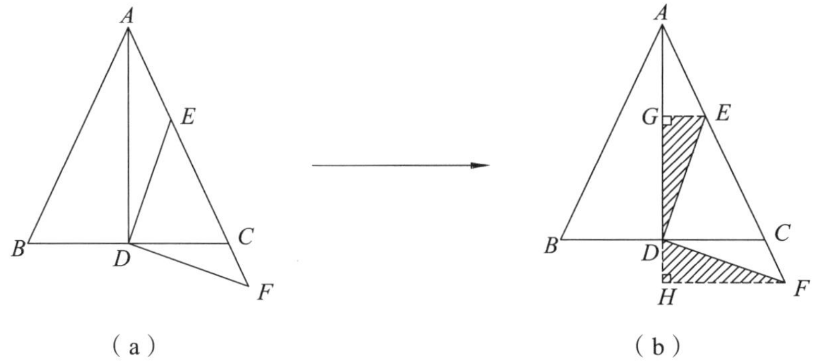

图 3-3-11

巧解 1 如图 3-3-11（b）所示，分别过点 E、F 作 $EG\perp AD$ 于点 G，$FH\perp AD$ 于点 H，

易证：$\triangle EGD\cong\triangle DHF$，所以 $GE=DH$，$GD=HF$，

设 $GE=x$，$GD=y$，则 $DH=x$，$HF=y$，

因为 $EG\perp AD$，$FH\perp AD$，

所以 $GE/\!/HF$

所以 $\triangle AGE\backsim\triangle AHF$，所以 $AG:AH=GE:HF$，

所以 $(5-y):(5+x)=x:y$，化简得

$5(y-x)=x^2+y^2$

在 Rt$\triangle DGE$ 中，$EG^2+GD^2=DE^2$，

所以 $x^2+y^2=(\sqrt{10})^2=10$

所以 $5(y-x)=10$

所以 $y-x=2$

所以 $y=x+2$

把 $y=x+2$ 代入 $x^2+y^2=10$，解得

$x=1$，$y=3$

所以 $GE=1$，$GD=3$，$AG=2$

由 $\triangle AGE\backsim\triangle ADC$ 得

$GE:DC=AG:AD$

所以 $1:DC=2:5$

所以 $DC=\dfrac{5}{2}$，

因为 $AB=AC$，$AD\perp BC$

所以 $BD=DC$，

所以 $BC=2DC=5$

【刘贵斌赏析】 此题源于 2006 年全国初中数学联赛题改编，由已知条件“$\angle EDF=90°$，$ED=DF$”萌生了构造 K 型图的想法，并且出现了相似的基本图“A”型，可谓“一举两得”. 通过证全等得到相等的数量关系，然后利用方程思想使问题迎刃而解.

巧解 2

如图 3-3-12 所示，过 D 点作 $DG\perp AC$ 于 G，因为 $ED=DF=\sqrt{10}$，易得 $DG=\sqrt{5}$.

在 Rt$\triangle ADG$ 中，$\sin\angle DAG=\dfrac{DG}{AD}=\dfrac{\sqrt{5}}{5}$，所以 $\dfrac{DC}{AC}=\dfrac{\sqrt{5}}{5}$

不妨设 $DC=\sqrt{5}k$，$AC=5k$，由勾股定理得

$25+5k^2=25k^2$，解得 $k=\dfrac{\sqrt{5}}{2}$

因为 $BC=2DC$

所以 $BC=2\times\sqrt{5}k=5$

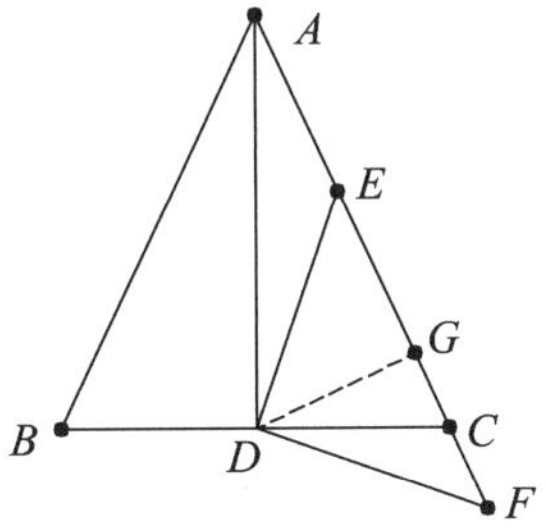

图 3-3-12

【谢祥赏析】 作等腰直角三角形底边的高线 DG 非常巧妙，怎么想到的？由于等腰直角三角形的腰已知，所以底边上的高 DG 也是确定的，然后就容易发现两个直角三角形有同一个锐角 $\angle DAC$，利用相似三角形或者三角函数都可以建立等量关系 $\frac{DG}{AD}=\frac{DC}{AC}=\frac{\sqrt{5}}{5}$，见比设参数 k，用勾股定理建立方程解参数 k，从而使问题得解．本题还可以作怎样的变式？将以 D 为顶点的等腰直角三角形改为正三角形？改为顶角为 120° 的等腰三角形？如果改为“以 D 为顶点的一般等腰三角形”，是不是还需补充一个条件（如底边上的高或者该等腰三角形中的一个角）？

变式 1 如图 3-3-11（a）所示，D 为等腰 $\triangle ABC$ 底边 BC 的中点，E、F 分别为 AC 及其延长线上的点，已知 $\angle EDF=60°$，$ED=DF=\sqrt{10}$，$AD=5$，求线段 BC 的长．

变式 2 如图 3-3-11（b）所示，D 为等腰 $\triangle ABC$ 底边 BC 的中点，E、F 分别为 AC 及其延长线上的点，已知 $\angle EDF=120°$，$ED=DF=\sqrt{10}$，$AD=5$，求线段 BC 的长．

变式 3 留给读者去编一道变式题．

七、妙题 9.07（直线与圆）（金牛实验　刘贵斌）

如图 3-3-13（a）所示，直线 $y=-2x-10$ 与 x 轴交于点 A，与直线 $y=-\frac{3}{4}x$ 交于点 B，点 C 在直线 AB 上，$\odot C$ 与 x 轴相切于点 M，与直线 $y=-\frac{3}{4}x$ 相切于点 N，求点 C 的坐标．

巧解 1 如图 3-3-13（b）所示连接 CM、CN．由题知 $A(-5,0)$，$B(-8,6)$，$OB=10$

因为 OA、OB 都与 $\odot C$ 相切

所以 $CM\perp OA$，$CN\perp OB$

设 $\odot C$ 的半径为 r，根据 $S_{\triangle AOB}=S_{\triangle AOC}+S_{\triangle COB}$ 得

$\frac{1}{2}OA\times 6=\frac{1}{2}OA\cdot r+\frac{1}{2}OB\cdot r\Rightarrow \frac{1}{2}\times 5\times 6=\frac{1}{2}\times 5r+\frac{1}{2}\times 10r\Rightarrow r=2$

把 $r=2$ 代入 $y=-2x-10$ 得：$C(-6,2)$

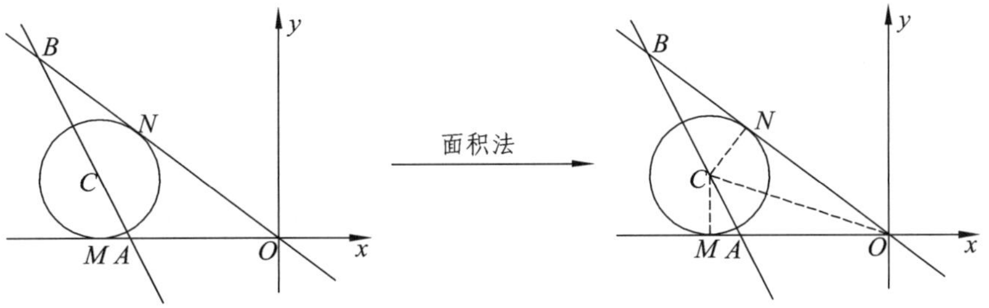

(a)　　　　　　　　　　(b)

图 3-3-13

巧解 2　如图 3-3-14 所示，过点 B 作 OA 的平行线交 OC 的延长线于点 E

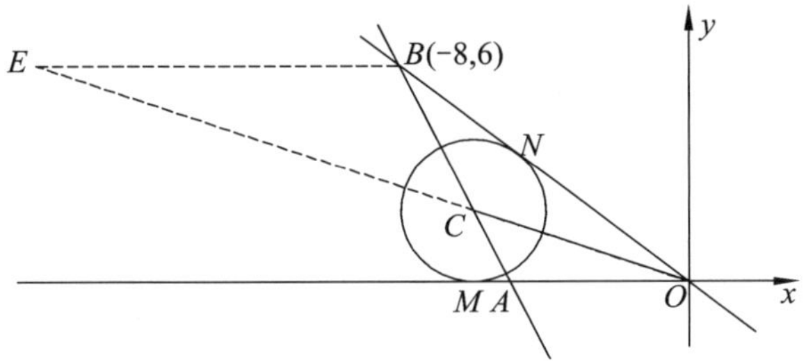

图 3-3-14

由题知 $B(-8,6)$，$OB=10$

因为 OA、OB 都与 $\odot C$ 相切

所以 $\angle AOC=\angle BOC$

因为 $EB \parallel AO$

所以 $\angle AOC=\angle BEO$

所以 $\angle BEO=\angle BOE$

所以 $BE=BO=10$

所以 $E(-18,6)$

所以 直线 OE 的解析式为 $y=-\dfrac{1}{3}x$

由 $\begin{cases} y=-2x-10 \\ y=-\dfrac{1}{3}x \end{cases}$ 得 $\begin{cases} x=-6 \\ y=2 \end{cases}$

所以 点 C 的坐标为（-6，2）

巧解 3 如图 3-3-15 所示过点 B 作 $BH\perp x$ 轴于点 H，延长 OC 交 BH 于点 E

由题知 $B(-8,6)$， $OB=10$，

因为 OA、OB 都与 $\odot C$ 相切

所以 OC 平分 $\angle AOB$

所以 $\dfrac{BE}{EH}=\dfrac{OB}{OH}=\dfrac{10}{8}=\dfrac{5}{4}$

所 以 $EH=\dfrac{4}{9}BH=\dfrac{4}{9}\times 6=\dfrac{8}{3}$ 即 $E\left(-8,\dfrac{8}{3}\right)$

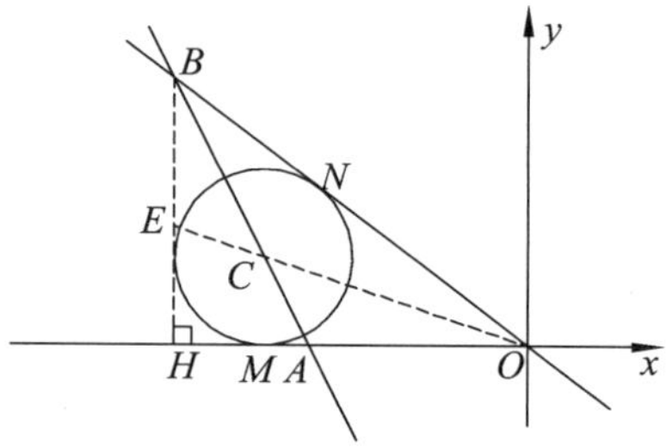

图 3-3-15

所以 直线 OE 的解析式为 $y=-\dfrac{1}{3}x$

由解法 2 得，点 C 的坐标为（－6，2）.

巧解 4 如图 3-3-16 所示，延长 MC 交 OB 于点 E，由题知 $B(-8,6)$，$\tan\angle OBH=\dfrac{OH}{BH}=\dfrac{8}{6}=\dfrac{4}{3}$

因为 $BH\perp x$ 轴， $EM\perp x$ 轴

所以 $BH\,/\!/\,EM\Rightarrow\angle CEN=\angle OBH\Rightarrow$ $\tan\angle CEN=\tan\angle OBH=\dfrac{4}{3}$

即 $\dfrac{CN}{EN}=\dfrac{4}{3}$

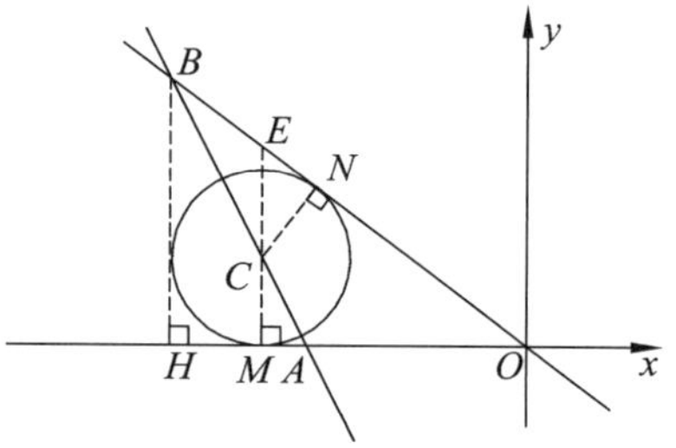

图 3-3-16

可设 $CN=4a$， $EN=3a$，

则 $CE=5a$， $CM=4a\Rightarrow EM=9a$

因为 $\tan\angle OEM=\dfrac{OM}{EM}=\dfrac{4}{3}$

所以 $OM=\dfrac{4}{3}\times 9a=12a$

所以 $C(-12a,4a)$

把 $C(-12a,4a)$ 代 入 $y=-2x-10$ 得 ： $a=\dfrac{1}{2}$

所以 $C(-6,2)$

巧解 5 如图 3-3-17 所示，连接 OC、CM，由题知， $A(-5,0)$， $B(-8,6)$， $OB=10$

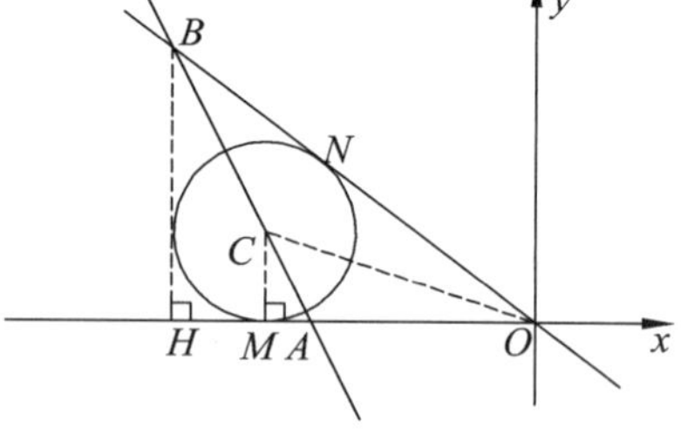

图 3-3-17

因为 OC 平分 $\angle AOB$

所以 $\frac{CA}{CB}=\frac{OA}{OB}=\frac{5}{10}=\frac{1}{2}\Rightarrow\frac{AC}{AB}=\frac{1}{3}$

因为 $BH \parallel CM$

所以 $\triangle ACM \backsim \triangle ABH$

所以 $\frac{CM}{BH}=\frac{AC}{AB}=\frac{1}{3}\Rightarrow CM=\frac{1}{3}BH=\frac{1}{3}\times 6=2$

所以 点 C 的纵坐标为 2

所以 $C(-6,2)$

【刘贵斌赏析】 此题是一道典型的相切问题，基于不同的角度思考得出了 5 种解法．首先，“图形”告诉我们，圆 C 的半径长就是点 C 的纵坐标，两条半径正好是分割后的两个小三角形的高，于是萌生了面积法（第一种解法），方便易行．其二，“图形”又告诉我们，点 C 是已知直线 $AB(y=-2x-10)$ 与直线 OC 的交点，只要能求出直线 OC 的解析式即可，解法二通过创设平行线，寻找到直线 OC 上的一个最佳点 E，问题迎刃而解．其三，过点 B 创设一条“垂线段”，“图形”告诉我们，$\triangle BOH$ 是一个位置、大小和形状都已确定的三角形，OC 平分 $\angle AOB$，因此联想到“三角形的角平分线性质”定理，把线段 OC 延长与 BH 相交，点 E“诞生”了，通过求点 E 的坐标进而求直线 OC 的解析式，让问题得以解决．其四，“图形”告诉我们，点 B 的位置一定，坐标可求，通过创设一条“垂线段”，求出 $\tan\angle OBH$，然后“辐射”到 $\triangle NCE$ 中，别具匠心．其五，“图形”告诉我们 $\triangle AOB$ 也是一个位置、大小和形状都已确定的三角形，OC 平分 $\angle AOB$，待求出 $AC:CB$ 后就可以直达目标了．总之，5 种方法各异，相互联系，活化了图形，充满勇气和智慧．

八、妙题 9.08（直线与双曲线）

如图 3-3-18 所示，M 为双曲线 $y=\frac{\sqrt{3}}{x}$ 上的一点，过点 M 作 x 轴、y 轴的垂线，分别交直线 $y=-x+m$ 于 D、C 两点，若直线 $y=-x+m$ 与 y 轴交于点 A，与 x 轴交于点 B，则 $AD\cdot BC$ 的值为____________________．

巧解 如图 3-3-19 所示，过点 C 作 $CE\perp x$ 轴于点 E，过点 D 作 $DF\perp y$ 轴于点 F，

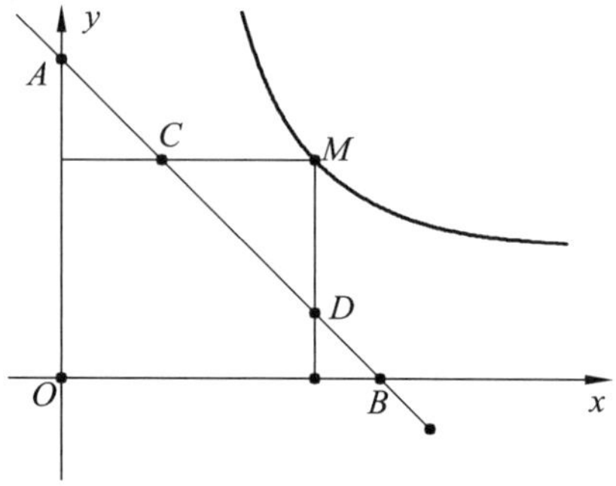

图 3-3-18

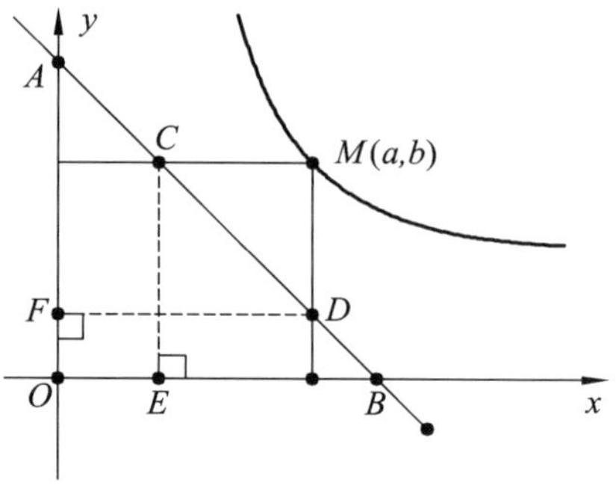

图 3-3-19

设 $M(a,\ b)$

因为 $y=-x+m$

所以 $\angle ABO=45°$

所以 $\triangle BEC$ 为等腰直角三角形

所以 $BC=\sqrt{2}b$

同理， $AD=\sqrt{2}\mathrm{a}$

所以 $AD\cdot BC=\sqrt{2}a\cdot\sqrt{2}b=2ab$

因为点 $M(a,b)$ 在 $y=\dfrac{\sqrt{3}}{x}$ 上

所以 $ab=\sqrt{3}$

所以 $AD\cdot BC=2\sqrt{3}$

【李娜赏析】 此题巧妙之处有三点：一是设而不求，虽然设出了 M 点的坐标，但是不需要求解；二是整体代入，把 a、b 的值整体代入即可；三是数形结合，将直角三角形“斜边的长”转化为用“直角边的长”表示，再转化为用相关点的坐标表示，充分体现数形结合、数学转化思想的方法之美. 发现两线段之积与直线的动参数 m 无关，也就是说当直线平行运动时，它与矩形截得的两线段之积 $AD\cdot BC$ 保持不变，美妙的不变性.

变式 1 如图 3-3-20 所示，M 为双曲线 $y=\dfrac{\sqrt{3}}{x}$ 上的一点，过点 M 作 x 轴、y 轴的垂线，分别交直线 $y=-\sqrt{3}x+m$ 于 D、C 两点，若直线 $y=-x+m$ 与 y 轴交于点 A，与 x 轴交于点 B，则 $AD\cdot BC$ 的值为_____.（答案：4）

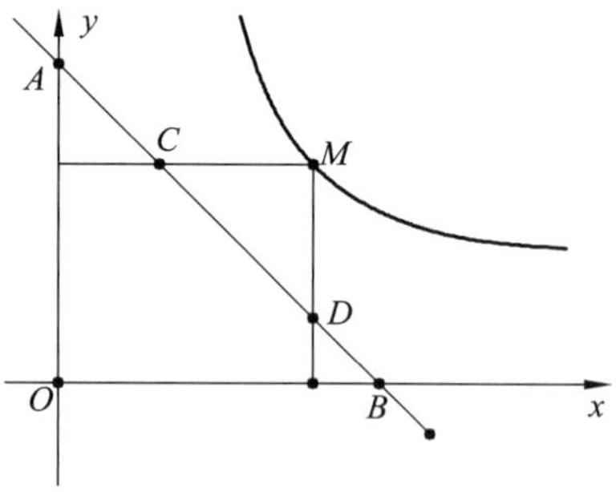

图 3-3-20

【李娜赏析】 原题直线的 k 值由 -1 变为本题的 $-\sqrt{3}$，属于类比思维，难度与原题相当.

变式 2（一般结论） 其他条件不变，直线变为 $y=-kx+m$（其中 $k>0$），则 $AD\cdot BC$ 的值为________. $\left(\text{答案：}\dfrac{\sqrt{3}(1+k^2)}{k}\right)$

【李娜赏析】 原题直线的 k 值由 -1 变为本题的一般值 $-k$，由特殊到一般，属于归纳思维，属于拓展变式，解题方法不变，只需将相关点的坐标用参数 k 表示.

变式 3（更一般结论） 其他条件不变，双曲线变为 $y=\dfrac{k_1}{x}$（其中 $k_1>0$），直线变为 $y=-k_2x+m$（其中 $k_2>0$），则 $AD\cdot BC$ 的值为________________. $\left(\text{答案：}\dfrac{k_1(1+k_2^2)}{k_2}\right)$

【李娜赏析】 原题的直线、双曲线都变为一般表达式，按前面的方法，将相关点的坐标用两参数表示，推导出两线段之积（$AD\cdot BC$）与两参数之间的关系（乘积与直线的参数 m 无关）.

九、妙题 9.09（过定点的直线）（金牛实验　刘贵斌）

如图 3-3-21（a）所示，过点 $P(2,1)$ 作直线与 x 轴正半轴和 y 轴正半轴分别交于点 A，B，求 $\triangle AOB$ 的面积的最小值.

解法 1 如图 3-3-21（b）所示，过点 P 分别作 $PF\perp x$ 轴于点 F，$PE\perp y$ 轴于点 E，设 $AF=a$，$BE=b$. 由点 $P(2,1)$ 得：

$PE=2$，$PF=1$，$S_{\triangle AOB}=S_{\triangle AOP}+S_{\triangle BOP}$，

所以 $\dfrac{1}{2}(a+2)(b+1)=\dfrac{1}{2}(a+2)\cdot 1+\dfrac{1}{2}(b+1)\cdot 2$ 化简得

$ab=2$

所以 $S_{\triangle AOB}=S_{\triangle APF}+S_{\triangle BPE}+S_{\text{矩形}OFPE}=\dfrac{1}{2}a\cdot 1+\dfrac{1}{2}b\cdot 2+2\times 1=\dfrac{1}{2}(a+2b)+2$.

因此，欲求 $S_{\triangle AOB}$ 的最小值，只需求 $a+2b$ 的最小值就可以了.

因为 $(a+2b)^2=(a-2b)^2+8ab=(a-2b)^2+8\times 2=(a-2b)^2+16\geqslant 16$

所以 当 $a=2b$ 时，$(a+2b)^2$ 取最小值 16，即 $a+2b$ 的最小值为 4.

此时，$a=2$，$b=1$，$S_{\triangle AOB}=\dfrac{1}{2}\times 4+2=4$

答：$\triangle AOB$ 的面积的最小值为 4 .

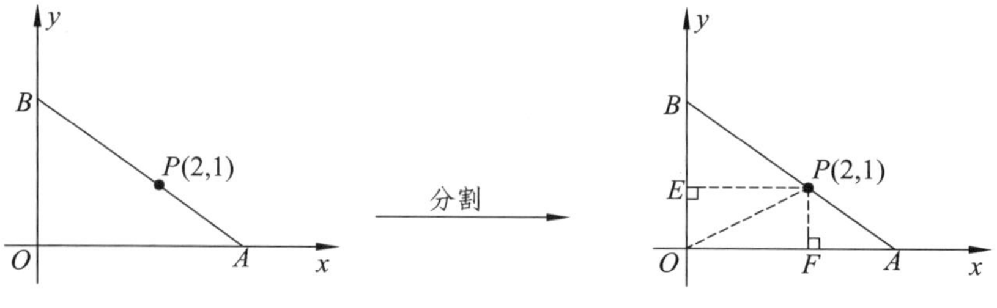

（a）　　　　（b）

图 3-3-21

解法 2　如图 3-3-22（a）所示，任取两种不同状态进行比较，容易得到：$|S_{\triangle AOB}-S_{\triangle A_1OB_1}|=|S_{\triangle BB_1P}-S_{\triangle AA_1P}|$

根据图 3-3-22（b）（点 B 在点 B_1 上方）可以发现，当 $A_1(4,0)$，$B_1(0,2)$ 时，点 P 为线段 A_1B_1 的中点，$S_{\triangle BB_1P}>S_{\triangle AA_1P}$，理由如下：

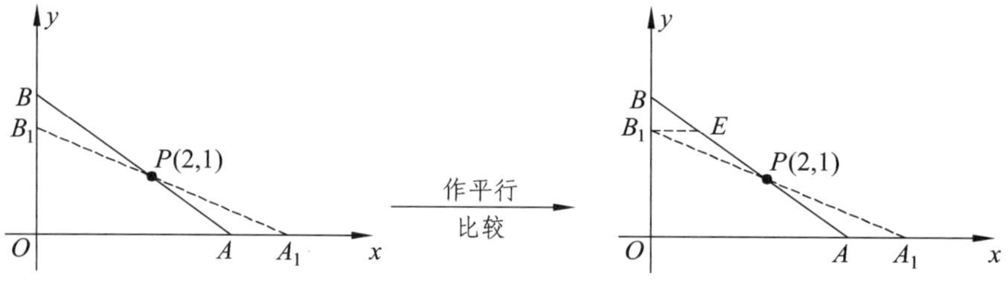

（a）　　　　（b）

图 3-3-22

过点 B_1 作 $B_1E\parallel AA_1$ 交 AB 于点 E，从而 $\angle EB_1P=\angle AA_1P$，

因为 $\angle B_1PE=\angle A_1PA$，$PB_1=PA_1$

所以 $\triangle B_1PE\cong\triangle A_1PA$，于是 $S_{\triangle B_1PE}=S_{\triangle A_1PA}$

所以 $S_{\triangle AOB}-S_{\triangle A_1OB_1}=S_{\triangle BB_1E}>0$

当点 B 与点 B_1 重合时，点 A 也与点 A_1 重合，

此时 $S_{\triangle AOB}=S_{\triangle A_1OB_1}=4$，

在这种情况下，$\triangle AOB$ 面积的最小值为 4 .

同理可证：当点 B 在点 B_1 下方时（见图 3-3-23），结论依然成立.

综上，$\triangle AOB$ 的面积的最小值为 4 .

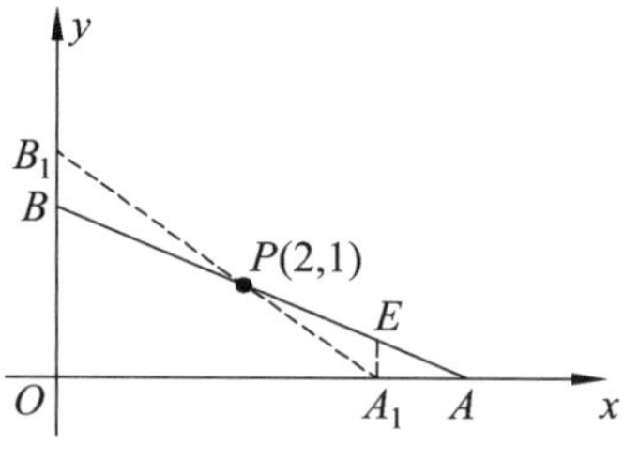

图 3-3-23

解法 3 （判别式法）

设直线 AB 的解析式为 $y=kx+b$ ，把 $P(2,1)$ 代入得 $2k+b=1\Rightarrow b=1-2k$

所以 $A\left(2-\dfrac{1}{k},0\right)$ ， $B(0,1-2k)$ ，显然 $k<0$

所以 $S_{\triangle AOB}=\dfrac{1}{2}\cdot OA\cdot OB=\dfrac{1}{2}\left(2-\dfrac{1}{k}\right)\cdot(1-2k)$

记 $S_{\triangle AOB}$ 为 S ，则 $S=\dfrac{1}{2}\left(2-\dfrac{1}{k}\right)\cdot(1-2k)=-\dfrac{(2k-1)^2}{2k}$ ，化简得

$4k^2+2(S-2)k+1=0\Rightarrow\Delta=[2(S-2)]^2-16\geqslant 0\Rightarrow(S-2)^2\geqslant 4$

由图可知： $S>2$ ，所以 $S-2\geqslant 2\Rightarrow S\geqslant 4$

所以 $\triangle AOB$ 的面积的最小值为 4 .

【刘贵斌赏析】 此题是一道难度系数较高的最值问题，在此列举的三种方法中，解法一巧妙地引入了“辅助量 a ， b ”，恰当地进行面积分割，灵活运用完全平方公式，使问题变得很简单；解法二基于图形变化的趋势准确选取了“中点”情形与任意情形作比较，证明与计算相结合，简单明了；解法三是在常规方法的基础上进行了创新，巧妙地运用一元二次方程根的判别式，方法独特. 总之，此题提供了一个一般性结论：当点 P 为线段 AB 的中点时，$\triangle AOB$ 的面积最小，为解填空题带来了方便.

十、妙题 9.10（直角三角形中截正方形）

如图 3-3-24（a）所示，在 $\triangle ABC$ 中， $\angle C=90^\circ$ ， $AC=4\text{ cm}$ ， $BC=3\text{ cm}$ ，正方形 $GDEF$ 的顶点 D、E、F、G 分别在 AC、AB、BC 边上，求正方形 $GDEF$ 的边长.

要求：不用相似知识解决，怎么做？

巧解 1（金牛实验 刘贵斌） 如图 3-3-24（b）所示，以点 C 为原点，CB、CA 所在直线分别为 x、y 轴建立平面直角坐标系，作 $\triangle ABC$ 的高 CN 交 GD 于点 M.

由题意得， $A(4,0)$ ， $B(0,3)$ ， $AB=5$

易知，直线 AB 的解析式为 $y=-\dfrac{3}{4}x+3$

因为 $GD\parallel AB$

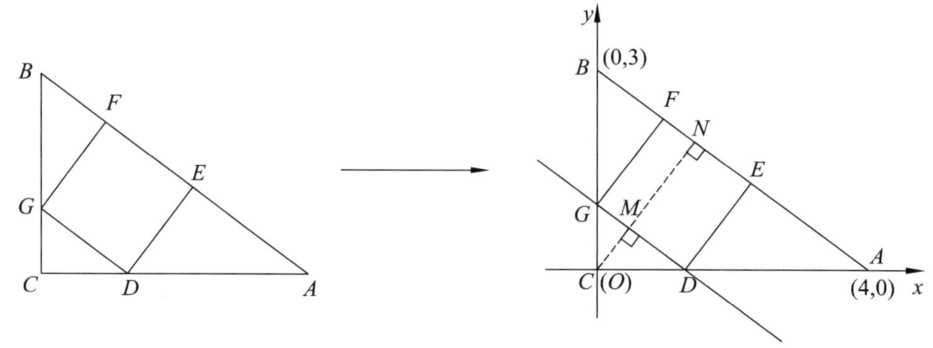

（a）　　　　（b）

图 3-3-24

所以可设直线 GD 的解析式为 $y=-\dfrac{3}{4}x+3b$.

于是， $D(4b,0)$ ， $G(0,3b)$ ， $GD=5b$

因为 $AB\times CN=CA\times CB$

所以 $5CN=4\times3$，从而 $CN=\dfrac{12}{5}$.

同理 $CM=\dfrac{12}{5}b$

因为 $CM+MN=CN$

所以 $\dfrac{12}{5}b+5b=\dfrac{12}{5}$

所以 $b=\dfrac{12}{37}$

所以 $GD=5\times\dfrac{12}{37}=\dfrac{60}{37}$（cm）

答：正方形 $GDEF$ 的边长为 $\dfrac{60}{37}$ cm.

巧解 2（成都铁中　刘强）　如图 3-3-25 所示，作 $\triangle ABC$ 的高 CN 交 GD 于点 M. 设正方形 $GDEF$ 的边长为 x cm，则

$GD=EF=GF=MN=DE=x$ cm ，

因为 $\angle C=90°$ ，$AC=4$ cm，$BC=3$ cm，

所以 $AB=\sqrt{AC^2+BC^2}=\sqrt{4^2+3^2}=5$ cm ，

所以 $BF+AE=AB-EF=(5-x)$ cm .

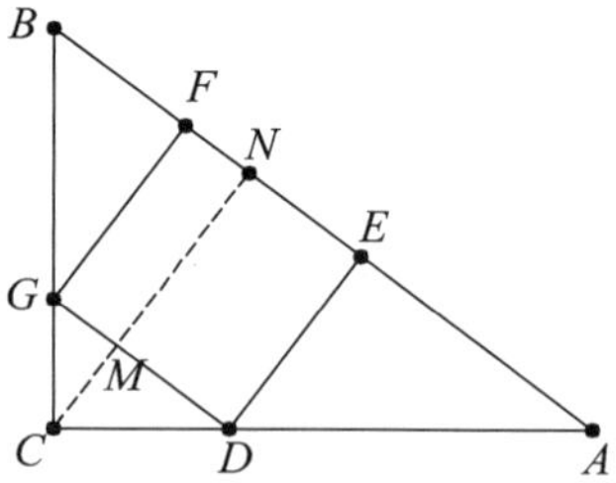

图 3-3-25

又因为 $S_{\triangle ABC}=\frac{1}{2}AB\cdot CN=\frac{1}{2}AC\cdot BC$

所以 $5\cdot CN=4\times 3$，从而 $CN=\frac{12}{5}$ cm

所以 $CM=CN-MN=\left(\frac{12}{5}-x\right)$ cm

因为 $S_{\triangle ABC}=S_{\triangle CDG}+S_{\text{正方形}CDEF}+S_{\triangle BGF}+S_{\triangle ADE}=\frac{1}{2}AC\cdot BC=6$

所以 $\frac{1}{2}GD\cdot CM+EF^2+\frac{1}{2}BF\cdot GF+\frac{1}{2}AE\cdot DE=6$

即 $\frac{1}{2}x\left(\frac{12}{5}-x\right)+x^2+\frac{1}{2}(5-x)x=6$

解得 $x=\frac{60}{37}$.

答：正方形 $GDEF$ 的边长为 $\frac{60}{37}$ cm.

巧解 3（通锦中学　张小平）　面积法

如图 3-3-26 所示，连接 AG 和 BD

因为 $S_{\triangle ABD}=S_{\triangle ABG}$

所以 $S_{\triangle BCD}=S_{\triangle ACG}$

所以 $4CG=3CD$

设 $CG=3k$，$CD=4k$，则 $DG=5k$

因为 $S_{\triangle ABG}+S_{\triangle ACG}=S_{\triangle ABC}$

所以 $\frac{1}{2}\times 5\times 5k+\frac{1}{2}\times 3k\times 4=\frac{1}{2}\times 3\times 4$

所以 $k=\frac{12}{37}$

所以 $DG=5k=\frac{60}{37}$

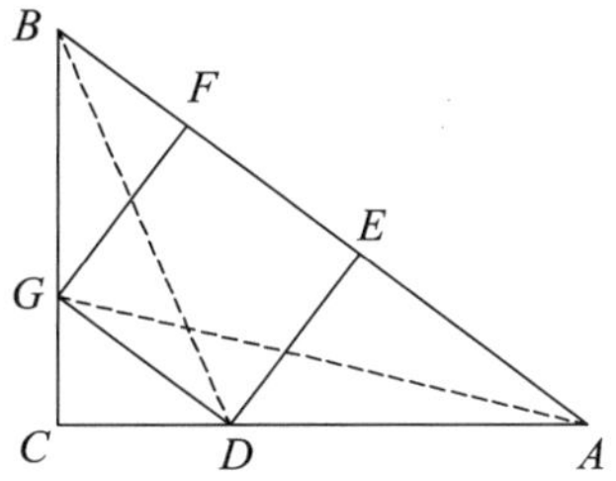

图 3-3-26

巧解 4（成都市金牛区教科院　谢祥）　面积法

如图 3-3-27 所示，易知 $CN=\frac{12}{5}$，连接 GN、DN，设正方形边长为 x，

则 $S_{\triangle BGN}+S_{\triangle ADN}+S_{\triangle CNG}+S_{\triangle CND}=S_{\triangle ABC}$，即

$$\frac{1}{2}\times BN\cdot x+\frac{1}{2}\times AN\cdot x+\frac{1}{2}\times CN\times GM+\frac{1}{2}\times CN\times DM=\frac{1}{2}\times 3\times 4$$

所以 $\frac{1}{2}\times x\times(BN+AN)+\frac{1}{2}\times CN\times(GM+DM)$

$=\frac{1}{2}\times3\times4$

因为 $BN+AN=5$，$GM+DM=x$

所以 $5x+\frac{12}{5}x=12$

所以 $x=\frac{60}{37}$

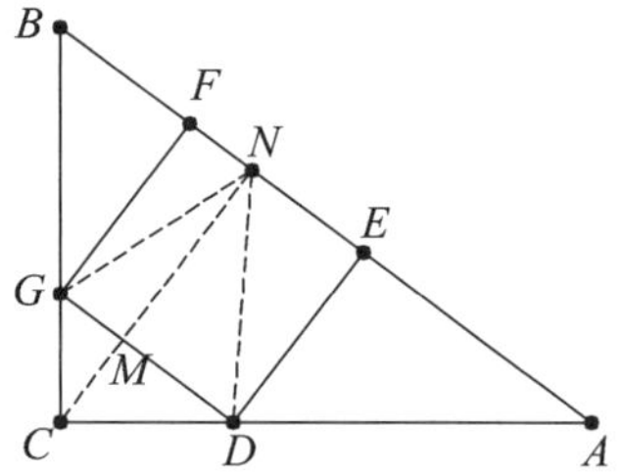

图 3-3-27

一般结论探索（谢祥） 已知在△ABC中（去掉直角条件），设 $AB=m$，AB 边上的高为 h，正方形 $GDEF$ 的顶点 D、E、F、G 分别在 AC、AB、BC 边上，求正方形 $GDEF$ 的边长.

巧解（参见图 3-3-27） 作△ABC的高 CN 交 GD 于点 M，易知 $CN=h$，连接 GN、DN，设正方形边长为 x.

$\frac{1}{2}\times BN\cdot x+\frac{1}{2}\times AN\cdot x+\frac{1}{2}\times CN\times GM+\frac{1}{2}\times CN\times DM=\frac{1}{2}\times mh$

所以 $\frac{1}{2}\times x\times(BN+AN)+\frac{1}{2}\times CN\times(GM+DM)=\frac{1}{2}\times mh$

因为 $BN+AN=m, GM+DM=x$

所以 $mx+hx=mh$

所以 $x=\frac{mh}{m+h}$

上式结论两边取倒数，则有美丽结论：$\frac{1}{x}=\frac{1}{m}+\frac{1}{h}$.

即正方形边长、正方形所靠的三角形的底边长及该边上的高，三者形成美妙的倒数关系！（显然，原题直角三角形中：斜边为 5，斜边高为 $\frac{12}{5}$，用上述结论可速解）

【谢祥赏析】 数学教学的宗旨是训练思维，而前置练习的妙处，就在于把学生的思维“逼”到一个新的高度. 本题困难在于不用“相似形的知识”求解，解法之妙在于数形结合、面积分割.

解法 1，建立坐标系，“用代数方法解几何问题”，很好地体现了解析几何方法的基本思想，是通法. 而且在“设直线 GD 的解析式为 $y=-\frac{3}{4}x+3b$”，设参数 $3b$ 作为纵截距很巧妙！

解法 2、3 都是巧妙分解图形，利用面积建立等量关系，其中解法 2 看似二次方程，化简后实为一次方程；解法 3 中"…… $4CG=3CD$. 设 $CG=3k$，$CD=4k$，则 $DG=5k$"，见比设 k（引入参数）的方法很漂亮！

解法 4 是受解法 2 的分解方法的启发，再适当组合，就得到新的解法. 并应用此法，探索出一般规律——美妙的三倒数关系.

巧解 5（七中八一 吴茂焕）（受解法 3 和解法 4 启发，面积法）

如图 3-3-28 所示，过 E 点作 AD 边上的高 EN，过 F 点作 BG 边上的高 FM，可证 $\triangle EDN \cong \triangle DGC$，$\triangle GFM \cong \triangle DGC$，故有 $EN=CD$，$FM=CG$. 由解法 3 可知设 $CG=3k$，$CD=4k$，$k>0$ 则 $DG=5k$，$EN=4k$，$FM=3k$.

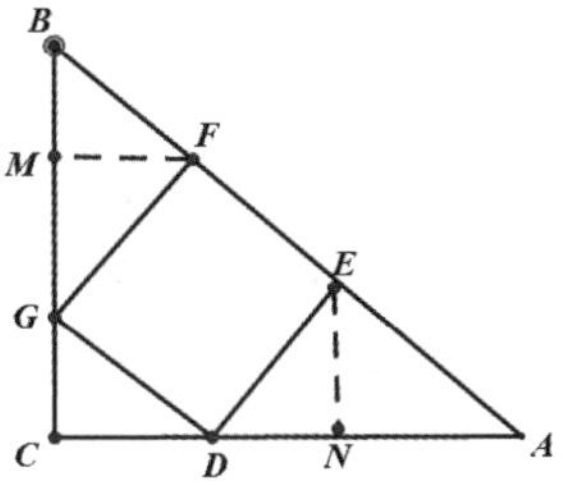

图 3-3-28

因为 $S_{\triangle ABC}=S_{\triangle CDG}+S_{\text{正方形}CDEF}+S_{\triangle BGF}+S_{\triangle ADE}$

$$\frac{1}{2}\times3\times4=\frac{1}{2}\times3k\times4k+\frac{1}{2}\times5k\times5k+\frac{1}{2}\times(3-3k)\times3k+\frac{1}{2}\times(4-4k)\times4k$$

$37k^2+25k-12=0$

所以 $k=\dfrac{12}{37}$

所以 $DG=5k=\dfrac{60}{37}$

巧解 6（七中八一 吴茂焕）（受解法 3、4、5 启发，面积法）

如图 3-3-29 所示，过 E 点作 BD 边上的高 EN，过 F 点作 CG 边上的高 FM，可证 $\triangle EDN \cong \triangle DGC$，$\triangle GFM \cong \triangle DGC$，故有 $EN=CD$，$FM=CG$. 由解法 3 可知设 $CG=3k$，$CD=4k$，$k>0$ 则 $DG=5k$，$EN=4k$，$FM=3k$. 连接 CF、CE，易知斜边上的高 $h=\dfrac{12}{5}$.

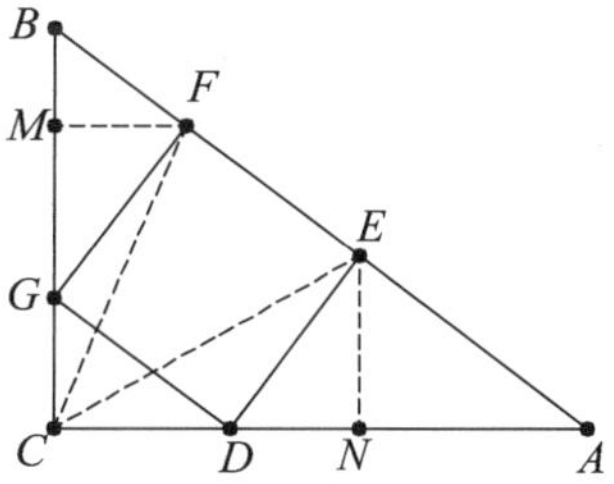

图 3-3-29

因为 $S_{\triangle ABC}=S_{\triangle BCF}+S_{\triangle EFC}+S_{\triangle ACE}$

$$\frac{1}{2}\times3\times4=\frac{1}{2}\times3\times3k+\frac{1}{2}\times5k\times\frac{12}{5}+\frac{1}{2}\times4\times4k$$

所以 $k=\dfrac{12}{37}$

所以 $DG=5k=\dfrac{60}{37}$

巧解 7（七中八一 吴茂焕）（等高法求解）

如图 3-3-30 所示，过 C 点作 AB 边上的高 CP，交 GD 于点 Q，由解法 3

可知设 $CG=3k$，$CD=4k$，$k>0$ 则 $DG=5k$，$CQ=\frac{12}{5}k$，连接 CF、CE，易知斜边上的高 $CP=\frac{12}{5}$.

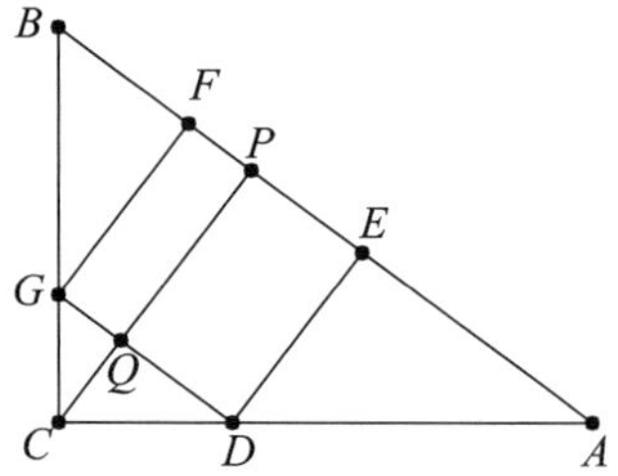

图 3-3-30

$CP=CQ+QP$，即 $\frac{12}{5}=\frac{12}{5}k+5k$

所以 $k=\frac{12}{37}$

所以 $DG=5k=\frac{60}{37}$

【吴茂焕赏析】 妙解之妙，主要体现在不用"相似形的知识"求解. 解法 5、6 都是巧妙地运用了全等，巧妙分解图形，利用面积建立等量关系. 解法 7 是受解法 3、4 的分解方法的启发，利用三角形等高解出.

十一、妙题 9.11（构造"对称图形"解题）

如图 3-3-31 所示，$\triangle ABC$ 中，M、N 是边 BC 的三等分点，BE 是 AC 边上的中线，连接 AM、AN，分别交 BE 于 F、G，求 $BF:FG:GE$ 的值.

分析：作已知图形的中心对称图形，如图 3-3-32 所示，设 $BF=a$，$FG=b$，$GE=c$，由平行线的性质分别求出 a、b 与 c 之间的关系，即可得出其比值.

巧解（蜀西实验学校 袁红）

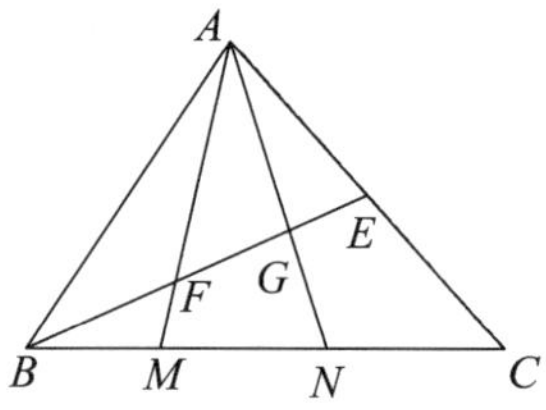

图 3-3-31

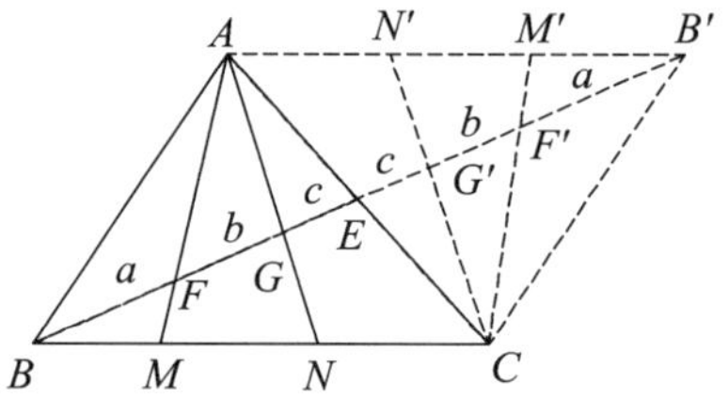

图 3-3-32

作已知图形的中心对称图形，以 E 为对称中心. 令 $BF=a$，$FG=b$，$GE=c$.

因为 $M'C\parallel AM$，$N'C\parallel AN$

所以 $a:(2b+2c)=BM:MC=1:2$

所以 $a=b+c$，而$(a+b):2c=BN:NC=2:1$

所以 $a+b=4c$，所以 $a=\frac{5}{2}c$，$b=\frac{3}{2}c$

所以 $BF:FG:GE=5:3:2$.

【袁红赏析】 本题主要考查了平行线分线段成比例的性质问题，要求线段的比，通过构造对称图形，构造平行线，从而构造比例线段是一种重要的方法.

十二、妙题 9.12（铁中府河学校 龙飞跃）

如果抛物线 $y=x^2+bx+c$ 与 x 轴只有一个交点，且过点 $A(m,n)$ 、$B(m+6,n)$ ，则 $n=$________________.

通常解法：（答案提示）

因为只有一个交点

所以 $\Delta=0$ $(\Delta=b^2-4ac)$

即 $b^2-4c=0$ ①

因为对称轴为 $m+3=-\dfrac{b}{2a}$

所以 $b=-2m-6$ ②

将（m，n）代入 $y=x^2+bx+c$ 得 $n=(m)^2+bm+c$ ③

将①、②代入③得 $n=9$

巧解 如图 3-3-33 所示，根据 A、B 坐标得 $AB=6$，$MB=3$，我们可以将函数平移使得平移后对称轴为 y 轴，平移 a 不变，所以平移后是 $y=x^2$ ，$M'B'=3$ ，$B'(3,n)$

将 $(3,n)$ 代入 $y=x^2$ 得 $n=9$

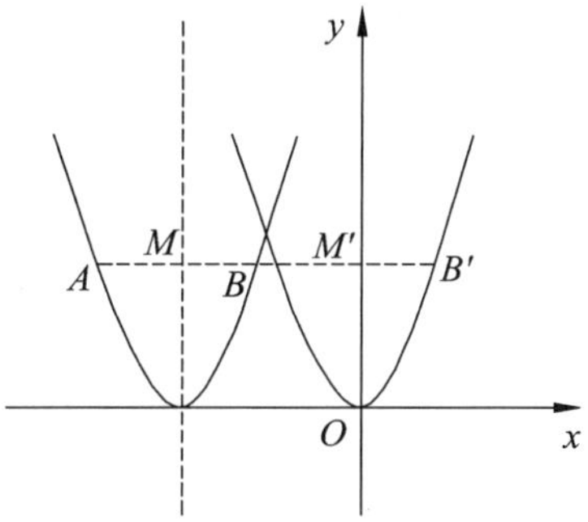

图 3-3-33

【龙飞跃赏析】 通常解法主要用到了 3 步，也是对题目的基本理解，存在的问题就是计算化简复杂，全是字母化简，对学生来说这样的化简复杂，容易错误；巧解妙在充分利用数形结合、平移的性质、二次函数图象及性质，将函数平移到特殊位置，将大量的计算转化，只需要 1 步计算就可以得到答案.

十三、妙题 9.13（三角形综合问题）（铁中府河学校 龙飞跃）

如图 3-3-34 所示，在 Rt△ABC 中，$\angle BAC=90°$ ，$AD\perp BC$ 于点 D，点 O 是 AC 边上一点，连接 BO 交 AD 于 F，$OE\perp OB$ 交 BC 边于点 E.

（1）求证：$\triangle ABF \backsim \triangle COE$．

（2）当 O 为 AC 边中点，$\dfrac{AC}{AB}=2$ 时，求 $\dfrac{OF}{OE}$ 的值.

（3）当 O 为 AC 边中点，$\dfrac{AC}{AB}=n$ 时，请直接写出 $\dfrac{OF}{OE}$ 的值.

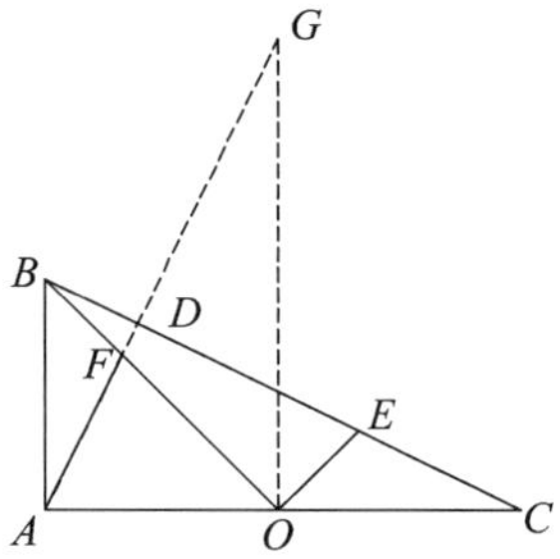

图 3-3-34

常规解法　解：（1）因为 $AD \perp BC$，

所以 $\angle DAC + \angle C = 90°$

因为 $\angle BAC = 90°$

所以 $\angle BAF + \angle DAC = 90°$

所以 $\angle BAF = \angle C$

因为 $OE \perp OB$

所以 $\angle BOA + \angle COE = 90°$

因为 $\angle \mathrm{BOA} + \angle ABF = 90°$

所以 $\angle ABF = \angle COE$，

所以 $\triangle ABF \backsim \triangle COE$

（2）如图 3-3-34 所示，作 $OG \perp AC$，交 AD 的延长线于 G，

因为 $AC = 2AB$，O 是 AC 边的中点，

所以 $AB = OC = OA$

由（1）有 $\triangle ABF \backsim \triangle COE$

所以 $\triangle ABF \backsim \triangle COE$

所以 $BF = OE$

因为 $\angle BAD + \angle DAC = 90°$，$\angle DAB + \angle ABD = 90°$

所以 $\angle DAC = \angle ABD$，

又 $\angle BAC = \angle AOG = 90°$，$AB = OA$

所以 $\triangle ABC \cong \triangle OAG$

所以 $OG = AC = 2AB$

因为 $OG \perp OA$

所以 $AB \parallel OG$

所以 $\triangle ABF \backsim \triangle GOF$

所以 $\dfrac{OF}{BF} = \dfrac{OG}{AB}$，$\dfrac{OF}{OE} = \dfrac{OF}{BF} = \dfrac{OG}{AB} = 2$

（3）同理 $\dfrac{OF}{OE} = 2$.

妙解：主要是针对（2）、（3）问题的.

因为 $\angle ADC=\angle FOE=90°$

所以如图 3-3-35 所示，连接 EF 得 D、E、O、F 四点共圆

所以 $\angle EFO=\angle EDO$

因为 O 是直角三角形 ADC 的 AC 边上的中点

所以 $DO=OC=\frac{1}{2}AC$

所以 $\angle EDO=\angle C$

所以 $\frac{OE}{OF}=\tan\angle EFO=\tan\angle EDO=\tan\angle C=\frac{AB}{AC}$

所以 $\frac{OF}{OE}=\frac{AC}{AB}=2$

（3）同理可得 $\frac{OF}{OE}=\frac{AC}{AB}=n$

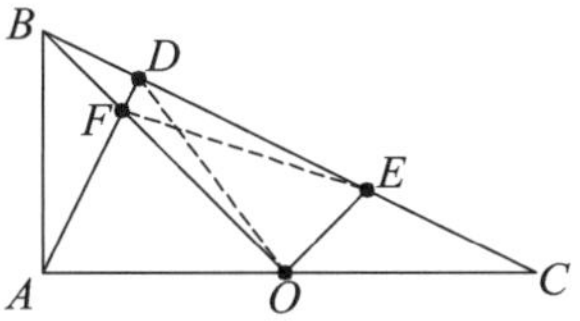

图 3-3-35

【龙飞跃赏析】 此题妙在解法较多，比如还有建系的方法，一题可以多解，拓展学生思维. 相似的方法：学生不容易想到辅助线；（2）问需要用 3 次全等，对应线段成比例的转化较多，对学生难度较大.

巧解 ① 运用了圆（四点共圆、同圆或等圆中同弧所对的圆周角相当）和三角函数知识（定义）、直角三角形性质（直角三角形斜边上的中线等于斜边的一半），所用运用到知识点都是学生相当熟悉，便于学生理解，让学生认识到基本定义、性质这些的重要性.

② 运用的简单知识点多，特别是与圆结合在一起考虑，还能提升学生的综合运用能力（平时很少有题能与圆结合或者用圆的方法来做），对学生中考能力是一种提升.

③ 妙在所有过程都是我们平时经常用到的（包括辅助线作法），让学生能够在做题时，想想我们所学过的知识，举一反三.

④ 同时，用这样的方法去解决让学生感到其实数学就是这样的简单，难题就是这样的简单，不是我想的那么复杂，从而产生对数学的兴趣以及做题时的自信.

十四、妙题 9.14（金牛实验中学　彭凤平）

如图 3-3-36 所示，正方形 $ABCD$ 中，P 为 BC 边上一点，作 $\angle APF=90°$ 交 $\angle DCE$ 的平分线于 F，求证 $AP=PF$.

巧证 1（金牛实验中学　彭凤平）

截取法：如图 3-3-37 所示，在线段 AB 上截取 $BG = BP$，

可证 $\triangle AGP \cong \triangle PCF$，可得 $AP = PF$.

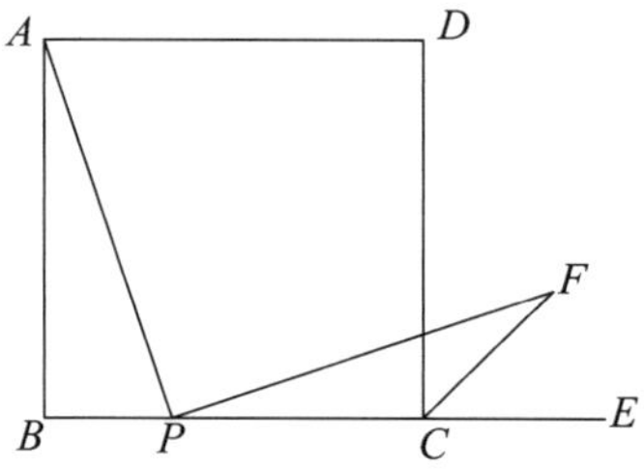

图 3-3-36

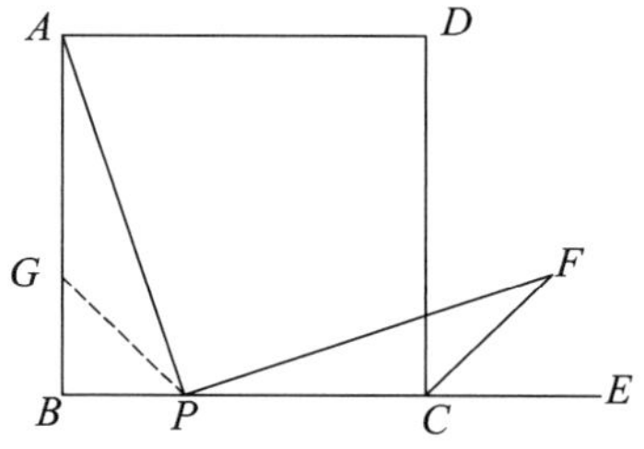

图 3-3-37

【谢祥赏析】 证明线段相等的基本方法是构造"与线段相关的全等三角形"，截取法是本题多种方法中最简洁的方法．事实上，在线段 AB 上截取 $AG = PC$，与截取 $BG = BP$ 的效果一样，也能证明 $\triangle AGP \cong \triangle PCF$.

巧证 2（金牛实验中学　彭凤平）

翻折法：如图 3-3-38 所示，将 $\triangle PCF$ 沿 BE 折叠到 $\triangle PCF'$，连接 AC 交 PF 于点 O.

因为 $\angle ACD = 45°$，$\angle FCE = \angle F'CE = 45°$

所以 A、C、F' 三点共线

在 $\triangle APO$ 与 $\triangle FCO$ 中

因为 $\angle APO = \angle FCO = 90°$

所以 $\angle PAF' = \angle PFC$，又 $\angle PFC = \angle PF'C$

所以 $\angle PAF' = \angle PF'A$

所以 $PA = PF'$，又 $PF = PF'$

所以 $PA = PF$

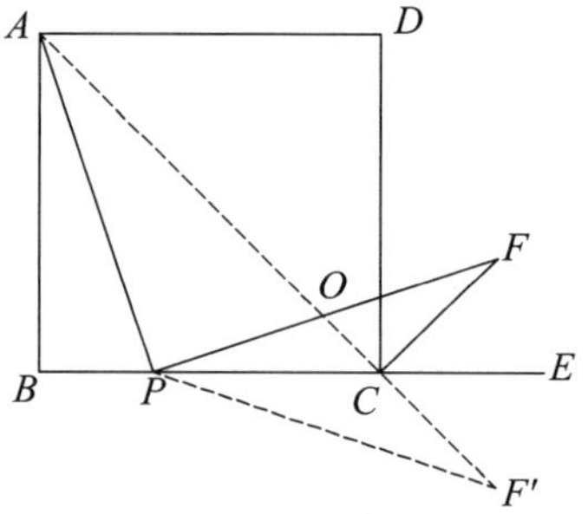

图 3-3-38

注意：也可折叠 $\triangle ABP$ 证得.

【谢祥赏析】 证明两线段相等的另一个基本方法是构造"等腰三角形"，将"线段相等"的证明转化为"证明角相等"．事实上，连接 AF，证明 $\triangle APF$ 为等腰三角形更简洁．易证明 $APCF$ 四点共圆（初三知识），再证明 $\angle AFP = \angle ACP = 45°$.

巧证 3（金牛实验中学　彭凤平）

构造全等三角形：如图 3-3-39 所示，连接 AC，过点 P 作 $PG \perp BC$ 交 AC 于点 G．即 $\triangle GPC$ 为等腰直角三角形.

所以 $PG=PC$，$\angle GPC=90°$

又 $\angle APF=90°$.

所以 $\angle APG=\angle CPF$

又可证 $\angle AGP=\angle PCF=135°$.

所以 $\triangle APG\cong\triangle FPC$，即 $PA=PF$.

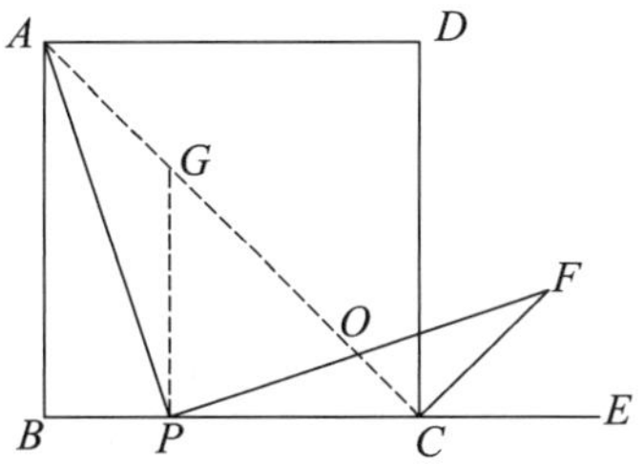

图 3-3-39

【谢祥赏析】 本方法巧妙，巧妙在于作辅助线，“连接对角线 AC，过点 P 作 $PG\perp BC$ 交 AC 于点 G”，依靠对角线构造与 $\triangle PCF$ 全等的三角形，一气呵成. 这个辅助线是怎么发现的呢？或许源于“连对角线试一试”的想法？

巧证 4（金牛实验中学　彭风平）

如图 3-3-40 所示，构造平行四边形：延长 AB 到点 G，使得 $BG=BP$，连接 PG，易证 $\triangle ABP\cong\triangle CBG$

所以 $AP=CG$，$\angle BAP=\angle BCG$，又 $\angle BAP=\angle FCP$

所以 $\angle PCG=\angle FCP$

所以 $PF\parallel CG$

又 $\angle BPG=45°$

所以 $\angle GPC=135°$，又 $\angle PCF=135°$

所以 $PG\parallel FC$，又 $PF\parallel CG$

所以四边形 $PGCF$ 为平行四边形

所以 $PF=GC$，又 $AP=CG$

所以 $AP=PF$.

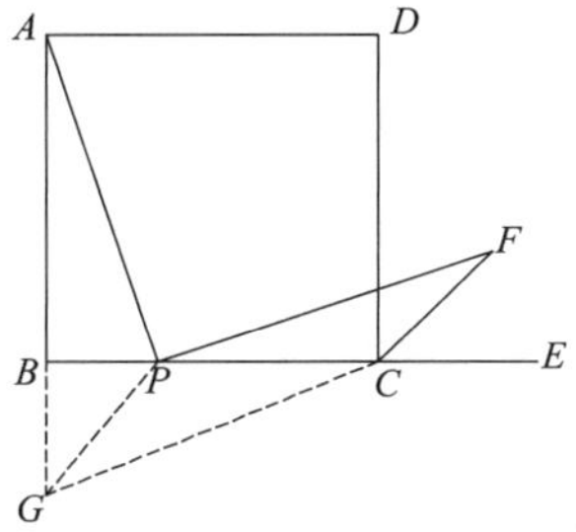

图 3-3-40

【谢祥赏析】 本方法实质还是在构造全等三角形，实现线段的“位置变化而长度不变”，再证明两线段刚好是平行四边形的对边. 事实上，受此方法启发，也可以“以 B 为中心，将 $\triangle ABP$ 顺时针旋转 90°”，A 落到 C，P 落到 G，易证明四边形 $PGCF$ 为平行四边形.

巧证 5（成都市金牛区教科院 谢祥）

代数法　如图 3-3-41 所示，过 F 作 $FG\perp BC$ 的延长线于 G，设正方形边长为 a，$BP=b$（$a\neq b$）$FG=x$，

显然 $\angle B=\angle FGP=90°$

$\angle BAP=\angle GPF$

所以 $\triangle BAP\backsim\triangle GPF$

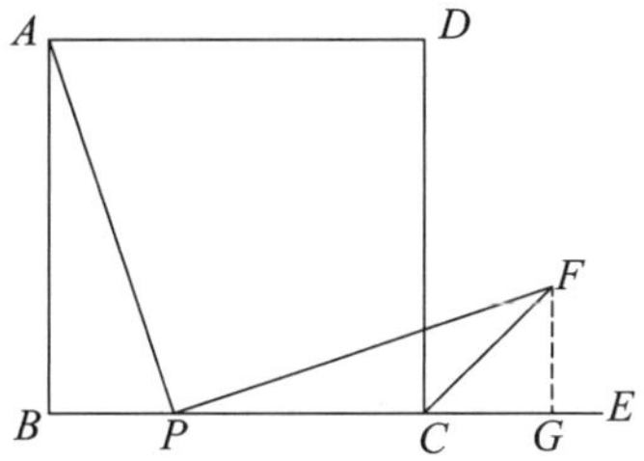

图 3-3-41

$$\frac{a}{a-b+x}=\frac{b}{x}$$

$$ax=ab-b^2+bx$$

变形整理得 $(a-b)(x-b)=0$，因为 $a\neq b$，所以 $x=b$，即 $FG=BP$，后略.

【谢祥赏析】 本方法巧妙在于用代数（计算）的方法，发现一个重要关系即 $FG=BP$. 无论 P 在 BC 线段上怎么移动，按题设条件，F 点到直线 BC 的距离等于 BP，又因为 $FG=CG$，所以 $CG=BP$，于是 $PG=a$ 是不变的，显然 $\triangle ABP\cong\triangle PGF$ 也一直保持不变，这就是变化中隐含不变的规律.

十五、妙题 9.15（成都树德中学博瑞实验学校　王保云）

（2013 成都市中考）如图 3-3-42 所示，A、B、C 为 $\odot O$ 上相邻的三个 n 等分点，$\overset{\frown}{AB}=\overset{\frown}{BC}$，点 E 在 $\overset{\frown}{BC}$ 上，EF 为 $\odot O$ 的直径，将 $\odot O$ 沿 EF 折叠，使点 A 与 A' 重合，连接 EB'、EC、EA'. 设 $EB'=b$，$EC=c$，$EA'=p$. 先探究 b、c、p 三者的数量关系：发现当 $n=3$ 时，$p=b+c$.请继续探究 b、c、p 三者的数量关系：当 $n=4$ 时，$p=$________；当 $n=12$ 时，$p=$________.

（参考数据：$\sin15°=\cos75°=\dfrac{\sqrt{6}-\sqrt{2}}{4}$，$\cos15°=\sin75°=\dfrac{\sqrt{6}+\sqrt{2}}{4}$）

分析　先来介绍一下三弦定理：如图 3-3-43 所示如果点 P 是圆上一点，PA、PB、PC 是该圆的三条弦，记 $\angle APB=\alpha$，$\angle BPC=\beta$，那么有 $PB\sin(\alpha+\beta)=PA\cdot\sin\beta+PC\cdot\sin\alpha$.

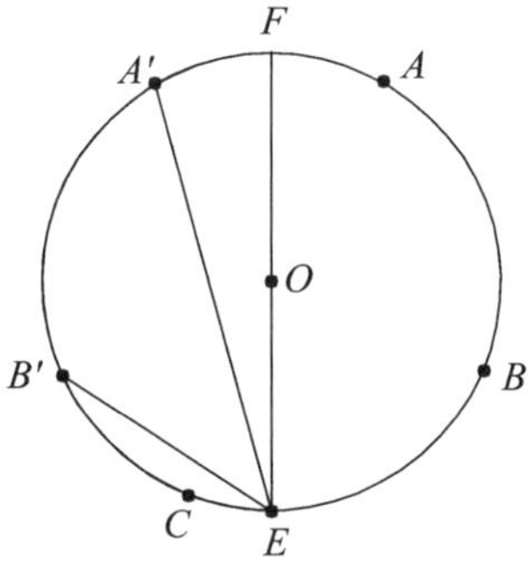

图 3-3-42

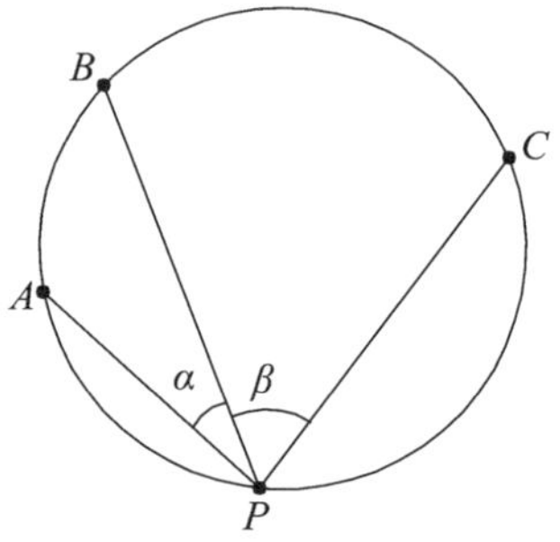

图 3-3-43

此定理由托勒密定理和正弦定理证明.

巧证　设圆的半径为 R，连接 AB、BC、AC，由托勒密定理得

$$PA\times BC+PC\times AB=PB\times AC \tag{1}$$

又由正弦定理得，$BC = 2R\times\sin\beta$，$AB = 2R\times\sin\alpha$，$AC = 2R\times\sin(\alpha+\beta)$，代入（1）式整理可得 $PB\sin(\alpha+\beta) = PA\cdot\sin\beta + PC\cdot\sin\alpha$.

由题意知：$EA' = EA = p$，$EB' = EB = b$，故此题实则研究由点 E 引出的三条弦的关系.

（1）当 $n=4$ 时，如图 3-3-44 所示，$\angle AEC = 90°$，$\angle AEB = 45°$，

则 $p\cdot\sin135° = b\cdot\sin90° + c\sin45°$，

则 $\dfrac{\sqrt{2}}{2}p = b + \dfrac{\sqrt{2}}{2}c$

所以 $p = \sqrt{2}b + c$

（2）当 $n=12$ 时，如图 3-3-45 所示，$\angle AEC = 150°$，$\angle AEB = 15°$，

则 $p\cdot\sin165° = b\cdot\sin150° + c\sin15°$，

则 $\dfrac{\sqrt{6}-\sqrt{2}}{4}p = \dfrac{1}{2}b + \dfrac{\sqrt{6}-\sqrt{2}}{4}c$，

所以 $p = \dfrac{\sqrt{6}+\sqrt{2}}{2}b + c$

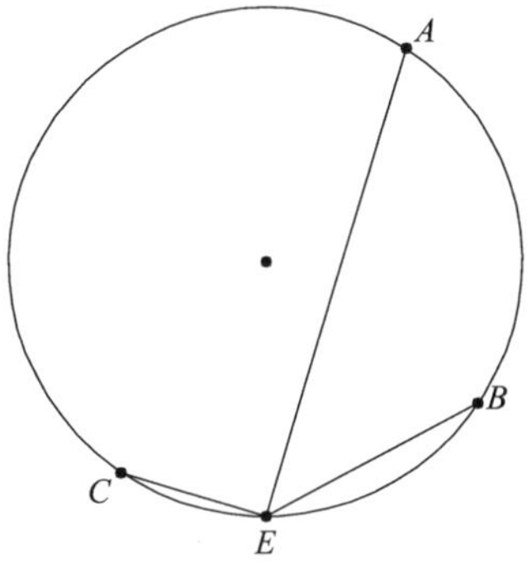

图 3-3-44

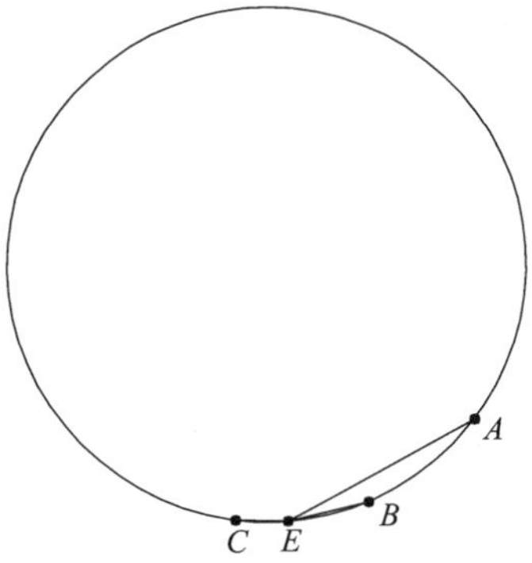

图 3-3-45

【王保云赏析】 此题也可以用相似的相关知识来解决，也是学生易接受的普遍性做法. 用三弦定理来解决这个问题，则变得很简单，但三弦定理是初中阶段的超纲内容，学生掌握起来较为困难，故仅作为一种巧解，供数学爱好者参考.

十六、妙题 9.16（2018 金牛区一诊）（成都树德中学博瑞实验学校　王保云）

如图 3-3-46 所示，正方形 $ABCD$ 中，$AD = 8$，点 E 是对角线 AC 上一点，

连接 DE，过点 E 作 $EF \perp ED$，交 AB 于点 F，连接 DF，交 AC 于点 G，将 $\triangle EFG$ 沿 EF 翻折，得到 $\triangle EFM$，连接 DM，交 EF 于点 N，若点 F 是 AB 的中点，则（1）$FM =$ ______；（2）$\tan\angle MDE =$ ______.

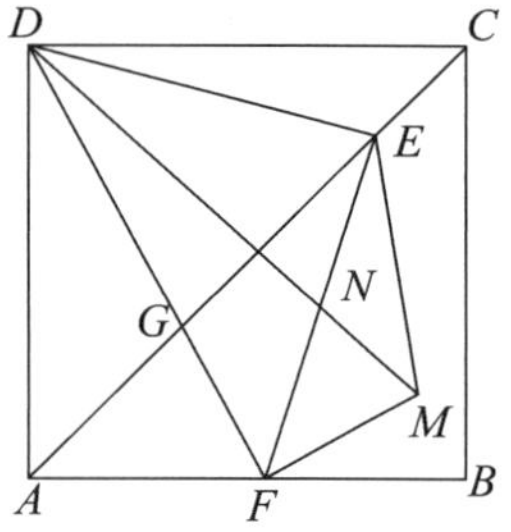

图 3-3-46

分析

（1）利用 X 型相似 $\triangle CDG \backsim \triangle AFG$ 即可解决问题.

（2）① 问题：如何证明 $DE = FE$？（点 E 从点 C 往 AC 中点运动的过程中，此结论仍然成立）有以下三种方法：

方法一：构造 K 型全等法

如图 3-3-47（a）所示，构造 $\triangle DPE \cong \triangle EQF$，从而得到 $DE = FE$，$\triangle DEF$ 是等腰直角三角形.

方法二：等线段转化法

如图 3-3-47（b）所示，连接 B、E，易证 $DE = BE$，$BE = FE$，从而得到 $DE = FE$，$\triangle DEF$ 是等腰直角三角形.

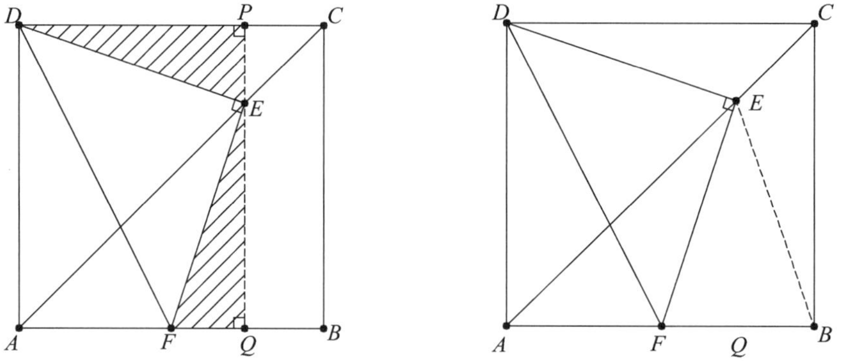

（a）　　（b）

图 3-3-47

方法三：四点共圆法（四点共圆是解决平面几何问题的一种重要的方法）

如图 3-3-48 所示，因 $\angle DEF = \angle DAF = 90°$，故点 A、D、E、F 四点共圆，所以 $\angle DFE = \angle DAE = 45°$，从而得到 $DE = FE$，$\triangle DEF$ 是等腰直角三角形.

② 问题：如何求 $\tan\angle DEN$？有以下两种方法：

方法一：直接法，如图 3-3-49（a）所示，在 Rt$\triangle DEN$ 中，求 $\tan\angle MDE = \dfrac{NE}{DE}$（此法易想不易算）

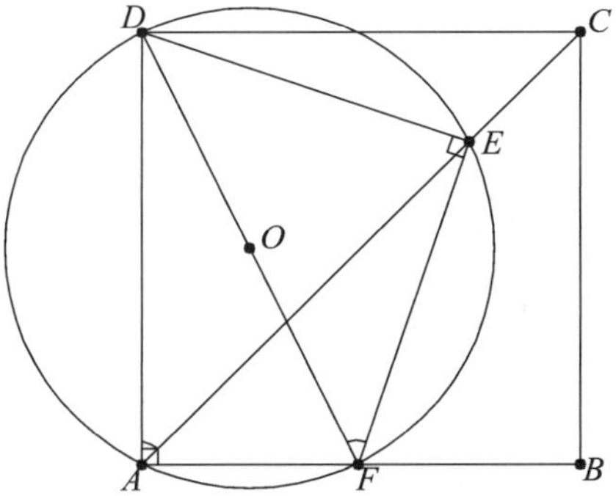

图 3-3-48

易求 $DF=4\sqrt{5}$，$MF=\dfrac{4\sqrt{5}}{3}$，故 $DM=\dfrac{20\sqrt{2}}{3}$，$DE=\dfrac{DF}{\sqrt{2}}=2\sqrt{10}$，$MH=\dfrac{MF}{\sqrt{2}}=\dfrac{2\sqrt{10}}{3}$；

故 $\dfrac{MN}{DN}=\dfrac{MH}{DE}=\dfrac{1}{3}$（也可由相似转化得到），故 $DN=\dfrac{3}{4}DM=5\sqrt{2}$，故 $NE=\sqrt{10}$．

所以，$\tan\angle MDE=\dfrac{NE}{DE}=\dfrac{1}{2}$．

方法二：等角转化法（此法：易算不易想）

如图 3-3-49（b）所示，由三线合一的性质，可得 $FQ=2$，则 $PE=PC=2$，故 $PD=6$，所以 $\tan\angle PDE=\dfrac{1}{3}$．

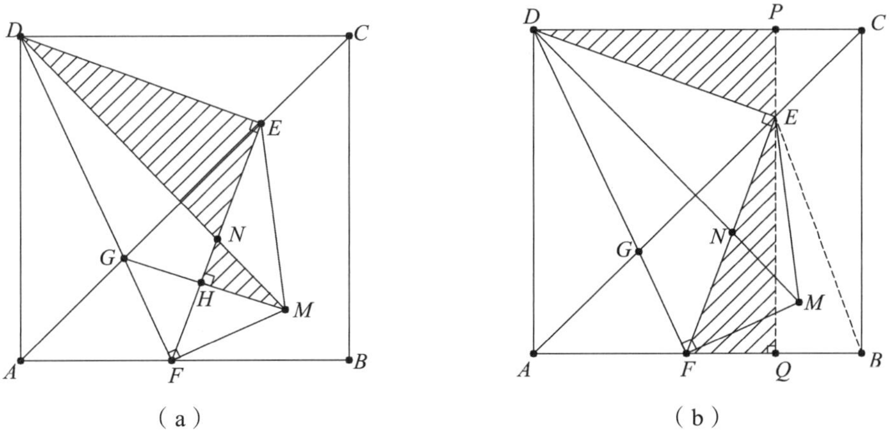

图 3-3-49

易求 $\tan\angle MDF=\frac{1}{3}$，所以 $\angle PDE=\angle MDF$；因 $\angle EDF=45°$，易证 $\angle MDE=\angle ADF$.

故 $\tan\angle MDE=\tan\angle ADF=\frac{4}{8}=\frac{1}{2}$.

【王保云赏析】 此题是由2017年重庆市中考数学试题第18题改编而成，是一道质量很高的题目，综合性极强，解法也极其灵活，方法不止上述两种，但总体归纳为直接法和等角转化法两种思路，这两种思路各有优缺点，一种易想不易算，另一种易算不易想，这便是数学的解题哲学.

十七、妙题 9.17（2019 金牛一诊 25 题）（成都树德中学博瑞实验学校　王保云）

如图 3-3-50 所示，在平面直角坐标系中，点 A 在反比例函数 $y_1=\frac{k}{x}$（$x>0$）的图象上，点 A' 与点 A 关于点 O 对称，直线 AA' 的解析式为 $y_2=mx$，将直线 AA' 绕点 A' 顺时针旋转，与反比例函数图象交于点 B，直线 $A'B$ 的解析式为 $y_3=\frac{m}{2}x+n$，若△$AA'B$ 的面积为 3，则 k 的值为__________.

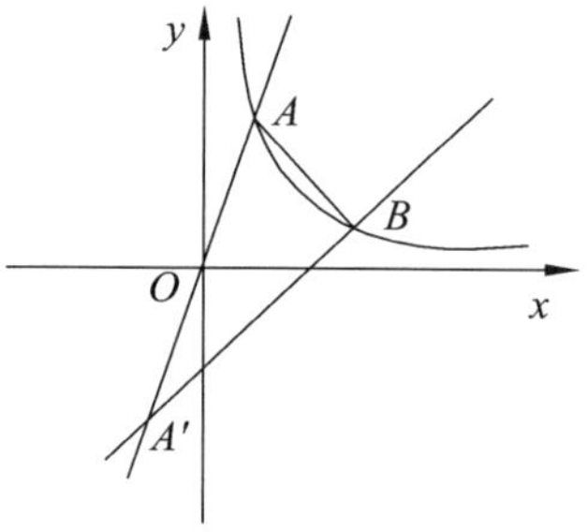

图 3-3-50

分析　设 $A(a,ma)$，则 $A'(-a,-ma)$

（1）将 $A'(-a,-ma)$ 代入直线 $y_3=\frac{m}{2}x+n$ 得，$n=-\frac{1}{2}ma$，则 $y_3=\frac{m}{2}x-\frac{1}{2}ma$

令 $y_3=0$，则 $x=a$，所以直线 $y_3=\frac{m}{2}x+n$ 与 x 轴交点 M 的坐标为 $(a,0)$，如图 3-3-51 所示.

故，$AM\perp x$ 轴.

（2）联立 $\begin{cases} y=\frac{k}{x} \\ y=\frac{m}{2}x-\frac{1}{2}ma \end{cases}$，得 $\frac{m}{2}x^2-\frac{1}{2}max-k=0$，得 $x_{A'}+x_B=a$，所以 $x_B=2a$.

所以 $B\left(2a,\dfrac{ma}{2}\right)$，故 $OM=MN$

所以，$S_{\triangle OA'M}=S_{\triangle OAM}=S_{\triangle BAM}$，所以，$S_{\triangle AA'B}=\dfrac{1}{2}k+\dfrac{1}{2}k+\dfrac{1}{2}k=\dfrac{3}{2}k$，故 $k=2$.

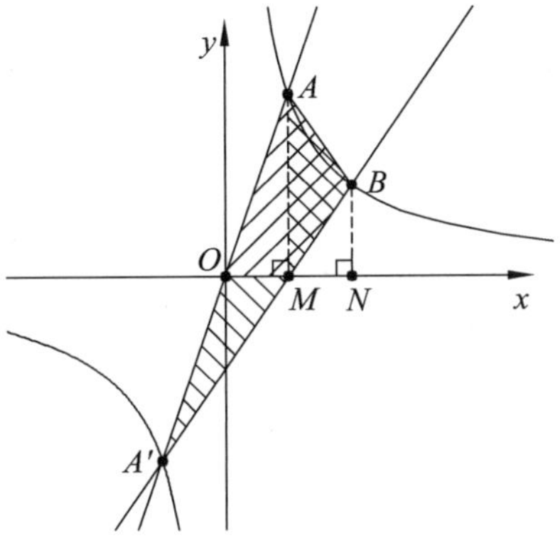

图 3-3-51

追问 1　如果将直线 $y_3=\dfrac{m}{2}x+n$ 改成 $y_3=\dfrac{m}{3}x+n$，则 $S_{\triangle AA'B}=?$

同上述方法，如图 3-3-52 所示，可得 $A(a,ma)$，$B\left(3a,\dfrac{ma}{3}\right)$，$M(2a,0)$，$N(3a,0)$.

易求 $S_{\triangle AA'B}=k+k+\dfrac{2}{3}k=\dfrac{8}{3}k$

追问 2　如果将直线 $y_3=\dfrac{m}{2}x+n$ 改成 $y_3=\dfrac{m}{4}x+n$，则 $S_{\triangle AA'B}=?$

同上述方法，如图 3-3-53 所示可得 $A(a,\mathrm{m}a)$，$B\left(4a,\dfrac{ma}{4}\right)$，$M(3a,0)$，$N(4a,0)$

易求 $S_{\triangle AA'B}=\dfrac{3}{2}k+\dfrac{3}{2}k+\dfrac{3}{4}k=\dfrac{15}{4}k$

追问 3　如果将直线 $y_3=\dfrac{m}{2}x+n$ 改成 $y_3=\dfrac{m}{5}x+n$，则 $S_{\triangle AA'B}=?$

同上述方法，如图 3-3-54 所示，可得 $A(a,ma)$，$B\left(5a,\dfrac{ma}{5}\right)$，$M(4a,0)$，$N(5a,0)$.

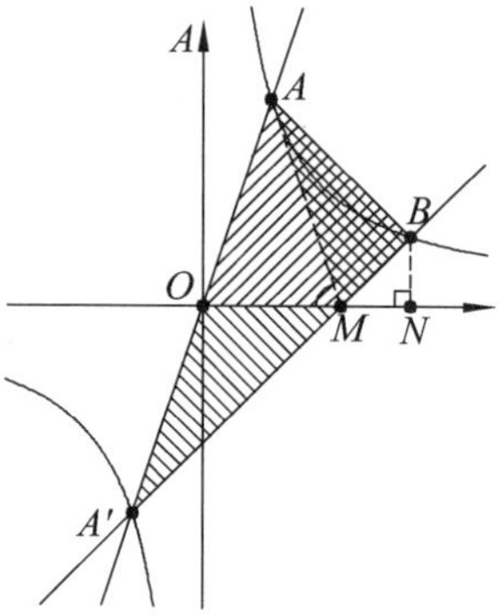

图 3-3-52

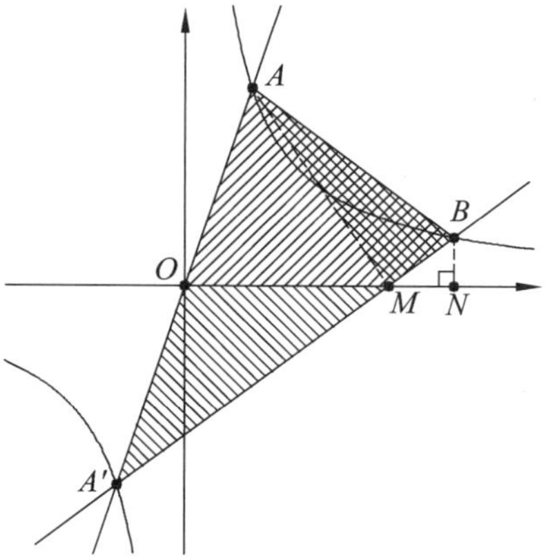

图 3-3-53

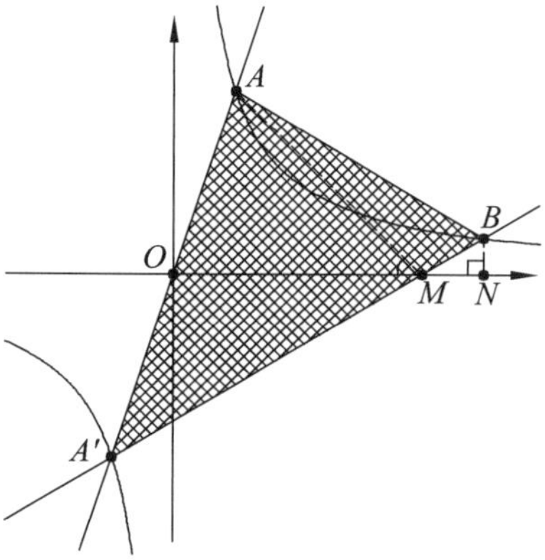

图 3-3-54

易求 $S_{\triangle AA'B}=2k+2k+\frac{4}{5}k=\frac{24}{5}k$

终极追问 如果将直线 $y_3=\frac{m}{2}x+n$ 改成 $y_3=\frac{m}{p}x+n$（$p\geqslant 2$，p 为正整数），则 $S_{\triangle AA'B}=?$

同上述方法，易求 $S_{\triangle AA'B}=\frac{p-1}{2}k+\frac{p-1}{2}k+\frac{p-1}{p}k=\frac{p^2-1}{p}k$（解法略）

【王保云赏析】 此题是由江苏省泰州市 2018 年中考数学试题第 26 题改编而成，是一道综合性很高的反比例函数填空题．本题的解法有多种，此处选择从 k 的几何意义这个角度去解决这道题．发现此题中，随着直线 $y_3=\frac{m}{2}x+$

n 斜率 $\frac{m}{2}$ 中分母的值的改变，$\triangle AA'B$ 的面积与 k 有着特殊的关系，这便是数学的规律之美.

十八、妙题 9.18（成都树德中学博瑞实验学校　王保云）

如图 3-3-55 所示，平面直角坐标系中，O 为原点，点 A、B 分别在 y 轴的正半轴、x 轴的负半轴上. $\triangle AOB$ 的两条外角平分线交于点 P，P 在反比例函数 $y=\frac{k}{x}(k<0,x<0)$ 的图象上，PA 的延长线交 x 轴于点 C，PB 的延长线交 y 轴于点 D，连接 CD，$\triangle COD$ 的面积为 12，则 k 的值为__________.

巧解

方法一：（代数法）

如图 3-3-56 所示，过点 P 作 $PE\perp x$ 轴于点 E，过点 P 作 $PF\perp AB$ 于点 F，过点 P 作 $PE\perp y$ 轴于点 G.

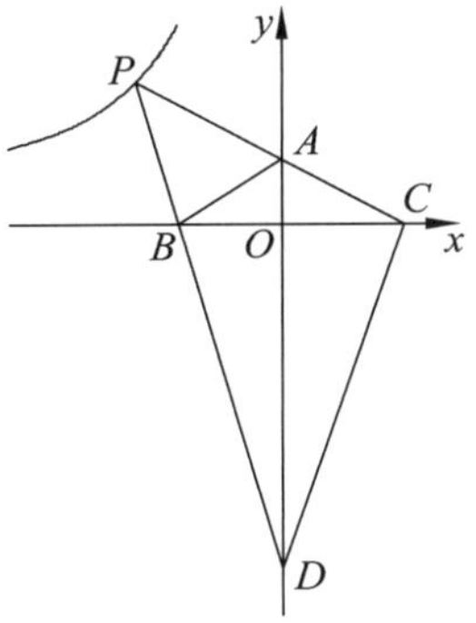

图 3-3-55

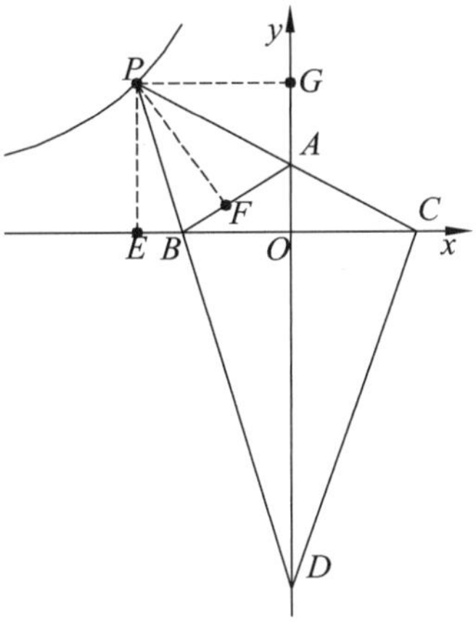

图 3-3-56

易证：$PE=PF=PG$

$BE=BF$，$AF=AG$，故 $AB=BE+AG$

设 $PE=PF=m$，$OA=a$，$OB=b$，则 $BE=m-b$，$AG=m-a$

因为 $PE/\!/OD$，所以 $\frac{m}{OD}=\frac{m-b}{b}$

因为 $PG/\!/OC$，所以 $\frac{m}{OC}=\frac{m-a}{a}$

故，$\dfrac{m^2}{OD\cdot OC}=\dfrac{(m-a)(m-b)}{ab}=\dfrac{m^2-(a+b)m+ab}{ab}$

因为在 Rt△AOB 中，$OA^2+OB^2=AB^2$

所以 $a^2+b^2=(2m-a-b)^2$，整理得：$4m^2-4(a+b)m+2ab=0$

所以 $(a+b)m=m^2+\dfrac{1}{2}ab$

所以 $\dfrac{m^2}{OD\cdot OC}=\dfrac{m^2-m^2-\dfrac{1}{2}ab+ab}{ab}=\dfrac{1}{2}$

所以 $m^2=\dfrac{1}{2}\cdot OD\cdot OC=12$，所以 $k=-m\cdot m=-12$

方法二：（几何法）

如图 3-3-57 所示

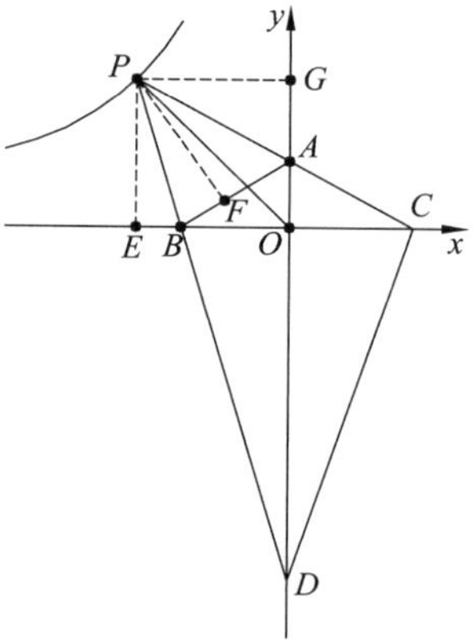

图 3-3-57

易证：$\angle POD=\angle COP=135°$

易证：$\angle APB=\angle OPE=45°$，所以 $\angle CPO=\angle BPE$

因为 $PE/\!/OD$，所以 $\angle BPE=\angle PDO$

所以 $\angle CPO=\angle PDO$

所以 $\triangle CPO\backsim\triangle PDO$

所以 $\dfrac{OC}{OP}=\dfrac{OP}{OD}$

所以 $OP^2=OC\cdot OD=2\cdot S_{\triangle COD}=24$

又因为 $P(-\sqrt{-k},\sqrt{-k})$

所以 $OP^2=(-\sqrt{-k})^2+(\sqrt{-k})^2=-2k=24$

故 $k=-12$

【王保云赏析】 此题是由 2019 年江苏省徐州市中考数学试题第 28 题改编而成，此题将正方形中的半角模型融入反比例函数模型中，主要考查反比例函数与三角形面积、相似等相关知识. 此题有两种解法，一种是代数法，此法易想不易算，另一种是几何法，此法易算不易想. 通过分析，还发现此题中有“$S_{\triangle COD}=|k|$”这一美丽的结论. 教学中应加强不同解法的比较赏析，重视学生代数思维与几何思维的培养.

十九、妙题 9.19（2020 金牛一诊第 28 题）（成都树德中学博瑞实验学校　王保云）

如图 3-3-58 所示，已知抛物线 $y=ax^2+bx+c\ (a\neq 0)$ 与 x 轴交于点 A、B，与 y 轴交于点 C，其中点 $A(-1,0)$，点 $C(0,2)$，且 $\angle ACB=90^\circ$.

（1）求抛物线的解析式.

（2）点 P 是线段 AB 上的一个动点，过 P 作 $PD\parallel AC$ 交 BC 于点 D，当 $\triangle PCD$ 面积最大时，求点 P 的坐标.

（3）点 M 是位于线段 BC 上方的抛物线上一点，当 $\angle ABC$ 恰好等于 $\triangle BCM$ 中的某个角时，求此时点 M 的坐标.

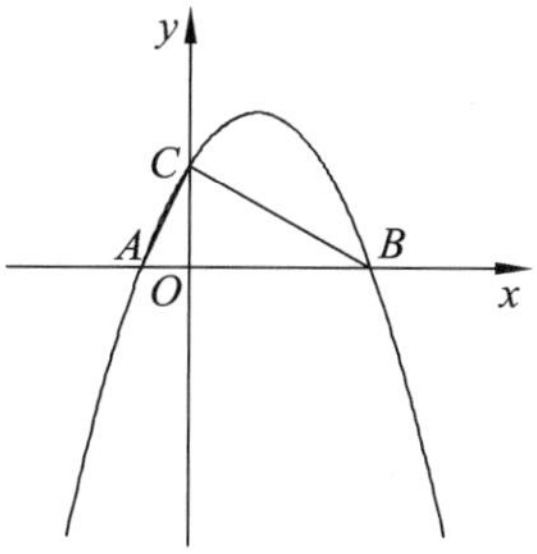

图 3-3-58

分析

（1）易求 $B(4,0)$，代入三点，即可求得抛物线的解析式为 $y=-\dfrac{1}{2}x^2+\dfrac{3}{2}x+2$.

（2）设 $P(m,0)$，$-1\leqslant m\leqslant 4$

因为 $B(4,0)$，$C(0,2)$，则 BC 的解析式为 $y=-\dfrac{1}{2}x+2$

又因为 $PD\perp BC$，故 PD 的解析式为 $y=2x+2m$.

方法一："割"

① 如图 3-3-59 所示，当点 P 在线段 OB 上时，过点 P 作 $PE\parallel y$ 轴交 BC 于点 E.

则 $E\left(m,-\dfrac{1}{2}m+2\right)$，故 $PE=-\dfrac{1}{2}m+2$

所以，$S_{\triangle PCD}=S_{\triangle PDE}+S_{\triangle PCE}=\dfrac{1}{2}PE\cdot(x_D-x_E)+\dfrac{1}{2}PE\cdot(x_E-x_C)=\dfrac{1}{2}PE\cdot(x_D-x_C)$

② 点 P 在线段 OA 上时，过点 P 作 $PE\parallel y$ 轴交 BC 延长线于点 E，如图 3-3-60 所示

则 $E\left(m,-\dfrac{1}{2}m+2\right)$，故 $PE=-\dfrac{1}{2}m+2$

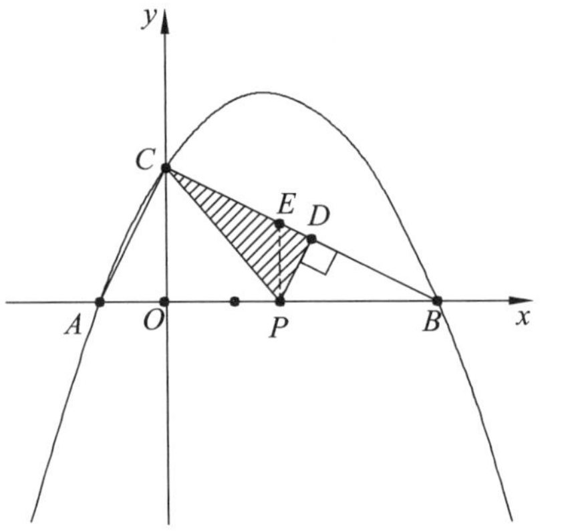

图 3-3-59

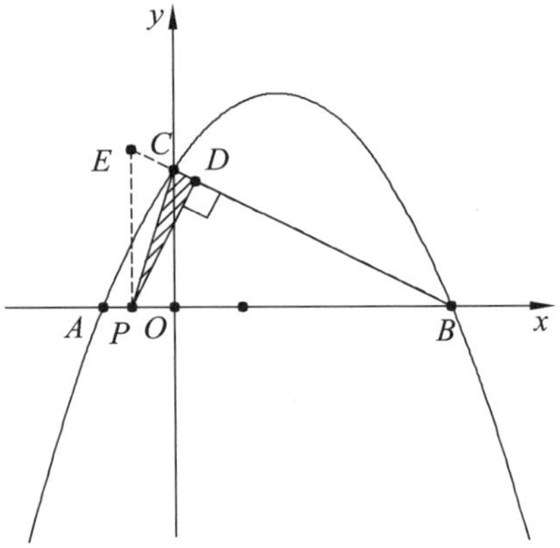

图 3-3-60

所以，$S_{\triangle PCD}=S_{\triangle PDE}-S_{\triangle PCE}=\frac{1}{2}PE\cdot(x_D-x_E)-\frac{1}{2}PE\cdot(x_C-x_E)=\frac{1}{2}PE\cdot(x_D-x_C)$

综上所述：无论点 E 在 BC 上还是在 BC 延长线上，都有 $S_{\triangle PCD}=\frac{1}{2}PE\cdot(x_D-x_C)$

联立 $\begin{cases}y=-\frac{1}{2}x+2\\y=2x+2m\end{cases}$，解得 $\begin{cases}x=\frac{4m+4}{5}\\y=\frac{8-2m}{5}\end{cases}$，即 $D\left(\frac{4m+4}{5},\frac{8-2m}{5}\right)$

$S_{\triangle PCD}=\frac{1}{2}PE\cdot(x_D-x_C)=\frac{1}{2}\left(-\frac{1}{2}m+2\right)\cdot\frac{4m+4}{5}=-\frac{1}{5}\left(x-\frac{3}{2}\right)^2+\frac{5}{4}$

因为，$-1\leqslant m\leqslant 4$，所以，当 $x=\frac{3}{2}$ 时，$S_{\triangle PCD}$ 有最大值为 $\frac{5}{4}$，此时 $P\left(\frac{3}{2},0\right)$

方法二：“补”

联立 $\begin{cases}y=-\frac{1}{2}x+2\\y=2x+2m\end{cases}$，解得 $\begin{cases}x=\frac{4m+4}{5}\\y=\frac{8-2m}{5}\end{cases}$，$D\left(\frac{4m+4}{5},\frac{8-2m}{5}\right)$

如图 3-3-61 所示，

$$S_{\triangle PCD}=S_{\triangle BPC}-S_{\triangle BPD}=\frac{1}{2}\cdot(4-m)\cdot 2-\frac{1}{2}(4-m)\cdot\frac{8-2m}{5}$$

$$=-\frac{1}{5}\left(x-\frac{3}{2}\right)^2+\frac{5}{4}$$

因为，$-1\leqslant m\leqslant 4$，所以，当 $x=\dfrac{3}{2}$ 时，$S_{\triangle PCD}$ 有最大值为 $\dfrac{5}{4}$，此时 $P\left(\dfrac{3}{2},0\right)$

（3）分类讨论

① 当 $\angle ABC=\angle BCM$ 时，$CM/\!/AB$，由抛物线的对称性可求 $M(3,2)$.

② 如图 3-3-62 所示，当 $\angle ABC\neq\angle CBM$ 时，

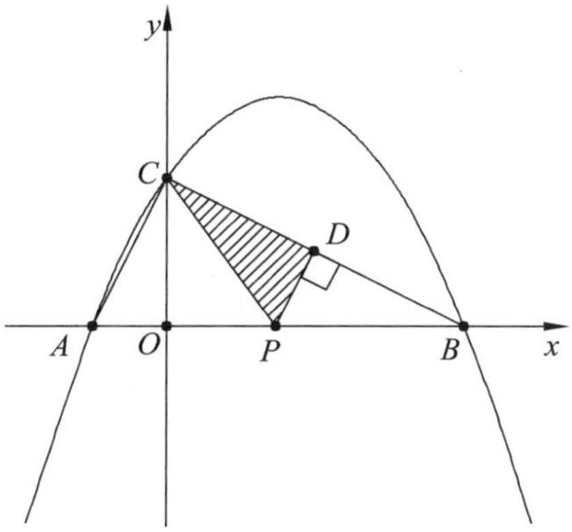

图 3-3-61

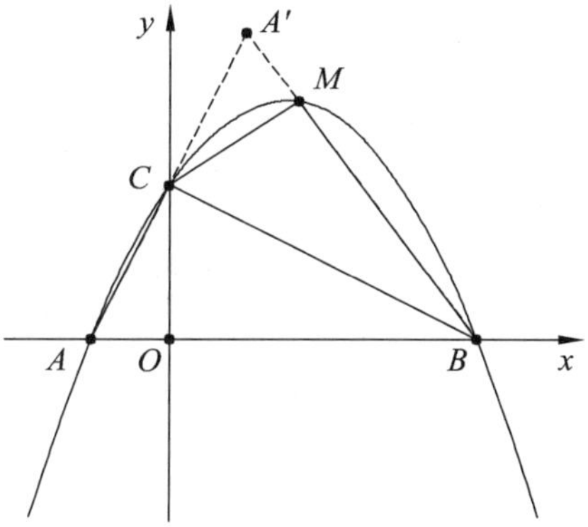

图 3-3-62

方法一：延长 AC、BM 交于点 A'

易证 $\triangle ABC\cong\triangle A'BC$，则 $A'C=AC$，易求 $A'(1,4)$，又因为 $B(4,0)$

所以 BM 的解析式为 $y=-\dfrac{4}{3}x+\dfrac{16}{3}$

联立 $\begin{cases} y=-\dfrac{4}{3}x+\dfrac{16}{3} \\ y=-\dfrac{1}{2}x^2+\dfrac{3}{2}x+2 \end{cases}$，得 $3x^2-17x-20=0$

解得，$x_1=4,x_2=\dfrac{5}{3}$，所以 $M\left(\dfrac{5}{3},\dfrac{28}{9}\right)$

综上所述，$M(3,2)$ 或 $M\left(\dfrac{5}{3},\dfrac{28}{9}\right)$.

方法二：如图 3-3-63 所示，过点 C 作 $CN/\!/BM$ 交 x 轴于点 N.

因为 $CN/\!/BM$，所以 $\angle BCN=\angle CBM$，又因为 $\angle ABC=\angle CBM$，所以 $\angle BCN=\angle ABC$，所以 $BN=CN$.

设 $N(t,0)$，则 $BN=CN=4-t$

在 $\text{Rt}\triangle CON$ 中，$2^2+t^2=(4-t)^2$，解得 $t=\dfrac{3}{2}$，则 $N\left(\dfrac{3}{2},0\right)$，又因为 $C(0,2)$

所以 CN 的解析式为：$y=-\frac{4}{3}x+2$

因为 $CN/\!/BM$，B（4，0），所以 BM 的解析式为：$y=-\frac{4}{3}x+\frac{16}{3}$

联立 $\begin{cases} y=-\frac{4}{3}x+\frac{16}{3} \\ y=-\frac{1}{2}x^2+\frac{3}{2}x+2 \end{cases}$，得 $3x^2-17x-20=0$

解得，$x_1=4, x_2=\frac{5}{3}$，所以 $M\left(\frac{5}{3},\frac{28}{9}\right)$

综上所述，$M(3,2)$ 或 $M\left(\frac{5}{3},\frac{28}{9}\right)$.

方法三：如图 3-3-64 所示，过点 C 作 $CG/\!/AB$ 交 BM 于点 G，过点 G 作 $GH\perp BC$ 于点 H

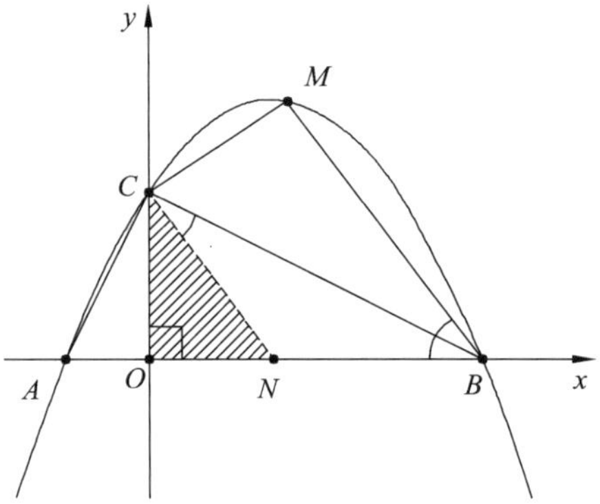

图 3-3-63

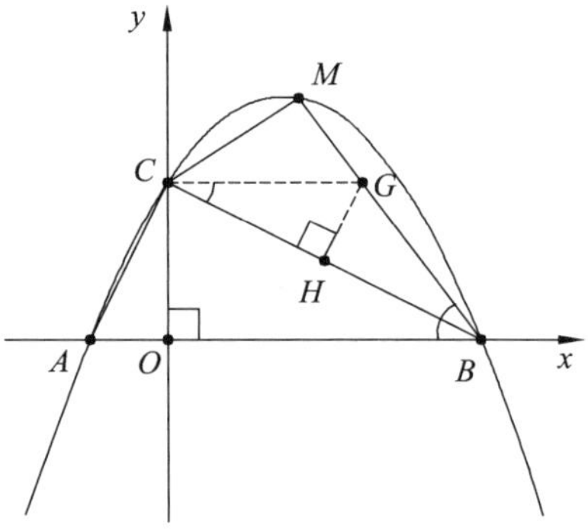

图 3-3-64

易证 $CG=BG$，所以 $CH=BH$，因为 $B(4,0)$，$C(0,2)$，所以 $H(2,1)$

因为 BC 的解析式为 $y=-\frac{1}{2}x+2$，所以 GH 的解析式为 $y=2x-3$

因为 $CG/\!/AB$，$C(0,2)$，所以 $G\left(\frac{5}{2},2\right)$

又因为 $B(4,0)$，所以 BM 的解析式为 $y=-\frac{4}{3}x+\frac{16}{3}$

联立 $\begin{cases} y=-\frac{4}{3}x+\frac{16}{3} \\ y=-\frac{1}{2}x^2+\frac{3}{2}x+2 \end{cases}$，得 $3x^2-17x-20=0$

解得， $x_1=4,x_2=\dfrac{5}{3}$ ，所以 $M\left(\dfrac{5}{3},\dfrac{28}{9}\right)$

综上所述，M（3，2）或 $M\left(\dfrac{5}{3},\dfrac{28}{9}\right)$.

方法四：如图 3-3-65 所示过点 M 作 $MN\perp BC$ 交 BC 于点 H，交 AB 于点 N

设 $M\left(t,-\dfrac{1}{2}t^2+\dfrac{3}{2}t+2\right)$，则 MN 的解析式为： $y=2x-\dfrac{1}{2}t^2-\dfrac{1}{2}t+2$

联立 $\begin{cases} y=-\dfrac{1}{2}x+2 \\ y=2x-\dfrac{1}{2}t^2-\dfrac{1}{2}t+2 \end{cases}$ ，解得 $\begin{cases} x=\dfrac{1}{5}t^2+\dfrac{1}{5}t \\ y=-\dfrac{1}{10}t^2-\dfrac{1}{10}t+2 \end{cases}$

则 $H\left(\dfrac{1}{5}t^2+\dfrac{1}{5}t,-\dfrac{1}{10}t^2-\dfrac{1}{10}t+2\right)$

易证 $MH=NH$,所以 $y_M+y_N=2y_H$,则有 $-\dfrac{1}{2}t^2+\dfrac{3}{2}t+2=2\left(-\dfrac{1}{10}t^2-\dfrac{1}{10}t+2\right)$

整理得 $3x^2-17x-20=0$ ，解得， $x_1=4,x_2=\dfrac{5}{3}$，所以 $M\left(\dfrac{5}{3},\dfrac{28}{9}\right)$.

综上所述， $M(3,2)$ 或 $M\left(\dfrac{5}{3},\dfrac{28}{9}\right)$.

方法五：如图 3-3-66 所示过点 M 作垂直 BC 交 BC 于点 H，过点 H 作 y 轴的平行线交 x 轴于点 G，交过点 M 平行于 x 轴的直线于点 K.

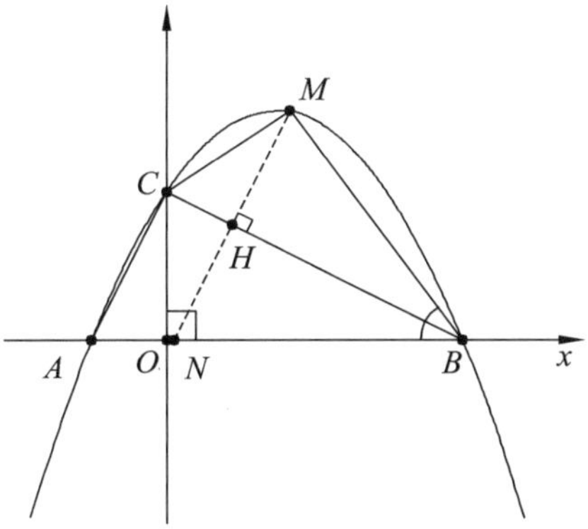

图 3-3-65

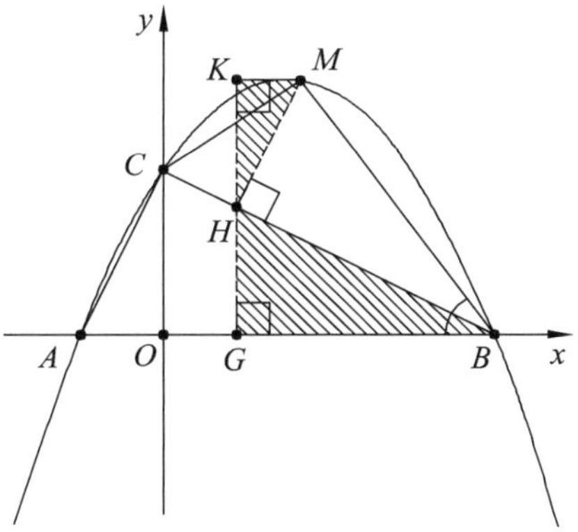

图 3-3-66

设 $G(t,0)$，则 $H\left(t,-\dfrac{1}{2}t+2\right)$，则 $FG=-\dfrac{1}{2}t+2$， $BG=4-t$

易证 $KM=\frac{1}{2}FG=-\frac{1}{4}t+1$， $KH=\frac{1}{2}BG=-\frac{1}{2}t+2$

故 $M\left(\frac{3}{4}t+1,-t+4\right)$，代入 $y=-\frac{1}{2}x^2+\frac{3}{2}x+2$，解得 $t_1=4$， $t_2=\frac{8}{9}$，所以 $M\left(\frac{5}{3},\frac{28}{9}\right)$.

综上所述， $M(3,2)$ 或 $M\left(\frac{5}{3},\frac{28}{9}\right)$.

【王保云赏析】 本题主要考查了二次函数与平面几何知识的综合运用，第（2）问题求面积的最大值，无论是用“割”还是“补”，都需将几何问题转化为二次函数模型来解决．第（3）问的前三种方法都是通过求出 BM 的解析式后，联立二次函数解析式求出点 M 的坐标，对学生几何分析能力要求较高；后两种方法都是用将点的坐标代入函数解析式的思路求出点 M 的坐标，对学生的计算能力要求较高．今后需继续加强一题多解教学，进行解析方法的优劣比较与赏析，提高学生的这两种基本技能，欣赏数学之美．

<<<<<< 第四章

赏析渗透数学美育的优秀课例

教学设计有三个层次，即宏观设计、微观设计和情境设计.

第一宏观设计，主要在头脑中进行，落在纸上的，往往只是纲要.“项目”不过两三个（课题、教学目标、教学过程），简单而重点突出. 如教学目标是必须达到且确实能达到的两三项，情感意识思想精神目标，不必写，也很难写；详细完整的教案，于教学无益.

第二微观设计，典型的问题、方法，环节上的转折，突破难点、抓关键的举措，要一一引出备忘.

第三情境设计，要结合微观设计进行.“微观设计”就是“如何操作”的设计，要周密思考，包括什么地方可能出问题，也要做设想，要像教练构思如何进行赛场指挥那样. 但具体解题过程，不可考虑过细，留一点现场与学生一块思考的余地；同时，也可设身处地地想想：学生会怎么想，甚至找学生做一点调研，以便有的放矢.

本章萃取了 30 多节精彩的完整的课例（按年级排序），其中有成都市金牛区、成都市、四川省、全国青年教师赛课课例，在这些优秀课例中，特别精彩的环节处又插入点评，赏析设计理念、操作策略，分析美在何处，什么样的课才称得上优秀. 可能仁者见仁智者见智，各人都有自己的观点. 我们不妨都从“设计（问题，活动）的艺术感”“教、学、研和谐发展感”，“师生获得感（成就感）”三方面去观察、去考量.

第一节　七年级优秀课例

一、课例 7.01　　用字母表示数

执教　陈慧（成都市铁路中学校）

赏析　谢祥（成都市金牛区教科院）

学习目标

1. 体会字母表示数的意义，形成初步的符号感.

2. 经历探索规律并用代数式表示规律的过程.

3. 让学生在探索规律的过程中，逐步建立符号意识，提高抽象思维的能力，培养学生认识事物从特殊到一般、再由一般到特殊的过程.

教学重点

理解用字母表示数的意义，会用含有字母的式子表示数量之间的关系.

教学难点

使学生经历探索并用代数式表示规律的过程.

1．情景导学

高斯是德国著名的大科学家，他小时候聪明又淘气，令老师非常头疼. 一天老师就想到了一个办法考验高斯，让他 5 min 之内将“$1+2+3+\cdots+100$”的值计算出来.谁知，高斯 5 s 就给出了答案，老师很惊讶，问他怎么算的. 他就说，他发现 $1+100=101$，$2+99=101$，…这样一共有 50 个 101，因此结果是 5050.

于是老师继续考验他，算出“$1+2+3+\cdots+1000$”的值.“$1+2+3+\cdots+n$”的值呢？

赏析：高斯算法，是一个经典的故事，这个方法美在哪里？美在将问题转化，美在发现自然数列（在高中叫等差数列）的“对称和相等”的规律. 用趣味数学故事导入值得提倡，由 1 到 100，追问 1 到 1000，再追问 1 到 n，通过追问，实现由具体数到字母的抽象，顺利导入，达到激发兴趣的目的. 可否继续追问，高斯会如何计算 1 到 n 的求和？

2．新知探究

填空：（1）长方形的长为 a m，宽为 4 m，则面积为 ______m^2.

（2）保温杯单价为 b 元，c 个保温杯的总价为 ________元.

（3）北极的温度由 t °C 降低 3 °C 为 ________°C.

（4）明明 5 h 走了 s km，则他的平均速度是________km/h.

说明：（1）数和字母相乘，可省略____，并把数字写在字母的_____.

（2）字母和字母相乘时，乘号可以________或用_______表示.

（3）后面带单位的相加或相减的式子要用_____________.

（4）除法运算中将除号改为___________.

追问：这些问题中的字母可以取什么数？

结论：____

赏析：用填空的方式，探究“字母表示数的意义（计算公式，运算律，数量关系，变化规律）及规范写法”，妙的是全在其中.

注意追问的价值：得出结论“字母可以表示任意数！”

3．深化认识

例 1 我们知道，在以前的学习中，运算律、公式等可以用字母来表示，填一填下面的表格.

加法交换律	$a+b=$__________
加法结合律	$(a+b)+c=$__________
乘法交换律	$ab=$__________
乘法结合律	$(ab)c=$__________
乘法分配律	$(a+b)c=$__________

赏析：例题 1 的设计，目的在于让学生感悟，字母可以简洁表示数学运算定律. 数学符号语言，简洁美！全世界通用.

小结：______________________________________

例 2 用火柴棒搭正方形，如图 4-1-1 所示.

图 4-1-1

（1）搭 1 个正方形需要______根火柴棒.

（2）搭 2 个正方形需要______根火柴棒.

（3）搭 3 个正方形需要______根火柴棒.

（4）搭 n 个正方形需要多少根火柴棒呢？（小组讨论，交流）

追问 1：你还有哪些不同的方法求解？

追问 2：用你喜欢的方法算一算搭 500 个正方形需要_______根火柴棒.

赏析：用火柴棒搭正方形，搭 1 个、2 个、3 个……n 个，解决此类问题，应遵循由特殊到一般的原则，先观察搭 1 个，2 个，3 个正方形各需火柴棒的根数，分析正方形的个数与火柴棒根数之间的关系，找出其中的规律.

这是个经典数学问题，“追问 1”一题多解，目的在于训练思维，可以训练思维的开放性，培养学生多方法解决问题的能力；“追问 2”，搭 500 个正方形，显然不需实际去搭了再算，用前面探索到的规律，将正方形个数 n 代为 500，去计算即可. 这个追问，追出了用字母表示数的巨大威力，因为它揭示的是一般规律.

我的思考：① 统计火柴棒的根数，难点是什么？② 考虑多解归一，方法虽然不同，但是否有共同的思维特征？（拆，拆出与 n 有关的数据！）

小结：（1）数学思想方法________________________________

（2）解题策略________________________________

练一练：用棋子摆成图 4-1-2 所示的一组图案.

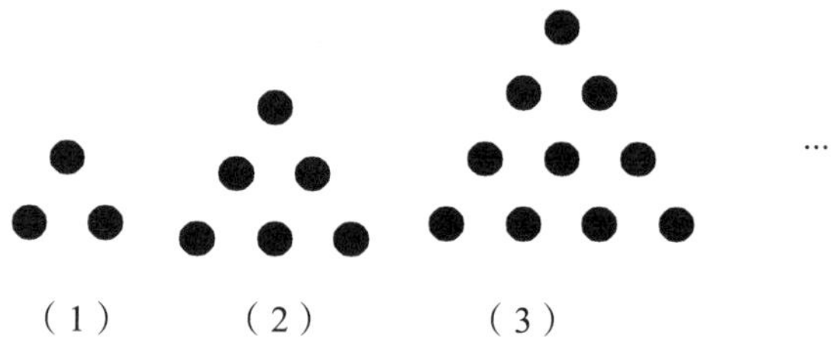

图 4-1-2

按上述方式，第 m 个图案共有棋子______个

赏析： 研究图形数，由火柴棒搭正方形到用棋子摆三角形，改变的是问题背景，这是问题变式，目的在于巩固例题的方法，检验学生是否知识过手. 这是我们一直提倡的教学设计方法，可介绍古希腊毕达哥拉斯学派对图形数的研究做出过巨大贡献.

如何找到第 m 个图案共有棋子个数，难点同样是如何“拆”？“拆”得恰当，统计就易如反掌. 一般说来，也可以先由特殊，猜想一般规律（通常称为从特殊入手），注意猜想不一定正确，需要“拆”第 m 个图案，找规律.

例 3 电影院第一排有 m 个座位，后面每一排都比它的前一排多 1 个座位，则第 n 排的座位有多少个？

追问： 如何计算求前 n 排座位数的和？

赏析： 例 3 设计的是实际应用问题，前面问题都是从具体数字到一般字母，例 3 中电影院第一排有 m 个座位，起点就从字母 m 开始，“后面每一排都比它的前一排多 1 个座位”要解决“第 n 排的座位有多少个”，就必须追问“第 n 排的座位比第一排多多少个座位”.

例题设计有梯度. 追问：如何计算求前 n 排座位数的和？有难度. 回顾高斯求和法，问题可以解决，还起到前后呼应的效果.

4．拓展提升

（1）某工程甲单独做需 x 天，乙单独做需 y 天，两人合作需________天.

（2）正方形的边长为 b cm，它的边长增加了 2 cm，则它的面积增加了____________cm^2.

（3）如图 4-1-3 所示，长方形的长为 a cm，宽为 b cm，四角割去边长为 x cm 的小正方形折叠后形成一个长方体. 体积是________________cm^3.

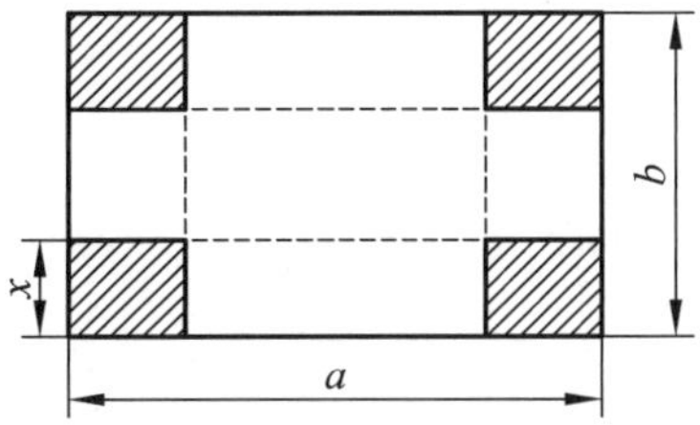

图 4-1-3

（4）用火柴棒按图 4-1-4 所示搭三角形，照这样的规律搭下去，搭第 n 个图形需要______根火柴棒.

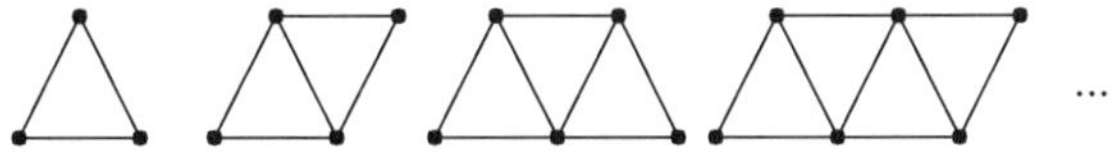

图 4-1-4

（5）观察：$a_1=1-\frac{1}{3}$，$a_2=\frac{1}{2}-\frac{1}{4}$，$a_3=\frac{1}{3}-\frac{1}{5}$，$a_4=\frac{1}{4}-\frac{1}{6}$，…

求 a_n，$a_1+a_2+a_3+a_4+\cdots+a_n$

（6）观察下列各式：

$1+2+1=4$

$1+2+3+2+1=9$

$1+2+3+4+3+2+1=16$

$1+2+3+4+5+4+3+2+1=25$

① 写出和上面等式具有同样结构，等式左边最大数是 10 的式子.

② 写一个等式，要求能代表所有类似的等式，清楚地反映出这类等式的特点.

赏析：拓展提升 6 个问题，目的是巩固和强化本节课的知识，即用字母表示“数量关系”，代入数学公式计算面积、体积等.

我注意到：6 个习题序列的梯度. 比如，考虑 2 题与 1 题的位置（2 题简单）.

问题 3，最后表述为无盖长方体盒子，求容积.

问题 4，是道好题，方法也多.

问题 5，难度大，对字母 n 分奇数、偶数讨论.

问题 6，根据运算，找规律，是道好题.

5．课堂感悟

谈谈本节课有什么收获？

知识方面：

数学美：

用字母表示数的好处？

赏析：用字母表示数，揭示的是一般数学规律，所以隐含的数学美：① 由特殊到一般，探索规律的方法美；② 数学规律展示出简洁美（如简洁的计算公式）；③ 数学规律在实践中很有用，所以具有实用价值美.

6．课后作业

课课练 3.1

二、课例 7.02　用字母表示数

执教　刘凤（成都市金牛中学校）

赏析　谢祥（成都市金牛区教科院）

学习目标

1. 经历代数发展的阶段，体会字母表示数的意义，领会字母表示数的数学思想.

2. 经历用字母或含字母的式子表示数或数量关系（规律） 的过程，进一步体会用字母表示数的优越性，提升用字母表示数的自觉性.

3. 经历“用字母表示数”的历史，激发学生对代数的热爱，让学生感受数学历史发展的不易，体会数学发展给人类带来的进步.

学习重难点

理解用字母表示数量关系或规律.

学习过程

1．第一环节——激趣

教师：今天很高兴跟同学们一起学习，听说我们班的同学特别活泼，爱动脑筋，老师特意带来了一首我小时候的儿歌，来，我们大家一起唱一唱……

学生：1 只青蛙 1 张嘴，2 只眼睛 4 条腿……

教师：你觉得这首歌唱得完吗？既然唱不完，能不能用一句话概括一下呢？

学生：n 只青蛙 n 张嘴，$2n$ 只眼睛 $4n$ 条腿教师：这里的 n、$2n$、$4n$ 不仅表示了数量，还表示了它们与青蛙只数之间的关系. 同学们想想，用字母表示有什么好处呢？

学生：简洁概括.

教师：这里的字母 n 可以取哪些数呢？

学生：正整数.

教师：说明在实际问题中，我们要注意用字母表示数是有范围的.

赏析： 以让学生感觉有趣的数青蛙引入，使学生体会到现实生活的规律性及用字母表示这一规律的必要性和可行性，初步体会字母表示数的优越性，了解字母的取值范围.

2．第二环节——回顾

出示等式：$a+b=b+a$，$S_{\triangle}=a\times b/2$.

教师：你能说出这些等式所表达的意思吗？这些等式中的字母都表示什么？

教师：与文字描述比较起来，用字母表示数有什么好处？

学生：概括后更加简洁易记，也便于应用.

教师：回忆一下，从小学到现在，我们学过哪些数学规律，法则，计算公式？我们是怎么表示它们的？（小组交流讨论，选一组展示）

教师：通过前面的学习，我们知道了字母可以表示数、数量关系、运算律、公式等，它有什么好处呢？（简洁概括，板书）

赏析： 学生对字母表示数的理解不是一蹴而就的，需要反复的体验. 为了发挥学生已有知识的有效作用，实现用语言概括到用字母表示的对比、过渡和加深，安排了图形有关公式和熟悉的运算定律，激发学生进一步体验符号语言的优越性，使新旧知识在深层次上达到了统一.

3．第三环节——探究

教师：这道题一亮相，有的同学眼睛都亮了，最喜欢做这种题了！

（1）如图 4-1-5 所示，记录你所搭的正方形的个数和所用的火柴棒的根数，并填表 4-1-1.

图 4-1-5

①

表 4-1-1

正方形个数	1	2	3	4
火柴根数				

② 搭 100 个这样的正方形需要多少根火柴，你有几种计算方法？（小组交流讨论）

③ 如果用 n 表示正方形的个数，搭 n 个正方形要___________根火柴.

赏析： 正方形个数由 1、2、3、4 变到 100，逼学生感悟不能具体一个一个去数，只能想法计算，并研究不同计算方法. 赏析学生的方法，引导学生理解从具体的数到字母，这就是“从特殊到一般”. 在观察图形时用“割”或“补”的方法，抓住相同的量，再处理不同的量，这就是“求同存异”. 分别从图形或数考虑，这就是“多角度观察思考”，有利于训练发散思维，注意了多解中方法比较，赏析最简洁的方法.

④ 根据你的计算方法，搭 2020 个这样的正方形需要______根火柴棒.

（2）用火柴棒按图 4-1-6 所示的方式搭图，填写表格 4-1-2.

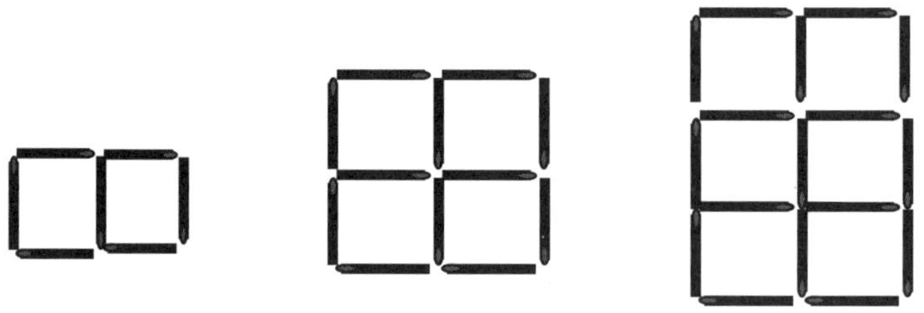

1　　　2　　　3

图 4-1-6

表 4-1-2

图形编号	1	2	3	4	…	n
火柴棒根数						

教师：总结“探究问题”的方法.

赏析： 探究一，体现了数学建模的思想，给学生充分的时间去研究，鼓励学生探索交流，运用自己的语言来表达各自的方法，使得他们在交流中相互受益，最终形成用字母表示规律，再对一般规律加以应用. 这个过程让学生深刻体会到解决“探究”问题的方法：“从特殊到一般”“求同存异”“从不同角度观察思考”. 探究二，强化巩固数学建模思想，利用数形结合，突破重难点.

4．第四环节——实践

教师：经过前面的学习，现在我们完成独立练习.

（1）温度由 t °C 下降 2 °C 后是______°C.

（2）今年李华 m 岁，去年李华______岁，5 年后李华______岁.

（3）某店上月收入为 a 元，本月的收入是上月的 2 倍还多 10 元，本月的收入是______元.

（4）明明用 t s 走了 s m，他的速度是______m/s.

（5）如果正方形的棱长是 $a-1$，那么正方体的体积是______，表面积是______.

教师点拨：（1）字母表示的取值范围.

（2）在同一道题中，不同的量用不同的字母表示.

（3）不同的题中，相同的字母可以表示不同的意义.

教师：同学们练习做得非常好，如果老师把难度提升一点点，你还能顺利解决吗？

补充练习

（1）编故事：$2a+10$.

（2）长方形的长为 a，宽为 b，求图 4-1-7 中阴影部分面积.

强调书写规则：

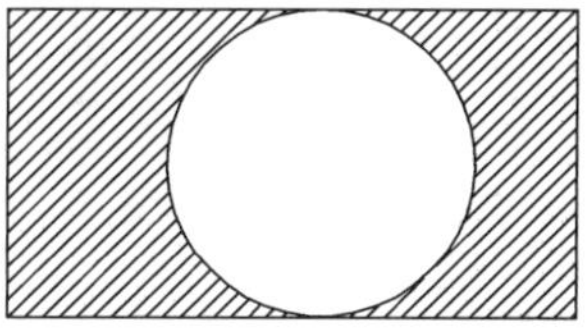

图 4-1-7

（1）数和表示数的字母相乘或字母与字母相乘时，通常把“×”记为“·”或省略不写，但数字要写在字母的前面，如 $3\times a$ 写作 $3a$，$a\times b$ 写作 $a\cdot b$ 或 ab.

（2）1 或 -1 与字母相乘时，通常把“1”省略，如 $-1\times a$ 写作 $-a$，$1\times a$ 写作 a.

（3）带分数与字母相乘时要化成假分数，如 $\frac{4}{3}y$.

（4）在含有字母的除法中，一般不用 ÷ 号，而写成分数的形式. 如 $s\div t$ 写作 $\frac{s}{t}$.

（5）当式子含加减运算且后面有单位时，通常要用括号把式子括起来，如（$3a+1$）元.

赏析：学生在已有经验的基础上，能顺利用字母表示一些数量关系和几何图形的面积，体会到数学知识的相互联系.“编故事”这个发散练习，由代数式找出其背景意义，让同学们通过举例体会到“$2a+10$”的意义与 a 的意义是紧密相关的，是函数思想的渗透. 总结“书写规则”，体现数学的严谨、简洁、准确.

5．第五环节——小结

（1）字母可以表示什么呢?

（2）为什么要用字母表示数呢?

（3）如何用字母表示数学规律呢?

（4）你能用字母“A”“B”“C”评价你在本节课的表现吗?

赏析：小结，帮助学生把握课堂重点，并体会在实际生活中用字母表示数.

6．第六环节——追溯

教师：正是有了字母表示数，数学才产生了大的飞跃，由算术上升到了代数，用字母表示数的历史非常漫长.

（1）在数学发展的早期，所有数学问题的提出和解决都是用文字叙述的. 比如，距今 3600 多年的莱因德纸草书上记载了这样一个题 “一个量，加上它的 2/3、它的 1/2 和它的 1/7，等于 33，求该量”那时候的人们解决这道题时用的是“试错法”，就是把一个个数字代进去试看能不能凑出 33.

教师：同学们，你们能解决这个问题吗?

学生：设这个量为 x，列方程.

（2）1300 年后，首先想到这个方法的是古希腊的丢番图，他在《算术》中首次用希腊字母“ς”来表示未知数.

（3）又过了 1000 年，16 世纪的法国数学家韦达在《分析术入门》中第一次系统地用字母表示任意数，不再仅仅局限于未知数. 因此，韦达被称为现代代数学之父.

值得一提的是，中国古代数学曾经很辉煌，但自从西方代数学获得发展后，中国数学就和西方数学拉开了差距，直到 1859 年，清朝的李善兰才与英国传道士合译了中国第一部代数教材《代数术》.

教师：作为新时代的中国少年，大家有没有信心学好代数?

赏析：这部分内容的设置为学生补充了数学文化知识，激发学生对代数的热爱，让学生感受数学历史发展的不易，体会数学发展给人类进步带来的贡献. 方程的设置对小学和七年级的一元一次方程做一个小小的衔接，非重点，不求解.

三、课例 7.03　《整式的乘除》复习——最值问题

执教　　唐有林（成都市金牛实验中学校）
赏析　　谢　祥（成都市金牛区教科院）

1．整式的乘除

最值模型、非负数代数式、不定多元特殊方程、完全平方公式.

（1）$a^2 \geqslant 0$　　　$|a| \geqslant 0$

（2）$(a \pm b)^2 = a^2 \pm 2ab + b^2$

（3）$a(x+h)^2 + k$（a、h、k 为常数，x 为变量）

（4）$(ax+b)^2 + (my+n)^2 = 0$

赏析： 完全平方式具有非负性，即完全平方式表示的数非负. 中学阶段要学三个非负数！非负性的应用非常重要. 本节课求二次三项式的最值，就是“完全平方式的非负性应用”，$x^2 \geqslant 0$，说明 x^2 的最小值为 0，$-x^2 \leqslant 0$，说明 $-x^2$ 的最大值为 0. 这是选题的重要亮点之一，说明唐老师备课是下了功夫的.

2．整式乘除最值建模

问题串一（3 min）

（1）如果 $(x+1)^2 + (y-2)^2 = 0$，那么 $(x-1)^2 \div (y+2)^2 =$______.

（2）如果 $x^2 + kx + 81$ 是一个完全平方式，则 k 的值为________.

（3）若 $x^2 + 2(m+3)x + 4$ 是一个完全平方式，则 m 的值为________.

（4）若 $36x^2 - axy + 81y^2$ 是一个完全平方式，则 a 的值为__________.

赏析： 问题串一，第（1）小题关于平方和为零，则各自为零的问题. 第（2）、（3）、（4）都是已知二次三项式为完全平方式，求参数的问题. 已知完全平方式的某两项，配凑第三项，实质包含两类：一类是求首或尾平方项，方法是分解中间项；另一类是由两个平方项找中间项. 这三个小题，都是“已知两平方项，找中间项”，解此类问题容易漏解（常常不注意“中间项可正也可负”）.

问题串二（3 min）

（5）当 $x=$________时，x^2 有________（最大或者最小）值为______.

（6）当 $x=$________时，$-2x^2$ 有________（最大或者最小）值为______.

（7）当 $x=$________时，$3x^2+2$ 有________（最大或者最小）值为______.

（8）当 $x=$________时，$-3x^2-5$ 有________（最大或者最小）值为______.

赏析： 简单最值问题，为啥要设计引入这 4 个小问题？目的是什么？

（5）题（6）题是对平方式求最值，（7）题（8）题为二次二项式，即对“平方式与常数和”求最值．这里，其实是“巧搭阶梯，启发自悟”，可以“感悟”到：对于 ax^2+b 这个代数式① 当 $a>0$ 时，由于 x^2 的最小值是 0，所以 $ax^2\geqslant 0$，所以代数式 $ax^2+b\geqslant b$，整体的最小值为 b；② 当 $a<0$ 时，由于 x^2 的最小值是 0，所以 $ax^2\leqslant 0$，代数式 $ax^2+b\leqslant b$，于是有最大值 b．

一个二次三项式取最值的实质是“平方的非负性”，到底取最大还是取最小，是由二次项系数的符号决定的．

问题串三（5 min）

（9）当 $x=$______时，$(x-2)^2-4$ 有_____（最大或者最小）值为______．

（10）当 $x=$_______时，$-3(x-2)^2-4$ 有_________（最大或者最小）值为______．

（11）当 $x=$______时，多项式 x^2-4x+7 有________（最大或者最小）值为______．

（12）当 $x=$______时，多项式 $-4x^2-4x+1$ 有_______（最大或者最小）值为______．

赏析：问题串三，第（9）、（10）题实质是将平方式由单字母 x^2 先变为一个代数式 $(x-2)^2$，第（11）、（12）题再变为一般二次三项式，需要配方，转化为“完全平方式”加常数，即转化为 ax^2+b 模型．已知“一个平方项与交叉乘积项（或中间项）”如何配方，是求最值的重点，也是难点．

3．归纳提炼最值模型、特殊方程（5 min）

4．识模用模

问题串四（3 min）

（13）若 $x^2-4x+y^2+6y+13=0$，则 $x^y=$__________．

赏析：最值模型 $a(x+h)^2+k$（a、h、k 为常数，x 为变量）；

特殊方程 $(ax+b)^2+(my+n)^2=0$

（14）不论 x、y 为什么数，代数式 $x^2+y^2+2x-4y+7$ 的值总是大于 0．

赏析：问题串四，（13）题是二元二次方程，可以配平方和为零；（14）题是二元二次代数式，配成平方和加常数，其实常数就是最小值．

问题串五（5 min）

（15）当 $a=$__________，$b=$__________时，多项式 $a^2b^2-8ab+4a^2+b^2+7$ 有__________（填最大或者最小）值为_______________．

（16）已知 $x^2+y^2+z^2-2x+4y+6z+14=0$，求 $x+y+z$ 的值．

赏析：问题串五，(15) 题是二元二次代数式，注意有交叉乘积项，配成平方和加常数，其实常数就是最小值，可以配平方和为零；(16) 题是特殊的二元二次方程，配成 3 个平方式的和为 0.

设计说明：

(1)“整式乘除”知识点思维导图展示、作业反馈、学生当堂制作整式乘除知识点思维导图以及学生赏析 (15 min).

(2)“整式乘除”专题——最值问题 (25 min).

赏析：最后，谈谈关于信息技术及相关工具的威力，谈一点感受.

通过现场搭建录播教室进行伴随式采集信息，利用（智课 AI）人工智能技术，对师生进行人脸识别、行为识别，做到即时化分析.

课后实时生成数据报告，报告包含课程信息，师生 9 种行为比例分析及分布图、学生参与度散点图及课堂表现曲线以及 *S-T* 数据. 数据具有客观性，给老师提供教学反思，给教学研究提供实证性数据支撑.

这种伴随式采集及智课 AI 分析方式使得对每一节课的客观数据分析成为现实，使得全面评价成为可能.

在教育信息化背景下，结合人工智能做到教育教学与信息技术的深度融合.

四、课例 7.04　完全平方公式

执教　杨春梅（成都市金牛区花照中学校）

赏析　谢　祥（成都市金牛区教科院）

学习目标

1. 理解完全平方公式的意义，熟记完全平方公式结构特征.
2. 能运用完全平方公式进行简单的计算.
3. 感受数学公式的简洁与奇巧之美.

本节重点

从不同角度理解完全平方公式，能运用完全平方公式进行简单的计算.

本节难点

掌握完全平方公式的结构特征.

赏析：完全平方公式的教学设计，通常有三种方法：① 自学阅读教材得出；② 由图形面积研究得出；③ 由多项式乘法运算得出.

杨老师用的方法 3.

思考方法 3 的好处有哪些？从思维的逻辑上看……

建议：从诱悟到逼悟……

1．合作探究，获得新知

活动一：计算下列各式

（1）$(p+1)^2=(p+1)(p+1)=$____________________________.

（2）$(m+2)^2=$____________________________.

（3）$(a+b)^2=$____________________________.

活动二：观察上面 3 道题中等式左边的形式和最终计算出的结果，发现其中的规律：

（1）左边都是__________________形式，右边都是______次______项式.

（2）左边第一项和右边第一项有什么关系？________________________

（3）左边第二项与右边最后一项是什么关系？________________________

（4）右边中间一项与左边两项的关系是什么？________________________

（5）哪个等式更具有一般性？________________________

活动二的目的在于引导发现完全平方公式，设计 5 个填空，先从宏观再到微观，从整体到局部.

思考：是否可用一个问题，即“如何总结完全平方公式的结构特征”代替这 5 个问题？提问是越宏观粗略好，还是越微观具体好？

归纳：完全平方公式 $(a+b)^2=$________________________

$(a-b)^2=$________________________

语言叙述：____

____

口诀：

赏析：本环节注重符号语言与文字语言之间的转换. 注意差的完全平方，利用代数和，统一到和的完全平方，揭示数学内部的和谐一致性，渗透数学的统一美、和谐美！

活动三：其实我们还可以从几何的角度去解析完全平方公式，你能通过下面的拼图游戏说明完全平方公式吗？

问题 1：由图 4-1-8（a）可知，$(a+b)^2$ 表示什么？$a^2+2ab+b^2$ 又表示什么？

问题 2：由图 4-1-8（b）可知，$(a-b)^2$ 表示什么？$a^2-2ab+b^2$ 又表示什么？

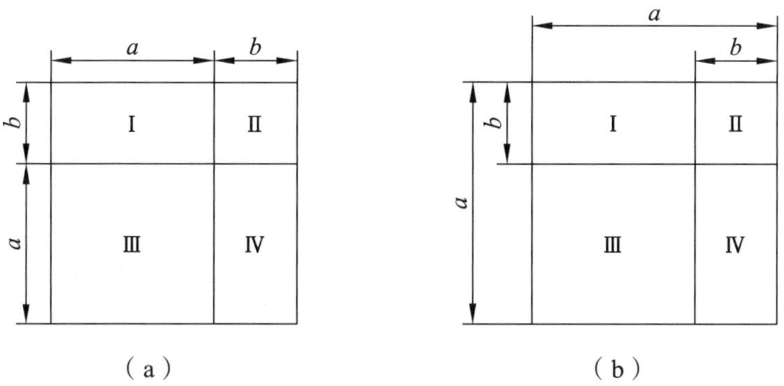

图 4-1-8

赏析：本环节，构造几何图形，证明完全平方公式，数形结合，方法美.

思考：如何巧妙地引导学生构造图形？使方法自然生成？

2．巩固运用，内化新知

例 1 （1）$(5m+n)^2$　（2）$(3x-0.5)^2$

赏析：例 1 的设计，目的在于对公式中字母的深刻理解，字母可以是单独的一个数、一个字母、一个单项式，这是第一层次的理解.

练习 1：下列各式中哪些可以运用完全平方公式计算__________.

（1）$(x+y)(-y+x)$

（2）$(a-b)(b-a)$

（3）$(ab-3x)(-3x+ab)$

（4）$(-m-n)(m+n)$

及时小结：______________________________.

赏析：完全平方公式，是特殊的两多项式相乘，本练习目的在于识别相乘的两个多项式是否具有特殊性.

练习 2：（1）$(2m+n)^2$　（2）$(-2m+n)^2$　（3）$(-2m-n)^2$　（4）$(2m-n)^2$

及时小结：______________________________.

完全平方公式是恒等式，变式中，由右到左用公式，进行逆向思维训练.

变式：

（1）$(2x+3y)^2=$____________　（2）$(\qquad\qquad)^2=9a^2+6a+1$

（3）$(\qquad\qquad)^2=4a^2-4a+1$

例 2 计算

（1）98^2　（2）$1.234^2+0.766^2+2.468\times0.766$

赏析：例 2 是两个特殊代数式的平方运算，特殊在于符合完全平方公式特征的运算式，用公式会带来方便，渗透数学方法的应用之美.

及时小结：

揭开速算的神秘面纱：速算 75^2

因为 $7\times 8=56$

所以 $75^2=5625$　　　这有什么奥秘吗？

赏析：速算隐含数学方法美. 速算末尾是 5 的数的平方，它属于“首同末合十”的特殊情况，应用完全平方公式，很容易证明速算方法. 这里很好地渗透了数学美育.

3．视野拓展

（1）两数和（差）的完全平方公式适用于三个数的和（差）完全平方吗？

计算：（1）$(a+b+c)^2$

（2）$(a+b-c)^2$

（3）$(a-b-c)^2$

赏析：本环节与例题 1 之间有何联系？目的在于对公式中字母更深刻的理解，字母还可以是多项式，只需将多项式看成一个整体.

思考：把哪两个项看作一个整体？展开后结论是否一样？

（2）尝试研究 $(a+b)^n$（n 为非负整数）.

如果将 $(a+b)^n$ 的每一项按字母 a 的次数由大到小排列，就可以得到下面的等式：

$(a+b)^0=1$，它只有一项，系数为 1；

$(a+b)^1=a+b$，它有两项，系数分别为 1，1；

$(a+b)^2=a^2+2ab+b^2$，它有三项，系数分别是 1，2，1；

$(a+b)^3=a^3+3a^2b+3ab^2+b^3$，它有四项，系数分别是 1，3，3，1.

如果将上述每个式子的各项系数排成下表，那么你能发现什么规律？你能继续将这个表写下去吗？

1	$(a+b)^0=1$
1　1	$(a+b)^1=a+b$
1　2　1	$(a+b)^2=a^2+2ab+b^2$
1　3　3　1	$(a+b)^3=a^3+3a^2b+3ab^2+b^3$

4．课堂小结

5．学情反馈

（1）用完全平方公式计算

① $(xy+6)^2$　　② $(-m-n)(m+n)$

③ $\left(\frac{3}{4}x-\frac{2}{3}y\right)^2$　　④ 199^2

⑤ $(2m+b+c)^2$

（2）图 4-1-9（a）是一个长为 2 m，宽为 $2n$（$m>n$）的长方形，用剪刀沿图中虚线（对称轴）剪开，把它分成四块形状和大小都一样的小长方形，然后按图 4-1-9（b）那样拼成一个正方形，由此可验证的乘法公式是（　　）.

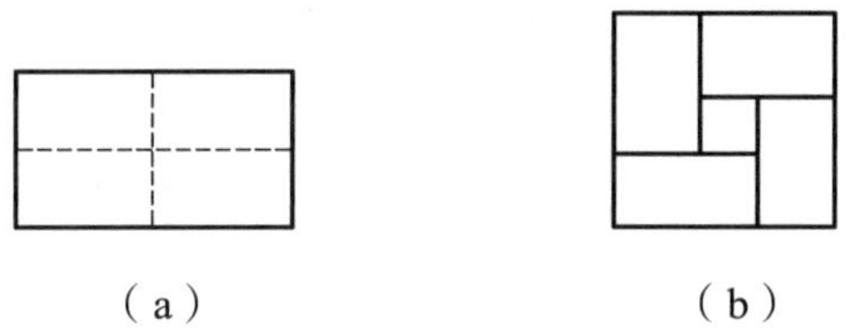

图 4-1-9

A. $a^2+2ab+b^2=(a+b)^2$　　B. $(a+b)^2-(a-b)^2=4ab$

C. $(a+b)(a-b)=a^2-b^2$　　D. $a^2+b^2=(a+b)^2$

五、课例 7.05　完全平方式及其应用

执教　周小燕（成都铁中府河学校）

赏析　谢　祥（成都市金牛区教科院）

学习目标

1. 熟练完全平方式公式的形式、掌握完全平方式的结构.

2. 掌握配方法，以及完全平方式非负性的运用.

3. 体会分类讨论思想及巧妙的变式之美.

学习重点

掌握完全平方式的结构和配方法，以及完全平方式非负性的运用.

学习难点

理解并运用配方法.

学习过程

1．学习准备

完全平方公式：$(a \pm b)^2 = a^2 \pm 2ab + b^2$

完全平方式的结构：$a^2 \pm 2ab + b^2$

完全平方式特点：____.

预热判断，识别完全平方式.

预热判断：下列各式为完全平方式的是__________.

① $x^2 + y^2$　　　　② $x^2 + 2xy - y^2$

③ $4x^2 - 2xy + \frac{1}{4}y^2$　　　　④ $x^4 + 2x^2y^2 + y^4$

⑤ $3x^2 + 6x + 1$　　　　⑥ $(x+y)^2 + 2(x+y)z + z^2$

2．已知完全平方式的其中两项，配凑第三项

赏析：已知完全平方式的某两项，配凑第三项，实质包含两类：一类是求首或尾平方项，方法是分解中间项，另一类是由两个平方项找中间项，容易漏解（没注意中间项可正也可负）.

例 1　已知 $9x^2 + 12x + k$ 是完全平方式，则 $k=$________.

变式 1　若 $k^2 + 12x + 9x^2$ 是完全平方式，则 $k=$________.

赏析：注意，由例 1 中的 k 变为变式 1 中的 k^2 目的是什么？为什么后两题都在例 1 上变化，而不重新换新题？

变式 2　若 $9x^2 + kx + 4$ 是完全平方式，则 $k=$________.

小结：

强化训练 1：

① 若 $9x^2 + 12x - k$ 是完全平方式，则 $k=$________.

强化训练①与例 1 对比，发现什么？追问 $9x^2 - 12x + k$ 是完全平方式，求 k，与例 1 对比，又会发现什么？

② 若 $x^2 + 2(a+4)x + 25$ 是一个完全平方式，则 $a=$________.

3．完全平方式的非负性应用

赏析：完全平方式具有非负性，中学阶段要学三个非负数. 这是本节课"完全平方式的应用"的重要亮点之一，因为非负性的应用非常重要.

知识引入

① 若 $(x-3)^2 + y^2 + 2y + 1 = 0$，则 $x=$__________，$y=$__________.

② 若 $x^2-6x+y^2+2y+10=0$，则 $x=$________，$y=$________.

赏析：引入的①与②有何关系？为何这样设计？

①与②，解一个方程，居然求得两个未知数！这配完全平方式的方法多么美妙！实质：若几个非负数的和为零，则它们同时为零. 这是个美妙的结论！

小结：____.

例 2 如果实数 m、n 满足 $2m^2-2mn+n^2-4m+4=0$，那么 $(m-n)^2=$__.

赏析：例 2 之前，为什么要设计引入的①与②？

4．简单最值问题

知识引入

① x^2+1 有最________（填“大”或“小”）值________.

② $(x-1)^2+5$ 有最________（填“大”或“小”）值________.

③ x^2-2x-3 有最________（填“大”或“小”）值________.

追问：将二次项系数都加负号，又会怎样？

赏析：简单最值问题，为啥要设计引入的 3 个小问题？目的是什么？

小结：____.

例 3 求 $9x^2+6x+2$ 的最值？

赏析：通过前面 3 个小问题作为阶梯，引导解决例 3，即对于一般二次三项式，为什么有最值？如何配方求最值？最大还是最小，是由谁决定的？

强化训练 2 求代数式 $4x^2+4x-1$ 的最值.

总结：____.

课后思考——趣味应用

$15^2=$____________　　　　$65^2=$____________

$25^2=$____________　　　　$75^2=$____________

$35^2=$____________　　　　$85^2=$____________

$45^2=$____________　　　　$95^2=$____________

$55^2=$____________

知道怎么速算吗？这类数的平方为什么可以速算？你能推广吗？

作业

1.《练习册》.

2. 想想你在实际生活中哪些地方会遇到完全平方式，举出几个例子.

课后练习

1. 若 $\dfrac{1}{4}x^2+3x+k$ 是完全平方式，则 $k=$________.

2. 若 $\frac{1}{4}x^2+3x+k^2$ 是完全平方式，则 $k=$________.

3. 若 $\frac{1}{4}x^2+kx+9$ 是完全平方式，则 $k=$________.

4. 若 $\frac{1}{9}x^2+37=4x-2y-y^2$，则 $x-2y=$________.

5. 求 x^2+8x+2 的最小值？

六、课例 7.06　比较线段的长短

执教　　刘勇（成都市第二十中学校）
赏析　　谢祥（成都市金牛区教科院）

1．第一环节　情景引入，导出课题

（1）**问题 1：**如图 4-1-10 所示，猜测从 A 到 C 的 4 条道路，哪条最短？

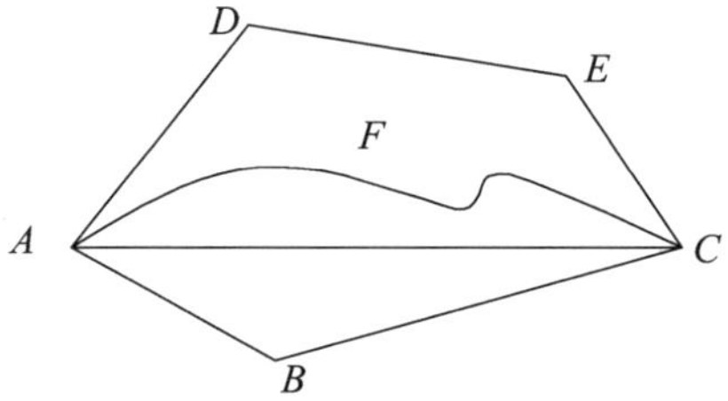

图 4-1-10

A. $A—B—C$　　　　B. $A—C$
C. $A—F—C$　　　　D. $A—D—E—C$

你选的路径是哪条？

结论：两点之间的所有连线中，___________最短.

简述为两点之间，线段最短.（线段公理）

定义：两点之间线段的___________，叫作这两点之间的距离.

赏析：① 初中阶段要培养的数学核心素养为：数感、符号意识、空间观念、几何直观、推理能力、模型思想、运算能力、数据分析能力、应用意识和创新意识. 借助几何直观，得出线段公理，意在落实几何直观核心素养的培养.

② 关于“距离”概念，追问“作两点之间的距离”是个“经典的错误”，距离是“长度”，是“数”非“形”.

（2）直观感受，如何比较男生与女生的身高？

赏析：① 创设情境“比身高”，意在突出“站在同一地平面”，为后面“比线段”要“叠合端点”提供感性认识.

② 思考：可否创设比较的对象不在同一地平面上？

2．第二环节　问题探究，形成策略

问题 2：如何比较两根木棒的长短？

把两个人的高度、两根木棒的长看成两条线段，怎么比较它们的大小？

赏析：① 相等且互相垂直的两线段，通过观察比较长短，感觉水平方向短，眼见不一定为实！渗透数学方法隐含严谨的理性的美！

② 度量法——“数”的角度；

叠合法——“形”的角度.

把方法的实质点拨“透彻”了.

探究一：如何比较两条线段的长短

AB 与 CD 一样长，记作____________.

AB 比 CD 长，记作____________.

AB 比 CD 短，记作____________.

（1）归纳方法.

方法一：____________（工具：可用刻度尺）多媒体演示.

方法二：____________（方法：线段的平移）多媒体演示.

（2）如何不借助刻度尺，以及不使用平移来比较两条线段长短？观察黑板.

结论：利用____________取定长，通过截取，进行比较.

赏析：利用圆规截取一条线段与另一线段比较的方法，实质是什么？

练习 1

1. 用刻度尺量出图 4-1-11 中三角形三条边的长：

$AC=$_______cm；$BC=$________cm；$AB=$_______cm.

2. 将“＝”“＜”或“＞”号填入下面的空格：

AC______BC，AC__________AB，AB________BC.

3. 用圆规比较下列各组线段的长短（教科书 P112 习题 1）.

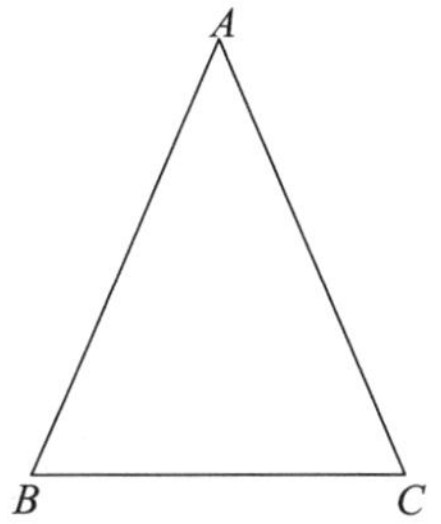

图 4-1-11

探究二：如何作一条线段等于已知线段（尺规作图）

尺规作图：尺作___________，规取___________.

赏析：① 作线段等于已知线段，作已知几条线段的和与差，都是最基础的作图. ② 尺规作图是非常有趣的，有趣在于“尺无刻度”这个限制条件！

③ 思考：世界三大作图难题是否可以提一提？

（3）作一条线段等于已知线段的基本步骤：

第一步，画出射线；第二步，用圆规取已知线段长度；第三步，在射线上截取，并标注.

赏析：归纳小结“作一条线段等于已知线段的基本步骤”，意在方法过手.

注：用尺规作一条线段等于已知线段，其实就是“叠合法”的具体运用.

例 1 已知线段 a、b，用尺规作一条线段 c，使 $c=a+b$.（小组合作并交流画法）

变式练习：你还能作一条线段等于已知的两条线段的差吗？

作图如下：

赏析：① 线段有长短可以度量，自然可以作图将 a 与 b 两线段相加. 变式追问“作差”，问得好，好在“逆向思维”训练. ② 思考：若相加的两线段等长度，即 $a=b$ 时，求作 $c=a+b$，引出“求 $AB=2a$”会不会自然些？（各环节间过渡也重要！）然后再追问求作 $AB=ka$（k 为正整数），求作 $AB=ka$（k 为正分数）如 $k=\dfrac{1}{2}$.

探究三：线段中点的性质

作图：已知线段 a，在同一幅图中，利用圆规和直尺，按下列要求作图.

（1）如图 4-1-12 所示，先画一线段 $AM=a$.

（2）如图 4-1-13 所示，再延长线段 AM 到 B，使得线段 $AB=2a$.

作图如下：

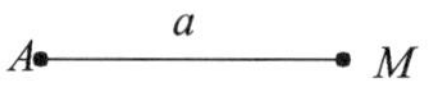

图 4-1-12

图 4-1-13

线段中点：把一条线段分成两条相等线段的点，叫作这条线段的中点.

线段中点的性质：______________________________.

几何表示：__________________________________.

赏析：可以思考，本环节“为什么要通过作 2 倍线段”引出“中点”概念？为什么不直接求作一条线段的一半？

怎么作线段的 $\dfrac{1}{2}, \dfrac{1}{4}\cdots$

例 2 已知点 B、C 是线段 AD 上两点，且 $AB:BC:CD=2:4:3$，M 是 AD 的中点，$BM=5$ cm，求线段 MC 的长.

赏析：本例题很经典，需要借助几何直观（数形结合）解决问题，解后总结“见比设 k”的方法也非常重要. 还可以变式，如将 BM 与 CM 互换……突出实质：给出各部分的比例关系后，任意已知其中某两点的距离，就可以求其他两点……

赏析：当堂检测反馈，值得提倡. ① 查漏补缺；② 获得学习成就感，提高数学学习兴趣（持续动力）.

3. 第三环节　知识巩固，自我检测

练习 2

（1）如图 4-1-14 所示，点 B，C 在线段 AD 上，填空：

图 4-1-14

$AB+BC=$_______；　　　　$AD-CD=$_______；

$BC=$_____ $-$ _____ $=$ _____ $-$ _____.

（2）如图 4-1-14 所示，若 $AB=BC=CD$，你能得到哪些结论？

（3）已知 A、B、C 是同一条直线上的三点，且线段 $AC=1$，$BC=3$ 则线段 AB 的长度是______.

（4）已知点 C 在直线 AB 上，$AC=8$ cm，CB = 6 cm 点 M、N 分别是 AC、BC 的中点.

① 求线段 MN 的长.

② 若 C 为线段 AB 上任一点，满足 $AC+CB=a$ cm，其他条件不变，你能猜想 MN 的长度吗？并说明理由.

赏析：关于渗透数学美.

① 线段公理与距离，二者在形式上内容上都具有共同性、关联性与一致性，给人简单的、整体和谐的美感！这就是数学的简单美和统一美.

②“比较线段的长短”与“尺规作图”中的数学推理，展示了数学严谨的理性的美感！

4. 第四环节　总结归纳，自我提升

谈谈本节课你的收获，进行归纳总结，作业布置.

5. 第五环节　学习拓展，释疑反思

反思与疑惑

赏析：思考几个有趣的问题.

① 谁看见过直线？

② 如何求作一条已知线段的$\frac{1}{3},\frac{1}{5},\cdots,\frac{n}{m}$？（$n$，$m$是正整数）

③ 你能求作两线段a与b的乘积吗？a、b乘积的几何意义是什么？

七、课例 7.07 “对顶三角形”模型的研究

执教 靳潇涵（成都市金牛实验中学校）
赏析 谢 祥（成都市金牛区教科院）

1．学习目的

（1）知识与技能：认识“对顶三角形”模型，归纳、应用“对顶三角形”模型中蕴含的等量关系；会利用模型简化问题.

（2）思想与方法：感知（悟）转化思想、模型思想；会特殊到一般、具体到抽象解决问题的方法.

（3）能力与情感：在模型化过程中，发展数学抽象核心素养；感受数学抽象的简洁美、统一美.

赏析：① 初中数学的培养“模型思想、应用意识和创新意识”，其实就是高中提到的培养“数学建模”的核心素养；

② 模型思想大致可以分为概念原理类模型、数学关系类模型、原理关系衍生类模型（已解决问题类模型）. 本节课中的“对顶三角形”模型，属于原理关系衍生类模型，所以本课题的课型应该为小专题课.

2．学习过程

（1）第一环节 引入.

定义：如图 4-1-15 所示，像$\triangle AOB$与$\triangle COD$这样，有一组内角是______的两个三角形，组成的图形，我们把它定义为“对顶三角形”.

描述为$\triangle AOB$与$\triangle COD$互为对顶三角形.

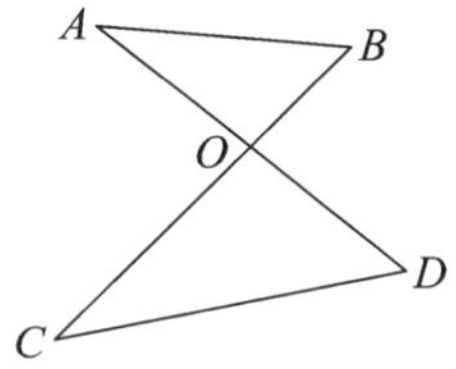

图 4-1-15

赏析：第一环节，给出图形，给出“对顶三角形”定义，注意到这是一个“相关概念”（互为）. 本环节实为数学图形语言的抽象，定义一般“两对顶三角形”图形，是数学建模的第一步.

赏析：“识”模、“研”模、“用”模、“构”模四活动.

（2）第二环节 导学.

活动 1："识"模

你能找出图 4-1-16 和图 4-1-17 中的"对顶三角形"吗？

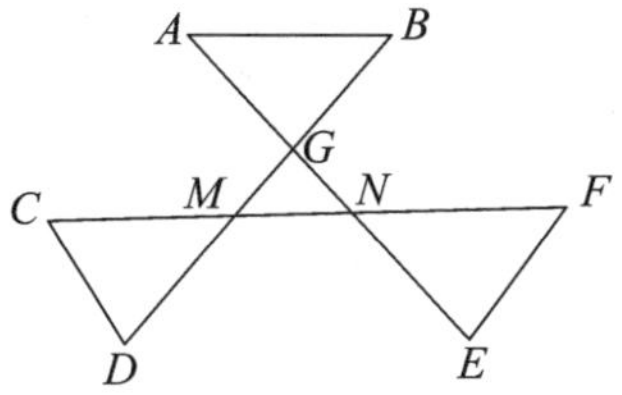

图 4-1-16

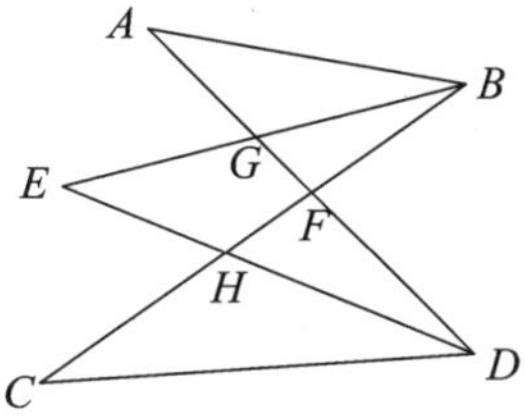

图 4-1-17

赏析：在导学环节，活动 1 设计了"识"模，图 4-1-16 有 3 组"对顶三角形"，（图 4-1-17 有多少组呢？这不是本节课关注的）本节课关注的是能在复杂图形中找"对顶三角形"，识别"基本模型"．事实上，将复杂图形"分解"成若干简单的"基本图形"，抽取基本"模型"图，这是解决复杂问题（将问题简单化）的基本策略.

"识"模，以复杂图形作为问题背景，在此背景下找出"对顶三角形"，这样的设计是巧妙的、智慧的.

活动 2："研"模

想一想"对顶三角形"模型中蕴含了哪些等量关系？

结论：________________________.

特殊情况：如图 4-1-18 所示，若 $\angle A=\angle C$，则________________.

赏析：活动 2"研"模，从定义开始，我们可以注意到，靳老师的问题设计"对顶三角形"模型中蕴含了哪些等量关系？思维方向是明确的，找"等量关系"，有哪些（有多少）？因为没给任何提示，问题又具有开放性，所以这样的设问方式很漂亮.

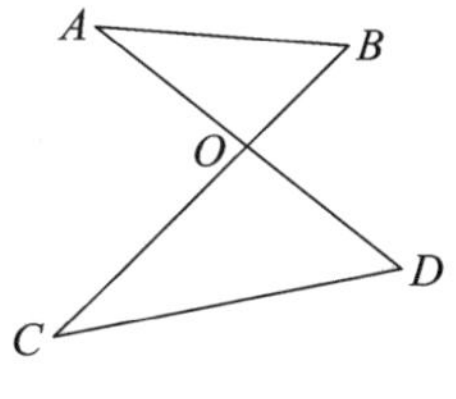

图 4-1-18

我们可以注意到一般图形中：对顶三角形，结构的稳定性（非对顶的两角和总相等的一致性）其实这里渗透变化中不变的规律（统一美）．追问"若 $\angle A=\angle C$"呢？又发现一般情形下还有两个特殊结构，一是平行，二是对称.

仿照研究结论，写出图 4-1-19 中类似的等量关系：

$\angle A+\angle B=$_______ $+\angle 2$；

$\angle C+\angle D=$_______ + _______；

____

赏析：将对顶三角形的组合图形研究，设计为填空，写出三个等量关系.

第一个知三写一，第二个知二写二，第三个一个也不提示，培养学生类比思维方法.

追问：观察三个等量关系，还有什么发现？可以培养学生用联系的方法，由已知的关系去探索发现新的关系，延伸到用联系的方法去观察世界，去发现问题，去解决问题.

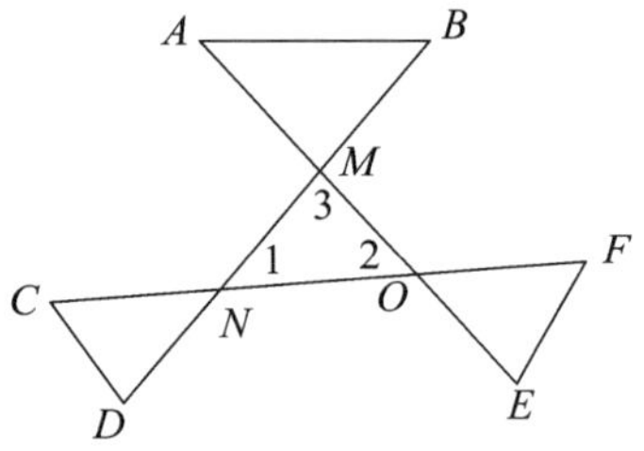

图 4-1-19

仿照上题，请用标记的角写出图 4-1-20 中类似的等量关系.

____

____

____

$x=$ ______________.（动态变化）

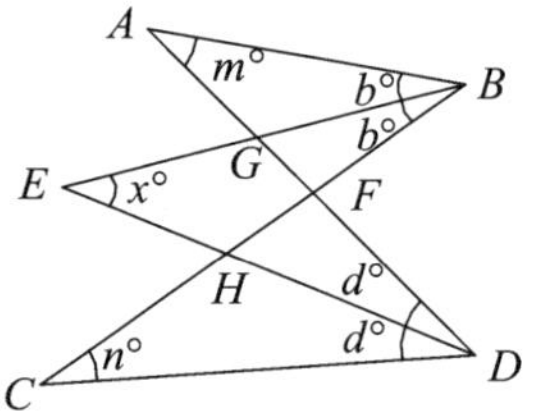

图 4-1-20

赏析：靳潇涵老师的问题设计“仿照上题，请用标记的角写出类似的等量关系”，有意识地培养学生思维类比、数学方法的迁移能力.

最后把 x 表出，是非常漂亮的结论. x 是 m、n 和的一半，居然与引角平分线的两角无关，这让我们惊奇，欣赏到结论的奇异之美.

如何引导学生发现这个结论呢？

活动 3：“用”模

例 1 如图 4-1-21 所示，求 $\angle A+\angle B+\angle C+\angle D+\angle E+\angle F=$ ______________.

变式 1：如图 4-1-22 所示，求 $\angle A+\angle B+\angle C+\angle D+\angle E+\angle F+\angle H=$ ______________.

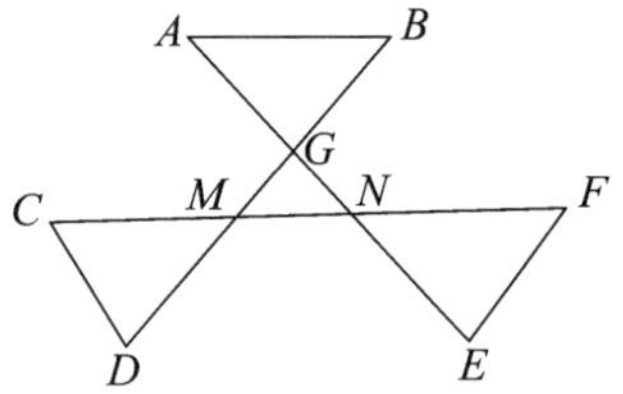

图 4-1-21

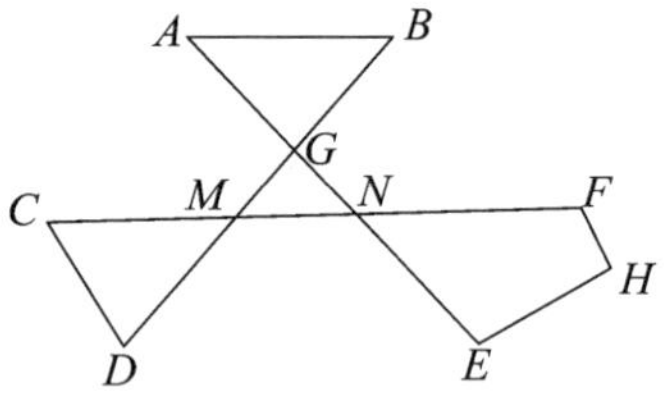

图 4-1-22

赏析：活动 3“用”模中的例 1，实质在研模环节，通过追问解决，此处可以研究一题多解（多解中思考优解、思考多解归一）.

变式 1 就是其中一个变化方向，还可以怎样变化？

活动 4：“构”模

例 2 如图 4-1-23 所示，求 $\angle A+\angle B+\angle C+\angle D+\angle E=$____________.

变式 2：如图 4-1-24 所示，求 $\angle A+\angle B+\angle C+\angle D+\angle E+\angle F=$__________.

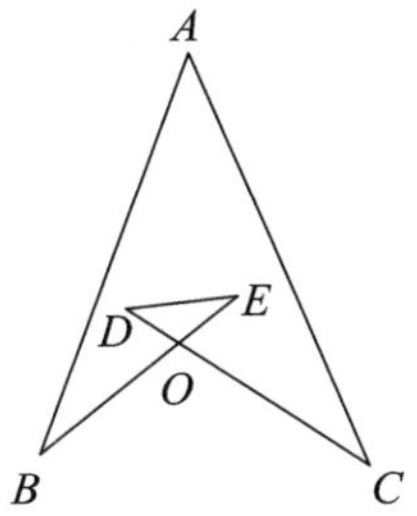

图 4-1-23

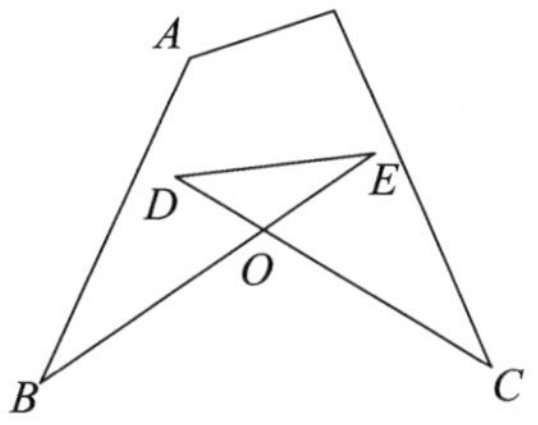

图 4-1-24

赏析： 活动 4“构”模中，解决的问题是“没有现成模型可用怎么办”？如何引辅助线构造模型？本环节，在能力要求上又上了一个台阶. 图 4-1-23 如何一题多解？图 4-1-23 如何引导学生欣赏数学美？图 4-1-23 与五角星的联系？图 4-1-24 与图 4-1-23 的联系？

（3）第三环节 探究

例 3 如图 4-1-25 所示，有两个有公共顶点的等边三角形 $\triangle ABC$ 和 $\triangle CDE$，直线 BD 和直线 AE 相交形成的角是多少度？

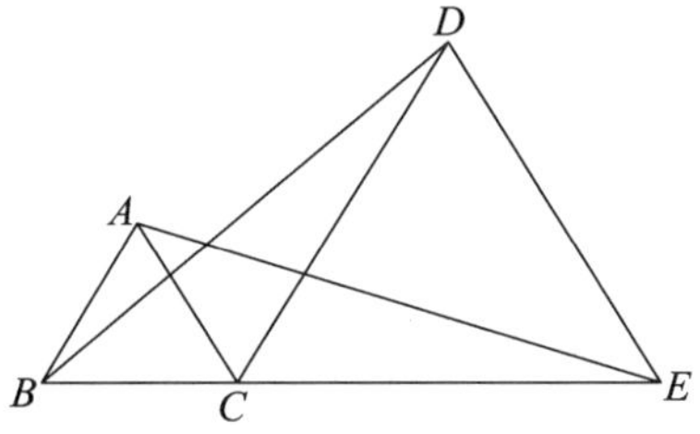

图 4-1-25

赏析： 第三环节 探究，由特殊的两正三角形出发，通过一例两变式，实现由特殊到一般“两等腰三角形等顶角、共顶点”问题的探究，得出一般结论：对应两线段之间所成的角与等腰三角形的顶角之间的关系是“相等或者互补”，实质是对应两三角形旋转“顶角的度数”，两三角形重合.

变式 1 将两个等边三角形换为两个等腰直角三角形呢［如图 4-1-26（a）所示］？

变式 2 换为两个顶角都为 $n°$ 的共顶点的三角形呢［如图 4-1-26（b）所示］？

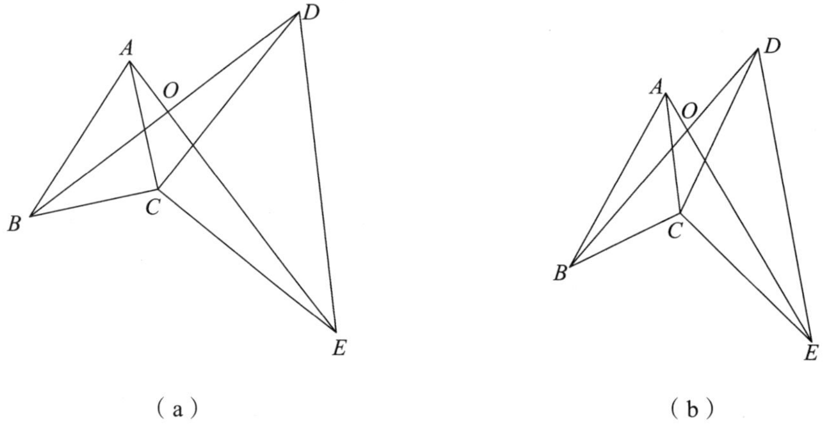

图 4-1-26

（4）第四环节 练习

① 如图 4-1-27（a）所示，求 $\angle A+\angle B+\angle C+\angle D+\angle E+\angle F+\angle G+\angle H+\angle I=$__________.

② 如图 4-1-27（b）所示，求 $\angle A+\angle B+\angle C-\angle D-\angle E=$____________.

③ 如图 4-1-27（c）所示，已知 BE、DE 分别平分 $\angle ABC$ 和 $\angle CDA$，当 $\angle A=40°$、$\angle C=30°$ 时，$\angle E=$_________.

赏析： 第四环节练习，三个练习设计巧妙，对本节课的模型应用，起到巩固作用.

后面思考：试求八角星、九角星的角之和，留下课后研究的悬念. 这些问题的设计很漂亮.

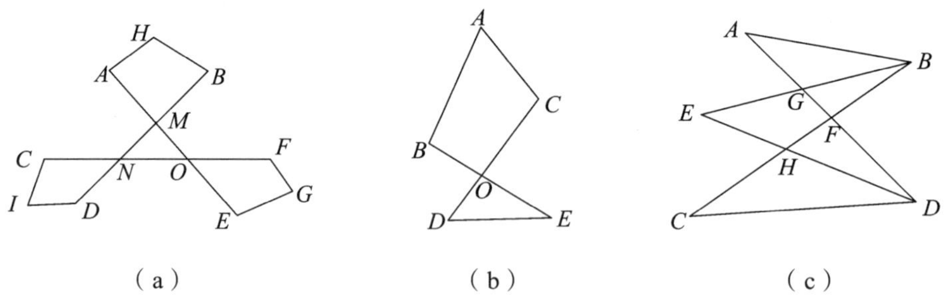

图 4-1-27

（5）第五环节 感悟

思考：如图 4-1-28 所示，试求八角星、九角星的内角之和.

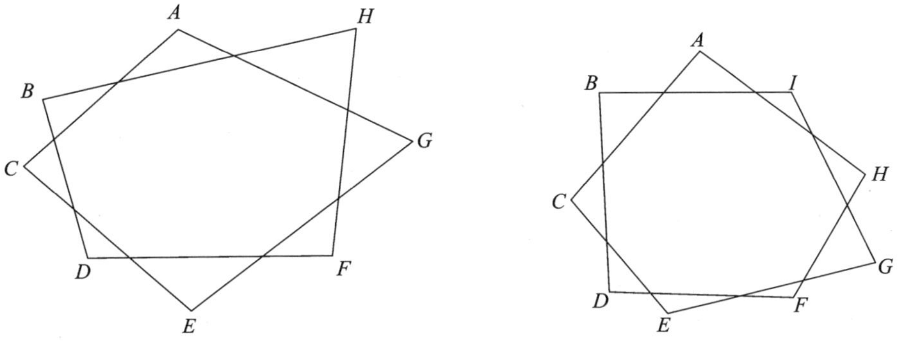

（a）　　　　（b）

图 4-1-28

八、课例 7.08 三角形“手拉手模型”的应用

执教　蔡琳（成都市花照中学校）

赏析　谢祥（成都市金牛区教科院）

学习目标

1. 掌握“手拉手模型”的特征和结论.
2. 能在复杂的几何图形中，抽取出基本模型，提高解决问题的能力.
3. 培养学生数学建模能力和化归思想.

学习重点

能熟练地找出“手拉手模型”中的全等三角形并得出结论，且能灵活运用.

学习难点

会利用“手拉手模型”的基本结论，构造模型，解决问题.

1．活动探究

活动 1　如图 4-1-29 所示，在直线 AC 同一侧作两个等边三角形 $\triangle ABD$ 和 $\triangle BCE$，连接 AE、DC 相交于 O 点.

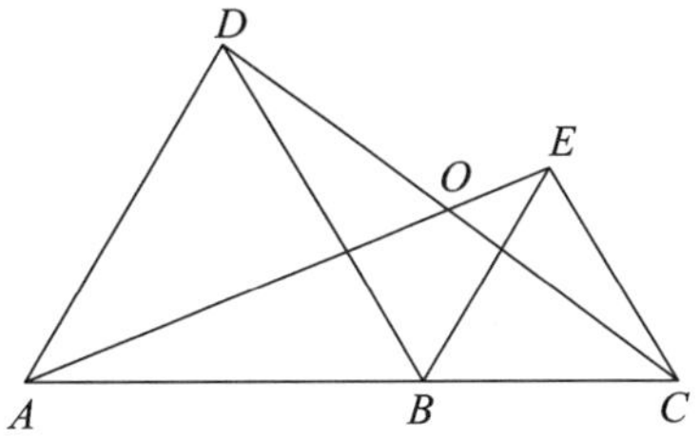

图 4-1-29

探究：（1）$\triangle ABE \cong \triangle DBC$.

（2）$AE = DC$.

（3）$\angle DOA = 60°$.

赏析：建立模型.

条件：两正三角形共顶点.

结论：对应线段相等，夹角等于顶角.

2．图形变换

如图 4-1-30 和图 4-1-31 所示，等边三角形 $\triangle ABD$ 和 $\triangle BCE$，连接 AE 与 CD 交于 O 点.

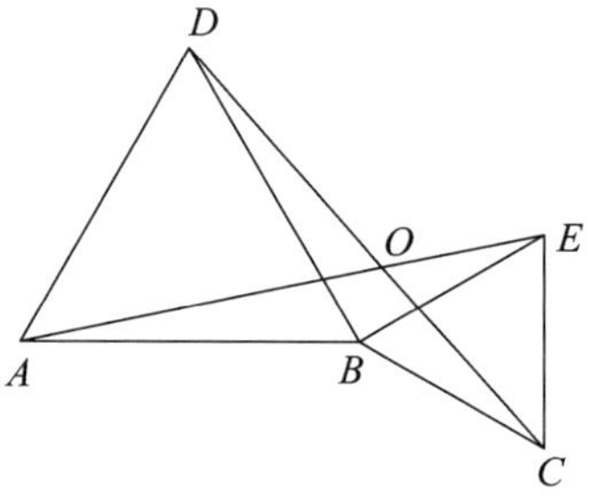

图 4-1-30

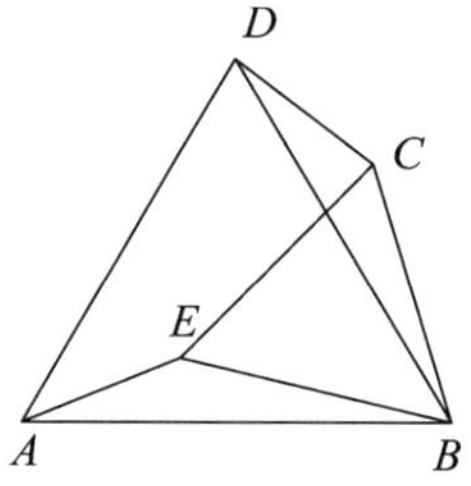

图 4-1-31

探究：（1）$\triangle ABE \cong \triangle DBC$.

（2）$AE = DC$.

（3）直线 AE、DC 的夹角为 60°.

赏析：研究模型（旋转）

旋转变换，变位置，但两正三角形仍然共顶点.

结论：对应线段相等，夹角等于顶角.

活动 2

如图 4-1-32 所示，两个等腰直角三角形 $\triangle ADC$ 与 $\triangle EDG$，连接 AG、CE 交于点 H.

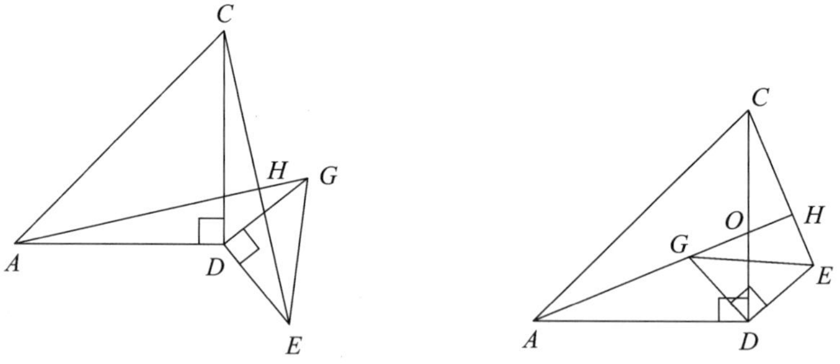

（a）　　　　（b）

图 4-1-32

探究：（1）$\triangle ADG \cong \triangle CDE$ 是否成立？

（2）AG 是否与 CE 相等？

（3）AG 与 CE 之间的夹角为多少度？

赏析： 由正三角形变为等腰直角三角形.

变：共顶点处的顶角由 60° 变 90°.

不变：对应两线段相等，对应两线段夹角为 90°.

3．特殊到一般

如图 4-1-33 所示，$\triangle ABC$、$\triangle ADE$ 是等腰三角形，$AB = AC$，$AD = AE$，$\angle BAC = \angle DAE = \alpha$.

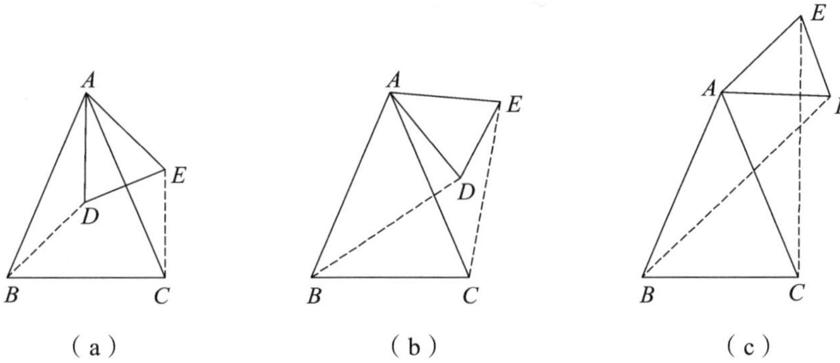

图 4-1-33

赏析： 由正三角形与等腰直角三角形共有特征，即都是等腰三角形，推广到一般情况. 通过对两特殊的等腰三角形共顶点（顶角为 60°、90°）的研究，发现对应线段的数量关系（相等）、位置关系（夹角等于顶角），由特殊到一般等腰三角形，属于归纳思维.

4．牛刀小试

如图 4-1-34 所示，在 $\triangle ABC$ 中，$AB = CB$，$\angle ABC = 90°$，F 为 AB 延长线上一点，点 E 在 BC 上，且 $AE = CF$.

（1）求证：$BE = BF$.

（2）若 $\angle CAE = 30°$，求 $\angle ACF$ 的度数.

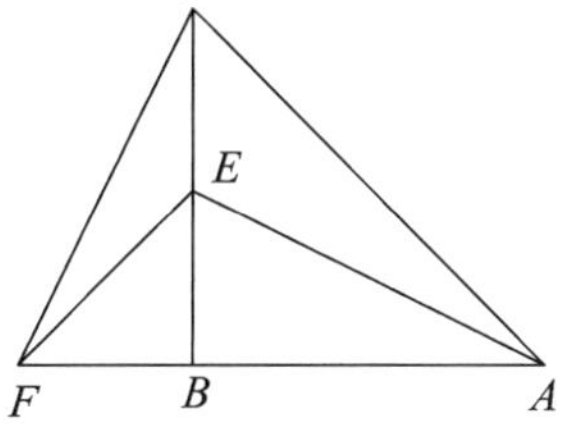

图 4-1-34

5．能力提升

如图 4-1-35 所示，四边形 $ABCD$ 中，$AD =$

$2\sqrt{2}$，$CD=3$，$\angle ABC=\angle ACB=\angle ADC=45°$，求 BD 长.

变式问题：如图 4-1-36 所示，已知 $AB=4$，$\angle ABM=30°$，C 是 AM 上的动点，作$\angle ACP=120°$，且 $AC=PC$，求线段 PB 长的最小值.

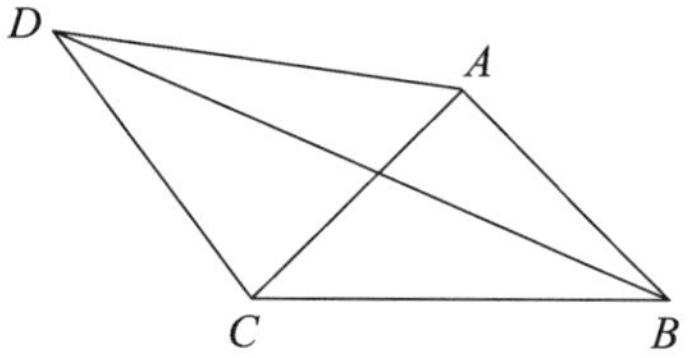

图 4-1-35

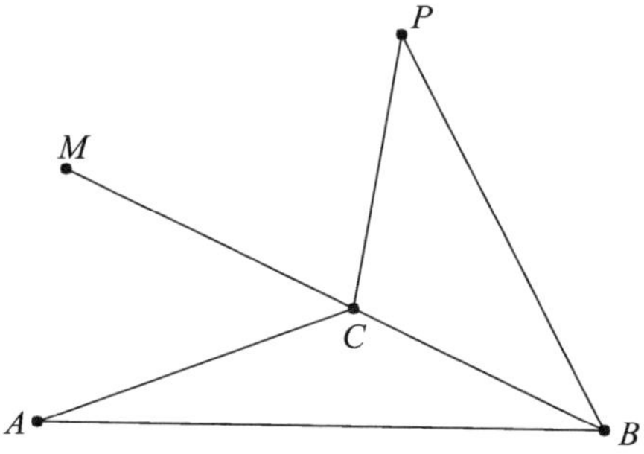

图 4-1-36

6．中考链接

（2018 年金牛区二诊 27 题）如图 4-1-37 所示，已知△ABC 中，$\angle ABC=45°$，点 E 为 AC 上一点，连接 BE，在 BC 上找一点 G，使 $AG=AB$，AG 交 BE 于点 K. 过点 A 作 $AD\perp AE$，过 D、E 分别向 AB 所在的直线作垂线，垂足分别为点 M、N，且 $NE=AM$.

（1）判断△ADE 的形状.

（2）若 D 为 BE 的中点，证明：$\dfrac{AG}{DG}=\dfrac{\sqrt{5}}{2}$.

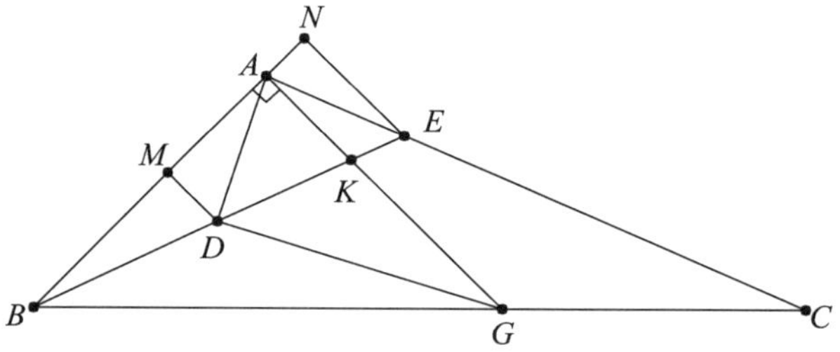

图 4-1-37

7．总结体会

8．课后作业

（1）△AOB 和△ACD 是等边三角形，其中 $AB\perp x$ 轴于点 E.

① 如图 4-1-38（a）所示，若 $OC=5$，求 BD 的长度.

② 如图 4-1-38（b）所示，若正$\triangle AOB$的边长为 4，点 C 为 x 轴上一动点，以 AC 为边在直线 AC 下方作正$\triangle ACD$，连接 ED，求 ED 的最小值.

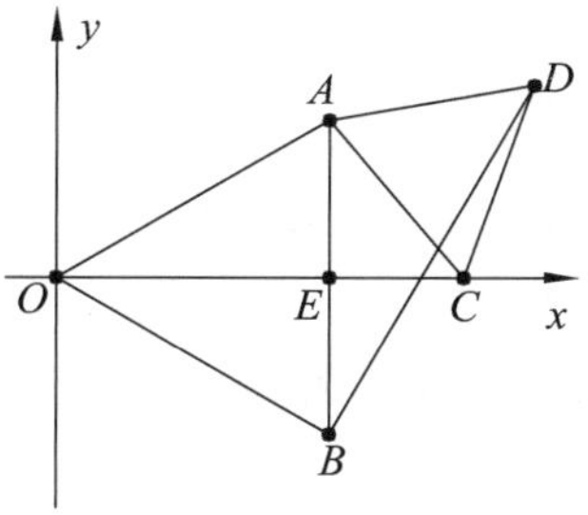

（a）

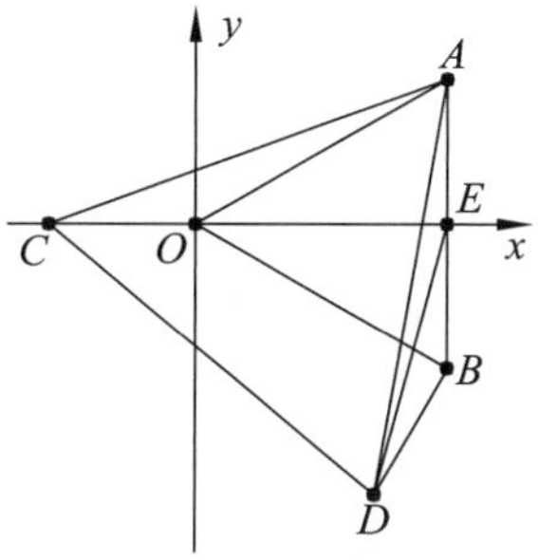

（b）

图 4-1-38

（2）如图 4-1-39 所示，已知直线 AB 交 x 轴于点 A（a，0），交 y 轴于点 B（0，b），且 a、b 满足 $|a+b|+(a+4)^2=0$，若 C 在第一象限，且 $BE\perp AC$ 于点 E，延长 BE 到 D，使 $BD=AC$，连 OC、OD、CD，试判断$\triangle COD$的形状.

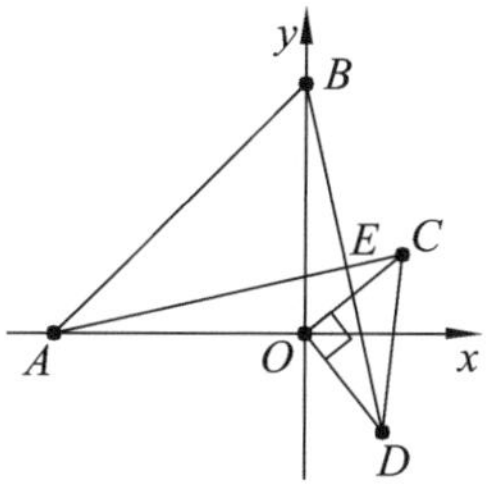

图 4-1-39

（3）将等腰 Rt$\triangle ABC$ 和等腰 Rt$\triangle ADE$ 按图 4-1-40（a）的方式放置，$\angle A=90°$，AD 边与 AB 边重合，$AB=2AD=4$. 将$\triangle ADE$绕点 A 逆时针方向旋转一个角度 α（$0°<\alpha<180°$），BD 的延长线交直线 CE 于点 P.

① 如图 4-1-40（b）所示，证明 $BD=CE$，$BD\perp CE$. ② 如图 4-1-40（c）所示，在旋转的过程中，当 $AD\perp BD$ 时，求 CP 的长.

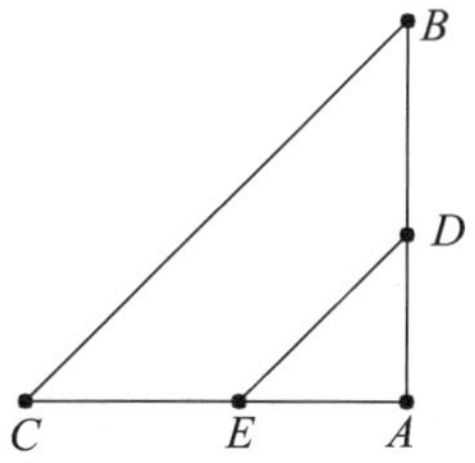

（a）

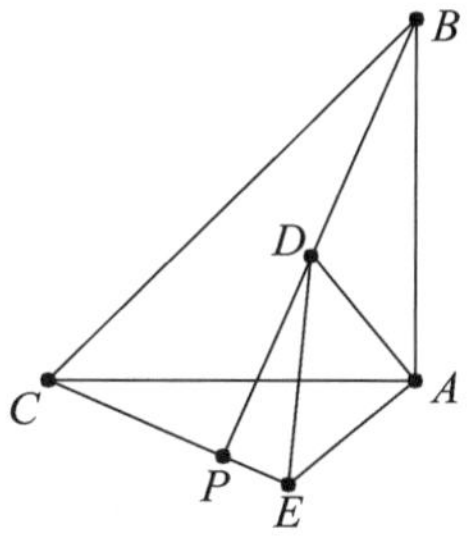

（b）

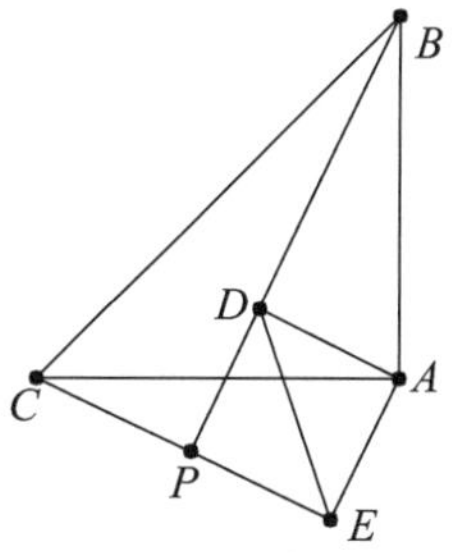

（c）

图 4-1-40

九、课例 7.09　寻觅生活中的对称美

执教　　杨荫坪（成都市蜀西实验学校）

赏析　　谢　祥（成都市金牛区教科院）

教学目标

1. 通过丰富的生活实例认识轴对称图形，理解轴对称图形的概念.

2. 能识别轴对称图形，并能找出轴对称图形的对称轴.

3. 在认识、制作和欣赏轴对称图形的过程中，获得数学活动的经验和愉快的学习体验，增强数学学习的兴趣.

教学问题诊断

1.教学重点

（1）认识轴对称图形的特点，建立轴对称图形的概念.

（2）会画出图形的对称轴.

2．教学难点

准确判别轴对称图形对称轴的条数.

教学策略与教学方式

教师的作用：激发兴趣、引发思考、培养习惯、提炼方法.

激发学生参与：问题引发参与、追问调动参与、任务驱使参与、展示激励参与.

教学方式：（1）启发探究式；（2）小组合作分享.

教具准备：三角板、剪刀、卡纸、计算机、投影仪、PPT.

教学过程

1．第一环节　感受对称美

（1）观看一段视频《极致对称的南美洲》.

（2）欣赏几组图片（见图 4-1-41）.

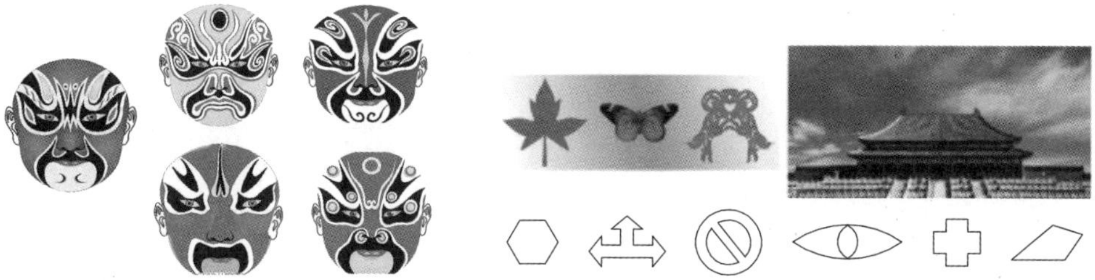

图 4-1-41

教师：追问——美在何处？

赏析：

（1）观看视频《极致对称的南美洲》，可以让学生感受到视频中“南美洲的对称美”，震撼于大自然的极致对称美.

（2）欣赏现实生活中的轴对称图片，目的是使学生能够从更广阔的视角对轴对称现象进行观察，为给轴对称图形下定义做铺垫.

（3）通过追问，引出课题.

2．第二环节　认识对称美

教师：动态演示蝴蝶两翅膀翻折对称的过程，在黑板上板书概念，标注关键点（见图 4-1-42）.

图 4-1-42

赏析：通过观察蝴蝶对称翻折的过程，感受概念的生成，并通过填空和齐读来强化概念的识记.

3．第三环节　探究数学美

（4）**例**　找出图 4-1-43 中的轴对称图形，并画出其对称轴.

教师：先讲解上面三个图形，留下面一排给学生完成，巡视，注意收集学生发生错误的地方，一起订正答案.

追问：你认为判断一个图形是否为轴对称图形的关键是什么？

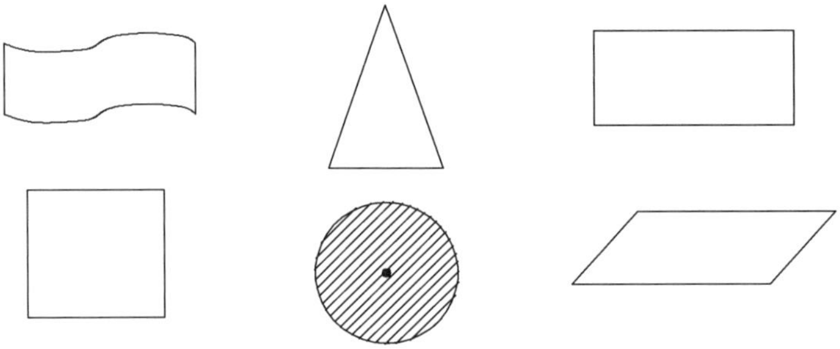

图 4-1-43

赏析：（4）题的设计，教师先做讲解，注意对称轴的画法，知道圆有无数条对称轴，提醒注意平行四边形不是轴对称图形. 通过追问小结判断一个图形是否为轴对称图形的关键点："存在直线—将其折叠—互相重合".

（5）练　找出图 4-1-44 和图 4-1-45 中的轴对称图形，并画出其对称轴.

图 4-1-44

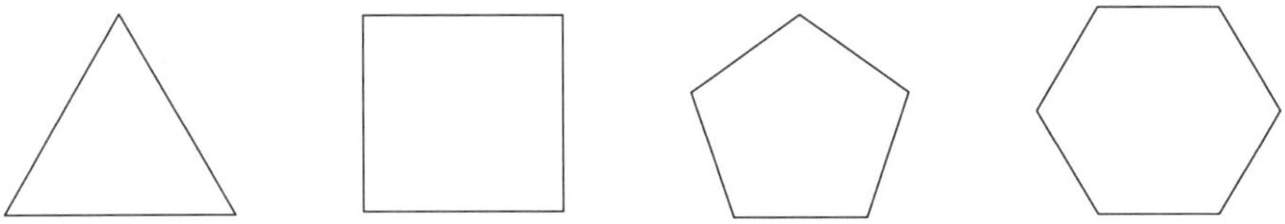

（正三角形）　（正四边形）　（正五边形）　（正六边形）

图 4-1-45

赏析：（5）题主要是通过练习，让学生熟悉找对称轴的过程，图 4-1-45 的设计是为了引出正 n 边形有 n 条对称轴的思考，培养学生的归纳发散思维.

4．第四环节　寻找数学美

（6）找出下列文字中的轴对称文字.

一叶孤舟，坐着两三个骚客，启用四桨五帆，经过六滩七湾，历尽八颠九簸，可叹十分来迟. 十年寒窗，进了九八家书院，抛却七情六欲，苦读五经四书，考了三番两次，今天一定要中.

赏析：寻找轴对称文字，体会用数学的眼光看语言文字.

5．第五环节　创造数学美

（7）学生活动一　以小组接龙的方式说出你想到的轴对称文字．

赏析：中华民族的文字是我们熟悉的，通过寻找轴对称文字，让我们找到欣赏中华民族文字的美的一个角度，这能够调动学生学习中文的积极性．

（8）学生活动二　请利用图 4-1-46 中的图形（可重复利用），创造一个轴对称图形，并赋予其含义．

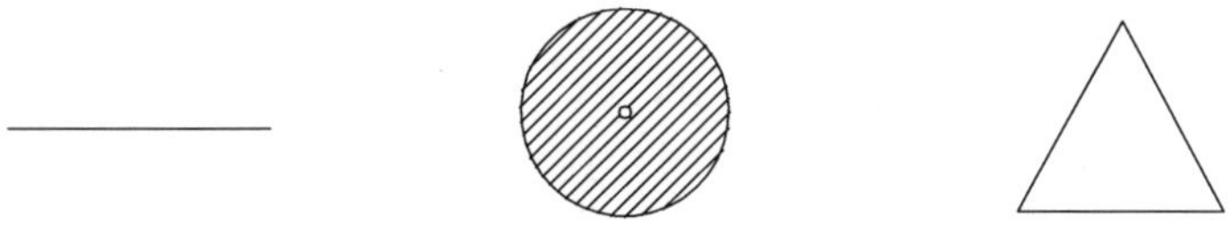

图 4-1-46

赏析：让学生通过动手绘制的过程，再次体会轴对称图形的特征，促进学生对轴对称图形的理解，也体验到的活动的乐趣．

（9）学生活动三　教师剪纸展示，学生剪纸（剪一个轴对称图形）．

赏析：学生剪纸活动掀起本节课的另一个学习活动高潮，体味着数学课不仅是学习解题，也可以创造新事物，在动手操作过程中欣赏数学美．

6．第六环节　美的应用

（10）如图 4-1-47 所示，要在公路 MN 边修建一个出口，分别通向张村 A、李庄 B，修在公路 MN 边什么位置，可使出口到两个村的距离之和最短？

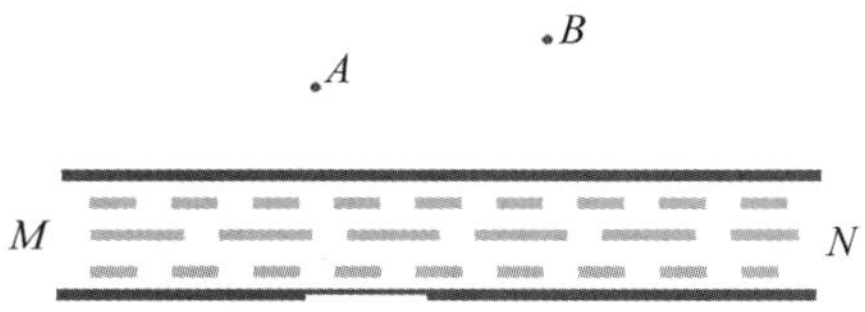

图 4-1-47

赏析：利用对称点，将同侧问题转化为异侧问题，为下一节课“探索轴对称的性质”埋下伏笔．

7．第七环节　课堂小结

（1）本节课你学了哪些概念？

（2）通过本节课的学习，对数学有什么新的认识？

赏析：第（2）问主要让学生感受到生活中的数学美，对称中的和谐美．

8．第八环节 作业布置

（1）观察图 4-1-48 中的每组图案，自学课本 P116，完成填空.

图 4-1-48

如果________平面图形沿一条直线折叠后能够完全重合，那么称这____________________，这条直线叫作这两个图形的对称轴.

	轴对称图形	（两个图形）成轴对称
区　别	是_______图形自身的对称性	是_______图形之间的对称关系
	对称轴可能___________	对称轴只有___________
共同点	1. 沿某条直线对折后都能够互相重合	
	2. 如果把轴对称的两个图形看作一个整体，那么它就是一个轴对称图形；如果把轴对称图形分成两部分（两个图形），那么这两部分关于这条对称轴成轴对称	

赏析：表格能更清楚地反映轴对称图形和成轴对称图形之间的区别和共同点.

（2）图 4-1-49 中的图形都是轴对称图形或成轴对称的图形，分别找出每个图形的对称轴.

图 4-1-49

赏析：在应用过程中强化两个概念的区别和联系，也感受用数学的眼光看生活中的所见.

（3）找出下列字母中的轴对称字母.

A B C D E F G H I J K L M N O P Q R S T U V W X Y Z

赏析：找轴对称字母，让学生感受用数学对称的眼光来看英文字母.

（4）以小组为单位剪出一个情景，要求：里面的每个元素是轴对称图形.

赏析：本节课从动态的视频《极致对称的南美洲》再到生活中静止的图片让学生感受世界的奥妙并去欣赏美. 接着引导学生以数学的眼光（也就是轴对称图形）来分析图形，引出本节课的主题去定义美，在课堂教学过程中，通过画轴对称图形的对称轴来探究美，通过找语言文字中的轴对称文字来发现美. 接着通过给定元素绘制轴对称图形来创造美，让学生在活动过程中体会学习的乐趣，促进了学生对轴对称图形的体验和理解. 通过课堂上教师演示的剪纸，使学生体会到轴对称图形的神奇，并布置课后剪纸作业，让学生再次体会到动手创作的乐趣. 在拓展美阶段，“两点间最短路径问题”为下一课“探索轴对称的性质”埋下伏笔.

十、课例 7.10　认识一元一次方程

执教　刘真佑（成都市金牛实验中学校）

赏析　谢　祥（成都市金牛教科院）

新授课结构范式：引—导—探—习—悟

教学目标

1. 通过复习列式让学生根据问题情境寻找等量关系，根据等量关系列出方程.

2. 通过观察与归纳一元一次方程的概念，理解方程的解的概念.

3. 培养学生获取信息、分析问题、处理问题的能力.

教学过程

赏析：用《九章算术》中的测井深问题导入，这是用方程解决实际问题的经典应用. 井深为“两次测，井外的绳长之差”，化简方程即可得.

引 列式表示下列各题的数量关系：

（1）m的 2 倍：________________

（2）x的倒数：________________

（3）x的 2 倍与x的平方的和：________________

（4）x与 3 的差的一半：________________

（5）-3与5的和等于2：________________

（6）x 的 2 倍与 x 的倒数的和等于 10：________________

（7）x 与 y 的差等于 -7：________________

（8）文具店有钢笔 25 支，钢笔比铅笔的 2 倍少 5 支，求铅笔有多少支？设有铅笔 a 支.

____

（9）小明种了一株树苗，开始时树苗高为 40 cm，栽种后每周长高约 5 cm，大约几周后树苗长高到 100 cm？设大约 t 周后树苗长高到 100 cm.

（10）动物园门票现在价格是 60 元，比原来上涨 15%，门票原价多少元？设门票原价为 x 元.

（11）一个长方形的长比宽多 25 cm，面积是 5850 cm^2. 宽是多少厘米？设宽是 x cm.

____

赏析：“引”环节，抓准新知（一元一次方程）的生长点，即列关系式，用数学符号表示数量关系. 其中（1）~（4）为代数式，（5）为等式，（6）~（11）为方程，根据问题情境寻找等量关系，根据等量关系列出方程，再对前面列出的关系式（代数式、等式、方程）分类.

概念的同化，等式—方程—整式方程—一元整式方程—一元一次方程，以学生已有知识经验为基础，由属概念（上位概念）到种概念（下位概念），逐步缩小概念的外延. 刘老师巧用矩形框图渗透集合与分类的思想，动态移动到对应概念的矩形中（不属于该范围的就拖不动），分类形象直观，再用韦恩图理清概念之间的逻辑关系. 此环节独具匠心！

“导”环节，定义“一元一次方程”“方程的解”，用关键词填空.

导

（1）一元一次方程概念：只含有____未知数，并且未知数的指数____的____方程叫作一元一次方程.

（2）一元一次方程特征：________________

____

（3）方程的解的概念：________________

习

（1）下列是一元一次方程的有________________

① $x-2=\dfrac{1}{x}$；　　② $0.2x=1$；

③ $\frac{x}{2}=5x+1$；　　④ $y^2-3y=4$；

⑤ $m=0$；　　⑥ $x+3y=4$；

⑦ $7x+5-7(x-2)=0$；　　⑧ $2x^2+5-2(x^2-x)=0$.

（2）判断 $x=2$ 是下列方程的解吗？

① $40+10x=20+20x$；

② $2x-5=11$.

赏析：“习”环节：概念识别（辨析概念），注重举反例.

探

若 $2x^m-5=0$ 是关于 x 的一元一次方程，$m=$________.

变式 1　若 $2x^{|m|}-5=0$ 是关于 x 的一元一次方程，求 m 的值.

赏析：对次数 m 加绝对值号，递进变式，渗透分类讨论思想.

变式 2　若 $(m+1)x^{|m|}-5=0$ 是关于 x 的一元一次方程，求 m 的值.

赏析：方程中次数、系数都是 m 的代数式，需同时满足相关条件.

变式 3　若 $-(m+1)x^{|m|}-5=0$ 是关于 x 的一元一次方程，求 m 的值.

赏析：方程中次数、系数都是关于 m 的代数式，需同时满足相关条件，但注意到系数恒不等于 0.

变式 4　若 $(m^2-1)x^2-(m^2+1)x-5=0$ 是关于 x 的一元一次方程，求 m 的值.

赏析：需满足 $m^2-1=0$，且 $m^2+1\neq 0$，后者恒成立.

变式 5　若 $(m^2-1)x^2-(m+1)x-5=0$ 是关于 x 的一元一次方程，求 m 的值.

赏析：需同时满足 $m^2-1=0$，且 $m+1\neq 0$.

赏析：“探”与“习”环节：已知方程是一元一次方程求参数的值，是对概念的理解应用. 1 个问题加 5 变式，由易到难，循序渐进，有利于数学思维训练，有利于深度理解一元一次方程概念. 渗透数学思维逻辑之美.

习

（1）下列方程是一元一次方程的是（　　）.

A. $x-2y+1=0$　　B. $2+\frac{y}{2}=1$　　C. $x^2+2x+1=0$　　D. $\frac{1}{x}-2=0$

（2）若方程 $6y=4y-k$ 的解是 $y=-1$，则 $k=$________.

（3）若 $-3x^{3a-2}=6$ 是一元一次方程，则 $a=$________.

（4）若 $(m^2-1)x^{2m-3}+(m+1)x+5=0$ 是关于 x 的一元一次方程，求 m 的值.

（5）若 $(m-3)x^{m+3}+(m+2)x^{m-2}+5=0$ 是关于 x 的一元一次方程，求 m 的值.

悟

十一、课例 7.11　制作一个尽可能大的无盖长方体形的盒子

执教　李宛璐（成都市锦西中学校）
赏析　谢　祥（成都市金牛区教科院）

教学目标

1. 在解决问题的过程中进一步丰富学生的空间观念与符号感；借助已有的信息去推断事物变化的趋势，发展学生的推理能力.

2. 体验建立模型解决问题、分割逼近的方法和从特殊到一般的数学思想.

3. 渗透数学美育（感受方法美、感悟数学思想美、拓展应用创造美）.

1．问题初探，感受数学美

如何用手中现有的正方形卡纸，做一个尽可能大的无盖长方体形的盒子？

小组合作动手算一算，剪一剪.

赏析：第一环节，任务驱动. 用手中的正方形卡纸“做一个尽可能大的无盖长方体形的盒子”，任务有趣味性（与生活联系，装尽可能多的瓜子），任务也有挑战性，怎样做才最大？

如何引导学生“剪四角”？① 展开一个盒子看看，这是逆向思维，从结果倒推，感受逆向思考的数学方法美. ② 展开发现，立体图形变平面图形，四角缺了. ③ 提出问题，四角的缺口是什么图形？一样吗？这是确保生成盒子的核心问题（顺势而生）.

比较一下：如果教师直接让学生剪四角，强调四个角是完全相同的正方形. 哪种方法效果好？为什么？还有一个细节，对折纸片后，指导剪四角的方法，感受方法简单美. 抽取学生的作品，一个“底大高小”，一个“底小高大”，提出问题，谁的体积大（谁装的瓜子多）？

顺势引入理性思考，要从“量”的角度科学研究“如何才最大”？

2．问题深究，感悟数学美

（1）如图 4-1-50 所示，如果正方形纸片的边长为 20 cm，设剪掉的小正方形的边长为 x cm，你能用 x 来表示这个长方形盒子的体积吗？

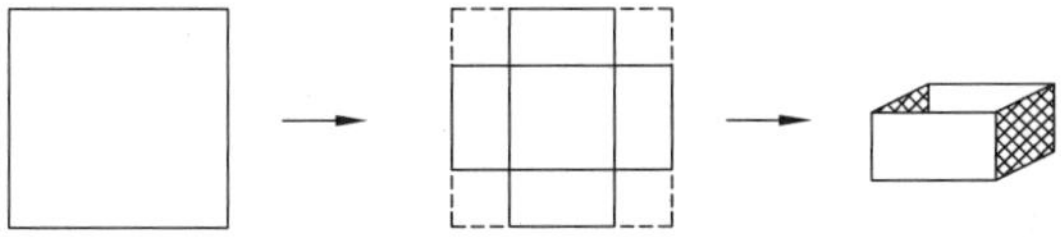

图 4-1-50

赏析： 第二环节，问题深究，感悟数学理性美. ① 为什么要设定正方形纸片的边长为 20 cm? ② 李老师提问：是什么影响了“体积”？这是引导学生思考决定体积大小的关键量. ③ 设四角正方形的边长为 x，体积用字母 V 表示，建立 V 与 x 的对应关系，即借助体积计算公式，表示出无盖长方体盒子的体积 $V=(20-2x)^2x$. 实质上，这是数学建模的过程，设定已知量和未知量，建立等量关系（其实是已知与未知之间的联系，建立未知量之间的对应关系）.

（2）如果正方形的纸片的边长为 20 cm，剪去的小正方形的边长为 x cm，x 按整数值依次变化，即分别取 1、2、3、4、5、6、7、8、9、10 时，计算折成的无盖长方体纸盒的容积，并制作一个统计表（见表 4-1-3），在图 4-1-51 中标出体积和边长的关系.

表 4-1-3

小正方形边长	1	2	3	4	5	6	7	8	9
体积值									

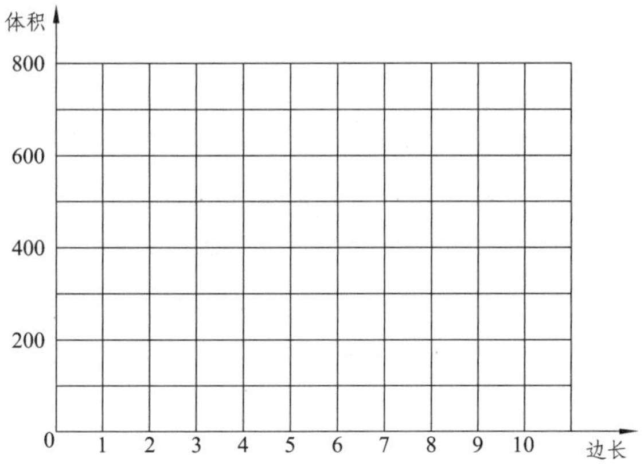

图 4-1-51

研究得到第一个误差小于 1 的成果：________________

赏析：在 $V=(20-2x)^2x$ 中，x 取何值，V 最大？① 提出问题，x 取值范围？② 为什么要选择从整数值开始研究？尝试解决问题的方法，通常从特殊开始，从简单入手，去研究数学规律. 这其实是做研究的一般方法，从特殊中、简单中获得启示，并为深入研究打下基础. 通过列表、描点，观察获得两个发现：一是总体趋势由小变大，再由大变小（虽然只描出几个离散的点，代表联系变化的趋势），二是 $x=3$ 时，V 最大为 588. 及时追问：最大值就在 $x=3$ 处？还是在它的左边？还是在它的右边？逼学生发现只能确定在它“附近”，而不确定在左还是右，怎么办？继续在左取 $x=2.5$，右取 $x=3.5$，计算体积 V，发现 $x=3.5$，$V=591.50$ 较大，由此推断在 $x=3$ 的右方取最大值. a. 研究得到第一个误差小于 1 的成果：$3<x<4$，类比前面的研究方法. b. 研究得到第二个误差小于 0.1 的成果：$3.3<x<3.4$，继续类比研究. c. 研究得到第三个误差小于 0.01 的成果：$3.33<x<3.34\cdots$ 此时水到渠成，引导猜想：接下来还可以将范围缩小到 $3.333<x<3.334$，$3.3333<x<3.3334$，无限下去，x 趋近于什么值？d. 大胆猜想，$x\xrightarrow{\text{无限}}3.\dot{3}$. 如何将 $3.\dot{3}$ 化为分数 $\dfrac{10}{3}$？$\dfrac{10}{3}$ 是 20 的几分之几？

追问：如果正方形边长为 30 cm、60 cm…一般的，正方形边长为 a？

（3）如果 x 分别取 ________________ 时，计算折成的无盖长方体纸盒的体积.

研究得到第二个误差小于 0.1 的成果：________________.

研究得到第三个误差小于 0.01 的成果：________________.

赏析：归纳得出 $x=\dfrac{a}{6}$ 时，体积 V 最大. 这是一个美妙的结论，美妙在于对于任意边长的正方形，都能找到最大无盖长方体盒子的体积，方法具有简单美、统一美. 虽然是用归纳法得到的，但它是正确的，在高中学习了均值不等式知识后可以证明.

3．应用拓展，创造数学美

如图 4-1-52 所示，一张长为 20，宽为 10 的长方形卡纸，如何做一个尽可能大的无盖长方体形的盒子？

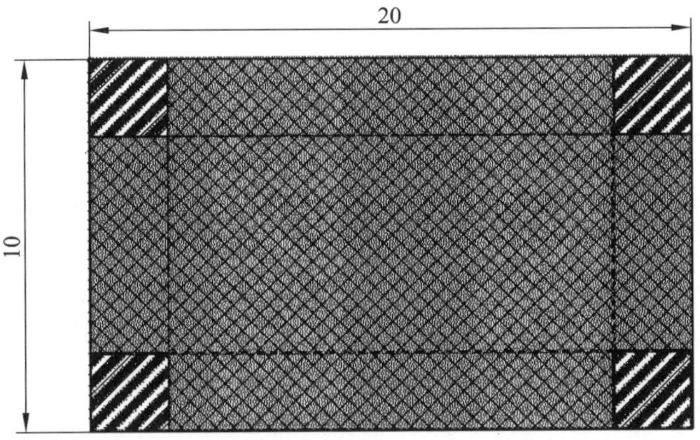

图 4-1-52

赏析： 应用拓展，创造数学美. 由特殊的正方形拓展到一般的长方形，思维进阶了. 其研究方法与正方形相同：① 设已知量长 20 与宽 10，设四角正方形的边长为 x；② 用体积公式建立等量关系；③ 尝试取 x 值找最大值；④ 逐步夹逼.

注意：如果将长、宽分别用字母 a、b 表示，由特殊到一般，需要学习高中知识才能解答，这还是有一年的高考数学压轴题.

第二节　八年级优秀课例

一、课例 8.01　认识无理数

执教　　张小平（七中万达学校通锦校区）

赏析　　谢　祥（成都市金牛区教科院）

学习目标

1. 通过拼图活动，让学生感受客观世界中无理数的存在.
2. 学生亲自动手做拼图活动，培养学生的动手能力和探索精神.
3. 能正确地判断某些数是否为有理数，加深对有理数和无理数的理解.

学习重难点

能正确地判断某些数是否为有理数，加深对有理数和无理数的理解.

学习过程

1．第一环节　情景引入（生疑）

（1）算一算．

① 已知一个直角三角形的两条直角边长分别为 1 和 1，则斜边长 a 的平方为________．

② 已知一个直角三角形的一条直角和斜边边长分别为 1 和 3，则另一直角边边长 b 的平方为________．

③ 已知一个直角三角形的两条直角边长分别为 3 和 4，则斜边长 c 的平方为________．

④ 已知一个直角三角形的一条直角和斜边边长分别为 8 和 10，则另一直角边边长 d 的平方为________．

（2）剪剪拼拼．

如图 4-2-1 所示，把边长为 1 的两个小正方形通过剪、拼，设法拼成一个大正方形，你会吗？

图 4-2-1

请大家 4 人为一组，拿出自己准备好的两个边长为 1 的正方形纸片和剪刀，小组合作共同拼出一个大正方形，请问大正方形的边长是有理数吗？

问题 1：通过计算，上面几个问题的结果 a、b、c、d 中哪些是有理数？哪些不是有理数？这节课我们就来研究 a、b 这一类数——引出课题．

【谢祥赏析】 从学生已有的知识勾股定理引出几个计算，然后判断计算的边长的长度是不是有理数，引起学生的认知冲突，激发学生学习的兴趣，主动参与课堂学习；学生亲自动手做拼图活动，培养学生的动手能力和探索精神；另外通过活动、计算发现现实生活中存在不是有理数的数，让学生深刻感受到"数不够用了"．

2．第二环节　获取新知（释疑）

问题 2：什么是有理数？一个整数的平方一定是整数吗？一个分数的平方一定是分数吗？

问题 3：满足 $a^2=2$ 的 a 是整数吗？为什么？

（学生思考、小组讨论、学生回答，老师补充：因为 $a^2=2$，$1^2=1$，$2=4$，所以 $1^2<a^2<2^2$，所以 $1<a<2$，所以 a 不是整数）

问题 4：满足 $a^2=2$ 的 a 是分数吗？为什么？

（学生思考、小组讨论、学生回答）

引导学生思考：（1）a 是分母为 2 的分数吗？$\left(\frac{1}{2}\right)^2=\frac{1}{4}$，$(\frac{3}{2})^2=\frac{9}{4}$.

（2）a 是分母为 3 的分数吗？$\left(\frac{1}{3}\right)^2=\frac{1}{9}$，$\left(\frac{2}{3}\right)^2=\frac{4}{9}$，$\left(\frac{4}{3}\right)^2=\frac{16}{9}$，$\left(\frac{5}{3}\right)^2=\frac{25}{9}$.

（3）a 是分母为多少的分数呢？

（老师：若 $a=\frac{n}{m}$，m、n 是正整数，且互质，则 $n^2=a^2m^2=2m^2$，所以 n^2 为偶数，则 n 也是偶数，设 $n=2p$，p 为正整数，所以有 $4p^2=2m^2$，即 $2p^2=m^2$，则 m^2 为偶数，m 也是偶数，所以 m、n 都是偶数，这与它们互质矛盾，所以 a 不可能是分数）

总结：a 既不是整数也不是分数，那么 a 一定不是有理数.

【谢祥赏析】 几个问题由浅入深，层层递进，用反正法证明 a 不可能是分数，让学生从理性上分析说明了 a 不是有理数，这表明：有理数不够用了，这为“新数”（无理数）的学习奠定了基础.

找一找

在图 4-2-2 所示的正方形网格中，先找出长度为有理数的线段，再找出长度不是有理数的线段.

【谢祥赏析】 创设从感性到感性的认知过程，让学生充分感受“新数”（无理数）的存在，从而激发学习新知的兴趣，学生感受到无理数产生的过程，确定存在一种数与以往学过的数不同，产生了学习新数的必要性.

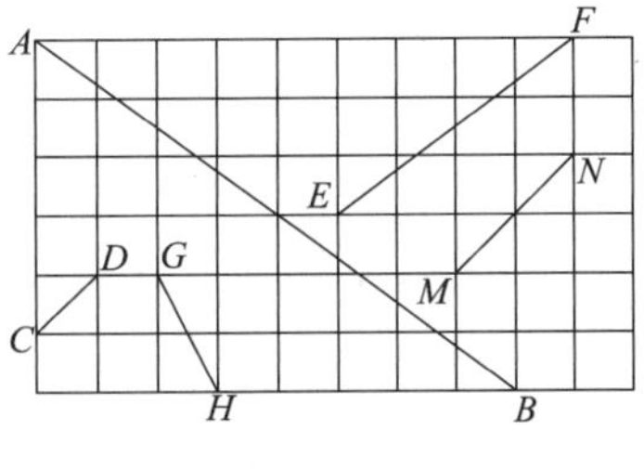

图 4-2-2

3．第三环节　应用巩固（答疑）

（1）在图 4-2-3（a）的正方形网格中，画出两条线段：

① 长度是有理数的线段　　② 长度不是有理数的线段.

（2）在图 4-2-3（b）的正方形网格中画出 4 个三角形：

① 三边长都是有理数；　　② 只有两边长是有理数；

③ 只有一边长是有理数；　　④ 三边长都不是有理数.

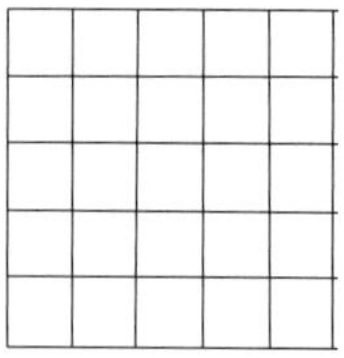

(a)

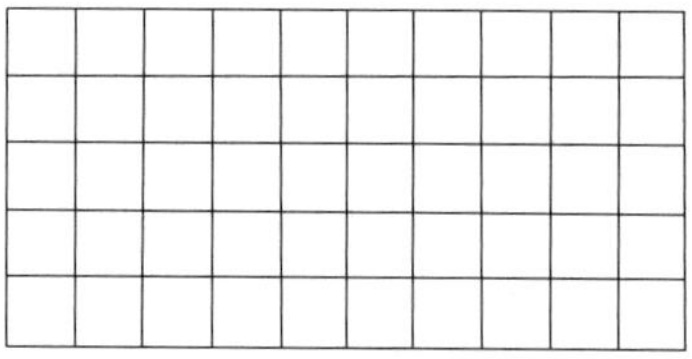

(b)

图 4-2-3

(3)在图 4-2-4 所示的数轴上表示满足 $x^2=2\ (x>0)$ 的 x.

解

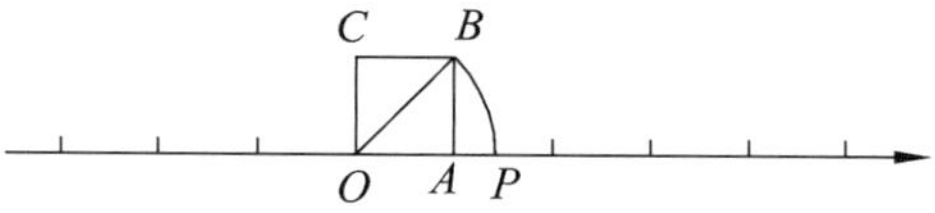

图 4-2-4

变式：在图 4-2-5 所示的数轴上表示满足 $x^2=5\ (x>0)$ 的 x.

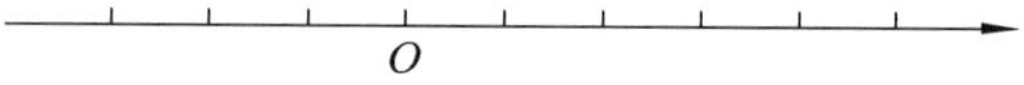

图 4-2-5

【谢祥赏析】 进一步感受“新数”的存在，而且能把“新数”表示在数轴上，加深了对“新知”的理解，巩固了本课所学知识.

4．第四环节　课堂小结

(1)通过本课学习，感受有理数不够用了，请问你有什么收获与体会？

(2)客观世界中，的确存在不是有理数的数，你能列举几个吗？

(3)除了本课所认识的非有理数的数以外，你还能找到其他的吗？

【谢祥赏析】 引导学生自己小结本节课的知识要点及数学方法，使知识系统化．学生总结、相互补充，学会概括总结.

5．第五环节　布置作业

思考：图 4-2-6 是由 5 个单位正方形组成的纸片，请你把它剪成 3 块，然后拼成 1 个正方形，你会吗？试试看！

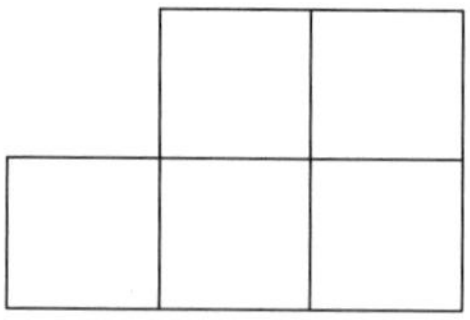

图 4-2-6

【谢祥赏析】 本节课首先从学生已经学习过的勾

股定理出发，计算直角三角形的某一边长，又通过拼图游戏引发学生学习的欲望，再通过提问“找出哪些是有理数？哪些不是有理数？”把课程内容通过学生的生活经验呈现出来，然后进行大胆质疑，生活中的数并不都是有理数，那它们究竟是什么数呢？从而引发了学生的好奇心，为获取新知，创设了积极的氛围．在教学中，给学生充分的活动时间，让学生能够充分的思考与操作．

常言道：“问题是数学的心脏”，通过一系列问题开启学生的思维，对新数的学习不能仅仅停留于感性认识，还应要求学生充分理解，并能用恰当数学语言进行解释．正是基于这个原因，在教学过程中，刻意安排了一些环节（用反正法证明 $\sqrt{2}$ 不是有理数），说明 a 为什么不是有理数，加深对新数的理解，充分感受新数的客观存在．

新产生的数不是有理数，亦不是整数，也不是分数，所以“新数”不可以用分数来表示，这为进一步学习“新数”，即第二课时教学埋下了伏笔，在教学中，要着重强调这一点：“新数”不能表示成分数，为无理数的教学奠好基．

二、课例 8.02　立方根

执教　　伍军（成都七中八一学校）
赏析　　谢祥（成都市金牛区教科院）

学习目标

1. 了解立方根的概念，会用根号表示一个数的立方根．
2. 能用立方运算求某数的立方根，了解开立方与立方互为逆运算．
3. 区分立方根与平方根的不同．

学习重点

立方根的概念．

学习难点

1. 正确理解立方根的概念．
2. 区分立方根与平方根的不同之处．

学习环节

1．问题情境

（1）一个体积为 27 cm^3 的正方体盒子，它的棱长是多少？
（2）一个体积为 5 cm^3 的正方体盒子，它的棱长是多少？

赏析： 由 $x^3=5$，如何求它的棱长？有问题，也有情境，导入新课，开门见山. 要解决问题，自然想到类似问题，类比平方根.

2．类比引入

（1）立方根定义

（2）表示方法　记作

拓展：类比平方根和立方根的定义：

$x^2=a$，那么 x 叫 a 的平方根（或二次方根）；

$x^4=a$，那么 x 叫 a 的四次方根；

$x^5=a$，那么 x 叫 a 的五次方根；

那么 $x^n=a$，那么 x 叫 a 的 n 次方根.

赏析： 定义的类比，巧妙带出 n 次方根的意义，有顺手拈来之妙.

3．初步探究

（1）怎样求下列括号内的数？各题中已知什么数？求什么数？

$(\quad)^3=0.001$；　$(\quad)^3=-\dfrac{27}{64}$；　$(\quad)^3=0$.

（2）2 的立方等于多少？是否有其他的数，它的立方也等于 8？

（3）－3 的立方等于多少？是否有其他的数，它的立方也等于－27？

议一议：（1）正数有几个立方根？（2）0 有几个立方根？（3）负数有几个立方根呢？

立方根的性质______________________________

开立方的定义______________________________

赏析： 由于立方运算具有保留运算符号的性质，所以立方根也保留原来运算符号. 立方根性质探究是用归纳法，由特殊到一般.

4．反馈练习

例 1　求下列各数的立方根

（1）-27；　（2）$\dfrac{8}{125}$；　（3）-5.

赏析： 如何求立方根？注意前两个是完全立方数，而－5 不是一个完全立方数. 例题数据的设计有代表性，有整数、分数，有完全立方数，也有非完全立方数.

5．深入探究

探究 1

（1）$\sqrt[3]{(-2)^3}=$________；（2）$\sqrt[3]{(0.4)^3}=$________；（3）$\sqrt[3]{\left(\frac{4}{5}\right)^3}=$________.

从以上式子中发现什么结论？（用 a 来表示）

结论________________________________

探究 2

（1）$(\sqrt[3]{27})^3=$________；（2）$\left(\sqrt[3]{-\frac{1}{8}}\right)^3=$________；（3）$-(\sqrt[3]{0.001})^3=$________.

从以上式子中发现什么结论？

结论________________________________

赏析： 探究 1，由特殊到一般，引导猜想，一个数 a 的立方幂再开立方，仍为这个数 a.

探究 2，由特殊到一般，引导猜想，一个数 a 的立方根的立方，仍为这个数 a.

事实上，乘立方与开立方互为逆运算，就像一个数 a 的相反数，是数 a 本身.

探究 3

$\sqrt[3]{-8}=$________；$-\sqrt[3]{8}=$________；$\sqrt[3]{-\frac{27}{125}}=$________；$\sqrt[3]{\frac{27}{125}}=$________.

从以上式子中发现什么结论？

结论________________________________

赏析： 互为相反数的两个数，其立方根也互为相反数，这是一个有趣也有用的结论.

类比算术平方根的平方，及时将知识纵横联系，有利于比较其差异.

我们可以通过具体例子归纳出以上结论，还能进行理论解释吗？

类比 $(\sqrt{a})^2=$________$(a\geqslant 0)$； $\sqrt{a^2}=$________.

赏析： 由二次根式、三次根式的性质，及时拓展到 n 次根式，由特殊到一般，逻辑连贯，一气呵成，既利于知识本身的延伸拓展，更有利于逻辑思维训练，在追问中学会提出新问题.

拓展： 当 $n\geqslant 2$，且 n 为正整数，$\sqrt[n]{a^n}=a$，$(\sqrt[n]{a})^n=a$ 成立吗？

例 2　求下列各式的值

（1）$-\sqrt[3]{-216}$；（2）$\sqrt[3]{-\frac{27}{64}}$；（3）$(\sqrt[3]{-0.68})^3$

例 3　已知 $\sqrt[3]{2x+1}+\sqrt[3]{3y-1}=0$，求 $x+\frac{3}{2}y+1$ 的值.

法 1：由于被开方数互为相反数，所以 $2x+1+3y-1=0$，即 $2x+3y=0$，原式 $=\frac{1}{2}(2x+3y)+1=1$.

法 2：$\sqrt[3]{2x+1}=-\sqrt[3]{3y-1}$，两边立方，得 $2x+1=-(3y-1)$，所以 $2x+1+3y-1=0$，后略.

这是给条件求值问题，妙在整体代入. 接下来归纳一般结论，并与平方根的相关结论对比，设计巧妙.

若 $\sqrt[3]{a}+\sqrt[3]{b}=0$，则 a 与 b 的关系是________________

类比：若 $\sqrt{a}+\sqrt{b}=0$，则 a 与 b 的关系是________________

例 4　求满足 $\sqrt[3]{x}=x$ 的 x 的值.

变式：求满足 $\sqrt[3]{x-1}+1=x$ 的 x 的值.

例题 4 及其变式，由简单问题出发.

若 $\sqrt[3]{x}=x$，求 x 的值.

巧解 1：由立方根的意义得 $x=x^3$.

（1）若 $x=0$，显然符合题意.

（2）若 $x\neq 0$，两边同时除以 x，则得 $x^2=1$，所以 $x=1$ 或者 -1.

巧解 2：由方程 $\sqrt[3]{x}=x$ 两边同时立方得 $x=x^3$

即 $x^3-x=0$，分解因式得 $x(x-1)(x+1)=0$

所以 $x=0$ 或者 1 或者 -1.

赏析：法 1 巧在分两种情况讨论，巧妙避开因式分解解三次方程；法 2 用因式分解解三次方程，是常用的通法. 如果将原方程中的 x 用一个代数式表示，则可以得到一系列变式，其解决方法也很巧妙，只需令这个代数式的整体值为 0、1、-1.

变式 1：若 $\sqrt[3]{a-1}=a-1$，求 a 的值.

答案：$a-1$ 可以取值 0、1 或者 -1，所以 a 的值为 1、2 或者 0.

变式 2：若 $\sqrt[3]{a-1}+1=a$，求 a 的值.

答案：原方程变形得 $\sqrt[3]{a-1}=a-1$，$a-1$ 可以取值 0、1 或者 -1，所以 a 的值为 1、2 或者 0.

变式 3：若 $\sqrt[3]{3x-2}+2=3x$，求 x 的值.

答案：原方程变形得 $\sqrt[3]{3x-2}=3x-2$，$3x-2$ 可以取值 0、1 或者 -1.

所以 x 的值为 $\frac{2}{3}$、1 或者 $\frac{1}{3}$.

赏析：由简单问题逐步演变为复杂问题，既展示了数学思维的逐步深刻化过程，更重要的是揭示“复杂的问题并不复杂”，在复杂中揭示“简单性”，这是数学理性之美；这一串变式问题，在离散中，可以概括解决方法的统一性，这是数学的统一美！

用文字描述上式规律______________________________

用符号语言：若 $\sqrt[3]{a}=a$，则 $a=$__________

类比：若 $\pm\sqrt{a}=a$，则 $a=$________

6．课时小结

平方根与立方根的联系与区别、定义、表示方法、存在条件及运算结果、特殊规律等，本节课重要的数学思想.

赏析：关于渗透数学美：① 由特殊到一般，归纳探究，类比思考，培养逻辑推理的核心素养，渗透数学思维的方法美；② 归纳出的立方根的性质，用字母表示，简单明了，简洁美；③ 乘方与开方互为逆运算，辩证统一具有和谐之美.

拓展：

（1）请先观察下列等式

$\sqrt{2\frac{2}{3}}=2\sqrt{\frac{2}{3}}$；

$\sqrt{3\frac{3}{8}}=3\sqrt{\frac{3}{8}}$；

$\sqrt{4\frac{4}{15}}=4\sqrt{\frac{4}{15}}$；

…

经过观察，写出满足上述各式规律的一般公式____________________

赏析：观察等式发现，根号内的带分数，其整数居然可以跑到根号外面，根号对整数很“宽容”，允许整数在“根号内外自由进出”！等式竟然成立. 显然，并不是所有带分数的整数，都能“享有这项特权”（根号内外自由进出），这是一类奇异的带分数！让我们欣赏到数学的奇异美！

（2）请先观察下列等式

$\sqrt[3]{2\frac{2}{7}}=2\sqrt[3]{\frac{2}{7}}$；

$\sqrt[3]{3\frac{3}{26}}=3\sqrt[3]{\frac{3}{26}}$；

$\sqrt[3]{4\frac{4}{63}}=4\sqrt[3]{\frac{4}{63}}$；

…

经过观察，写出满足上述各式规律的一般公式____________________

$n\geqslant 2$，$k\geqslant 2$ 且 n、k 为正整数时，$\sqrt[k]{n\frac{n}{n^k-1}}=n\sqrt[k]{\frac{n}{n^k-1}}$ 成立吗？

____

赏析：由二次根式、三次根式…推广到 n 次根式，由特殊到一般，惊奇地发现，每一类 n 次根式，都分别有一类特殊的带分数，它们的整数享有自由进出 n 次根号的“特权”！数学世界也很奇妙！

7．作业布置

8．课外阅读

倍立方问题

很久很久以前，在古希腊的某个地方发生大旱，地里的庄稼都干死了，人们找不到水喝，于是大家一起到神庙里祈求．神说，我之所以不给你们降水，因为你们给我做的正方体祭坛太小了，如果你们做一个比它大 1 倍的祭坛放在我面前，我就给你们降下雨水．大家觉得这好办，很快做好一个祭坛送到神那儿，新祭坛的边长是原祭坛边长的 2 倍，于是神更加发火，他说，你们竟敢愚弄我！这个祭坛的体积根本不是原来祭坛的 2 倍，我要进一步惩罚你们！

请你想一想，要做一个体积是原来祭坛的 2 倍的新祭坛，它的边长应是原来的多少倍？人们能修一个这样的祭坛满足神的要求吗？

三、课例 8.03　确定一次函数解析式（第二课时）

执教　　李莉（成都七中万达学校）

赏析　　谢祥（成都市金牛区教科院）

学习目标

1. 理解并掌握一次函数解析式的基本类型和基本解题方法.

2. 熟练运用待定系数法求一次函数解析式.

3. 让学生体会方程思想、数形结合、分类讨论等数学思想.

学习重难点

1. 能够熟练运用待定系数法求一次函数解析式.

2. 让学生学会挖掘题中的条件，通过数形结合方法，解决一次函数综合问题.

学习内容

1．夯实基础

（1）已知函数 $y=(m-2)x^{m^2-3}+3$ 是一次函数，则其解析式是________.

赏析：第（1）题关于一次函数概念.

（2）① 将直线 $y=2x+1$ 向上平移 2 个单位得到的直线解析式是________.

② 将直线 $y=2x+1$ 向右平移 3 个单位的到的直线解析式是________.

赏析：第（2）题关于直线平移，既考虑上下，还考虑左右，全面！

（3）已知一次函数 $y=kx+1$ 的图象经过点 $(-1,-1)$，则函数的解析式是________.

（4）已知一次函数图象经过 $A(-2,-3)$、$B(1,3)$ 两点，则这个函数的解析式是________.

（5）一次函数的图象如图 4-2-7 所示，则这个函数的解析式是________.

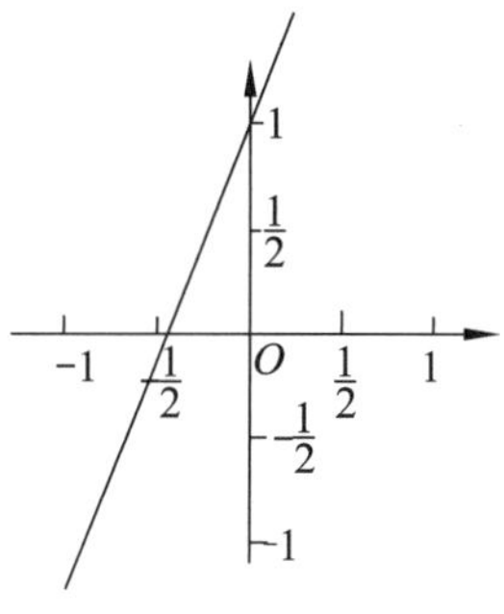

图 4-2-7

赏析：求直线解析式的题型，到底可以分成几种类型？数学需要抽象，需要理性思考.

2．知识运用

（1）求过点 $A(-2,-3)$，且与直线 $y=-\frac{1}{2}x+1$ 交于 y 轴同一点的直线解析式是________.

（2）求与直线 $y=2x-2$ 平行，且过点 $(1,3)$ 的直线解析式是________.

变式：求与直线 $y=-\frac{1}{2}x+1$ 垂直，且过点 $(-1,-1)$ 的直线解析式是______.

（3）求过点 $(0,1)$，且与两坐标轴围成的三角形面积为 $\frac{1}{4}$ 的直线解析式是______.

赏析：第（3）题如果将已知点（0，1）改为（1，2），与两坐标轴围成的三角形面积改为 $\frac{1}{2}$ 呢？与两坐标轴围成的面积为 4，可以作几条直线？面积为 3 或者 5，分别可以作几条直线？

3．能力提升

例 如图 4-2-8 所示，一次函数 $y=\frac{4}{3}x+4$ 的图象分别与 x 轴、y 轴交于点 A、点 B，以线段 AB 为边在第二象限内作等腰 $\text{Rt}\triangle ABC$，且 $\angle BAC=90°$.

（1）求直线 BC 解析式.

变式：将条件“以线段 AB 为边在第二象限内作等腰 $\text{Rt}\triangle ABC$，且 $\angle BAC=90°$”改为“以线段 AB 为直角边作等腰 $\text{Rt}\triangle ABC$”，如图 4-2-9 所示，则直线 BC 解析式如何求呢？

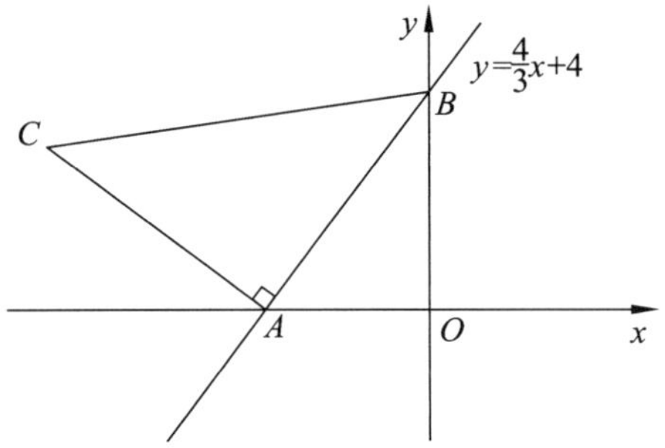

图 4-2-8

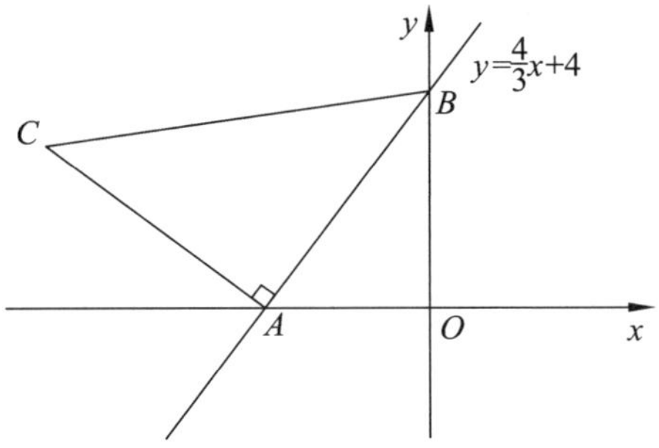

图 4-2-9

赏析：利用平面几何知识（三角形全等）得到 C 点坐标，非常巧妙！解析几何的基本思想是“用代数方法解决几何问题”，而问题本身的几何特征，应该引起重视，而不能被忽视.

可以追问：

条件变为：以线段 AB 为直角边作等腰 $\text{Rt}\triangle ABC$，求直线 BC 解析式. 此时 C 点有几种情况？如何求 C 点坐标？这是非常有价值的“追问”！将思维引向深刻！

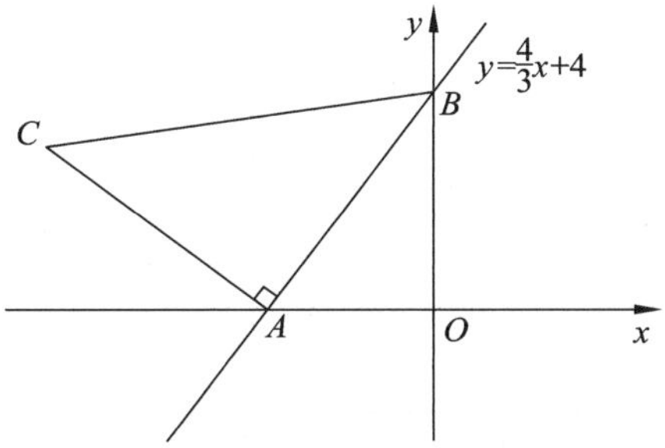

图 4-2-10　备用图

方法归纳：

（2）如图 4-2-11 所示，直线 AD 与线段 OB 交于点 D，若 AD 分△ABO 为两个三角形，且面积比为 1∶3，求直线 AD 的解析式.

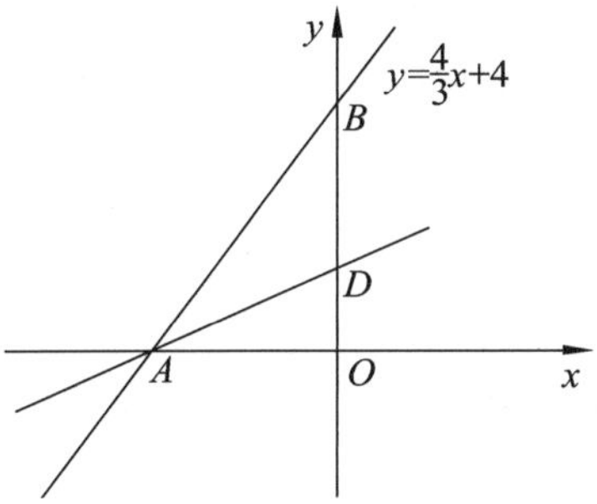

图 4-2-11

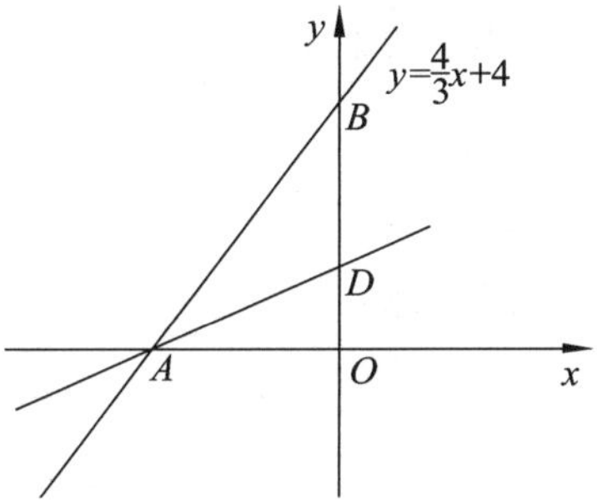

图 4-2-12　备用图

赏析： 问题（2）是问题（1）的同向平行变式，已知一点，再根据条件求出另一点，两点确定一条直线.

解决本问题的关键：利用面积确定 D 点坐标. 再变式，从 O 点作直线分面积，在 AB 上确定 D 点，强化思维训练.

方法归纳：

思维拓展

（3）如图 4-2-13 所示，若点 P 在 x 轴上，是否存在这样的点 P，使△ABP 成为等腰三角形？若存在，请求出所有满足条件的直线 BP 解析式；若不存在，请说明理由.

赏析： 问题（3）仍然是问题（1）的变式，已知一点，再根据条件求出另一点，两点确定一条直线. 另一点是"在 x 轴确定点 P，使△ABP 成为等腰三角形"，情况较多，分类讨论，能很好地训练思维的严密性.

再递进变式：将“点 P 在 x 轴上”，改为“点 P 在坐标轴上”，点 P 的解就更多.

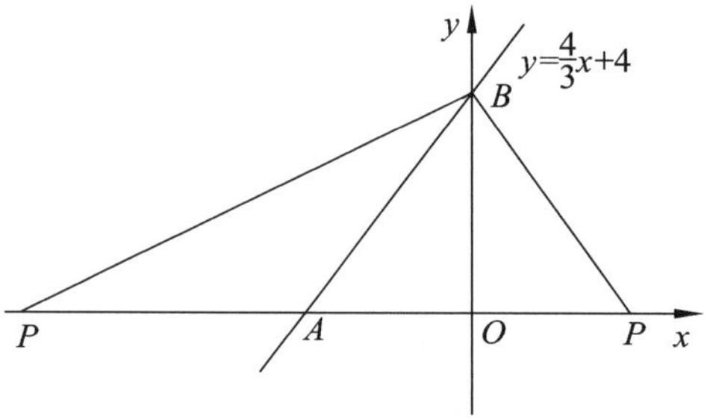

图 4-2-13

4．课堂小结

（1）知识技能：________________________________.

（2）数学思想：________________________________.

5．课后作业

A 组：教材 P90　习题 4.5

B 组思考题：

（1）如图 4-2-14 所示，在平面直角坐标系 xOy 中，一次函数 $y_1=-\frac{2}{3}x+2$ 与 x 轴、y 轴分别相交于点 A 和点 B，直线 $y_2=kx+b\ (k\neq 0)$ 经过点 C（1，0）且与线段 AB 交于点 P，并把 $\triangle ABO$ 分成两部分.

① 求 $\triangle ABO$ 的面积；

② 若 $\triangle ABO$ 被直线 CP 分成的两部分的面积相等，求点 P 的坐标及直线 CP 的函数表达式.

（2）如图 4-2-15 所示，四边形 $OABC$ 是一张放在平面直角坐标系中的正方形纸片. 点 O 与坐标原点重合，点 A 在 x 轴上，点 C 在 y 轴上，$OC=4$，点 E 为 BC 的中点，点 N 的坐标为（3，0），过点 N 且平行于 y 轴的直线 MN 与 EB 交于点 M. 现将纸片折叠，使顶点 C 落在 MN 上，并与 MN 上的点 G 重合，折痕为 EF，点 F 为折痕与 y 轴的交点.

① 求点 G 的坐标.

② 求折痕 EF 所在直线的解析式.

③ 设点 P 为直线 EF 上的点，是否存在这样的点 P，使得以 P、F、G 为顶点的三角形为等腰三角形？若存在，请直接写出点 P 的坐标；若不存在，请说明理由.

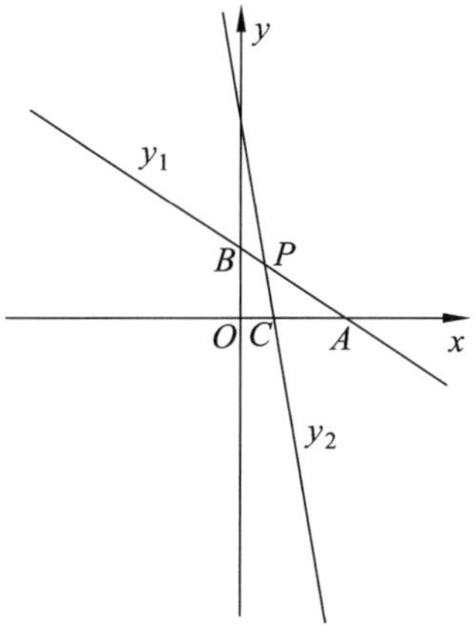

图 4-2-14

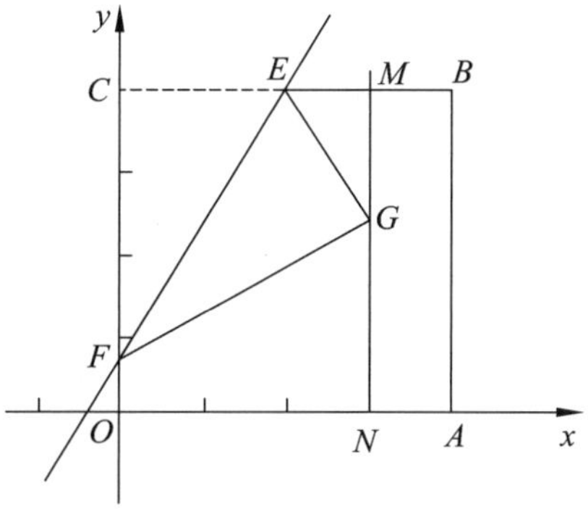

图 4-2-15

（3）在平面直角坐标系 xOy 中，已知矩形 $OABC$ 的两边在坐标轴上，点 B 的坐标为 $(10,3)$，点 D 为 OA 的中点，过 D 的直线 l：$y=kx+b\,(k\neq 0)$.

① 若直线 l 同时也过 C 点，请求出直线 l 的解析式.

② 若直线 l 与线段 OC 交于点 E，且 DE 分 $\triangle DCO$ 的面积比为 1∶2，求出此时 l 的解析式.

③ 若直线 l 与线段 CB 交于点 F，是否存在这样的点 F，使 $\triangle ODF$ 为等腰三角形，若存在，请求出满足条件的 k 值；若不存在，请说明理由.

四、课例 8.04 一次函数的应用之小明上学记

执教　　杜雪姣（成都市花照中学校）

赏析　　谢　祥（成都市金牛区教科院）

教学目标

1. 能利用 k 值的实际意义求解一次函数解析式.

2. 进一步训练识图能力，能通过函数图象获取信息，解决简单的实际问题.

3. 在函数图象信息获取过程中，进一步培养数形结合意识，发展形象思维.

4. 在解决实际问题过程中，进一步发展学生分析问题、解决问题的能力和数学应用意识.

5. 在解决现实问题中，初步认识数学与人类生活的密切联系，培养学习数学的兴趣.

教学重点

k 值实际意义的探索与应用.

教学难点

从函数图象和题目描述中正确读取信息.

教学过程

1．探索

小明从家出发坐公交车上学，他要先走到公交车站等公交车. 他离家的距离 y（km）与经过的时间 x（min）的关系如图 4-2-16 所示，

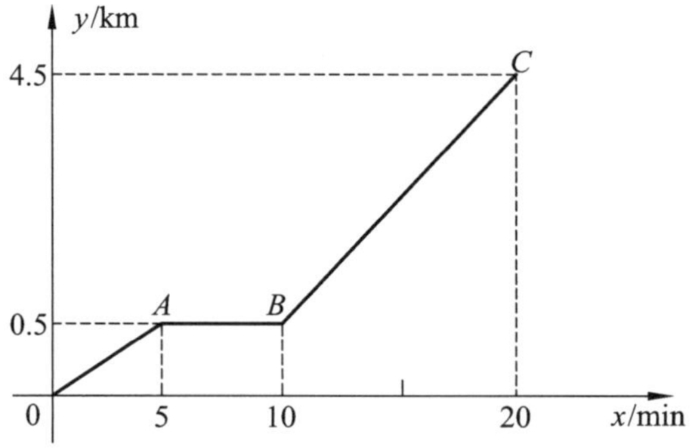

图 4-2-16

（1）求 OA、BC 的函数关系式.

（2）小明的速度和公交车的速度分别是多少？

（3）对比（1）、(2）的结果说说你的发现.

赏析： 本探索是由函数图象求解析式. ① 教学中注重培养学生识图（点及其对应的坐标）、从图形中读取信息的能力（翻译图形语言为数学符号语言）. ② 培养数学模型素养，匀速直线运动中路程与时间是一个很好的一次函数数学模型. ③ 根据两点确定一条直线，在图中找两点，利用待定系数法，建立方程求参数. ④ 若要写出时间从 0～20 min 的函数解析式？即为高中的分段函数. 在这里做了很好的铺垫.

本探索作了第一次数学抽象：一次函数中的常系数 k 的实际意义.

练习 一泳池的进水管进水速度是 5 L/h，打开进水管 3 h 后泳池水量 28 L，水池中的水量 y（L）与进水时间 x（h）的关系如图 4-2-17 所示，求 y 与 x 的函数解析式.

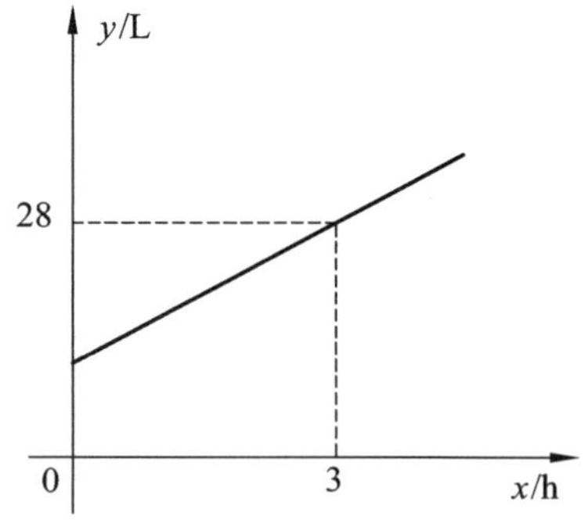

图 4-2-17

赏析： 本练习也就是数学变式. 仍是由

函数图象求解析式，只是改变了问题背景．第二次数学抽象，扩展常数 k 的实际意义为单位时间的变化量、变化率．

① 本演习的已知信息中，只能找到一个点，怎么办？

② 本演习还可以数学抽象:一次函数中的常数 b 的实际意义．

2．探究

小明从家出发 25 min 后发现忘记带饭盒，打电话给妈妈后，妈妈立即出门，小明原地等待 10 min 后担心迟到就继续以之前的速度去学校，结果在校门口遇到了刚好赶到的妈妈．小明和妈妈之间的距离 y（km）与小明打电话后的时间 x（min）的关系如图 4-2-18 所示．

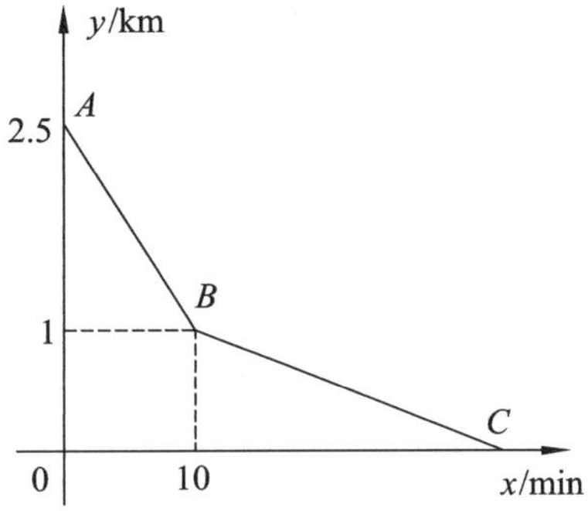

图 4-2-18

（1）写出 A、B 两点的坐标及线段 AB 的解析式．

（2）你发现了什么？

赏析：在探究中，函数图象是“小明和妈妈之间的距离 y（km）与小明打电话后的时间 x（min）的关系”，图形识别，有一定难度，难在 A、B 点的意义，由函数图象求解析式，再次改变了问题背景．第三次数学抽象，扩展到常数 k 的绝对值的意义即为变化率．追问：如何求 BC 段的解析式？很精彩（遇到什么困难？BC 段是怎样的过程？）得出第四次数学抽象：k 的绝对值 = 速度差．

变式　小明上学途中发现忘带饭盒，此时离家 1.25 km 往家里打电话后，妈妈立即带上饭盒赶往学校，同时小明返回．两人相遇后，小明立即赶往学校，妈妈回家，15 min 妈妈到家，再经过 3 min 小明到达学校，妈妈送饭盒是速度为 0.15 km/min，送完后回家的速度是原来的 $\frac{1}{3}$，小明速度始终保持不变．小明和妈妈的距离 y（km）与小明打完电话后的步行时间 x（min）之间的函数关系如图 4-2-19 所示，

（1）求 BC 的解析式及 C 点坐标．

（2）求 CD 的解析式及小明家与学校之间的距离．

赏析：这个变式，是以行程问题中的相遇问题作为背景，研究“速度和”．在本题中，速度是个关键量，结合图形，k 的绝对值 = 速度和．

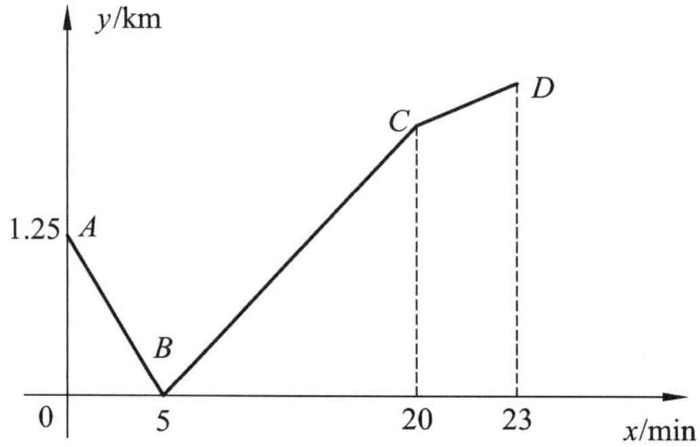

图 4-2-19

综上所述，由函数图象求解析式，不断改变问题背景，由简单到复杂，层层递进，通过四次数学抽象，将一次函数中的常数 k、b 在实际生活的意义逐层解剖，很好地渗透方程思想，培养数学建模素养.

关于渗透数学美：在透彻理解一次函数中的常数 k、b 在实际生活的意义同时，巧妙地联系实际生活，欣赏数学的应用美；数形结合、建立方程解决问题，欣赏数学方法的美！

3．练习提升

（1）一农民带上若干千克自产的土豆进城出售，为了方便，他带了一些零钱备用，按市场价售出一些后，又降价出售，售出的土豆质量与他手中持有的钱数（含备用零钱）的关系如图 4-2-20 所示，结合图象回答下列问题：

① 农民自带的零钱是多少？

② 求降价前 y 与 x 之间的关系式.

③ 由表达式你能求出降价前每千克的土豆价格是多少？

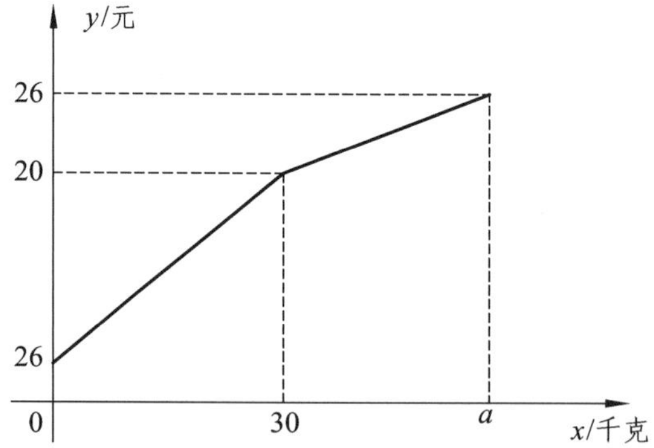

图 4-2-20

④ 降价后他按每千克 0.4 元将剩余土豆售完，这时他手中的钱（含备用零钱）是 26 元，试问他一共带了多少千克土豆？

（2）如图 4-2-21 所示，一列快车从甲地驶往乙地，一列慢车从乙地驶往甲地，两车同时出发，设慢车行驶的时间为 x（h），两车之间的距离为 y（km），根据图象回答下列问题：

① 甲乙两地之间的距离.

② 求慢车和快车的速度.

③ 求线段 BC 所表示的 y 与 x 之间的函数关系式，并写出自变量 x 的取值范围.

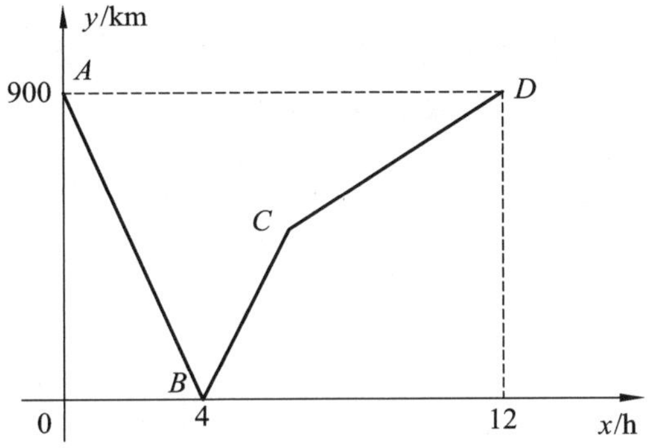

图 4-2-21

（3）一个有进水管与出水管的容器，从某时刻开始 4 min 内只进水不出水，在随后的 8 min 内既进水又出水，每分钟的进水量和出水量是两个常数，容器内的水量 y（L）与时间 x（min）之间的关系如图 4-2-22 所示.

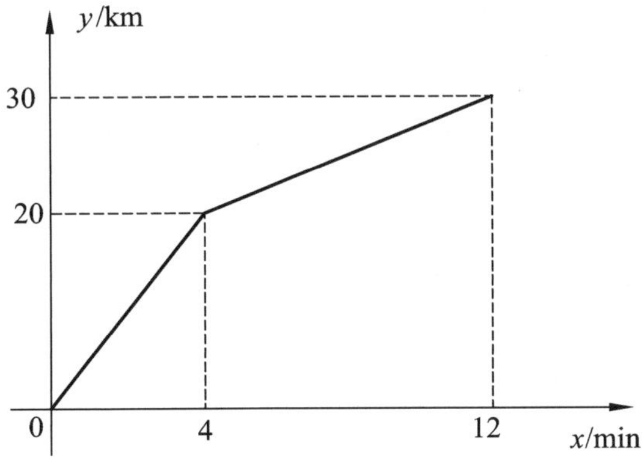

图 4-2-22

① 当 $x \geqslant 4$ 时，求 y 关于 x 的函数解析式.

② 直接写出每分钟进水、出水各多少升.

五、课例 8.05　一次函数图象的应用（一）

执教　李烨（成都铁中府河学校）

赏析　谢祥（成都市金牛区教科院）

学习目标

1. 能通过一次函数图象获取信息，利用一次函数图象解决实际问题；在具体问题的解决中，初步体会一次函数与一元一次方程的联系.

2. 通过对一次函数图象的观察与分析，进一步发展学生的形象思维，培养数形结合意识，培养学生的数学应用能力.

学习重难点

学习重点

1. 能从函数图象中获取解决实际问题所需要的有效信息.

2. 渗透数形结合思想.

学习难点

根据图象获取有效信息，利用一次函数的图象解决生活中的实际问题.

学习过程

1．温故知新

一次函数的图象如图 4-2-23 所示，则一次函数的解析式为____________.

赏析：观察一次函数图象与 y 轴的交点的纵坐标为 1，这是个关键信息！所以应设函数解析式为 $y=kx+1$，关注 b 的几何意义.

2．实例引入

由于持续高温和连日无雨，某水库的蓄水量随着时间的增加而减少. 干旱持续时间 t（天）与蓄水量 V（万立方米）的关系如图 4-2-24 所示，回答下列问题：

（1）上图反映的是________________和__________________的函数图象.

（2）水库干涸前的蓄水量是__________万立方米.

（3）干旱持续 10 天，蓄水量为_____. 连续干旱 23 天，蓄水量为_____.

（4）蓄水量小于 400 万立方米时，将发出严重干旱警报. 干旱_______天后将发出严重干旱警报？

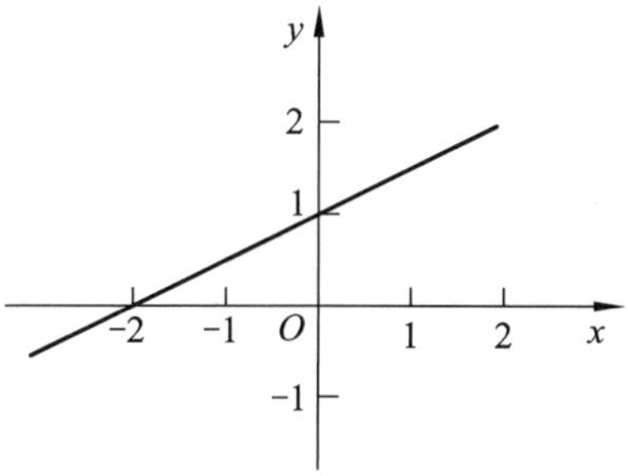

图 4-2-23

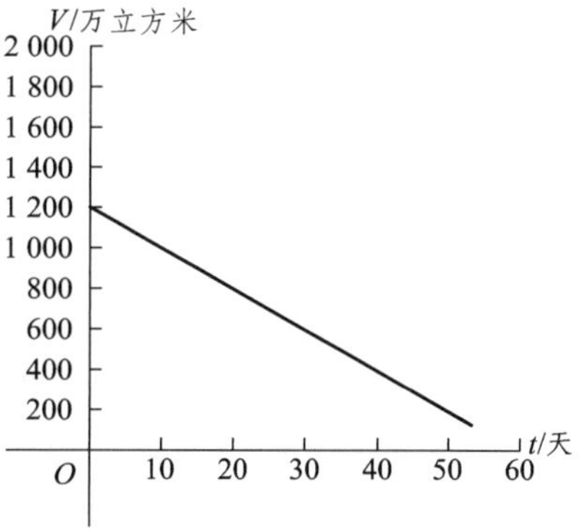

图 4-2-24

（5）按照这个规律，预计持续干旱________天水库将干涸？

赏析：根据干旱持续时间 t（天）与蓄水量 V（万立方米）的关系图，能获取哪些信息？横轴、纵轴分别代表什么量？干旱持续时间 t（天）与蓄水量 V（万立方米）间满足怎样的函数关系？说明水库的蓄水量的减少有什么规律？根据规律进行预测，这就是数学的应用价值，充分展示数学的应用之美！

3．例题讲解

某种摩托车的油箱最多可储油 10 升，加满油后，油箱中的剩余油量 y（升）与摩托车行驶路程 x（千米）之间的关系如图 4-2-25 所示. 根据图象回答下列问题：

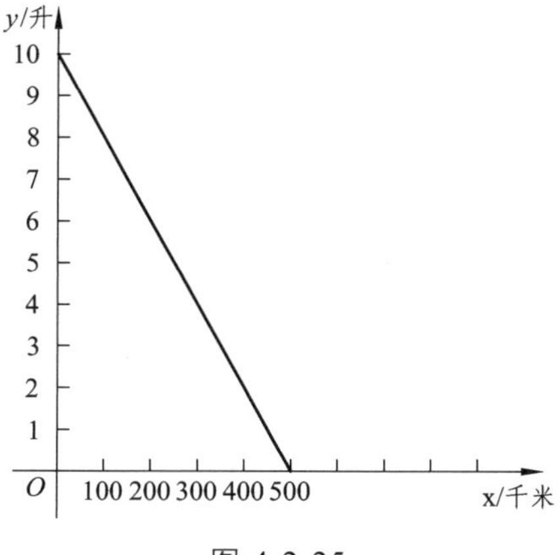

图 4-2-25

（1）横轴表示______________，纵轴表示______________.

（2）$x=0$时，$y=$______，此时表示摩托车的油箱最多可储油______升.

（3）$y=0$时，$x=$______，此时表示一箱汽油最多可供摩托车行驶______千米.

（4）摩托车每行驶 100 千米消耗______升汽油.

（5）摩托车的剩余油量小于 1 升时，摩托车将自动报警，行驶________千米后，摩托车将自动报警.

本题函数图象为线段，包含哪些信息？摩托车每行驶 100 千米消耗汽油的量，对应一次函数中的什么参数？

小结：

4．例题拓展

上题中摩托车行至加油站加完油后，摩托车油箱的剩余油量 y（升）和摩托车行驶路程 x（千米）之间的关系变为图 4-2-26 中的 l_2，试问：

（1）加油站在距出发地多少千米处？加油多少升？

（2）加油前每 100 千米耗油多少升？加油后每 100 千米耗油多少升？

（3）若乙地与加油站之间还有 250 千米，要到达乙地所加的油是否够用？

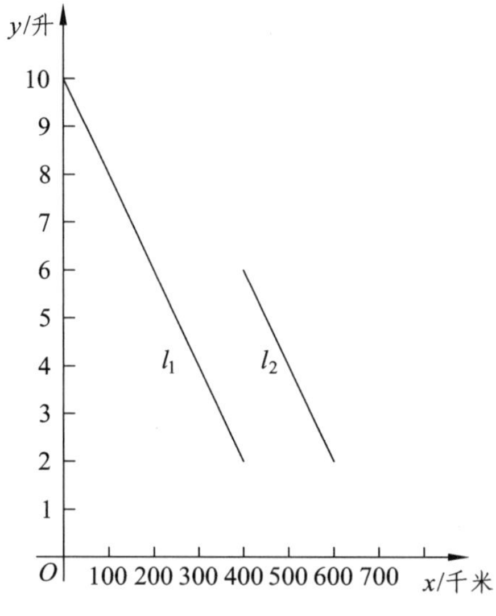

图 4-2-26

赏析：例题拓展，创设一个新情境——半路上加油，如何识别 l_2 这条线段提供的信息？是个难点也是本节课的一个亮点！关键点在哪里？

5．自我检测

（1）今年我省部分地区遭遇严重干旱，为鼓励市民节约用水，我市自来水公司按分段标准收费，图 4-2-27 反映的是每月收取的费用 y（元）与用水量 x（吨）之间的函数关系.

① 小聪家五月份的水费 11 元，用水________吨.

② 按照上述分段收费标准，小聪家三、四月份分别交水费 29 元和 19.8 元，问四月份比三月份节约用水多少吨？

（2）某航空公司规定，旅游乘机所携带行李的质量 x（kg）与其运费 y 元由如图 4-2-28 所示的一次函数图象确定，那么旅客可免费携带行李的最大质量为（　　）.

A．20 kg　　B．25 kg　　C．28 kg　　D．30 kg

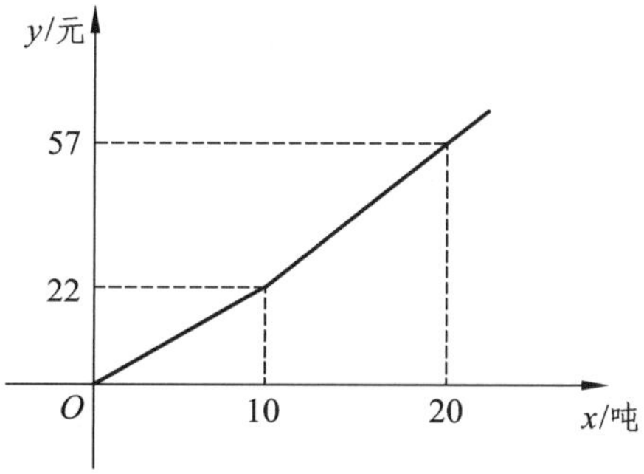

图 4-2-27

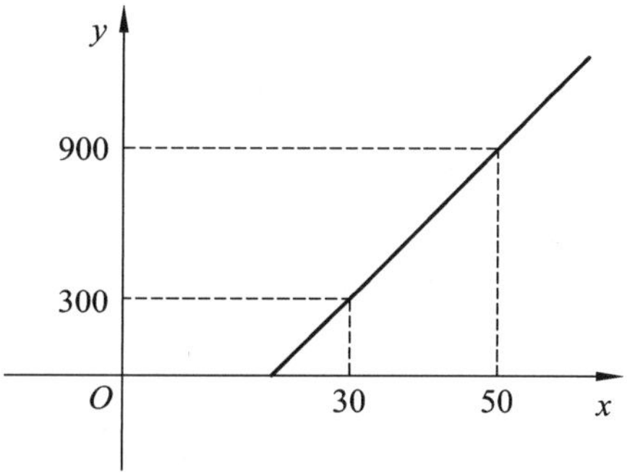

图 4-2-28

赏析：两个检测题的设计，独具匠心！两题都取材于实际生活问题，检测题 1 的函数图象为折线，两段线分别对应的函数关系是不同的（分段函数），检测题 2 的图象信息中隐含"免费携带行李的最大质量"……这两个图象对于丰富学生识图经验非常好！也体现一次函数相关图象的多彩多姿！富于变化的美！

6．拓展延伸

某巡逻艇凌晨 1:00 出发，匀速行驶一段时间后，因中途出现故障，耽搁了一段时间，故障排除后，该艇加快速度仍匀速行驶，结果恰好准点到达. 图 4-2-29 所示为该艇行驶的路程 y（海里）与所用时间 t（小时）的函数图象，根据图象回答下列问题：

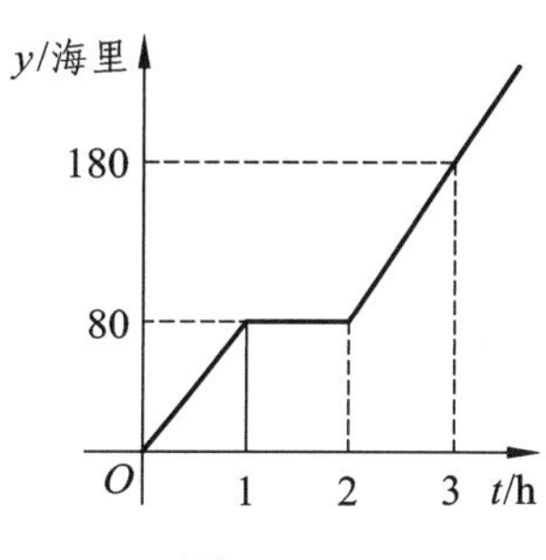

图 4-2-29

（1）前 1 小时的巡逻速度是________海里/时.

（2）停船修理时间为__________小时.

（3）2 小时后巡逻艇的速度是______海里/时.

请根据图象设计几个问题，并给出解答.

赏析：叶圣陶说“老师教，是为了不教”. 本环节的设计目的在于训练学生提问题的方法，这也是实现“不教”这个目标的一个有效方法. 根据图象，让学生提出问题，这个设计也是本节课的一个突出亮点. 事实上提出问题比解决问题更重要！

7. 课堂小结

（1）知识方面：

（2）数学思想：

（3）数学能力：

8. 课外探究

在生活中，你还遇到过哪些可以用一次函数图象来表示的实际问题？选择你感兴趣的问题，编制一道数学题与同学交流.

9. 课后练习

（1）如图 4-2-30（a）所示，购买一种苹果，所付款金额 y（元）与购买量 x（千克）之间的函数图象由线段 OA 和射线 AB 组成，则一次购买 3 千克这种苹果比分三次每次购买 1 千克这种苹果可节省__________元.

（2）一名考生步行前往考场，5 分钟走了总路程的 $\frac{1}{6}$，估计步行不能准时到达，于是他改乘出租车赶往考场，他的行程与时间的关系如图 4-2-30（b）所示（假定总路程为 1，出租车匀速），则他到达考场所花的时间比一直步行提前了__________分钟.

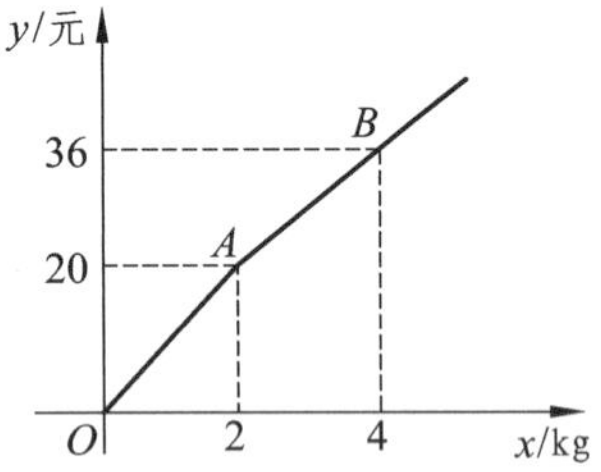

（a）

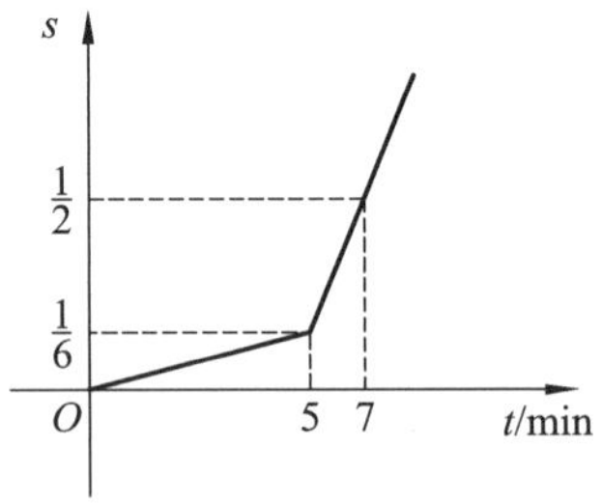

（b）

图 4-2-30

（3）甲、乙两人在直线跑道上同起点、同终点、同方向匀速跑步 500 米，先到终点的人原地休息. 已知甲先出发 2 秒. 在跑步过程中，甲、乙两人的距离 y（米）与乙出发的时间 t（秒）之间的关系如图 4-2-31 所示，给出以下结论：① $a=8$；② $b=92$；③ $c=123$. 其中正确的是____________.（填序号）

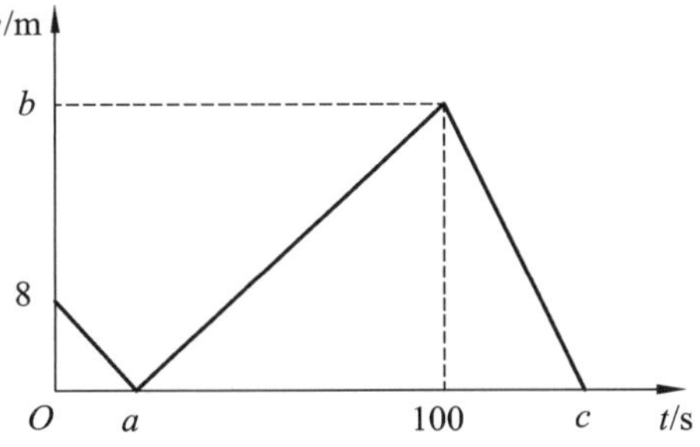

图 4-2-31

六、课例 8.06　一次函数的应用

执教　　卓丽（成都市第四十三中学校）

赏析　　谢祥（成都市金牛教科院）

教学目标

1. 了解两个条件可确定一次函数；能根据所给信息（图象、表格、实际问题等）利用待定系数法确定一次函数的表达式；并能利用所学知识解决简单的实际问题.

2. 经历正比例函数及一次函数表达式的探求过程，掌握用待定系数法求一次函数的表达式，进一步发展数形结合的思想方法.

3. 经历从不同信息中获取一次函数表达式的过程，体会解决问题的多样性，拓展学生的思维.

教学重点

根据所给信息，利用待定系数法确定一次函数的表达式.

教学难点

在实际问题情景中寻找条件，确定一次函数的表达式.

关键问题

从一次函数“数”的角度入手，转移到“形”，让学生感受确定一次函数需要两个条件，找准条件，求出表达式.

学法提示

1. 结构化预习法：采用阅读六字决认真阅读教材，自主完成课后问题和预习评价问题.

2. 情景学习法：创设使用代数式的情景，在生活的情景中学习概念，感受数学来自实际生活.

3. 合作探究法：采用“12345 + 2”方法，进行小组合作探究并展示分享，培养探究能力和学习展示能力.

知识点回顾

1. 正比例函数的一般表达式是____________，它有____个常量____个变量. 正比例函数的图象是____.

2. 一次函数一般表达式是______________，它有_____个常量，_______个变量. 一次函数的图象是________________________.

3. 如果一个正比例函数的图象经过点 $A(3,\ -1)$，那么这个正比例函数的解析式为（　　）.

A. $y=3x$　　B. $y=-3x$　　C. $y=\dfrac{1}{3}x$　　D. $y=-\dfrac{1}{3}x$

预习检测

问题 1　某物体沿一个斜坡下滑，它的速度 v(米/秒)与其下滑时间 t（秒）的关系如图 4-2-32 所示.

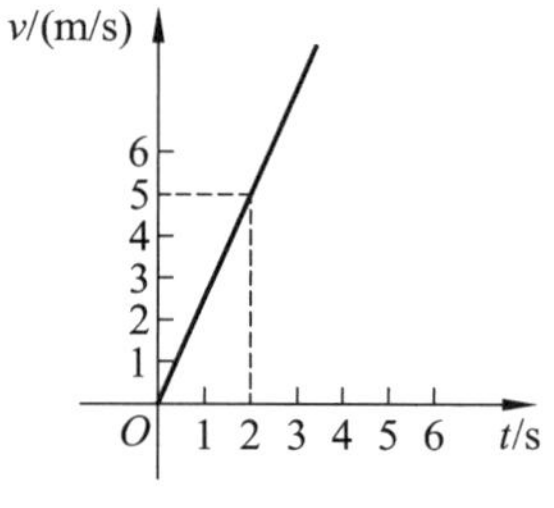

图 4-2-32

（1）写出 v 与 t 之间的关系式；

（2）下滑 3 秒时物体的速度是多少？

赏析：当学生讲到“在 x 轴负半轴没有图象，因为时间不能为负”此时，如果追问：本题函数图象为射线还是线段？就漂亮了. 追问图形包含哪些信息？关键点是哪个？如何求 2 秒行驶的路程？我们注意到，本题中系数 k 的实际意义，是单位时间的速度变化量（加速度）.

思考：确定正比例函数表达式需要几个条件？这些条件具体是什么？

赏析：正比例函数图象是一条过原点的直线. $y=kx$，含有一个参数，故确定正比例函数表达式需要一个条件.

问题 2　油箱中存油 20 升，油从油箱中均匀流出，流速为 0.2 升/分钟，则油箱中剩余油量 Q（升）与流出时间 t（分钟）的函数关系是什么？

流出时间 t/分钟	0	1	2	…	100
存油 Q/升	20	19.8	19.6	…	0

赏析：本题函数图象为线段，包含哪些信息？油箱中存油 20 升，流速为 0.2 升/分钟，对应一次函数中的什么参数？本题设计较好的地方是以表格的形式，呈现两个变量之间的关系，不足在于题目中的文字表述在这里显得多余，如果只有表格，更能引起学生的探究兴趣.

两道题分别以图象和表格表示变量之间的关系，由这两个表达方式都可以转化成解析式的形式，通过学生自主学习和探究，基本了解求解析式的核心及步骤.

改用列表给出相关已知信息，让学生从表中去取对应点，使问题具有开放性.

思考：确定一次函数的表达式，需要确定那几个量？

赏析：一次函数图象也是一条直线，$y=kx+b$，含有两个参数，确定一次函数表达式需要两个条件.

思考：在上面的两个题中，有哪些步骤是相同的，你能否总结出求一次函数表达式的步骤.

赏析：求一次函数的解析式，即确定 $y=kx+b$ 中的 k、b，一般步骤：① 设解析式，② 代点建方程，③ 解方程组，④ 写解析式.

知识应用

问题 3 假定甲、乙二人在一次赛跑中路程 y 与时间 x 的关系如图 4-2-33 所示. 求甲、乙二人 y 与 x 的函数关系式.

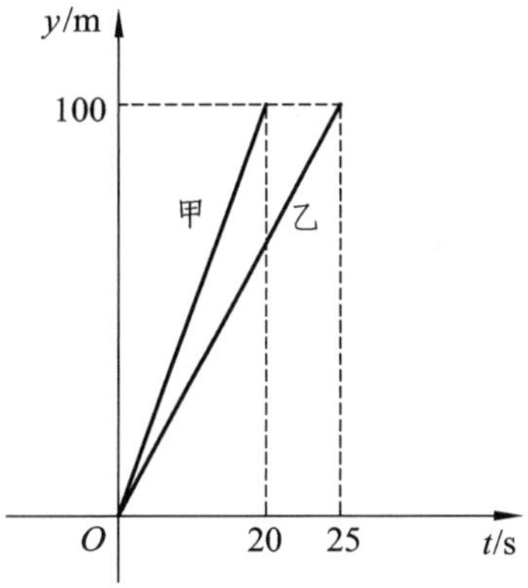

图 4-2-33

赏析：甲、乙二人路程与时间的关系为正比例函数，函数图象对应两条线段，每条线段可以找到两个点（其中一个点相同，为原点），从而确定函数关系.

（1）匀速运动.

（2）函数中参数 k 的实际意义，可以表速度.

2. 如图 4-2-34 所示，直线 l 是一次函数 $y=kx+b$ 的图象.

（1）求出直线解析式.

（2）点（30，m）与点（n，30）在直线上，求 m、n 的值.

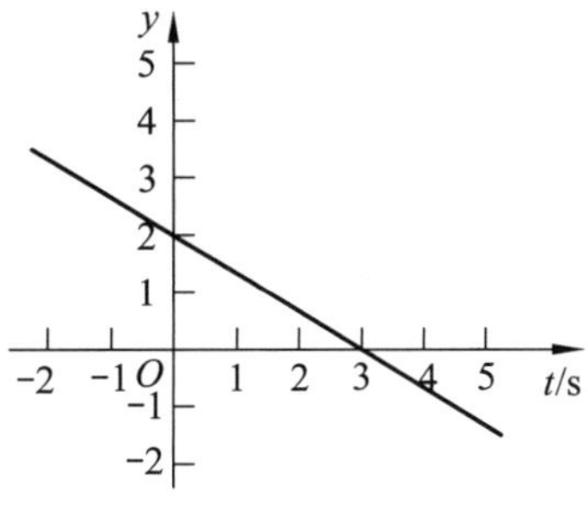

图 4-2-34

赏析：观察一次函数图象与 y 轴的交点的纵坐标 2，这是个关键信息！所以应设函数解析式为 $y=kx+2$，关注 b 的几何意义.

已知直线 l 与直线 $y=-2x$ 平行，且与 y 轴交于点（0，2），求直线 l 的表达式及原点到直线的距离．

赏析： 法 1：设直线解析式为 $y=kx+b$，由已知得 $k=-2$，$b=2$，所以 $y=-2x+2$．

法 2：设直线解析式为 $y=-2x+b$，代入点（0，2），解得 $b=2$，后略．

法 3：设直线解析式为 $y=kx+2$，由已知二直线平行得 $k=-2$，后略．

注意：① 点到直线的距离实质是二平行线间的距离，转化为求直角三角形斜边上的高，用面积法求解．② 含参表达式代表一组平行线．③ $y=kx+2$ 含参表达式代表过定点（0，2）的线束，那么直线 $y=k(x-3)+2$ 呢？

学生讲到“直线到点的距离为 1，因为直线与 x 轴的交点为（1，0）”时，老师要追问“为啥取 x 轴上的点？”引导学生自我纠错“点线距离是点到直线的垂线段的长度”．

问题 4 直线 AB 与 x 轴交于点 A（1,0），与 y 轴交于点 B（0，－2）．

（1）作出图象并求直线 AB 的解析式．

（2）直线 AB 上的点 C 在第一象限，且 $\triangle BOC$ 的面积为 2，求 OC 的解析式．

赏析： 追问：① C 为 x 轴上一点，且 $\triangle ABC$ 的面积为 2，求直线 BC 的解析式．

② C 为坐标平面上一动点，且 $\triangle ABC$ 的面积为 2，求动点 C 所在直线的解析式．

赏析：

（1）紧扣求一次函数解析式需要求出两个基本量 k 和 b 设计的例题，层次清晰，有很好的梯度，有利于思维训练．

（2）例题之后的解后思考，实质为解后反思，及时总结一般方法．

（3）课堂教学实施，充分体现以学生为主体、教师主导的新理念，充分体现“学本课堂”的新特色．

（4）本节课渗透的数学思想方法有数形结合、函数与方程、转化与化归等．

（5）本节课培养的数学核心素养有：数学抽象（数感与符号意识）、逻辑推理、数学建模（一次函数模型）、数学计算等．

七、课例 8.07　一次函数图象相关的面积问题

执教　　李宛璐（成都市锦西中学）

赏析　　谢　祥（成都市金牛区教科院）

学习目标

1. 会由图形的面积求直线解析式．

2. 会计算直线与坐标轴、直线与直线所围成的图形的面积.

3. 会用割补法计算图形的面积.

1．课前热身

（1）如图 4-2-35 所示，已知直线 $y=-\frac{1}{2}x+2$ 与 x 轴交于 A 点，与 y 轴交于 B 点，求出该图象与两坐标轴围成的 $\triangle AOB$ 的面积.

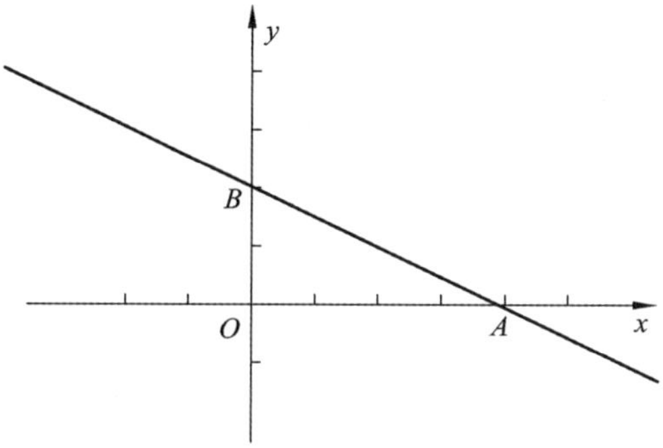

图 4-2-35

赏析： 本节课，“课前热身”问题 1，选择求“一线两轴”围成的三角形面积，是本节课的知识生长点，由特殊出发，也是数学研究常用的起点.

（2）已知直线 $y=kx+2$ 与两坐标轴所围成的三角形面积等于 4，求直线解析式.

（3）已知直线 $y=-\frac{1}{2}x+b$ 与两坐标轴围成的三角形面积为 4，求一次函数的解析式.

赏析：“课前热身”问题（2），将问题（1）的定直线，改成过 y 轴定点（0，2）的动直线；“课前热身”问题（3），将问题（1）的定直线，改成 $k=-\frac{1}{2}$ 的一束平行的动直线. 它们都是已知围成的三角形面积，求直线方程. 在思维训练上有两个显著亮点：① 对学生进行很好的“逆向思维”训练；② 很好的警示“易错点”，提醒学生不要忽略另一种情况，训练思维的严谨性.

2．典例分析

例 1 如图 4-2-36 所示，若直线 $l_1: y=-\frac{1}{2}x+2$ 与坐标轴分别交于 A、B 两点，直线 $l_2: y=\frac{1}{2}x+1$ 与坐标轴分别交于 E、F 两点，且两直线交于点 P，求：

（1）P 点坐标＿＿＿＿＿＿.

（2）观察图形，两直线和坐标轴围成的三角形有哪些？能否求其面积？

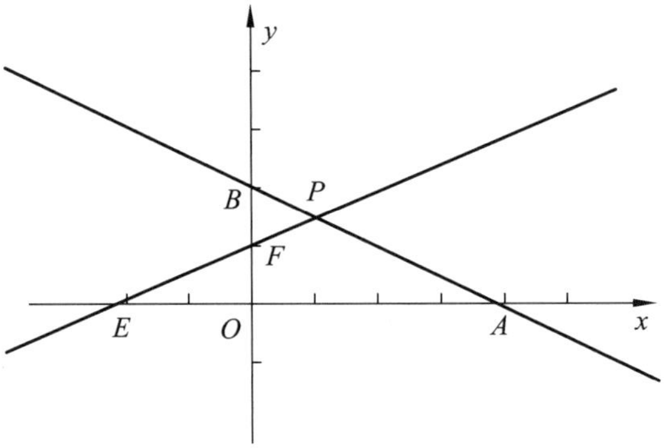

图 4-2-36

赏析： 例 1 的设计，从逻辑上看，由课前热身“一线两轴”，很自然地会思考“两线一轴”的问题，问题之间联系紧密. 更妙的是继续以课前热身的直线为一条已知直线，再增加一条新的直线，得到两线，李老师只提出求直线交点坐标的问题，另一个问题由学生提出.

事实上，提出问题比解决问题更重要！教学中，有意识地培养学生提问题的能力，是非常重要的.

例 2 如图 4-2-37 所示，在例 1 的基础上连接 BE，求 $\triangle BEP$ 的面积.

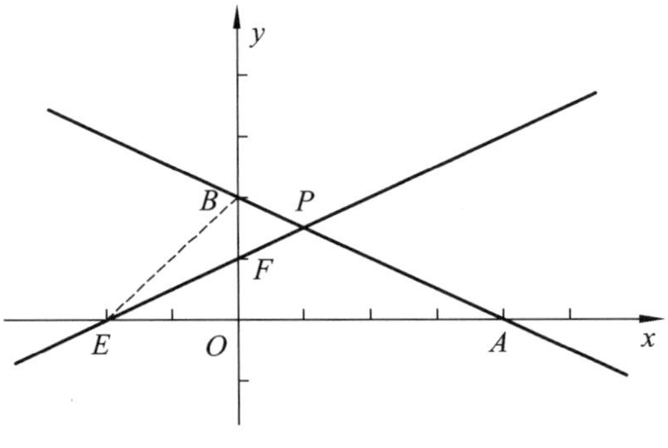

图 4-2-37

赏析： 例 2 “在例题 1 的图形上，连接 BE”，这可以类比“文学创作”中的“灵感”，简直是“传神”之笔. 因为 $\triangle BEP$ 的三边，都不在坐标轴上，巧妙地过渡到“任意三条直线相交围成三角形求面积”的问题，完成由特殊到一般的逻辑推理.

如果把课前热身中的两轴可以看作两条特殊直线，那么就能将课前热身与例 1、例 2 统一成“任意三直线相交，围成三角形求面积”的问题．问题之间有“共同性”，问题的解决也给我们展示数学方法的和谐的统一的美．

变式：如图 4-2-38 所示，还有哪些方法求△BEP的面积．

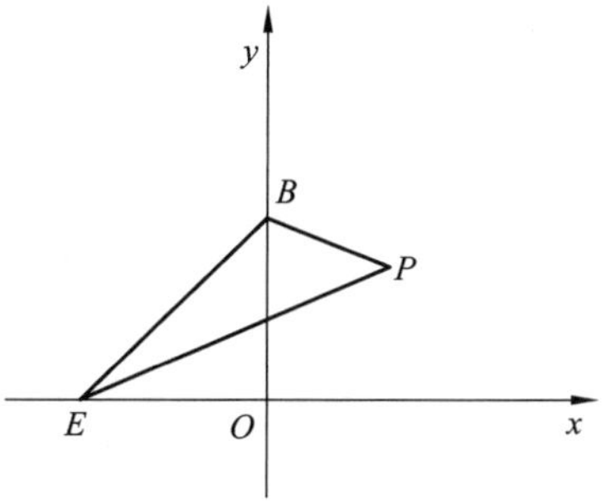

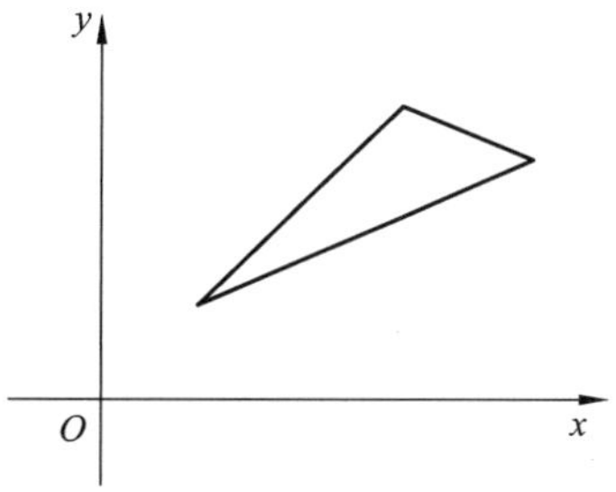

图 4-2-38

赏析：关于数学变式与有效追问，也是本节课的突出亮点．

能力提升：

在上述例题中，过原点是否存在一条直线 ON，使它与直线 $l_1: y=-\frac{1}{2}x+2$ 相交于第一象限，且将△ABO分成面积比为 1∶1 的两个三角形．若存在，请求出相应的交点 N 的坐标；若不存在，请说明理由．

赏析：三点感悟．

① 数学课堂应该是进行学生思维训练的主要阵地．

② 对数学的理性研究，是数学课堂的主要特征．

③ 数学教学中的高效课堂，至少包含精当的教学设计，精彩的思维训练，精妙的课堂生成．

思考：若将△ABO分成面积比为 1∶2 的两个三角形呢？

3．课后训练

（1）若直线 $y=2x+3$ 与 $y=3x-2b$ 相交于直线 $y=x$ 上同一点，则 b 的值是__________．

（2）已知一次函数 $y=kx+b$ 过点（－2，5），且它的图象与 y 轴的交点和直线 $y=-\frac{1}{2}x+3$ 与 y 轴的交点关于 x 轴对称，那么一次函数 $y=kx+b$ 的图象与直线 $y=8x+6$、y 轴共同围成的三角形面积为__________．

（3）已知一次函数 $y=kx+b$（$k\neq0$）图象过点（0，2），且与两坐标轴围成的三角形面积为 2，求此一次函数的解析式.

（4）如图 4-2-39 所示，直线 $y=-x+2$ 与 x 轴、y 轴分别交于点 A 和点 B，另一直线 $y=kx+b$（$k\neq0$）经过点 C（1，0），且把 $\triangle AOB$ 分成两部分.

① 若 $\triangle AOB$ 被分成的两部分面积相等，求过点 C 的直线的解析式.

② 若 $\triangle AOB$ 被分成的两部分面积比为 1∶5，求过点 C 的直线的解析式.

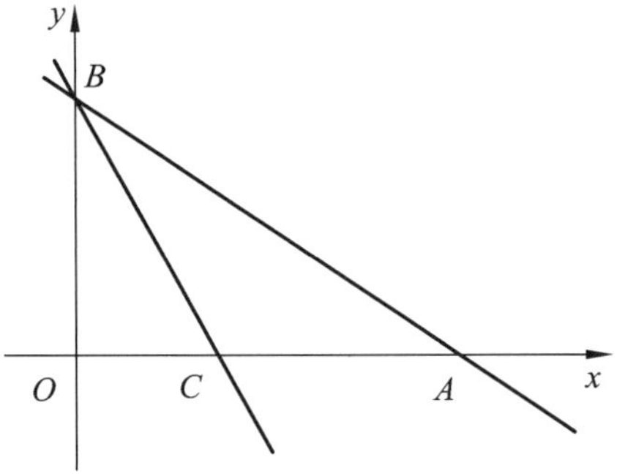

图 4-2-39

八、课例 8.08　寻觅折叠问题的解法（一次函数）

执教　　陈文静（成都市金牛实验中学）

赏析　　谢　祥（成都市金牛区教科院）

梳 如图 4-2-40 所示，把矩形纸片 $AOBC$ 放在平面直角坐标系中，$OA=4$，$OB=3$，把矩形纸片 $AOBC$ 沿直线 EF 折叠，使 A 与 B 重合，求折痕 EF 所在直线的解析式.

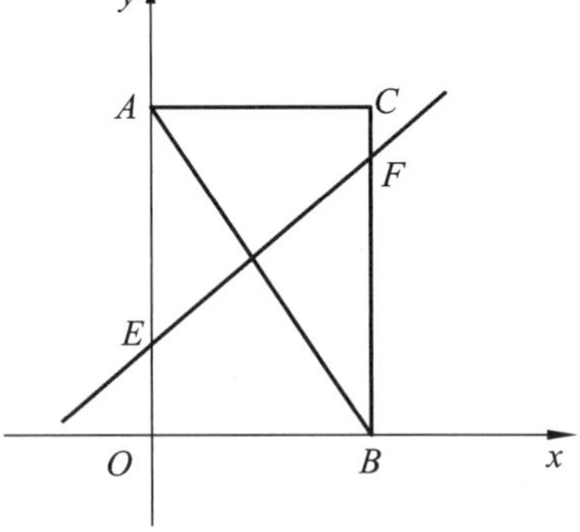

图 4-2-40

赏析： 梳，即梳理. 复习课的首要功能就是梳理知识系统和方法系统，使知识与方法结构化. 本节课一个突出的亮点是，不通过机械地回忆知识与方法去梳理，而是在问题的研究和解决中，很自然去梳理知识和方法，显得很生动. 在问题的选择上，求折痕 EF 的直线方程，作为本节课的“第一个问题”，也是颇具匠心. 因为对称两点组成的线段被折痕垂直平分，所以对称问题是既含有位置关系（垂直）又含有数量关系（平分）的几何问题，而抓住折痕（即对称轴）就是抓住了解决此类问题的关键.

在本问题的研究中梳理出系统的知识、方法与数学思想如下.

基础知识：① 轴对称图形的相关知识（对应相等的线段、垂直平分的相关线段）.

② 直角三角形的相关知识（勾股定理）.

数学方法：几何法、解析法.

数学思想：方程思想、数形结合.

数学素养：逻辑推理、直观想象、数学运算.

用

如图 4-2-41 所示，矩形 $AOBC$ 的两个顶点 A、B 在坐标轴上，顶点 C 的坐标为 $(3,4)$，点 P 是 BC 边上一动点，连结 AP，将 $\triangle ACP$ 沿 AP 折叠，点 C 落在点 C' 处，当 $\angle CAP=30°$ 时，求点 C' 的坐标？

方法 1 （几何法）

解：如图 4-2-42 所示，过点 C' 作 x 轴平行线交 y 轴于点 Q

因为 $\angle CAP=30°$

所以 $\angle CAP=\angle C'AP=\angle C'AQ=30°$

因为 $C(3,4)$

所以 $AC=AC'=3$， $BC=OA=4$

$\text{Rt}\triangle AQC'$ 中，$QC'=\dfrac{3}{2}$，$AQ=\dfrac{3}{2}\sqrt{3}$

$OQ=OA-AQ=4-\dfrac{3}{2}\sqrt{3}$

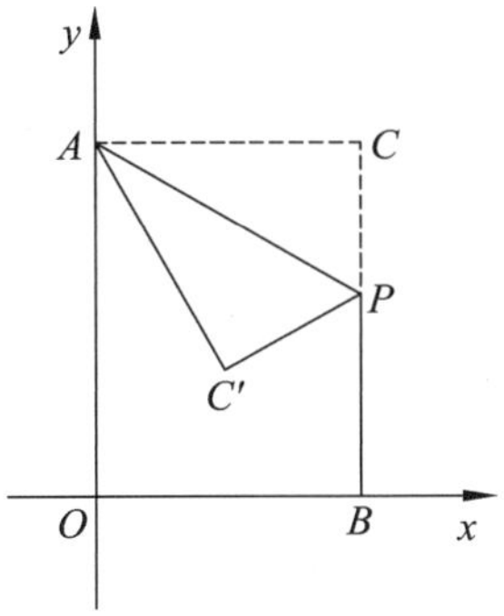

图 4-2-41

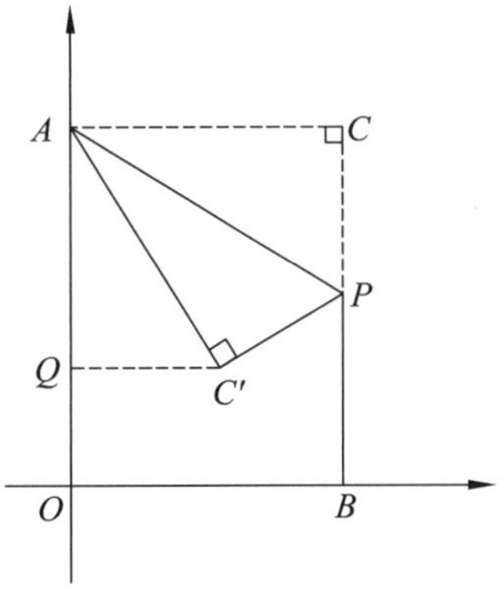

图 4-2-42

所以 $C'\left(\frac{3}{2},4-\frac{3}{2}\sqrt{3}\right)$

方法 2 （几何法）

解：如图 4-2-43 所示，过点 C' 作 x 轴平行线交 y 轴于点 Q，交 CB 于点 M

因为 $\angle CAP=30°$

所以 $\angle APC=\angle APC'=60°$

所以 $\angle C'PM=60°$，$\angle PC'M=30°$

因为 $C(3,4)$

所以 $AC=QM=3$，$BC=4$

Rt$\triangle ACP$ 中　$CP=\sqrt{3}$

所以 $P(3,4-\sqrt{3})$，$PB=4-\sqrt{3}$

折叠，$CP=C'P=\sqrt{3}$

Rt$\triangle AQC'$ 中，$\angle PC'M=30°$，$C'P=\sqrt{3}$

所以 $PM=\frac{1}{2}\sqrt{3}$，$C'M=\frac{1}{2}\sqrt{3}\times\sqrt{3}=\frac{3}{2}$

所以 $MB=PB-PM=(4-\sqrt{3})-\frac{1}{2}\sqrt{3}=4-\frac{3}{2}\sqrt{3}$

$QC=QM-C'M=3-\frac{3}{2}=\frac{3}{2}$

所以 $C'\left(\frac{3}{2},4-\frac{3}{2}\sqrt{3}\right)$

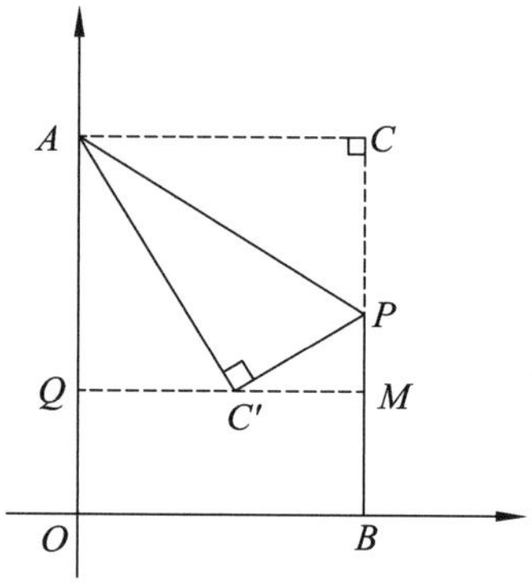

图 4-2-43

方法 3 （解析法）

解：如图 4-2-44 所示，连接 CC'，交 x 轴于点 N，延长 AC' 交 x 轴于 E

因为 $\angle CAP=30°$

所以 $\angle NCB=30°$，$\angle CAC'=60°$，$CA=C'A$

所以 $\triangle CAC'$ 是等边三角形，$\angle ACN=60°$，$\angle NCB=30°$

因为 $C(3,4)$

所以 $A(0,4)$，$AC=OB=3$，$BC=OA=4$

Rt$\triangle CBN$ 中，$NB=\frac{4}{3}\sqrt{3}$

所以 $N\left(3-\frac{4\sqrt{3}}{3},0\right)$，又 $C(3,4)$

所以直线 CN：$y=\sqrt{3}(x-3)+4$

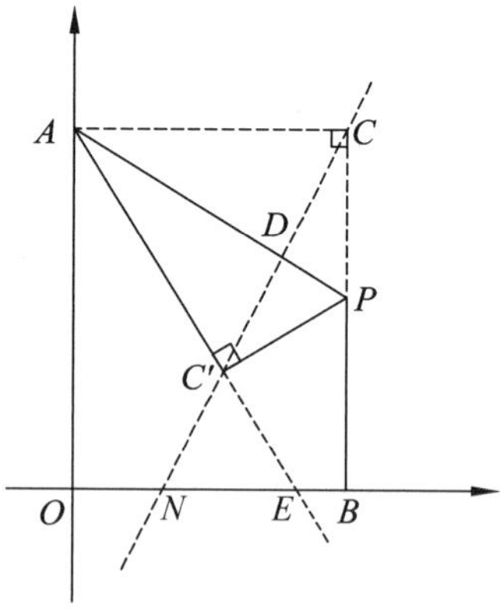

图 4-2-44

Rt△AOE 中，$OE=\frac{4}{3}\sqrt{3}$

所以 $E\left(\frac{4\sqrt{3}}{3},0\right)$，又 $A(0,4)$

所以直线 AE：$y=-\sqrt{3}x+4$

联立 $\begin{cases}y=\sqrt{3}(x-3)+4\\y=-\sqrt{3}x+4\end{cases}$ 所以 $\begin{cases}x=\frac{3}{2}\\y=4-\frac{3}{2}\sqrt{3}\end{cases}$

所以 $C'\left(\frac{3}{2},4-\frac{3}{2}\sqrt{3}\right)$

赏析： 用，即应用. 教师在数学知识的应用环节，非常重视知识的梯度，由浅入深，循序渐进设计问题，从最简单的含 30° 角的直角三角形开始（翻折三角形，折痕 AP 与一边夹 30° 角）. 解法 1、解法 2 都是几何方法，其实质相同，利用特殊直角三角形的求解，得到 C' 的坐标. 解法 3 是通过相关二直线求交点的方法，运算量相对较大，但容易想到. 对于本题而言，几何法比解析法要简洁.

问题变式 在上题中，当点 P 是 BC 中点时，你还会求点 C' 的坐标吗？

方法 1 （几何法）

解： 如图 4-2-45 所示，过点 C' 作 x 轴平行线交 y 轴于点 Q，交 CB 于点 M

设点 C' 的坐标为（a，b），$QC=a$

因为 $C(3,4)$

所以中点 $P(3,2)$

所以 $CP=C'P=2$，$AC=AC'=QM=3$

易证 △AQC'∽△$C'MP$

所以 $\frac{AQ}{C'M}=\frac{AC'}{C'P}=\frac{QC'}{MP}$

$C'M=QM-QC'=3-a$

所以 $\frac{AQ}{C'M}=\frac{3}{2}=\frac{a}{MP}$

所以 $MP=\frac{2}{3}a$

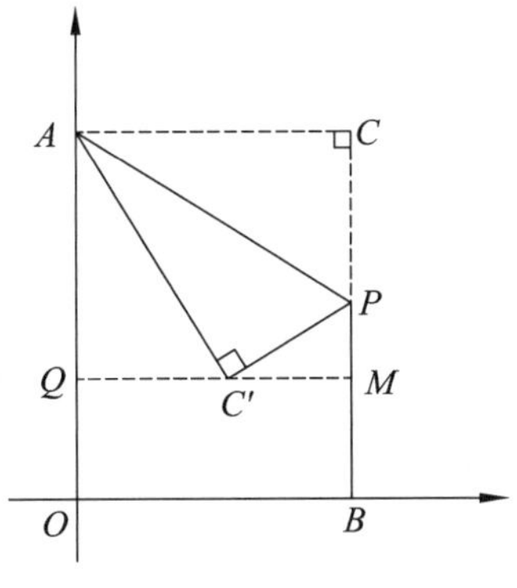

图 4-2-45

所以 $MB=2-\frac{2}{3}a$，$AQ=CM=CB-MB=2+\frac{2}{3}a$

又 $\dfrac{AQ}{C'M}=\dfrac{3}{2}$

所以 $\dfrac{2+\frac{2}{3}a}{3-a}=\dfrac{3}{2}$，解得 $a=\dfrac{15}{13}$

$b=MB=2-\dfrac{2}{3}a=\dfrac{16}{13}$，

所以 $C'\left(\dfrac{15}{13},\dfrac{16}{13}\right)$

方法 2 （几何法，巧解，见比设 k）

解：如图 4-2-46 所示，过点 C' 作 x 轴平行线交 y 轴于点 Q，交 CB 于点 M

因为 $C(3,4)$

所以中点 $P(3,2)$

所以 $CP=C'P=2$， $AC=AC'=QM=3$

易证 $\triangle AQC' \backsim \triangle C'MP$

所以 $\dfrac{AQ}{C'M}=\dfrac{AC'}{C'P}=\dfrac{QC'}{MP}$

$\dfrac{AQ}{C'M}=\dfrac{3}{2}=\dfrac{QC'}{MP}$

设 $AQ=3k$，则 $C'M=2k$, $QC'=3-2k$

所以 $MP=\dfrac{2}{3}QC'=\dfrac{2}{3}(3-2k)=2-\dfrac{4}{3}k$，又 $PB=2$

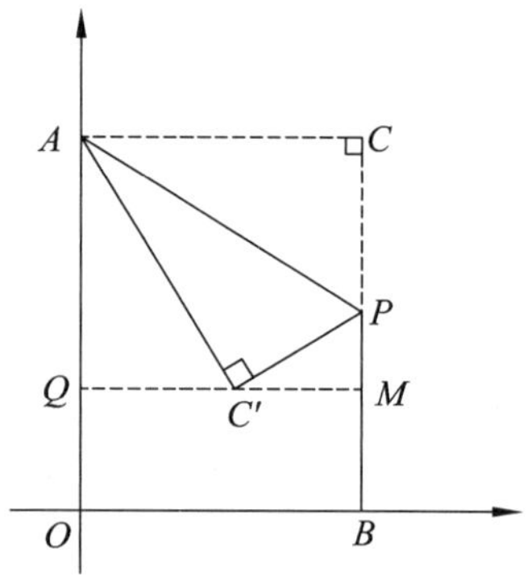

图 4-2-46

所以 $MB=PB-MP=2-(2-\dfrac{4}{3}k)=\dfrac{4}{3}k$

所以 $C'\left(3-2k,\dfrac{4}{3}k\right)$

又 $AQ=CM=2+2-\dfrac{4}{3}k=4-\dfrac{4}{3}k$

所以 $3k=4-\dfrac{4}{3}k$, $k=\dfrac{12}{13}$

所以 $C'\left(3-2k,\dfrac{4}{3}k\right)$，即 $C'\left(\dfrac{15}{13},\dfrac{16}{13}\right)$

方法 3 （解析法）

解：图 4-2-47 所示，过点 C' 作 x 轴平行线交 y 轴于点 Q，交 CB 于点 M，连接 CC' 交 AP 于点 D.

因为 $C(3,4)$

所以中点 $P(3,2)$, $A(0,4)$

所以直线 AP： $y=-\dfrac{2}{3}x+4$ ，又 $CC'\perp AP$

所以 $k_{cc'}=\dfrac{3}{2}$ ，又 $C(3,4)$

所以直线 CC'： $y=\dfrac{3}{2}(x-3)+4$

$$\begin{cases}y=-\dfrac{2}{3}x+4\\ y=\dfrac{3}{2}(x-3)+4\end{cases}\Rightarrow D\left(\dfrac{27}{13},\dfrac{34}{13}\right)$$ ，D 为 CC' 中点

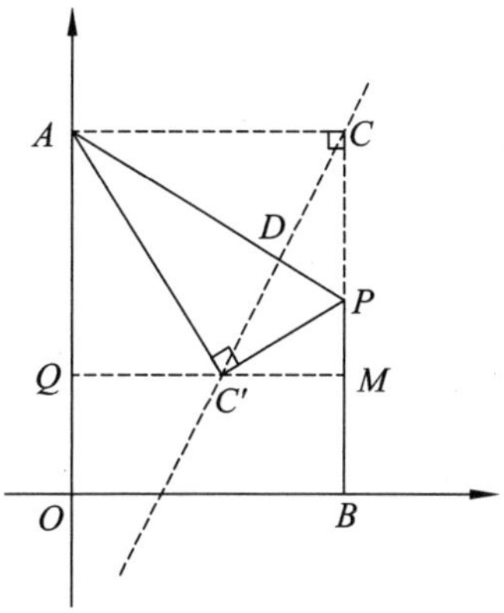

图 4-2-47

所以 $C'\left(\dfrac{54}{13}-3,\dfrac{68}{13}-3\right)$，即 $C'\left(\dfrac{15}{13},\dfrac{16}{13}\right)$

方法 4 （解析法）

解： 如图 4-2-48 所示，连接 CC' 交 AP 于点 D.

因为 $C(3,4)$

所以中点 $P(3,2)$, $A(0,4)$

所以直线 AP： $y=-\dfrac{2}{3}x+4$ ，又 $CC'\perp AP$

所以 $k_{CC'}=\dfrac{3}{2}$ ，又 $C(3,4)$

所以直线 AP： $y=\dfrac{3}{2}(x-3)+4$

易知 $k_{AC'}=-\dfrac{12}{5}$

所以直线 AC'： $y=-\dfrac{12}{5}x+4$

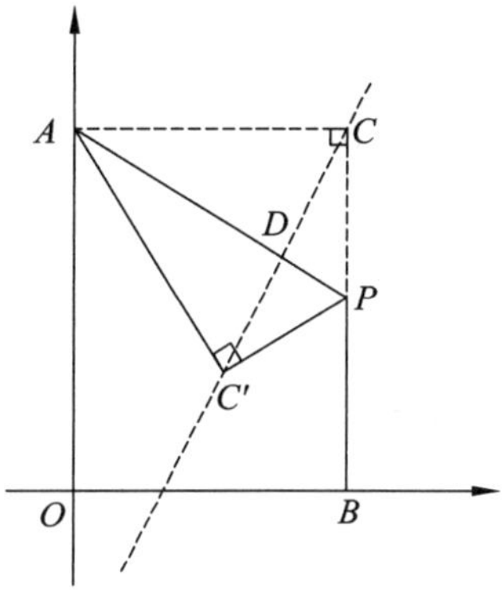

图 4-2-48

联立 $\begin{cases}y=\dfrac{3}{2}(x-3)+4\\ y=-\dfrac{12}{5}x+4\end{cases}\Rightarrow\begin{cases}x=\dfrac{15}{13}\\ y=\dfrac{16}{13}\end{cases}$ ，即 $C'\left(\dfrac{15}{13},\dfrac{16}{13}\right)$

方法 5：（三角法）

解： 如图 4-2-49 所示，作 AP 的中垂线交 AC 于点 E，设 $CE=x$ ， $AE=PE=3-x$

在 Rt△PCE 中， $x^2+4=(3-x)^2$

解得 $x=\dfrac{5}{6}$

则 $AE=PE=\dfrac{13}{6}$

易知 $\angle PEC=\angle C'AC=\angle AC'Q=2\angle PAE$

$\sin\angle PEC=\sin\angle AC'Q$，即 $\dfrac{2}{\dfrac{13}{6}}=\dfrac{AQ}{3}$，

所以 $AQ=\dfrac{36}{13}$

所以 $OQ=\dfrac{16}{13}$

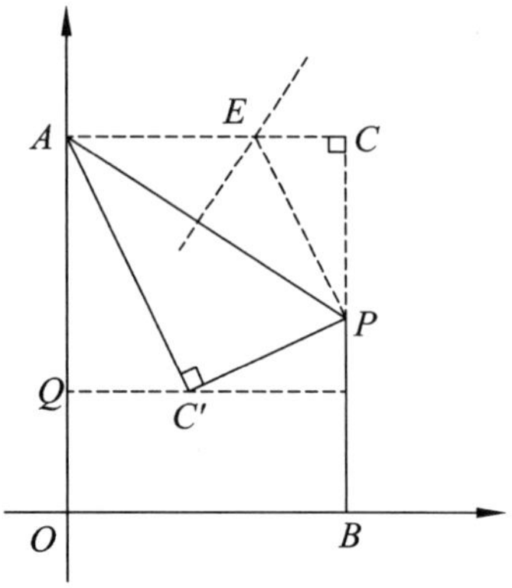

图 4-2-49

同理可得 $\cos\angle PEC=\cos\angle AC'Q$，即

$$\frac{\frac{5}{6}}{\frac{13}{6}}=\frac{QC'}{3}$$

所以 $QC'=\dfrac{15}{13}$

故 $C'\left(\dfrac{15}{13},\dfrac{16}{13}\right)$

一般的，如图 4-2-50 所示，设 $PC=t(t\leqslant 4)$，求 C' 的坐标.

解：设 $AQ=3k$，则 $C'M=kt$，$QC'=3-kt$

而 $\dfrac{3-kt}{PM}=\dfrac{3}{t}$

所以 $PM=\dfrac{(3-kt)t}{3}$

又 $CM=AQ$

所以 $t+\dfrac{(3-kt)t}{3}=3k$

$3t+3t-t^2k=9k$

所以 $(9+t^2)k=6t$

所以 $k=\dfrac{6t}{9+t^2}$

所以 $QC'=3-\dfrac{6t}{9+t^2}\cdot t=\dfrac{27-3t^2}{9+t^2}$

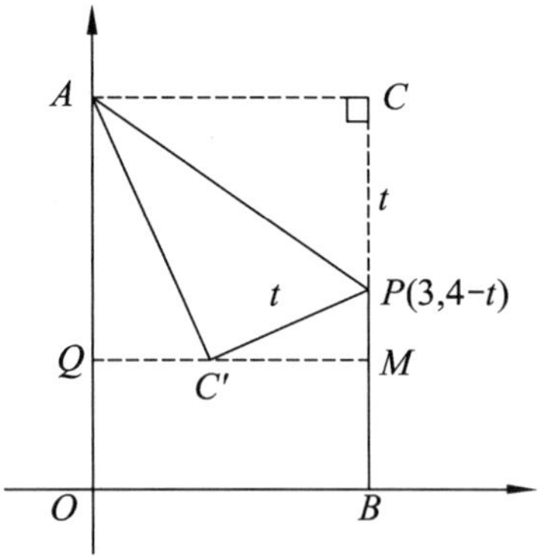

图 4-2-50

$OQ = 4-3\times\frac{6t}{9+t^2}=\frac{4t^2-18t+36}{9+t^2}$

所以 $C'\left(\frac{27-3t^2}{9+t^2},\frac{4t^2-18t+36}{9+t^2}\right)$

检验：当 $t=2$ 时，$C'\left(\frac{15}{13},\frac{16}{13}\right)$

当 $t=\sqrt{3}$ 时，$C'\left(\frac{3}{2},4-\frac{3}{2}\sqrt{3}\right)$

赏析：“用”的变式问题，比原问题复杂，折痕 AP 变为经过 BC 边的中点，翻折的直角三角形不再是特殊三角形. 数学问题变式，其核心目的是进行有层次的思维训练，让学生获得思维活动的体验，构建有层次有策略的经验系统，经历在“变”中去把握“不变”的实质，培养学生的科学研究精神，培养学生善于发现与研究的能力. 该变式的解法很多，适合一题多解，多渠道、多角度整合相关知识，是训练思维的好题. 解法中，突出解析法的常规和便捷，三角法的巧妙.

建议：变式后，再拓展，推广到折痕 AP 经过 BC 边的任意点，不妨设 $PC=t(t\leqslant 4)$，求点 C' 的坐标. 导出问题的一般结论，解决该问题.

习

在原题中，当点 P 与点 B 重合时，求点 C' 的坐标.

方法 1

解：如图 4-2-51 所示，设 BC' 交 OA 于点 Q

易证：$\triangle AQC' \backsim \triangle BQO$

所以 $OQ=C'Q$

设 $OQ=x$，则 $BQ=4-x$

在 $\mathrm{Rt}\triangle PCE$ 中，$x^2+9=(4-x)^2$，解得 $x=\frac{7}{8}$

所以 $AQ=BQ=4-\frac{7}{8}=\frac{25}{8}$

设 $C'(a,b),(a<0)$，在 $\mathrm{Rt}\triangle AQC'$ 中，

$\frac{1}{2}\times\frac{25}{8}\times(-a)=\frac{1}{2}\times\frac{7}{8}\times 3$

所以 $a=-\frac{21}{25}$

又 $S_{\triangle AOC'}=S_{\triangle BOC'}$

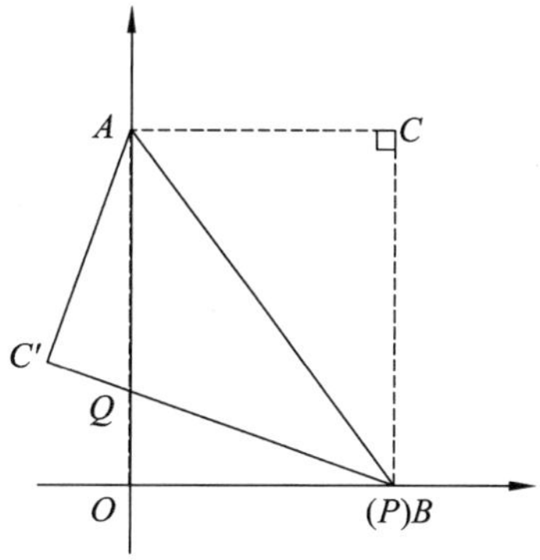

图 4-2-51

所以 $\frac{1}{2}\times4\times\frac{21}{25}=\frac{1}{2}\times3\times b$

所以 $b=\frac{28}{25}$

所以 $C'\left(-\frac{21}{25},\frac{28}{25}\right)$

方法 2 （解析法）

解：如图 4-2-52 所示，连接 CC' 交 AP 于点 D.

因为 $C(3,4)$

所以中点 $B(3,0)$， $A(0,4)$

所以直线 AP： $y=-\frac{4}{3}x+4$，又 $CC'\perp AP$

所以 $k_{CC'}=\frac{3}{4}$，又 $C(3,4)$

所以直线 AC'： $y=\frac{3}{4}(x-3)+4$

联立 $\begin{cases}y=-\frac{4}{3}x+4\\ y=\frac{3}{4}(x-3)+4\end{cases}\Rightarrow\begin{cases}x=\frac{27}{25}\\ y=\frac{64}{25}\end{cases}$

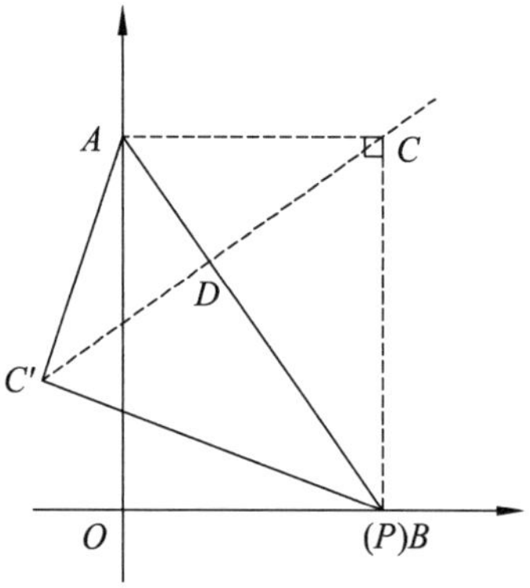

图 4-2-52

得对称中心 $D\left(\frac{27}{25},\frac{64}{25}\right)$

所以 $C'\left(2\times\frac{27}{25}-3,2\times\frac{64}{25}-4\right)$，即 $C'\left(-\frac{21}{25},\frac{28}{25}\right)$

赏析："习"是"学"过后再温熟，反复地学，到熟练. 本环节也可看作是再次变式，即折痕 AP 变为矩形的对角线 AB（P 与 B 重合）. 法 1（几何法）的关键，是引导学生观察，发现 $OQ=C'Q$！如何发现？法 2（解析法）仍然便捷些.

展

问题拓展一：在原题中，当点 P 运动到何处时，$\Delta PBC'$ 的周长最小？

分析：如图 4-5-53 所示，P 点运动变化，折痕 AP 绕 A 点旋转，点 C' 在变化中呈现怎样的规律？

$AC'=3$ 为定值！这是变化中不变的"数值".

所以点 C' 的轨迹是圆心在 A 点的圆弧

又 P 点变化中，$PC'+BP=4$ 为定值，使 $\triangle PBC'$ 周长最小，则只需 BC' 最小.

所以当点 C' 处在 AB 对角线上时，$BC'_{最小}=5-3=2$

解： 如图 4-2-54 所示，设 $PC=x$，则 $PB=4-x$

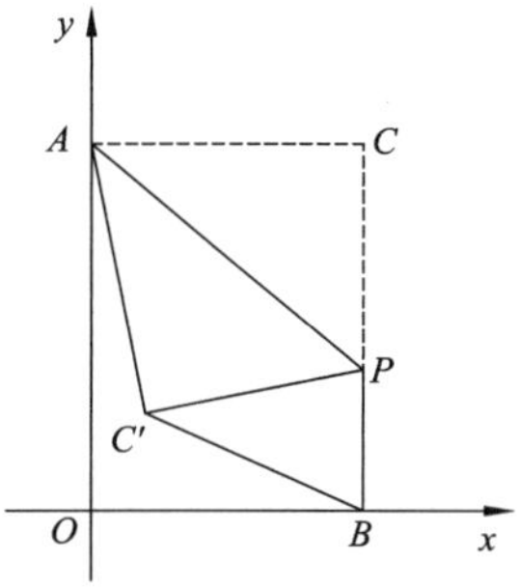

图 4-2-53

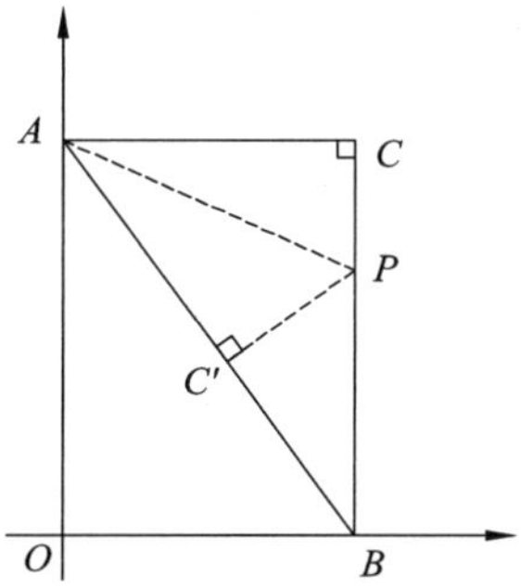

图 4-2-54

在 Rt$\triangle PC'B$ 中，$2^2+x^2=(4-x)^2$

解得 $x=\dfrac{3}{2}$

所以 $P\left(3,\dfrac{5}{2}\right)$

赏析： 可否逆向思维：已知对称点 C' 的坐标$\Longrightarrow$求 P 点坐标？

问题拓展二：在原题中，当点 P 运动的过程中，是否存在一点 P，使得$\triangle PBC'$ 为直角三角形？若有，求此时 P 点的坐标；若没有，请说明理由.

分析： 如图 4-2-55 所示，直角顶点若在 C' 处，则 A、C'、B 三点共线.

直角顶点若在 P 处，则 $\angle C'PC=90°$

$\Rightarrow PC=AC=3$.

直角顶点若在 B 处，C' 落在 x 轴上，不可能.

课后思考：

如图 4-2-56 所示，若 P 点在 x 轴上，沿 AP 翻折.

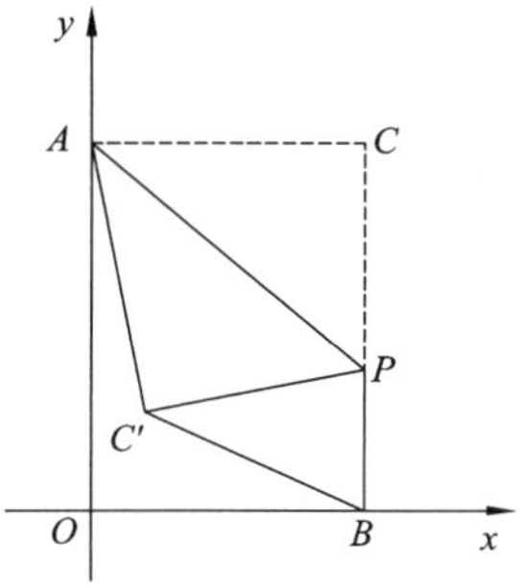

图 4-2-55

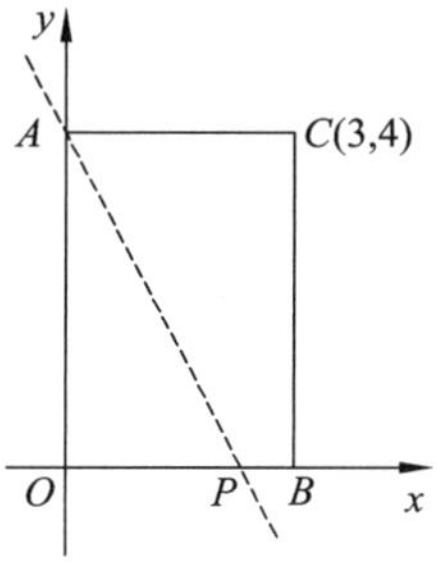

图 4-2-56

如何求 C 的对称点？如何求 B 的对称点？

赏析：“展”指“延伸拓展”，该环节也是复习课区别于“新授课”的主要特征之一，该环节的主要功能是提升学生解决数学综合问题的能力. 所以，本环节虽有一定难度，但它是提升能力所必需的，是进行深层次的思维训练所必需的. 我们来看看陈老师的拓展问题 1，当点 P 运动到何处时，$\triangle PBC'$ 的周长最小？前面的“用”“习”及变式，都是在研究特殊的“静”态位置，而此时折痕动起来，对称点也动起来，在动态中研究某时刻三角形周长最小. 最值研究是非常有价值的. 再来看看陈老师的拓展问题 2，当点 P 运动的过程中，是否存在一点 P，使得 $\triangle PBC'$ 为直角三角形？若有，求此时 P 点的坐标；若没有，请说明理由. 拓展 1，研究线段长的和，研究的是“数量”；拓展 2，研究两线段的位置关系（垂直），研究的是“形”，两个拓展从不同的角度进行“动态”研究，在动态中，哪些量在变，哪些量没有变，对思维训练起到很好的作用.

九、课例 8.09　开旋转之门　启几何之旅（旋转中的三角形专题复习）

执教　　兰盛芬（七中万达学校）

赏析　　谢　祥（成都市金牛区教科院）

1. 开旋转之门，忆旋转之性

如图 4-2-57 所示，$\triangle A'OB'$ 是由 $\triangle AOB$ 绕点 O 逆时针旋转 45° 得到的，则 A 的对应点为点____，点 B 的对应点为点____，线段 AB 的对应线段为____，$\angle A$ 的对应角为____，旋转中心是点____，旋转角度是____°. 通过观察上述图形的旋转，归纳图形旋转的性质：

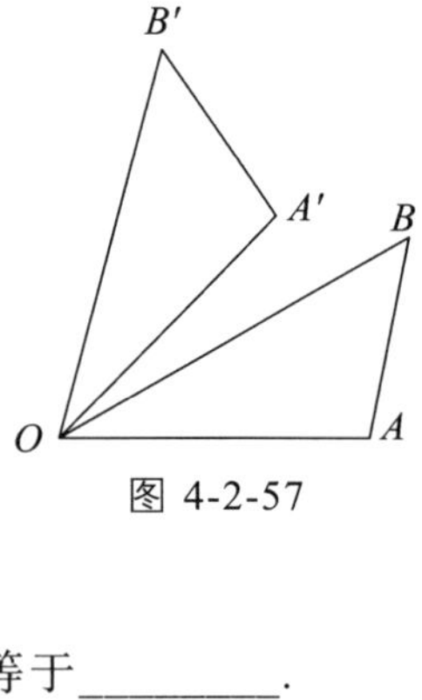

图 4-2-57

（1）一个图形和它经过旋转所得的图形形状____，大小____.

（2）对应点到旋转中心的距离________.

（3）任意一组对应点与________的连线所成的角都等于________.

赏析：复习课的功能之一是使知识与方法结构化，设计关键词填空，有利于学生自主回忆并梳理知识系统.

设计具体的问题作为载体，将旋转相关的概念、性质做了很好的整理.

2．探位置之殊，敲几何之门

例 已知在$\triangle ABC$中，$\angle CAB=90°$，$\triangle ABC$绕点A顺时针旋转得到$\triangle AED$，ED交AB于点F.

（1）如图 4-2-58（a）所示，$\angle C=50°$，当旋转角α（$0°<\alpha<180°$）为多少度时，点E刚好落在BC边上？请说明理由.

（2）如图 4-2-58（b）所示，$AC=6$，$AB=8$，当点E刚好落在BC边上，请试求CE的长，并解答.

（3）如图 4-2-58（c）所示，$\angle C=60°$，当旋转角α（$0°<\alpha<180°$）为多少度时，$AD/\!/BC$？此时你还能求出哪些角的度数？

（4）如图 4-2-58（d）所示，连接BD，$\angle C=60°$，当旋转角α（$0°<\alpha<180°$）为多少度时，$\triangle BDF$是等腰三角形.

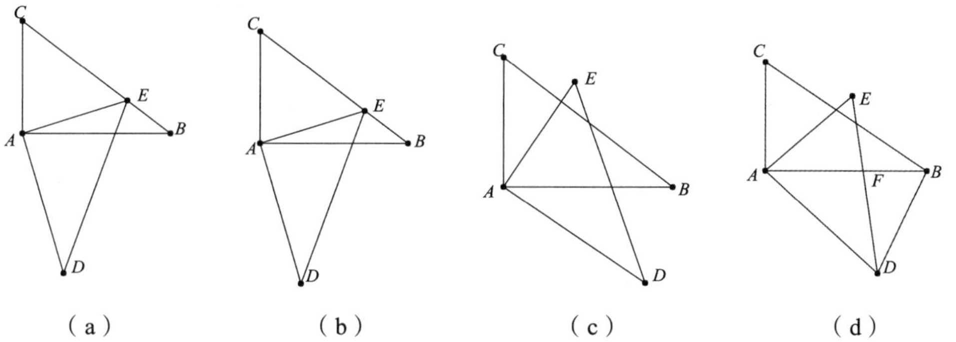

图 4-2-58

赏析： 复习课的功能之二是使学生透彻理解知识，提升数学能力.

通常设计经典的例题，通过数学问题的解决过程，让学生对相关数学知识与方法的理解更深刻，感悟数学思想与方法，培养数学核心素养.

本例中，一题四问的设计，由浅入深，三个问题研究的是旋转角，即旋转中的位置关系，一个问题研究的是特殊三角形在旋转中相关线段的数量关系，例题的设计颇具典型性.

变式训练

变式 1 如图 4-2-59 所示，在$\mathrm{Rt}\triangle ABC$中，$\angle ABC=90°$，$\angle ACB=30°$，将$\triangle ABC$绕点A按逆时针方向旋转$15°$后得到$\triangle AEF$，EF交AC于点D. 若$AD=2\sqrt{2}$，则$\triangle ABC$的周长等于__________.

赏析： 变式 1 与例题有怎样的关系？

还是那个直角三角形，只是将旋转中心由直角顶点变为A点，由

$AD=2\sqrt{2}$，如何求$\triangle ABC$各边？

追问：能求$\triangle ADF$的周长吗？

变式 2 如图 4-2-60 所示，在$\triangle ABC$中，$\angle CAB=90°$，$\angle C=50°$，点 D 在边 AB 上，$BD=2AD$．把$\triangle ABC$绕着点 D 逆时针旋转 m（$0<m<180°$）后，如果点 B 恰好落在$Rt\triangle ABC$的某条边上，那么 $m=$__________.

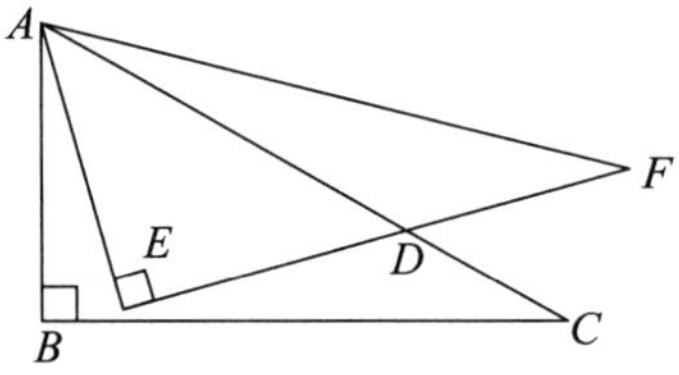

图 4-2-59

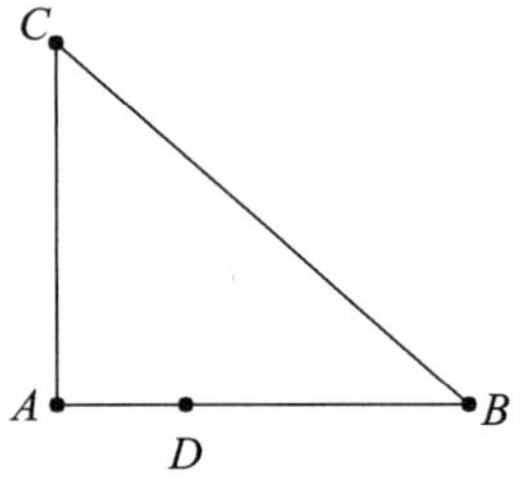

图 4-2-60

赏析：变式 2 与例题有怎样的关系？

还是那个直角三角形，只是将旋转中心由三角形的顶点变为 AB 边上一点 D，已知点 B 恰好落在$Rt\triangle ABC$的某条边上，求旋转角.

思考：可否把问题改为 B 恰好落在$Rt\triangle ABC$的 BC 边上？再追问，具体边改为"某条边"，可能根据自己学生的实际情况灵活处理为佳.

变式 3 如图 4-2-61 所示，在直角坐标系中，直线$y=\sqrt{3x}+4$分别与 x 轴、y 轴交于点 M、N，点 A、B 分别在 y 轴、x 轴上，且$\angle OAB=30°$，$AO=2$．将$\triangle ABO$绕点 O 逆时针转动一周，当 AB 与直线 MN 垂直时，点 A 的坐标为_______.

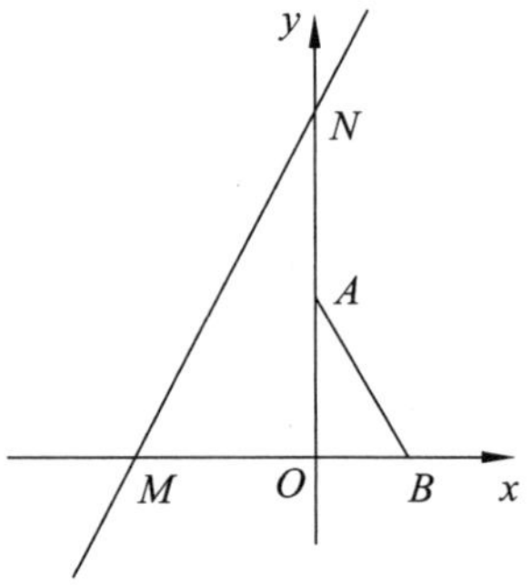

图 4-2-61

赏析：变式 3 与例题有怎样的关系？

还是研究特殊的直角三角形，只是将三角形放在坐标系中旋转，根据旋转的位置，求相关点的坐标.

思考：本题还能提出哪些追问不？还可以研究哪些特殊位置？

3．用旋转之变，赏数学之美

如图 4-2-62 所示，能否在$\triangle ABC$内找一点 P，使 $PA+PB+PC$ 的值最小？若能，请问这点有什么特征？如何找点 P？

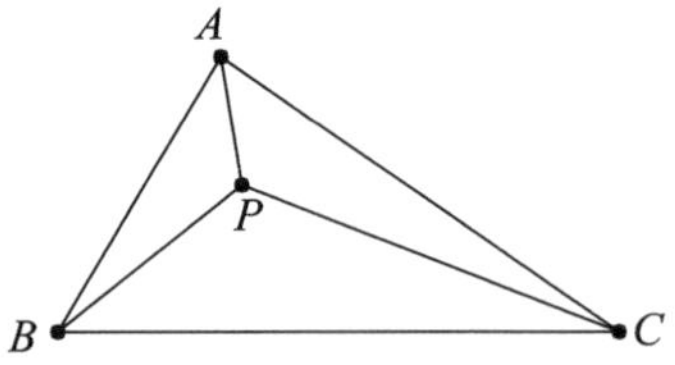

图 4-2-62

赏析：数学课不仅只是传授数学知识与方法，这是浅层次要求，更深层次的要求应该是传承数学文化，培养数学核心素养与渗透数学美育.

本节课的小标题，提炼得有文采，用词整齐对称，有对称之美.

本环节“用旋转之变，赏数学之美”，引导学生感悟旋转方法之美！费马点是旋转变换的美妙应用. 在数学课堂上，恰当引入数学的轶闻趣事，对培养学生的数学兴趣非常重要.

“费马点”是指位于三角形内且到三角形三个顶点距离之和最短的点.

4．思探究之途，聚方法之道

回顾旋转思考的四个层次：

（1）全等变换：对应边______，对应角_____.

（2）对应点：

对应点到旋转中心的距离___________；

每一组对应点与旋转的连线所成的角都等于__________；

对应点的垂直平分线都经过__________________.

（3）新关系：旋转会产生________.

（4）应用：当题目中出现________的时候考虑旋转结构.

赏析：总结归纳，思考旋转的四个层次：① 全等变换（宏观、整体）；② 对应点（微观）；③ 新关系；④ 应用.

5．课外：用旋转之性，启几何之旅

（1）如图 4-2-63 所示，已知$\triangle ABC$中，$\angle C=90°$，$AC=BC=2\sqrt{2}$，将$\triangle ABC$绕点 A 顺时针方向旋转 60° 到$\triangle AB'C'$的位置，连接$C'B$，则$C'B$的长为（　　）.

A. $2-\sqrt{2}$　　B. $\dfrac{\sqrt{3}}{2}$　　C. $2\sqrt{3}-2$　　D. 1

（2）如图 4-2-64 所示，O 是等边三角形 ABC 内一点，且 $OA=3$，$OB=4$，$OC=5$，求 $S_{\triangle AOB}+S_{\triangle BOC}$ 的值.

小明利用旋转思想解决问题，他确定了辅助线：将线段 OB 绕点 B 逆时针旋转 60° 得到线段 $O'B$，请判断接下来的证明是否正确：

① $\triangle AO'B$可以由$\triangle COB$绕点 B 逆时针旋转 60° 得到；

② $\angle AOB=150°$；

③ $S_{四边形AOBO'}=6+3\sqrt{3}$.

其中正确的是______________.（填写序号）

类比原题做法，请直接写出 $S_{\triangle AOB}+S_{\triangle AOC}$ 的值为________.

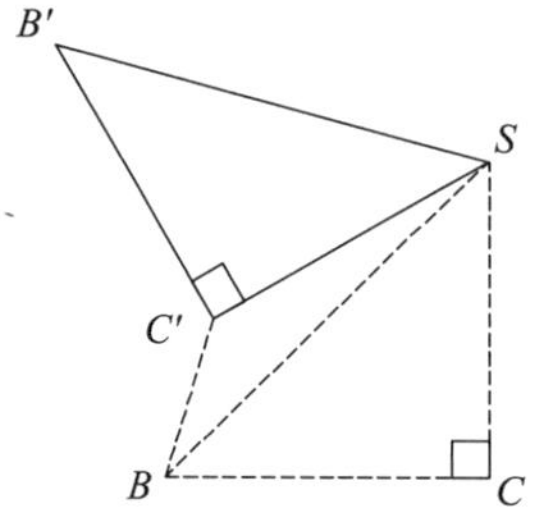

图 4-2-63

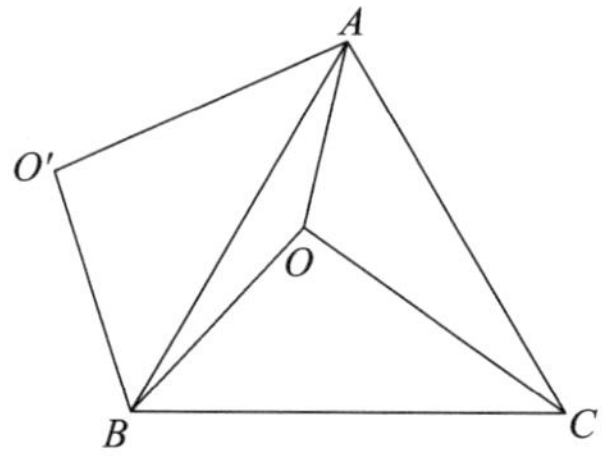

图 4-2-64

（3）如图 4-2-65（a）所示，在正方形 $ABCD$ 中，点 M、N 分别在 AD、CD 上，若 $\angle MBN=45°$，易证 $MN=AM+CN$.

① 如图 4-2-65（b）所示，在梯形 $ABCD$ 中，$BC/\!/AD$，$AB=BC$，$\angle \mathrm{A}=\angle \mathrm{D}$，点 M、N 分别在 AD、CD 上，若 $\angle MBN=\dfrac{1}{2}\angle ABC$，请写出线段 MN、AM、CN 之间的数量关系.

② 如图 4-2-65（c）所示，在四边形 $ABCD$ 中，$AB=BC$，$\angle \mathrm{ABC}+\angle \mathrm{ADC}=180°$，点 M、N 分别在 DA、CD 的延长线上，若 $\angle MBN=\dfrac{1}{2}\angle ABC$，求线段 MN、AM、CN 之间的数量关系.

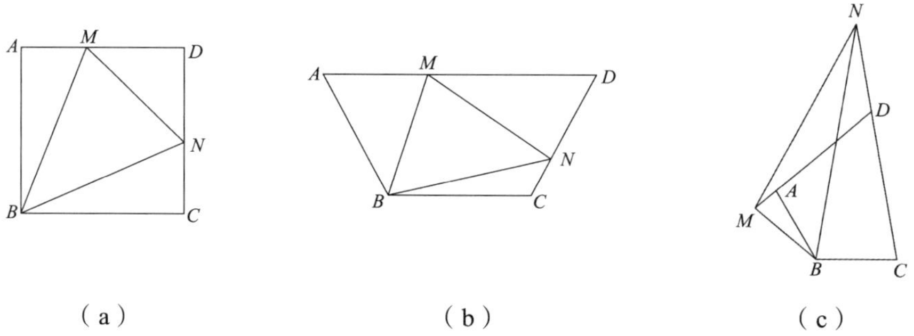

图 4-2-65

附：常见等线段共点模型，如图 4-2-66 ~ 图 4-2-69 所示.

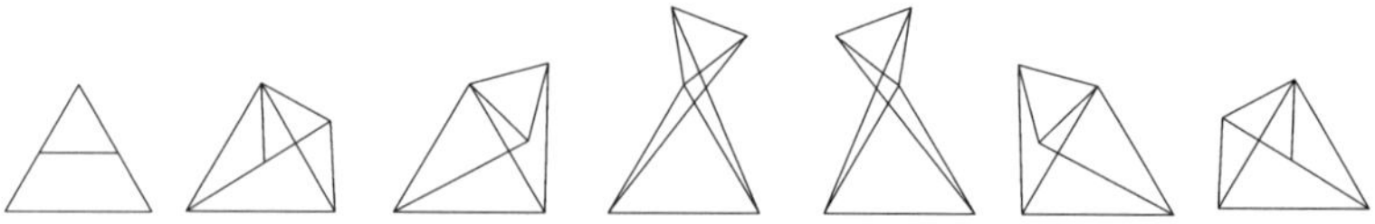

图 4-2-66　等边三角形共顶点

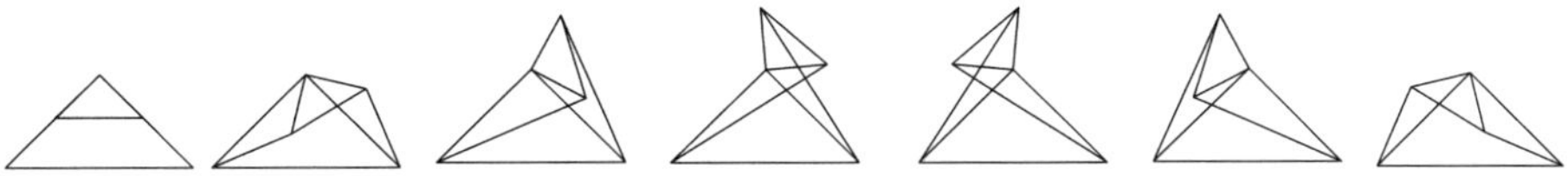

图 4-2-67 共顶点等腰直角三角形

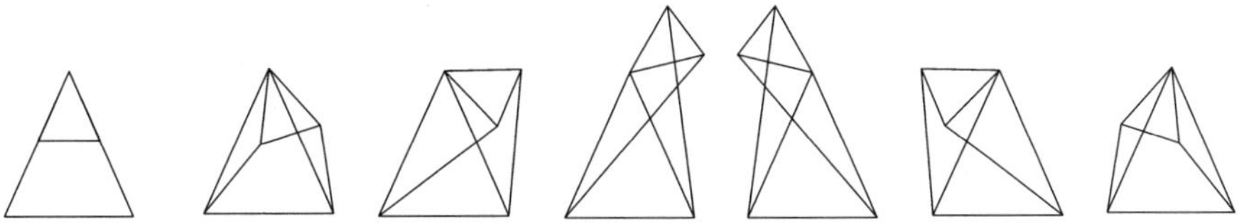

图 4-2-68 共顶点等腰三角形

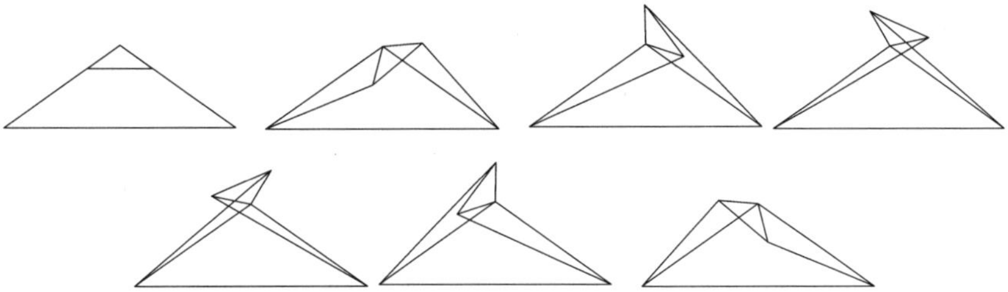

图 4-2-69 共顶点等腰三角形

十、课例 8.10 认识分式

执教　　刘利（成都市锦西中学校）
赏析　　谢祥（成都市金牛区教科院）

学习目标

1. 理解掌握分式的概念.

2. 能够求分式中字母满足什么条件时分式有意义以及分式的值为零.

3. 通过联系实际，探究分式的概念，能够体会数学的应用价值，在合作学习过程中增强与他人的合作意识.

学习重难点

理解和掌握分式的概念、分式有无意义的条件、分式值为零的条件.

学习过程

1. 第一环节——情景引入

（1）若长方形的长为 a，宽为 b，则这个长方形的周长为______，面积为_________.

（2）某单位决定植树 240 棵，原计划每小时植树 x 棵，那么原计划需__________小时；如果实际每小时比原计划多植树 10 棵，那么实际需________小时.

（3）一箱苹果售价 p 元，总重 m 千克，箱重 n 千克，则每千克苹果的售价是__________元.

（4）春晖小学组织学生 a 人、老师 b 人参观博物馆，如果博物馆的门票成人价为 5 元/人，学生价为 2 元/人，那么他们买门票需付_______元，平均每人_______元.

观察上面问题解答中的几个式子，它们哪些是整式？除整式外，其他代数式有什么共同特征？这节课我们就来研究一下这些式子——引出课题.

赏析：从学生熟悉的实际生活中遇到的常见代数式导入课题，吸引学生的注意力，激发学生的学习兴趣. 因为数学源于生活，服务于生活，所以引入了四个生活实例，让学生发现生活中并不是所有的数量关系都能用整式来表达，有些题目中的表达式分母中出现了字母，从而引起了学生的兴趣，激发了学生的探索欲望，让学生观察，将整式及分式进行类比，概括出分式的共同特征，为建立分式的概念做好铺垫.

2．第二环节——特征识别

（1）分式的概念：一般地，用 A、B 表示两个整式，$A \div B$ 可以表示成 $\dfrac{A}{B}$ 的形式. 如果 B 中含有字母，那么称 $\dfrac{A}{B}$ 为分式，其中 A 称为分式的分子，B 称为分式的分母.

让学生仔细观察前面不是整式的几个代数式的表达形式，与小学所学分数的表达形式极其相似，又有所不同，让学生来观察不同之处，组织学生讨论，合作交流，类比分数，探究什么是分式，从而得出分式的概念.

（2）分式的特征：① 形如 $\dfrac{A}{B}$ 的式子；② A、B 都是整式（A 叫分子，B 叫分母）；③ 分母 B 中含有字母（分母不能等于零）.

（3）整式和分式统称有理式.

赏析：通过组织学生小组合作交流给出分式的概念，又通过类比的数学思想进一步剖析分式的概念，分别从形式、内涵及分式有意义的条件等几个方面将分式与分数进行类比，引导学生从分式的形式到分式的概念，逐步认识理解分式概念的生成过程，进而得出分式比分数更具有一般性，让学生体会到从分数到分式，就是从特殊到一般，从具体到抽象的过程. 特别是，追问“$\frac{2}{\pi}$是分数吗？”让学生进一步明确分式的概念. 课上注重数学类比思想的渗透，教学的目的不仅在于知识的获取，更在于思想方法的渗透，提高学生对数学本质的理解，进一步提升学生的综合数学能力.

例 1 下列代数式中，哪些是分式？

（1）$\frac{3}{x}$；（2）$\frac{x}{3}$；（3）$\frac{y}{x+3y}$；（4）$\frac{2}{\pi}$；（5）$\frac{x^2}{x}$.

3．第三环节——概念明晰

（1）变式练习

下列代数式是分式的有____________.

① $\frac{5}{y+3}$；② $\frac{m+6}{m}$；③ $\frac{mn}{m}$；④ $\frac{x}{2}+y$；⑤ $\frac{4ab}{\pi+2}$；⑥ $x^{-2}y$.

结合问题情境的第二小题并类比分数，得出分式有意义的条件：分母不能等于零.

例 2 当 x 取什么值时，下列分式有意义？

① $\frac{x}{x-1}$；② $\frac{x-2}{2x+3}$.

（2）变式练习.

① 当 x________时，分式$\frac{2}{x}$有意义.

② 当 m、n 满足关系________时，分式$\frac{m+n}{m-n}$有意义.

③ 当 x________时，分式$\frac{3x}{|x|-1}$无意义.

④ 当 x__________时，分式$\frac{x^2-1}{(x+1)(x-1)}$有意义.

⑤ 当 x__________时，分式$\frac{x^2-1}{x^2+2}$有意义.

例 3 当 $a=2$ 和 -1 时，分别求分式$\frac{a+1}{2a-1}$的值.

类比分数，结合例 3 得出分式的值为零的条件：分子为零且分母不为零.

例 4 当 x 满足什么条件时，下列分式的值为零？

① $\frac{x}{x-1}$；② $\frac{x-1}{2x+3}$；③ $\frac{x^2-9}{x+3}$；④ $\frac{|x-2|-1}{x^2+1}$.

（2）拓展提升.

① 当 x__________时，分式 $\frac{|x|-1}{x^2+2x-3}$ 值为零.

② 要使式子 $\frac{\sqrt{m+1}}{m-1}$ 有意义，则 m 的取值范围是____________.

赏析： 习题设计由浅入深，层次分明，根据不同学生的学习需要，按照分层递进的教学原则，将练习题设置成由简到繁、由易到难的问题串. 同时，设计两个由低到高、层次不同的巩固性练习，旨在体现渐进性原则，使学生将单纯的知识转化为数学技能，进一步提升学生的数学能力. 追问“$\frac{x-2}{x^3-3x-2016}$ 的值为 0 时 x 的值”，让学生感知一解二代方法的便捷之处.

4. 第四环节——归纳小结

总结分式的概念以及分式有意义和分式值为零的条件：

1. ________________________________.
2. ________________________________.
3. ________________________________.

赏析： 本节课注重启发式教学和因材施教的教学原则. 合理地处理了教师讲授与学生自主学习的关系. 从整个教学过程可以看出，学生是在教师引导下进行思维和学习的，教师通过有意识地提出问题，启发和引导学生独立思考，让学生深刻领悟和理解分式的特点，在此基础上进一步进行深入的思考与探究，发现分式与分数的异同点及分式有意义的条件等. 整个教学过程，学生首先体会分式生成的过程，然后运用数学类比的思想方法，获得基本的数学活动经验. 从认知的建构过程来看，整个教学过程能够有效地重点突出，突破难点使学生能很好地在已有的知识基础上建构新知识，并形成技能与方法.

赏析： 教学中，在已经明晰了分式的概念后，可否请学生举例，分式在我们生活中是随处可见的，让学生感知数学是源于生活的.

在开始的设计上，分式是来源于生活，如果能再设计一个环节让分式再回归生活，整节课可能会更加完美，也可以让学生体会到数学在生活中无处不在，体现出它的美丽之处.

思考题

（1）当 x__________时，分式 $\frac{x+1}{x-5}$ 的值是负数.

（2）当整数 $a=$ ＿＿＿＿＿时，分式 $\frac{3}{a+2}$ 的值是整数.

赏析：刘利老师整节课经历了“问题提出—特征识别—概念明晰—概念应用—拓展延伸”几个教学环节，带领学生层层递进，逐步走向问题的深处，发掘问题的本质，达到解决问题的目的. 整个过程有利于学生创新思维能力的培养，而且让我们欣赏到数学是如此的美妙；欣赏到数学问题本身富于变化，婀娜多姿的外在美；数学问题变化的背后，实质隐含的是数学逻辑思维的内在美. 在教学上又设计了思考题，不仅是对所学新知的巩固，也是对已有知识的一个提升，训练学生将知识转化为技能，提高学生的综合数学能力.

板书设计

5.1.1　认识分式 一、情境引入 二、讲授新课 1. 分式的特征 ① 形如 $\frac{A}{B}$ 的式子. ② A、B 都是整式（A 叫分子，B 叫分母）. ③ 分母 B 中含有字母（分母 B 不能等于零）. 2. 分式 $\frac{A}{B}$ 有意义的条件 3. 分式 $\frac{A}{B}$ 的值为零的条件	例题解答	学生活动记录 分析思路 （辅助性板书）

十一、课例 8.11　探究含参的分式方程

执教　　何怿熹（成都市铁路中学校）

赏析　　谢　祥（成都市金牛区教科院）

学习目标

1. 利用增根解决分式方程的参数问题.
2. 解题过程中数学的转化思想和分类讨论思想的应用.
3. 充分感受并学会对于复杂问题联立求解，避免漏解的重要性.

4. 感受分式方程含参问题知识的横向联系，与不等式、概率等知识有机结合.

学习重点

分式方程化成整式方程时，未知数系数有参和无参的区别；有解和无解情况的具体考虑.

学习难点

分式方程化成整式方程时，未知数系数有参时，有解和无解情况的考虑.

1．复习回顾

（1）含参的整式方程 $ax=b$ 的解的情况：

① 当 $a\neq 0$ 时，方程的解 x____________.

② 当 $a=0$ 时，$\begin{cases}\text{若此时}b\neq 0\text{时，等式两边\_\_\_\_\_\_\_\_，此时方程\_\_\_\_\_\_\_\_\_\_，}\\ \text{若此时}b=0\text{时，等式两边\_\_\_\_\_\_\_\_，此时方程\_\_\_\_\_\_\_\_\_\_.}\end{cases}$

（2）分式方程的基本解法.

① 解分式方程的基本思想

② 解分式方程的步骤

a. 去分母：____________.

b. 解整式方程.

c. 验根：________________________________.

验根过程中，算得使原分式方程的分母或最简公分母为零的根，我们称它为原方程的______，也叫原方程________.

2．典例分析

引例　若关于 x 的方程 $\dfrac{-3x}{x-3}-\dfrac{2a}{3-x}=2$ 的根为 1，求 a 的值.

赏析：已知含参的分式方程的根求参数，其实质是一个方程中含两个未知数，将其中一个看作“主元”，另一个则看作“参数”，若已知“主元”的值，代入方程转化为以“参数”为元的一元方程. 将此作为起点去“探究含参的分式方程”（即本节课的知识生长点），作为变式的“根题”，个人认为是合适的，它抓住了一个根本：二元与一元，“主元”与“参数”的转化关系.

【条件变变变】

一变：若关于 x 的方程 $\dfrac{-3x}{x-3}-\dfrac{2a}{3-x}=2$ 有增根，则增根是________，并求此时 a 的值.

思路点拨：______思想.

赏析： 分式方程没有变，但提出了新问题，将“方程的根为 1”变为“方程有增根”……有增根？增根是多少？何老师在此巧设一个“填空”，相当于读题时的追问，有利于培养数学阅读能力，慢慢地，“阅读时追问”就会成为学生的一种习惯.

思考：一变与引例的联系和区别在哪里？

联系在于都是已知分式方程具体的根，即“主元 x”的值已知.

区别在于前者可以直接代入分式方程，“二元转化一元”；后者不能直接代入分式方程，而只能代入“由分式方程去分母后的整式方程”，因为“增根”只是去分母后的整式方程的根！不是原分式方程的根！

小结：在分式方程转化为整式方程（初中阶段仅针对可化为的一元一次方程）后，分式方程有增根意味着______________________________.

【条件变变变】

二变：若关于 x 的方程 $\frac{-3x}{x-3}-\frac{2a}{3-x}=2$ 有非负数解，则此时 a 的值又为多少？

思路点拨：

思考，二变与“一变、引例”的联系和区别在哪里？

联系在于研究的含参分式方程是相同的，没有变.

区别在于“引例、一变”中的 x 值是具体的（依次是 1 与 3），二变中的 x 值不再具体，而是已知其范围.

关键在于这范围又包含了 $x=3$，要不要去掉？这是何老师故意设置的“陷阱”，这是一个“美丽的陷阱”！若学生犯了错误，也是犯了一个“美丽的错误”！学生亲自犯错，这有利于学生积累“沉痛教训”，不再犯这个错.

此题你还有其他改变条件的问法吗？

小结：当分式方程化成整式方程后，当未知数系数不含参时，求解过程你有何体会？

无解时：______________________________

有解时：______________________________

【方程变变变】

三变：若关于 x 的方程 $\frac{-3x}{x-3}-\frac{2ax}{3-x}=2$ 无解，则此时 a 的值又为多少？

思路点拨：______思想 + ______思想.

赏析： 再思考，三变与“二变、一变、引例”的联系和区别在哪里？

联系在于：将原分式方程的第二个分式的分子添加 x，原 $2a$ 作为 x 的系数.

区别在于：分式方程变了，它化为整式方程时系数含参；分式方程“有根”变为“无解”.

“无解”与“有增根”是什么关系？包含关系？

事实上，分式方程无解，可能是去分母后的整式方程无解；或者去分母后的整式方程有解，但此解使分式方程的分母为零，是增根. 这里，何老师渗透了“分类讨论”的数学思想.

小结：当分式方程转化为整式方程后，无解意味着：

____

____

【方程变变变】

四变：若关于 x 的方程 $\frac{-3x}{x-3}-\frac{2ax}{3-x}=2$ 有非负数解，则此时 a 的值又为多少？

思路点拨：

赏析：再思考，第四变，是第二变与第三变的融合，因为分式方程同第三变，“有非负数解”同第二变的条件.

“有非负数解”含有三个信息：① 有解；② 解非负；③ 解不能为增根.

因为有前面第二变掉“陷阱”的经历，这里“解不能为增根”可能不会被忽略，一般不会掉进同一个陷阱，但起到很好的警示和强化纠错的功能.

【条件、问题变变变】

五变：若关于 x 的方程 $\frac{-3x}{x-3}-\frac{2ax}{3-x}=2$ 有非负整数解，则此时正整数 a 的值又为多少？

思路点拨：

赏析：思考，第五变是在第四变的基础上，将“有非负数解”变为“有非负整数解”，将“求 a 值”变为“求正整数 a 的值”，增加了问题的约束条件.

小结：将分式方程化成整式方程后，当未知数系数含参时，求解过程你又有何体会？

无解时：____________________.

有解时：____________________.

3．总结归纳

分式方程含参问题中求参数的值，其解答思路为：

（1）__________________________.

（2）__________________________.

（3）__________________________.

赏析：何怿熹老师通过“1个引例+5个变式”，巧妙地将问题串联，抽丝剥茧，逐层展开，不仅完全暴露数学问题的生成过程，经历提出问题和解决问题的全过程，有利于学生创新思维能力的培养，而且让我们欣赏到数学是如此的美妙：数学问题本身富于变化，婀娜多姿的外在美；数学问题变化的背后，实质隐含的是数学逻辑思维的内在美（由具体的根值到根的范围，由常系数到含参系数，由解方程到解不等式（组）等）；解决数学问题的方法之美；“变与不变”对立统一的和谐美（变是外表，而不变的是实质：①解分式方程的基本思想与步骤；②增根与无解的关系）. 在本节课的结尾处以一个关于“负能量”的案例，提出一个有趣的问题：像“反粒子”这种“不合常理”的“增根”，是不是都该坚决抛弃？非常美妙的结尾，渗透数学的育人功能.

建议（仅供参考）：可否稍微调整如下？（改“一题一问”为“一题多问”）

例 已知关于 x 的方程 $\frac{-3x}{x-3}-\frac{2a}{3-x}=2$.

（1）若方程的根为1，求 a 的值.

（2）若方程有增根，则增根是________，并求此时 a 的值.

（3）若方程有非负数解，则此时 a 的值又为多少？

问题变式：已知关于 x 的方程 $\frac{-3x}{x-3}-\frac{2a}{3-x}=2$.

（1）若方程无解，则此时 a 的值为多少？

（2）若方程有非负数解，则此时 a 的值为多少？

4．自我检测

（1）若关于 x 的分式方程 $\frac{3}{x}+\frac{6}{x-1}=\frac{x+m}{x(x-1)}$ 有增根，则 m 的值为（　　）.

A. -5 和 3　　B. 1 和 -5　　C. 1 和 -2　　D. 3

（2）若关于 x 的分式方程 $\frac{2m+x}{x-3}-1=\frac{2}{x}$ 无解，则 $m=$____________.

（3）已知关于 x 的分式方程 $\frac{x+k}{x+1}-\frac{k}{x-1}=1$ 的解为负数，则 k 的取值范围是__________.

5．自我搏击

（1）有四张正面分别标有数字 -3、0、1、5 的不透明卡片，它们除数字不同外其余全部相同. 现将它们背面朝上，洗匀后从中任取一张，现将该卡片上的数字记为 a，则使关于 x 的分式方程 $\frac{1-ax}{x-2}+2=\frac{1}{2-x}$ 有正整数解的概率为______________.

（2）如果关于 x 的分式方程 $1+\frac{x}{2-x}=\frac{2m}{x^2-4}$ 的解是不等式组 $\begin{cases}\frac{1-x}{2}>x-2\\(2x-3)\leqslant x-8\end{cases}$ 的一个解，则 m 的取值范围为______________.

第三节　九年级优秀课例

一、课例 9.01　船有触礁的危险吗（第一课时）

执教　　余睿（成都七中万达学校）

赏析　　谢祥（成都市金牛区教科院）

教学目标

1. 能用三角函数解决与直角三角形有关的实际问题，建立合适的数学解题思维模块.

2. 渗透方程思想和转化思想.

3. 经历观察、发现、分析、推理、反思等数学活动过程，发展良好的思维品质.

教学过程

1．创设情境，激发兴趣

教师：国庆节大假，同学们出去旅游了吗？小明同学去海南旅游了一趟，在旅游中，小明发现了这样一个问题：海中有一个小岛 A，该岛四周 10 海里有暗礁，有一货轮自西向东航行，在 B 处测得岛 A 在北偏东 65° 的方向上，往东行驶 20 海里后，在 C 处测得岛 A 在船北偏东 35° 的方向上，若货轮继续向东航行，小明担心货轮继续向东航行途中会有触礁的危险. 你认为呢？为什么？

学生：独立思考提出的问题.

赏析：设置学生熟悉的问题情境，从而导入课题，吸引学生的注意力，激发学生的学习兴趣.学生带着问题思考，引发认知冲突.

2．自主探索，合作交流

教师：刚才的问题比较复杂，我们是第一次接触这类问题，那么我们首先来尝试研究几个简单的问题.

探究一：如图 4-3-1 所示，旅游中，小明在某塔前 A 点测得塔顶 D 的仰角为 30°，向塔前进 50 米到点 B，又测得塔顶 D 的仰角为 60°，则该塔的高度大约为多少米？（结果保留精确值）

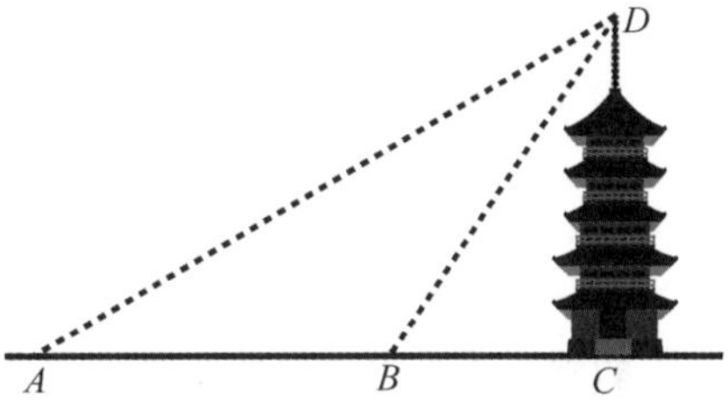

图 4-3-1

教师：回忆什么是仰角？

学生：当从低处观测高处的目标时，视线和水平线所成的锐角叫仰角.

（生思考、尝试解决问题，师引导、启发）

教师：我们同学能够正确画出图形，把它转化为一个数学问题，那么如何解决这个问题？

学生 1：可设公共的直角边 DC 为 x，然后利用三角函数表示出 $AC = x/\tan 30°$，$BC = x/\tan 60°$，因为 $AB = AC - BC$，建立方程，得到方程 $x/\tan 30° - x/\tan 60° = 50$，解得 $x = CD = 25\sqrt{3}$.

教师：很好，那么为什么设 DC 为 x?

学生：图形特征是两个直角三角形“套”在一起，而且共用一条直角边，设这条为 x，便于表示其他的边，然后利用题目中另外的等量关系，列方程，求解.

教师：这就是方程的思想，尽量地用一个未知量去表示其他的未知量.

教师：设其他的边为 x，可不可以？

学生：（思考）可以.

师生共同完成解题的过程，注意关注后进生.

教师：（引导学生深入思考）这个题还有没有其他解法？

学生 2：可由外角定理知道 $\angle ADB = 30° = \angle A$，则 $BD = AB = 50$，Rt$\triangle BDC$ 中，三边之比 $1 : \sqrt{3} : 2$，可得 $CD = 25\sqrt{3}$.

教师：很好，同学思路打开，问题得解，那这个方法能否用来“对付”如下问题？

探究二：（2007.浙江杭州）如图 4-3-2 所示，在高楼前点 D 测得楼顶 A 的仰角为 30°，向高楼前进 60 米到点 C，又测得楼顶 A 的仰角为 45°，则该高楼的高度为多少？

（学生分组讨论，相互带动，鼓励他们“出招”，很快得解）

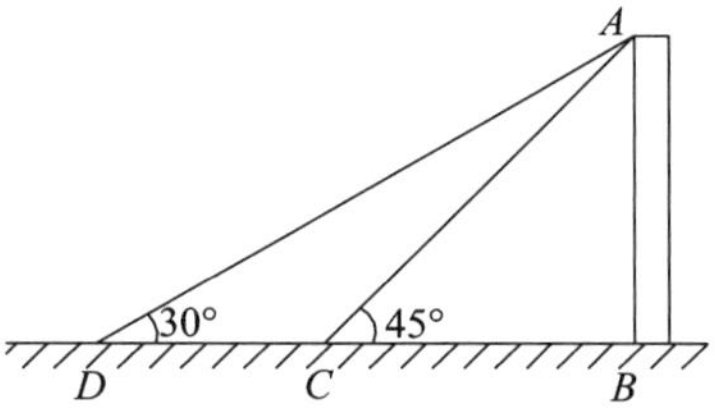

图 4-3-2

赏析：合理设置问题串，用一个情境串联问题背景，让学生有亲切感，遵循学生认知规律，从特殊到一般，先从特殊角度出发，从而寻找解题的思路方法，进而寻找通解！同时注重学生思维的发散性和解题方法的多样性，既注重通性通法，又关注特事特例. 讲解过程中，层层推进，讲练结合，很好地关注了学生过手的问题.

3．反思归纳提高

教师：刚才的两个问题，所给的角度都比较特殊，同学们都能综合运用方程的思想，三角函数等相关知识顺利解决，但是如果我把这两个角分别记作 $\angle B = \alpha$，$\angle ACD = \beta$，$BC = s$，（见图 4-3-3）你能求出 AD 吗？

学生：可以仿照上面，求出 $AD = s/(\tan\alpha - \tan\beta)$.

教师：我们居然推导出了一个公式，以后同学们在考试中遇到填空题、选择题时就能快速解决，还可继续做研究.

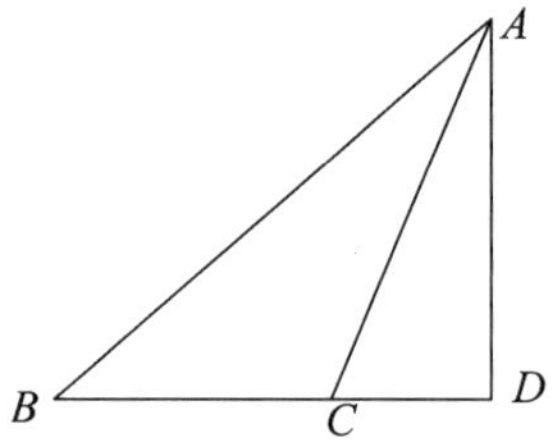

图 4-3-3

教师：（1）通过前面的学习，你们能从这两个题目提炼出一个基本图形吗？

（2）反思你在解决此问题时所采用的方法，以及解决与此相类似的实际问题时，具有一般性的“通法”？

学生 1：我画的基本图形是如图 4-3-4 所示，我认为解这类题应该转化在直角三角形中用三角函数解决.

学生 2：我补充，要将实际问题抽象为数学问题.

教师：学习以上例题以后，我们可以得到解直角三角形相关问题的一种基本模式（见图 4-3-5）：

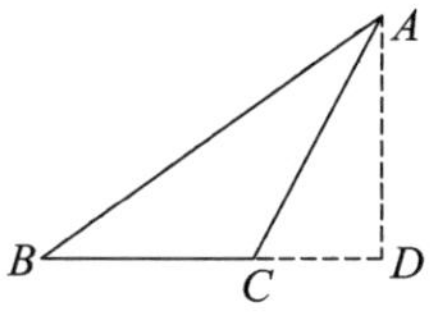

图 4-3-4

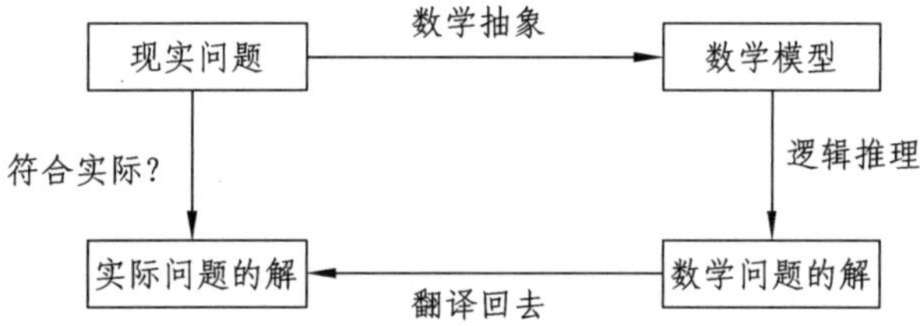

图 4-3-5

（1）将现实问题抽象为数学问题（画出平面图形，转化为解直角三角形的问题）.

（2）根据条件的特点，适当选用三角函数等去解直角三角形问题.

（3）得到数学问题的答案.

（4）还原为实际问题的解决方案.

赏析：注重学生学科素养的培养，体现数学学科的特质，“数学味”很浓厚. 学生通过解决上面两个问题，积累数学经验，抽象出数学模型. 适时引导学生进行反思，学生的回答有合理性，也有不当的地方，通过比较归纳活动，最终能找到解决问题的方法. 反思是培养学生学会学习、促进学生数学素养发展的重要环节. 进行反思，学生容易形成解决问题的基本策略，更易形成数学方法的有效迁移.

4．情境重现，解决问题

教师：现在回到“小明问题”.

（先不给出示意图，让学生根据题意自己画出，教师对学生的问题进行适时的指导，判断学生是否真正理解题意，这也是进行下一步数学学习的前提）

教师：对于“货轮继续向东航行途中有无触礁的危险”，从实际意义上如何认定？若从数学的角度，如何解释？

学生 1：根据题意，小岛四周 10 海里内有暗礁，那么货轮继续向东航行的过程中如果到 A 的最短距离大于 10 海里，则无触礁的危险，如果小于 10 海里则有触礁的危险. 如图 4-3-6 所示，过 A 作 $AD\perp BC$，D 为垂足，AD 的长度即 A 到 BC 所在直线的最短距离. 我们需根据题意算出 AD 的长度，然后与 10 海里比较.

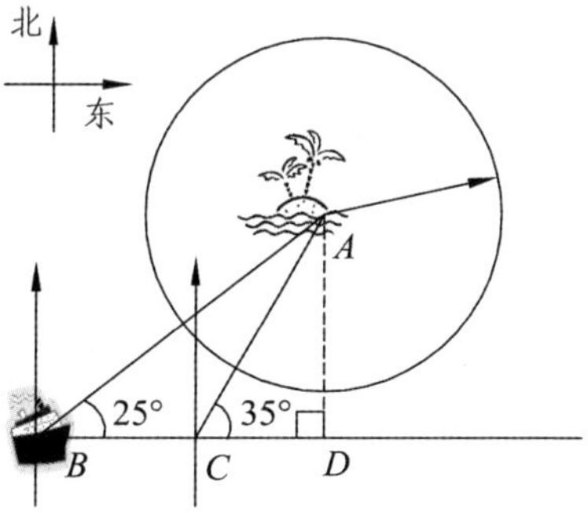

图 4-3-6

教师：这位学生分析得很好，能将实际

问题清晰、有条理地转化为数学问题. 下面我们就来看如何求 AD.

学生 2：我发现作出辅助线后，问题就转化成了前面总结的基本图形：过 A 作 BC 的垂线，交 BC 于点 D，把 $\alpha=25°$，$\beta=55°$ 代入公式 $s=BC=20$. 因为 $AD=20/(\cot 25°-\cot 55°)\approx 14$ 海里 >10 海里，所以不会触礁.

教师：非常好，相信大家在解决刚才“货轮是否会触礁”的实际问题时已经积累了一定的解决相关实际问题的数学经验，并形成了一些解决问题的基本策略，但大家在把这些策略迁移到相关实际问题情境时，一定要仔细分析问题的条件是否发生了变化.

赏析：通过学习、探究等一系列活动，提供学生积累数学经验的机会，从而大部分学生均能顺利解决本节课开始提出的问题. 教学全过程，注重启发式教学和因材施教的教学原则，合理地处理了教师讲授与学生自主学习的关系. 数学思想方法有机、自然地与教学融合，同时注重学生由特殊到一般，再从一般到特殊的认知规律的渗透，多角度让学生体会解决实际问题策略.

5．变式拓展

变式拓展一：（2004，哈尔滨）如图 4-3-7 所示，一人在山底 C 处测得山顶 M 的仰角为 30°，此人向山前进 30 m 到 D 处，又测得山顶的仰角为 60°，已知测角器的高度为 1 m，求山高.

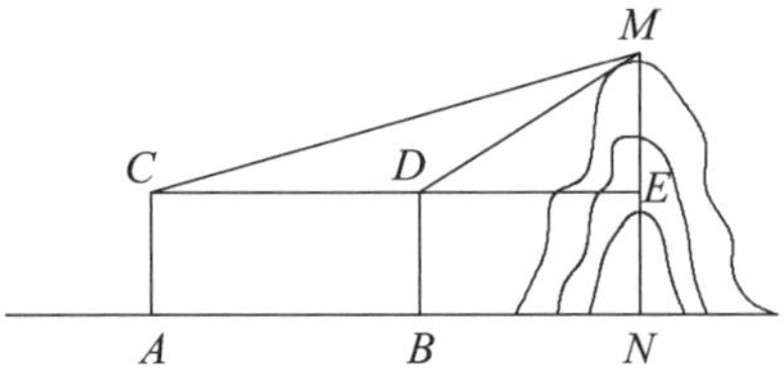

图 4-3-7

教师：如何理解这幅图呢？

学生：我认为 AC、BD、NE 都表示的是测角器的高度 1 m，而山高 $=ME+EN$，所以要求山高就是先求 ME 的长度，而 ME 的长度计算方法如同前面的模型一样. 我的计算结果是山高（$15\sqrt{3}+1$）m.

变式拓展二：（2003，山西/2005，河南）如图 4-3-8 所示，MN 表示某引水工程的一段设计路线，从 M 到 N 的走向为南偏东 30°. 在 M 的南偏东 60° 方向上有一点 A，以 A 为圆心、500 m 为半径的圆形区域为居民区. 取 MN 上另一点 B，测得 BA 的方向为南偏东 75°. 已知 $MB=400$ m，通过计算回答，如果不改变方向，输水路线是否会穿过居民区？

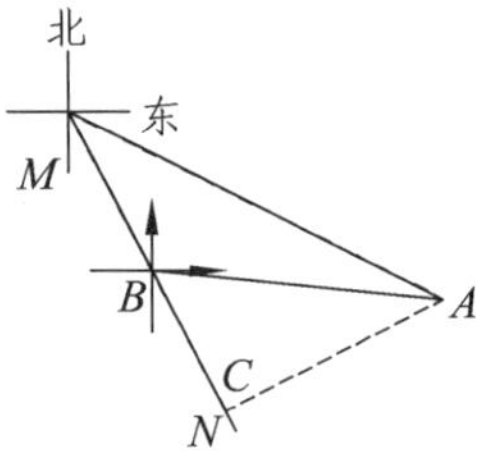

图 4-3-8

（这是对前面问题的变式，教学时要关注学生如何把实际问题转化为数学问题，解决问题的前提是能否理解题意，能准确画出示意图）

教师：这个图形感觉和前面的都不一样，如何处理这个问题呢？

学生：（思考中，有一定困难）

教师：不要着急，我们如何把这些方位角标注在图中？

教师：（观察学生，发现有学生标$\angle ABN=75^\circ$）同学们注意，有个别同学标$\angle ABN=75^\circ$，对吗？

（请同学到黑板上标出“BA 的方向为南偏东 75°”，在正确标出的同时大部分学生发现了基本图形.）

学生：我发现了 $Rt\triangle AMC$ + $Rt\triangle ACB$ 就是基本图形. 可以解决，很简单.

教师：很好，复杂的问题越来越简单了！我们请一位同学来完成此题.（下略）

赏析：习题设计由浅入深，层次分明，但是每个题目又与其他都有不同，都在围绕本节课的重点难点进行突破. 特别是变式拓展二的题目，更加注重培养学生如何将实际问题转化为数学问题，把不熟悉的问题转化为熟悉的问题的能力，旨在体现渐进性原则，使学生将单纯的知识转化为技能，进一步提升学生的数学能力.

6. 小结反思

教师：同学们已经能够初步掌握今天所学知识，请谈谈本节课你们有哪些收获？还有哪些疑惑？

学生：我学会了用这个基本图形解决一类问题和策略，先要转化为数学问题，再利用三角函数和方程求解.

学生：我有一点疑惑，我们用三角函数来解决问题时，是否只有这一个基本图形？

教师：这个同学提出的问题很好，值得探索，事实上，我们这个“基本图形”不过是已知钝角三角形两底角和底边，求它的高，进一步呢？

赏析：① 本课例紧扣主题创设情境，运用波利亚“一般解题方法”进行教学，在师生共同探讨中，在学生的“认知结构”中，截取出一个解题思维模块——基本图形、基本求解程序（及一个公式）和灵活运用的注意事项.

② 教学中渗透了公式化思想，徐利治的 RMI 原则（关系映射反演原则），难能可贵.

二、课例 9.02 锐角三角函数（1）

执教 朱光赟（成都市第八中学）
赏析 谢 祥（成都市金牛区教科院）
（备注：朱光赟执教该课，获第九届全国初中青年数学教师优秀课观摩与评比活动一等奖）

1．内容和内容解析

1）教材内容

本节课是义务教育课程标准北师大版实验教科书九年级（下）第一章“直角三角形的边角关系”的第一节．第一章共分为 6 节，本节“锐角三角函数”是第一节，主要内容是理解正切的概念，会进行简单的计算，了解坡度．

2）教材的地位及作用

本课学习第一个三角函数——正切．正切在生活中的运用非常广泛，如在测量、建筑、工程技术和物理学中，人们常常遇到距离、高度、角度的计算问题，这些实际问题的数量关系往往归结为直角三角形中的边角关系问题，都可以用正切来刻画．正切也是学生接触的第一个三角函数．学好正切，既为正弦余弦的学习打下基础，又为高中系统学习三角函数做好铺垫．因此本节内容极其重要．

2．目标和目标解析

1）学习目标

① 经历探索直角三角形边角关系的过程，理解正切的概念并能进行简单的计算．

② 会求特殊角的正切值，培养运算能力和合情推理能力．

③ 养成认真勤奋、独立思考、合作交流、反思质疑等学习习惯．

2）学习重点

① 正切概念．

② 特殊角的正切值．

3）学习难点

正切概念的形成过程．

赏析：为了研究直角三角形的边角关系，建立在直角三角形这个模型下的锐角三角函数，研究的是锐角与两条边的比值之间的对应关系，它的自变量是锐角，函数值是直角三角形中两边的比值．它是初等超越函数，与一次函数、二次函数等有显著区别．“锐角三角函数（1）”即正切概念，是学习“直角三角形的边角关系”的第一课时，引导学生用“建立新概念”的一般方法（四环节）建立正切概念，体会并掌握学习数学概念的基本过程和方法．本节课四环节模式在实施中效果较好，个人以为具有一定的推广价值和指导意义．

数学概念是进行数学推理、判断、证明的重要依据，是建立数学公理、定理、法则的基础．数学概念的教学在学生学习数学知识和掌握数学思想方法中显得十分重要．朱光赟老师“锐角三角函数（1）”这节课，根据李兴贵教授提出的概念学习的“感悟—概括—固化—应用—小结”五环节模式，将“概括”并入“感悟”，设计教学过程为“感悟概念—理解概念—应用概念—归纳小结”四环节，循序渐进地组织学生开展探究活动，引导学生在动手操作、独立思考、合作交流中逐步领悟正切概念的本质，并让学生体会研究锐角三角函数的一般方法，为后面学习正弦、余弦埋下伏笔，即提供类比学习的方法．

3．学习过程

1）感悟概念

问题：欣赏图片，思考问题．

（1）图 4-3-9 上的梯道给你的直观感受是什么？

（2）生活中我们用什么量刻画物体的倾斜程度？

（3）除倾斜角外，还能用其他的方法来刻画轨道的倾斜程度吗？

图 4-3-9

赏析：欣赏乐山大佛的岩壁的梯道，欣赏登峨眉山金顶的石梯，思考直观感受（陡峭），再思考用什么刻画“陡峭”（生活语言），用什么刻画倾斜程度（数学语言）？紧扣课题导入新课很自然．作为全国赛课，也起到宣传四川美丽风景的作用，爱祖国从爱家乡开始．

小组活动 1

问题：如图 4-3-10 所示，梯子 AB 和 DE 哪个更陡？你是怎么判断的？

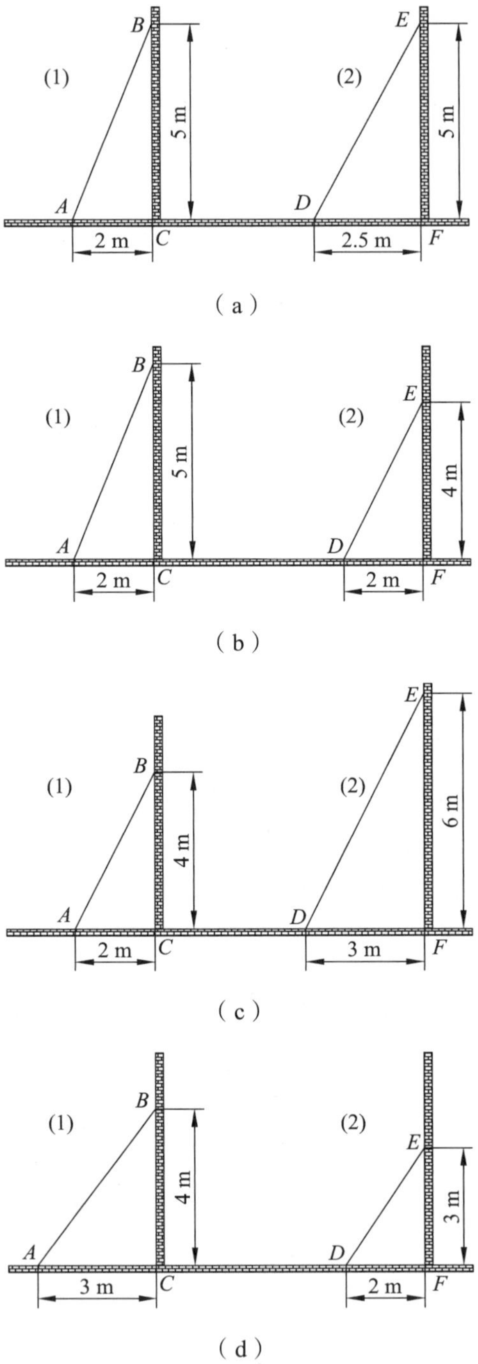
B
E
(1)
(2)
5 m
5 m
A
D
2 m
C
2.5 m
F
(a)
B
E
(1)
(2)
5 m
4 m
A
D
2 m
C
2 m
F
(b)
E
B
(1)
(2)
4 m
6 m
A
D
2 m
C
3 m
F
(c)
B
(1)
(2)
E
4 m
3 m
A
D
3 m
C
2 m
F
(d)

图 4-3-10

实验：用直尺模拟梯子，书本模拟墙壁，观察在梯子变陡的过程中，哪些量发生了变化？倾斜角，垂直高度与水平宽度的比发生了什么变化？

赏析：概念生成，突显“自然”：在感悟概念环节，首先设计三个问题四组图（实为四种情况）研究梯子倾斜程度，利用几何直观可以判断问题 1（梯子等高，底小则陡；梯子等底，较高则陡）与问题 2（两直角三角形相似，则一样陡），而问题 3，两直角三角形既不相似又无等边，几何直观无法判断谁陡，这就激发起学生强烈的求知欲望，他们都跃跃欲试，想找到新的判断方法．由此顺势引导学生观察分析，感悟“铅直高度与水平宽度之比”与“倾斜角之间”的联系：① 锐角 A 大小不变，锐角 A 的对边与邻边的比值确定吗？② 锐角 A 大小改变，锐角 A 的对边与邻边的比值会改变吗？由此建立锐角 A 与它的对边与邻边的比值之间的对应关系，得出锐角 A 确定，锐角 A 的对边与邻边的比值确定．自然生成正切概念，并巧妙追问“$\tan B$ 呢？”看似意外地生成“当 $\angle A+\angle B=90°$ 时，$\tan A\cdot\tan B=1$”这个美妙的结论，实则是独具匠心的设计．把发现“锐角互余，正切值互倒”这个结论的成功感，很自然地转移给学生．

2）理解概念

正切概念

定义：____

如图 4-3-11 所示，在 Rt△ABC 中，$\tan A=$________________________

问：$\tan B$ 如何表示？

问：观察 $\tan A$ 与 $\tan B$ 有什么关系？

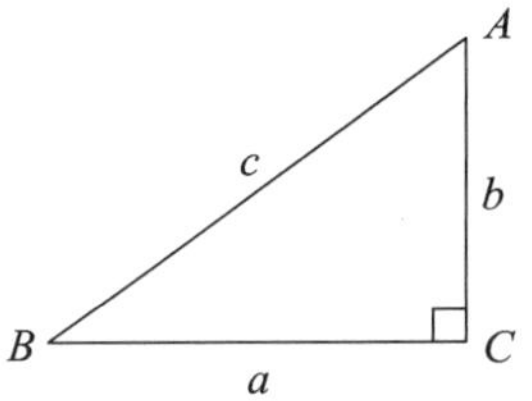

图 4-3-11

对 $\tan A$ 的几点说明：

（1）初中阶段，正切是在直角三角形中定义的，$\angle A$ 是一个锐角．

（2）记号里习惯省去角的符号“∠”，若用三个字母表示角或者用阿拉伯数字表示角则“∠”不能省略，如 $\angle ABC$ 的正切表示为 $\tan\angle ABC$，$\angle 1$ 的正切表示为 $\tan\angle 1$，$\angle\alpha$ 的正切表示为 $\tan\alpha$．

（3）$\tan A$ 是一个完整的符号，不表示“tan”乘以“A”．

小组活动 2

要求：

（1）独立完成题目．

（2）组内同学相互订正，小组分析错误原因，交流疑问和困惑．

① 如图 4-3-12 所示，填空．

a. tan ____ $=\frac{AC}{BC}$， tan ____ $=\frac{BC}{\quad}$.

b. 如图 4-3-13 所示，$\angle ACB=90°$，$CD\perp AB$.

$\tan\angle ACD=$ ______ $=$ ______ $=$ ______.

$\tan B=$ ______ $=$ ______ $=$ ______.

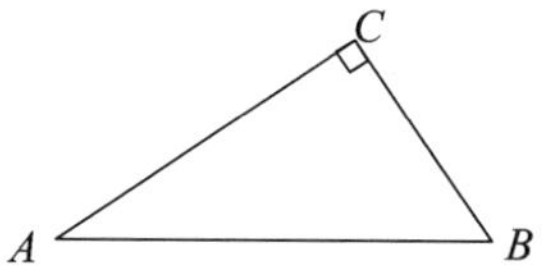

图 4-3-12

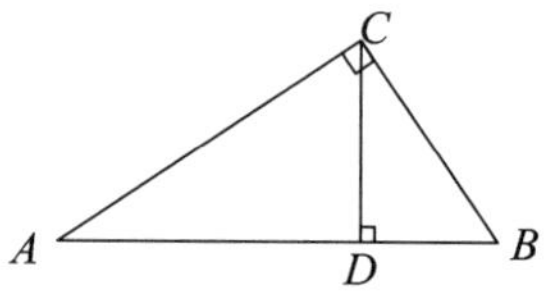

图 4-3-13

② 在 Rt△ABC 中，锐角 A 的对边和邻边同时扩大为原来 50 倍，tan$A$ 的值（　　）.

A. 扩大为原来的 50 倍　　　　B. 缩小为原来的 $\frac{1}{50}$

C. 不变　　　　　　　　　　D. 不能确定

③ 判断对错，错误请说明原因.

图 4-3-14 中，$\tan A=\frac{BC}{AC}$（　　）.

图 4-3-15 中，$\tan A=\frac{AC}{BC}$（　　），$\tan A=\frac{BC}{AB}$（　　），

$\tan B=\frac{10}{7}$（　　），$\tan A=0.7\text{ m}$（　　）.

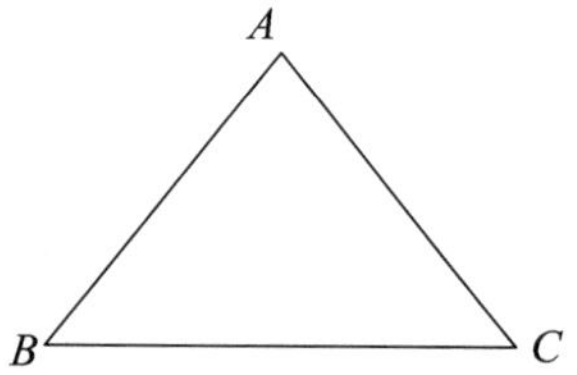

图 4-3-14

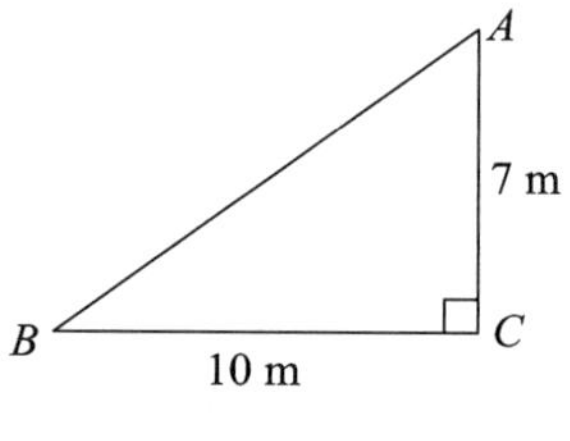

图 4-3-15

赏析：概念理解，突显“透彻”，在理解概念环节，突出“正切即两直角边比值”这个实质，与三角形的大小无关，只与角的大小有关. 教师善于举例是一项基本功，作为概念辨析，朱老师针对易错点举例是一个好方法，学生在纠错中积累正确认识. 精心设计的例题及变式，覆盖了解直角三角形的几类问题，并且突显正切的实质（比值），特别值得一提的是，已知正切值及

直角三角形的一条边解直角三角形，属于逆向思维训练，引导学生总结出“见比设 k”的方法，渗透方程思想，感悟间接设元的数学方法“美”！

3）概念应用

例题　如图 4-3-16 所示，在 Rt△ABC 中，$\angle C=90°$．若 $AC=4$，$BC=6$，求 $\tan A$ 和 $\tan B$．

解：在 Rt△ABC 中，

$$\tan A=\frac{BC}{AC}=\frac{6}{4}=\frac{3}{2}$$

$$\tan B=\frac{AC}{BC}=\frac{4}{6}=\frac{2}{3}$$

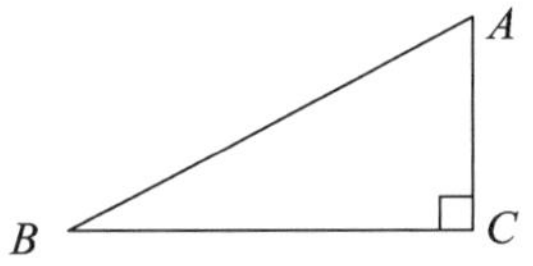

图 4-3-16

变式 1　若 $AC=9$，$AB=15$，求 $\tan A$ 和 $\tan B$.

变式 2　若 $AB=25$，$\tan B=\frac{3}{4}$，求 AC 和 BC 的长度.

对变式 1 赋予一定的生活背景.

如图 4-3-17 所示，某人从小山坡下的点 B 走了 15 m 后到达坡顶的点 A，已知点 A 到坡脚的垂直距离为 9 m，求坡的坡度.

练习：如图 4-3-18 所示，求 $\tan C=$（　　　）

A. 1　　B. $\frac{5}{6}$　　C. $\frac{4}{3}$　　D. $\frac{5}{3}$

图 4-3-17

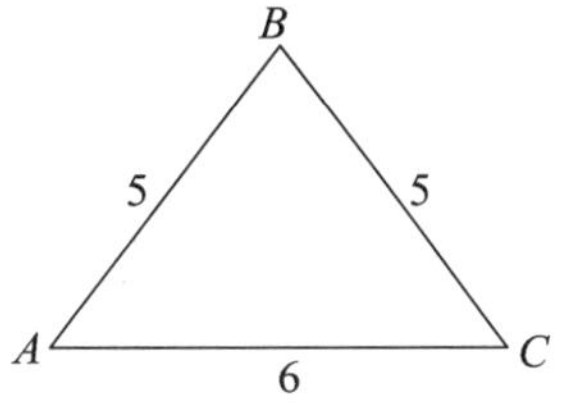

图 4-3-18

小组活动 3

（1）探索 30°、45°、60° 角的正切值.

（2）探索非特殊角的正切值. △ABC 是等腰直角三角形，$\angle C=90°$．AD 是 $\angle BAC$ 的平分线，求 $\angle BAD$ 的正切值.

赏析：概念应用，渗透“思想”，应用概念环节，探索 30°、45°、60° 特殊角的正切值，到一般等腰三角形求底角正切，其数学研究味更浓，通过小组合作研究，引导学生构造直角三角形解决问题，特别是追问“$\tan 22.5°$ 如何构造直角三角形？”把探索研究推向高潮，再辅以课后思考题，把问题推广到一般.

4）课堂小结

（1）谈谈本节课的收获.

赏析：归纳小结，反思“经验”，在本环节中老师引导学生将本节所学内容进行梳理，达到知识结构化，方法系统化. 特别值得一提的是，有一位学生还总结了学习三角函数概念的方法，由此想到直角三角形中一个锐角的对边与斜边的比值，邻边与斜边的比值又应该是什么，为下节课设置悬念.

总之，本节课充分体现了以“学生为主体，教师为主导，活动为主线”的新课标理念，四环节环环相扣，步步深入，在教学活动中渗透数学思想方法，积累数学活动体验，渗透数学方法美，数学思维的逻辑美.

（2）家庭作业.

① 教材 P4 习题 1.1 第 1、2 题.

② 预习第二节.

③ 选作题：教材 P4 习题 1. 1 第 3 题. 要求制作调查报告.

三、课例 9.03　动直线截三角形两边所得线段比的相关结论研究

执教　　陈娟（成都七中万达学校）

赏析　　谢祥（成都市金牛区教科院）

知识与技能

1. 能利用构造相似三角形，利用相似三角形的性质定理，判定定理等进行线段比的转化，从特殊点（定点）到一般点（动点），探究动直线所截两边的线段比的一般规律.

2. 能利用共高三角形面积之比等于对应底边之比等进行线段比的转化.

3. 利用配方法及函数思想求函数最值及范围.

过程与方法

1. 在特殊到一般性规律的类比探究中培养逻辑推理，直观想象，数学建模等核心素养以及利用转化思想解决具体问题的能力.

2. 通过二次函数最值及范围的求取，体会数形结合思想解决问题的直观性.

情感态度与价值观

1. 在对问题的延伸及类比探究中，感悟数学的奇异美以及数学结论的简洁美，统一美.

2. 在变式练习中培养学生创新思维及感受数学美，领悟数学美及创造数学美的能力.

赏析：（1）初中阶段通过基本的模型建立，培养学生“模型思想，应用意识和创新意识”，其实就是高中以及后期学习中培养“数学建模”的核心素养.

（2）由基本模型的认识到演变，利用类比学习方法既培养学生的逻辑推理能力，又能在类比中引发学生直观想象和大胆创新.

（3）本节课“动直线截三角形两边所得线段比的相关结论”是对相似三角形基本模型及结论的延拓，所以本节课的课型应该是小专题课.

教学设计

1. 课前准备

（1）相似三角形的性质定理及判定定理____________________.

（2）构造线段比的关系及比值转化的方法____________________.

（3）二次函数在给定自变量范围求最值的方法.

2. 探究学习

第一环节 引入——感受数学美

问题 1 如图 4-3-19 所示，已知 O 是 $\triangle ABC$ 中 BC 边的中点，过点 O 的直线分别交 AB、AC 于点 M、N，且 $\frac{AB}{AM}=m$，$\frac{AC}{AN}=n$，求 $m+n$.

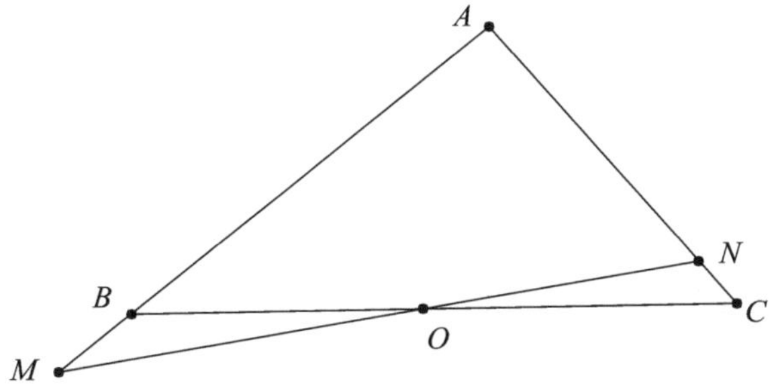

图 4-3-19

分析 1 （常规法）利用构造相似三角形实现比值的转化，通过借用中点构造全等实现边的转化.

法 1 如图 4-3-20（a）所示，过点 B 作 $BD /\!/ AC$ 交 MN 于 D，则 $\triangle BMD \sim \triangle AMN$，$\dfrac{MB}{MA}=\dfrac{BD}{AN}$ 由 O 为 BC 中点可得 $\triangle BDO \cong \triangle CNO$，则 $BD=NC$，根据 $\dfrac{AB}{AM}=m$，$\dfrac{AC}{AN}=n$ 可得：$\dfrac{MB}{MA}=\dfrac{NC}{AN}$，即 $1-m=n-1$，即 $m+n=2$；

法 2 类比法 1，如图 4-3-20（b）所示，可过点 B 作 $BT /\!/ MN$ 交 AC 于 T，得 $\dfrac{AB}{AM}=\dfrac{AT}{AN}$，则 $m+n=\dfrac{AB}{AM}+\dfrac{AC}{AN}=\dfrac{AT}{AN}+\dfrac{AC}{AN}=\dfrac{AT+AC}{AN}=\dfrac{AN-TN+AN+NC}{AN}=\dfrac{2AN}{AN}=2$

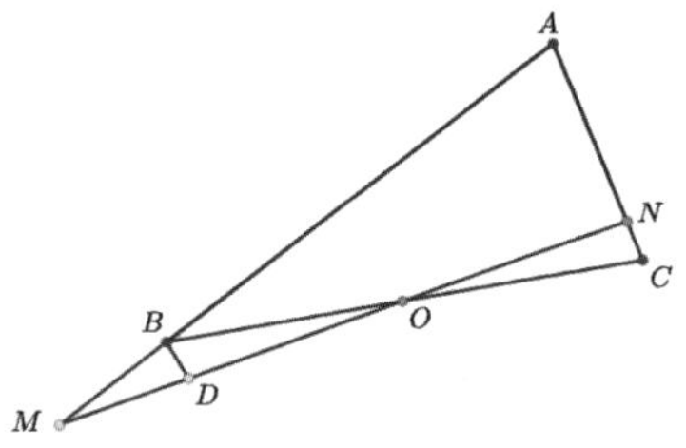

（a）

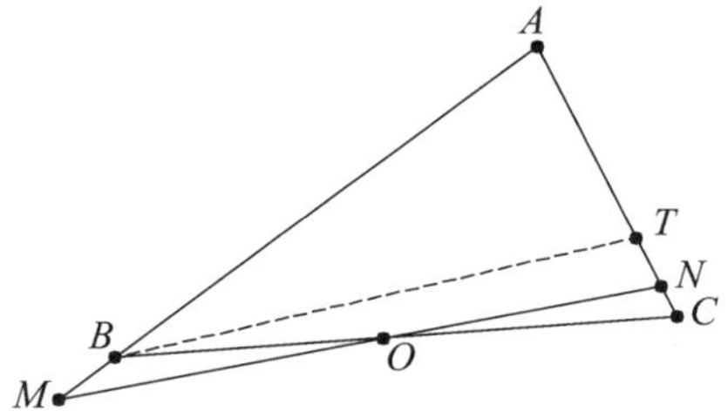

（b）

图 4-3-20

法 3 类比法 2，如图 4-3-21 所示，还可作 $TC /\!/ MN$，实现线段比的转化.

赏析：在对相似三角形的 A 型和 X 型模型作课前回顾后，这里通过过点 B 或 C 作平行线从而构造相似模型，构造两个比 $\dfrac{AB}{AM}$ 与 $\dfrac{AC}{AN}$，进而探索两个比之间的关系，求得 $m+n=2$，这是通过辅助线构建相似模型的基本应用.

分析 2 （巧解）利用极限思想求解

思考 1 如图 4-3-22 所示，MN 绕 O 点旋转到点 M 与 B 重合，点 N 与 C 重合时，此时 $m=1$，$n=1$，即 $m+n=2$.

思考 2 如图 4-3-23 所示，MN 绕 O 点旋转到点 N 为 AC 中点，AM 趋近于 $+\infty$，$\dfrac{AB}{AM}$ 趋近于 0，$\dfrac{AC}{AN}=2$，可得 $m+n=2$.

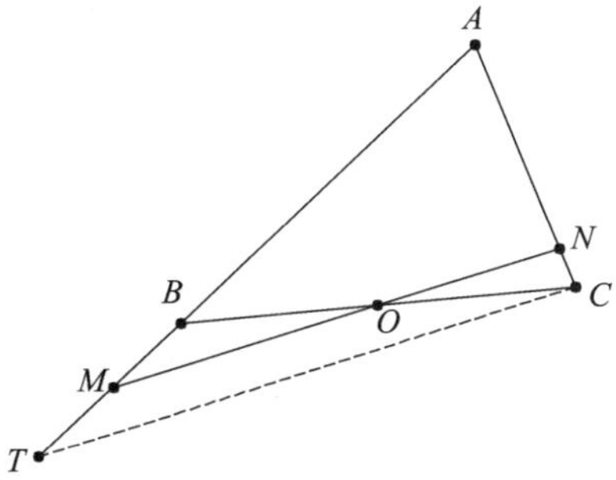

图 4-3-21

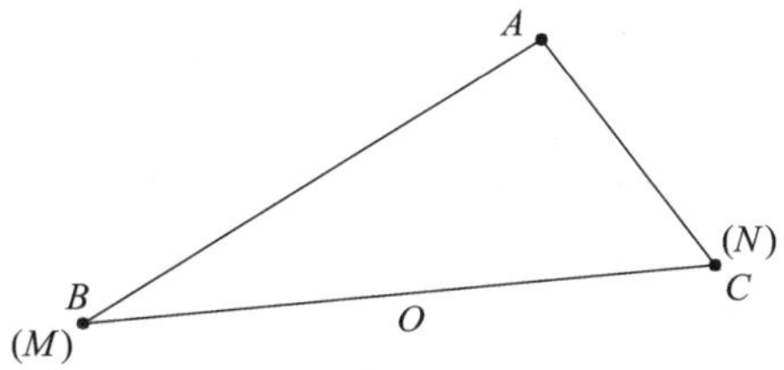

图 4-3-22

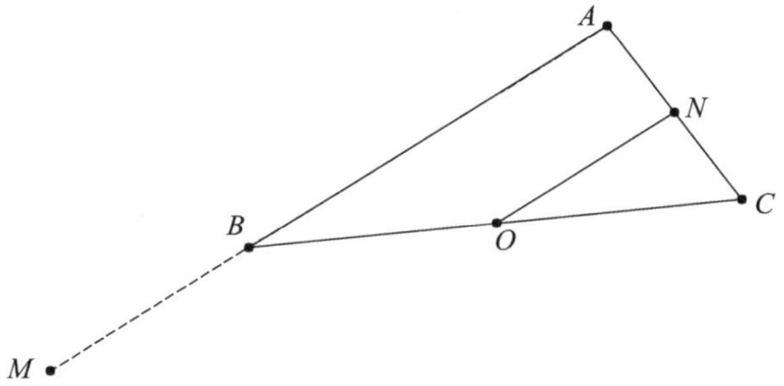

图 4-3-23

赏析：从基本方法的探索中我们感受到本问题的奇异在于过中点 O 的直线分别交直线 AB，AC 于点 M、N，由于动直线可以绕 O 旋转，所以 M、N 两点具有“不确定性”，对应线段比 m、n 也将随着 M、N 的变化而变化，但是在“变化中”存在“不变的”量，即 $m+n=2$，这让我们惊奇和意外，该规律具有数学奇异美. 对于速解“选填题”，两个巧妙解法十分有效，它们都是用“极限思维”方法求得结论. 从逻辑上看，既然动直线没有约定满足怎样的条件，当然可以在“任意状态”下考虑“特殊状态”，迅速得到结论，巧思妙解的方法具有简洁美.

变式训练 1 在问题 1 的基础上求 mn 的最大值；

分析 1 结合问题 1 的解决 $m+n=2$，可得 $mn=m(2-m)$，利用配方求二次函数最大值为 1.

分析 2 结合已知条件 $\frac{AB}{AM}\cdot\frac{AC}{AN}=mn$，利用 $\frac{S_{\triangle ABC}}{S_{\triangle AMN}}=\frac{\frac{1}{2}AB\cdot AC\cdot\sin\angle BAC}{\frac{1}{2}AM\cdot AN\cdot\sin\angle MAN}=mn$，将 mn 转化为面积之比.

变式训练 2 在问题 1 的基础上，求 m^2+n 的范围.

分析 类比变式 1 的方法 1 可将 m^2+n 转化为关于 m 的二次函数求最值问题，这里尤其要注意的是 $m>0$，$n=2-m$ 且 $n>0$，由此 $0<m<2$，则此时二次函数是在给定自变量范围求解.

赏析： 利用构造平行线实现比值的转化，方法 1 还可过 C 作 AM 的平行线，方法 2 和方法 3 还可延拓到过中点作 AM 或 AC 的平行线，利用中位线实现比值的转化.

在方法的多样性中大胆类比和猜想，在严谨的求证中感悟数学的逻辑美，在任意状态下寻找特殊位置作为突破口，也体现了数学繁化简的简洁美；该题的神奇在于过定点的直线截两边所得动点在动态过程中始终有定值 $m+n=2$，这也是数学在变化中寻求不变规律的神奇之美.

第二环节 导——感悟数学美

问题 2 如图 4-3-24 所示，已知 O 是 $\triangle ABC$ 中 BC 边上一点，且 $\dfrac{CO}{OB}=k$ 过点 O 的直线分别交 AB、AC 于点 M、N，且 $\dfrac{AB}{AM}=m$，$\dfrac{AC}{AN}=n$，类比问题 1 探索 m 与 n 的关系.

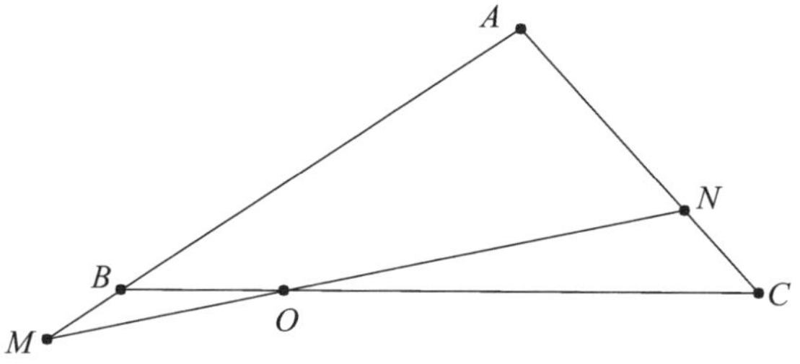

图 4-3-24

赏析： 对于 $\dfrac{CO}{OB}=k\ (k\neq 0)$，当 $k=1$ 时，则点 O 为中点. 由“中点”推广问题到“任意点”，由特殊到一般，可以培养“数学抽象”，“逻辑推理”等核心素养. 探索 m 与 n 之间的关系，关键是构造相似三角形，使三个比值 k、m、n 建立联系，类比问题 1 的常规解法，该常规解法适合于任意状态，其实是解答此类问题的通法，结论反映的是 k、m、n 三个比值之间的关系，任意给定一个 k 值代入上面结论，则相应确定 m、n 间的函数关系（如 $k=2$，点 O 为一个三等分点，$n=3-2m$），所以该结论具有简洁美和统一美.

变式训练 1 在问题 1 和问题 2 的基础上求 mn 的最大值；

赏析：（1）对于一个确定的 k 值，n 与 m 间就具有确定的函数关系，其中一个变量就能用另一个变量表出，对称思维，对于一个确定的 n 值，k 与 m 间也具有确定的函数关系. 那么从函数角度就可以提出变式 1 的新问题.

（2）观察问题不难发现 $mn=\dfrac{AB}{AM}\times\dfrac{AC}{AN}=\dfrac{S_{\triangle ABC}}{S_{\triangle AMN}}$，所以 mn 的几何意义就是两个三角形的面积之比. 由于 $S_{\triangle ABC}$ 是定值，所以 mn 取最大值，则分母 $\triangle AMN$ 的面积应该取最小值，当且仅当两三角形重合，即取得最小值 1. 这从几何意义的角度，给前面代数解法（配方法）所得的答案以合理解释.

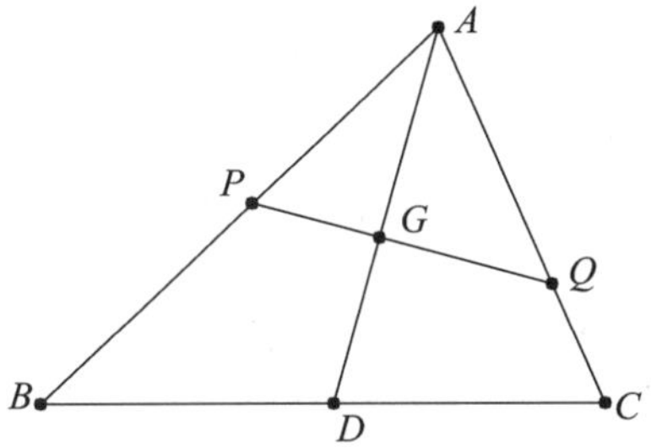

图 4-3-25

将 O 为中点拓展到“任意点”，由特殊到一般，类比特殊问题的解决方法探索一般问题的突破口.

感悟由特殊到一般，在问题解决过程中方法类比迁移的统一美；在结果的表达上体现了结论的简洁和统一美.

第三环节　探——创造数学美

问题 3　如图 4-3-25 所示，G 是中线 AD 上一点，且已知 $\dfrac{AG}{AD}=k$，过点 G 的直线分别交 $\triangle ABC$ 的边 AB、AC 于点 P、Q，设 $\dfrac{AP}{AB}=\lambda$，$\dfrac{AQ}{AC}=\mu$，试探究三个比值 k、λ、μ 之间满足的关系.

方法 1　观察 $\dfrac{AG}{AD}=k$，$\dfrac{AP}{AB}=\lambda$，$\dfrac{AQ}{AC}=\mu$ 三个比值，两两乘积组合可以和面积关联；由 $\dfrac{S_{\triangle APG}}{S_{\triangle ABD}}+\dfrac{S_{\triangle AGQ}}{S_{\triangle ADC}}=\dfrac{S_{\triangle APQ}}{\frac{1}{2}S_{\triangle ABC}}$ 可得 $\dfrac{AP\cdot AG}{AB\cdot AD}\cdot\dfrac{AG\cdot AQ}{AB\cdot AC}=\dfrac{2AP\cdot AQ}{AB\cdot AC}$，即

$\lambda k+\mu k=2\lambda\mu\left(或\dfrac{1}{\lambda}+\dfrac{1}{\mu}=\dfrac{2}{k}\right)$.

方法 2　如图 4-3-26 所示，过点 G 作 BC 的平行线交 AB、AC 于点 M、N，过点 M 作 $MH\,/\!/\,NQ$，易得 $\triangle HMQ\cong\triangle QNG$，有 $HM=NQ$，$\dfrac{AM}{AP}+\dfrac{AN}{AQ}=\dfrac{AP+MP}{AP}+\dfrac{AQ-NQ}{AQ}=2+\dfrac{MP}{AP}-\dfrac{NQ}{AQ}=2+\dfrac{HM}{AQ}-\dfrac{NQ}{AQ}=2$，$\dfrac{AM}{AP}=\dfrac{AP+MP}{AP}=$

$1+\dfrac{MP}{AP}=\dfrac{k}{\lambda}$，同理 $\dfrac{AQ}{AN}=\dfrac{k}{\mu}$，即得 $\dfrac{1}{\lambda}+\dfrac{1}{\mu}=\dfrac{2}{k}$.

变式 1　在问题 3 的基础上，如图 4-3-27 所示，若点 G 是 $\triangle ABC$ 的重心，其余条件不变，试探究 k、λ、μ 之间满足的关系.

赏析： 特别的，当 G 为三角形重心时 $k=\dfrac{2}{3}$，对于两个比值 λ、μ 满足和为定值 3，当直线绕重心旋转，其对应比值 λ、μ 在不停变化，但变化中却存在不变的量（即倒数和为 3 不变）. 这规律具有和谐美、统一美和奇异美. 对于一般情况下，λ、μ、k 这三个比值满足的关系 $\dfrac{1}{\lambda}+\dfrac{1}{\mu}=\dfrac{2}{k}$，表达式简单，结构整齐.

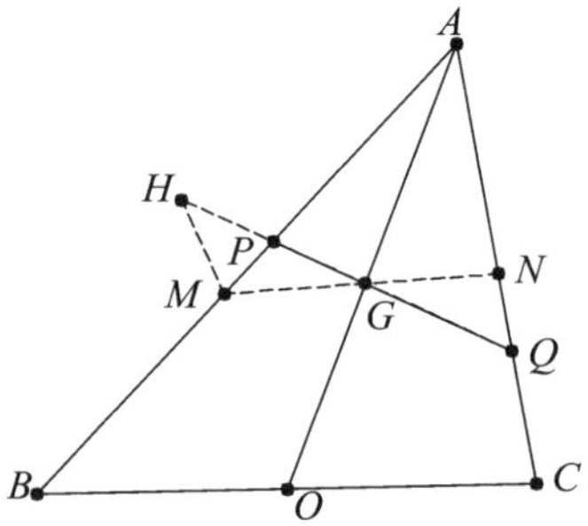

图 4-3-26

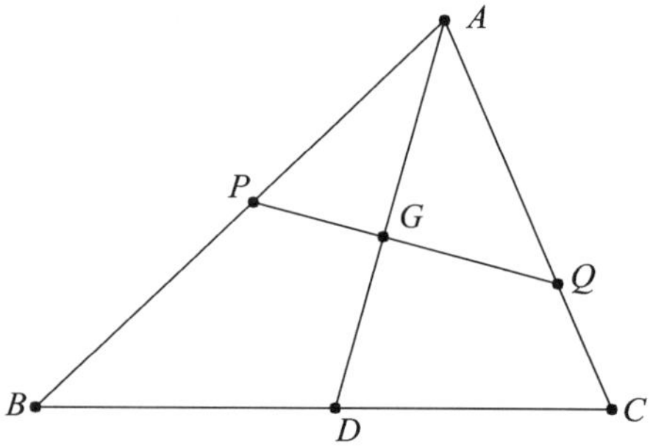

图 4-3-27

变式 2　在问题 3 的基础上，如图 4-3-28 所示，若点 P 是 AP 延长线上的点，其余条件不变，试探究 k、λ、μ 之间满足的关系.

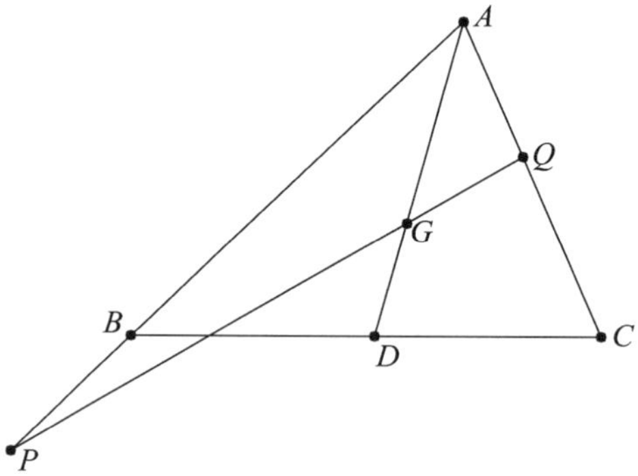

图 4-3-28

赏析： 变式 2 可类比问题 3 进行探索，这里更好的方法可借助于几何画板再次对问题 3 的结论进行动态中的直观认识，感悟数学变化过程某些结论不变的奇异美.

结合问题 1 中 mn 的几何意义，结合题目给出的三个比值可联想利用面积之比转化为线段比的探究，尤其当点 G 为重心时，可从一般到特殊得到结论.

感悟数形结合思想的变通，在规律得获取中感受和谐美、统一美，以及问题解决方法的奇异美；在结果的表达上更体现了数学的简洁、整齐和和谐美.

第四环节　习——玩味数学美（探索系数积最大值问题）

如图 4-3-29 所示，点 G 是 $\triangle ABC$ 的重心，即 $\frac{AG}{AD}=\frac{2}{3}$，过点 G 的直线分别交 $\triangle ABC$ 的 AB、AC 边于 P、Q 两点，设 $\frac{AP}{AB}=\lambda$，$\frac{AQ}{AC}=\mu$.

（1）若 $\lambda=\frac{3}{5}$，求 $\triangle ABC$ 与 $\triangle APQ$ 的面积之比.

（2）若 $\triangle ABC$ 与 $\triangle APQ$ 的面积之比为 $\frac{20}{9}$，求 λ 的值.

（3）求 $\lambda\mu$ 的最小值.

变式 1　如图 4-3-30 所示，点 G 是中线 AD 上的一点，即 $\frac{AG}{AD}=k$（k 为常数），过点 G 的任意直线分别交 $\triangle ABC$ 的 AB、AC 边于 P、Q 两点，设 $\frac{AP}{AB}=\lambda$，$\frac{AQ}{AC}=\mu$，求 $\lambda\mu$ 的最小值（用含 k 的代数式表示）.

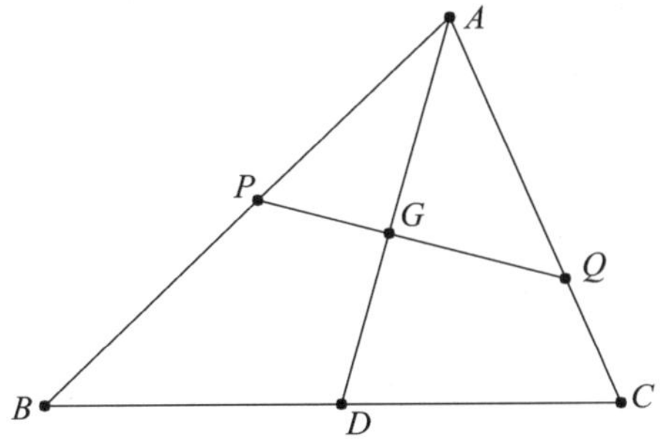

图 4-3-29

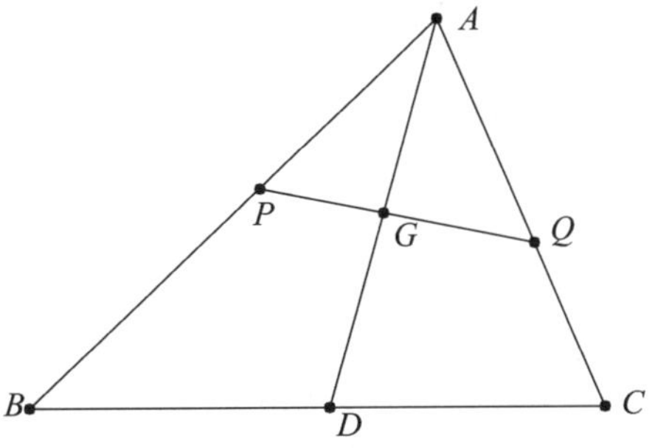

图 4-3-30

赏析：练习及变式的设计是对课堂问题 3 的延伸拓展及创新设计，起到对探究方法的巩固练习甚至更多方法的课后创新机会，对于学生高阶思维的训练非常有必要，同时也是不断在变化中感悟数学模型和数学结论美的延伸.

第五环节　悟——课堂小结

（1）知识及方法小结：特殊点处的辅助线构造，数形结合转化比例式.

（2）数学美的赏析：奇异美、统一美、简洁美、和谐美.

四、课例 9.04　妙解反比例函数综合题

执教　　杨娇（成都二十中）

赏析　　谢祥（成都市金牛区教科院）

学习目标

巧设关键点坐标，解反比例函数与一次函数综合问题.

重点与难点

如何找出题目中隐含的数量关系.

教学过程

1．基础训练

（1）反比例函数 $y=\frac{k}{x}(k>0)$ 的函数图象经过点 $(-1,-2)$，则 $k=$______.

（2）已知反比例函数 $y=\frac{12}{x}$ $(x>0)$ 上有一点 A，它的横纵坐标之比为 4 : 3，则点 A 坐标为__________.

（3）如图 4-3-31 所示，直线 $y=-x+2$ 与反比例函数 $y=\frac{k}{x}$ 的图象在第二象限内交于点 A，与 y 轴交于点 C，AD 垂直 y 轴与 D，若△ ACD 面积为 $\frac{1}{2}$，则 k 的值为______________.

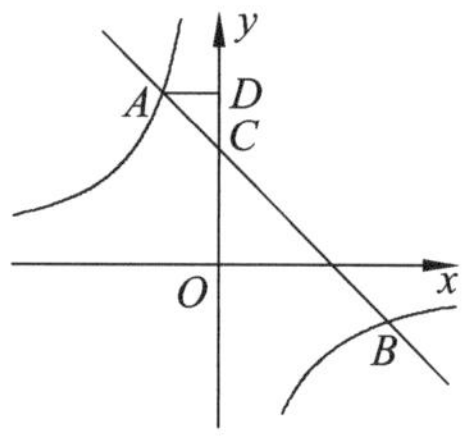

图 4-3-31

2．典例解析

例 1　如图 4-3-32 所示，直线 l：$y=-x+2$ 与双曲线 $y=\frac{k}{x}$ 交于 A、B 两点，与 y 轴交于点 C，过 A 作 x 轴的垂线，垂足为 D，若四边形 $ACOD$ 的面积为 $\frac{5}{2}$.

（1）求 k 的值.

（2）连接 CD，在双曲线上是否存在一点 P，过 P 作 x 轴的垂线交 x 轴于 E，使以 P、E、O 为顶点的三角形与△COD 相似.

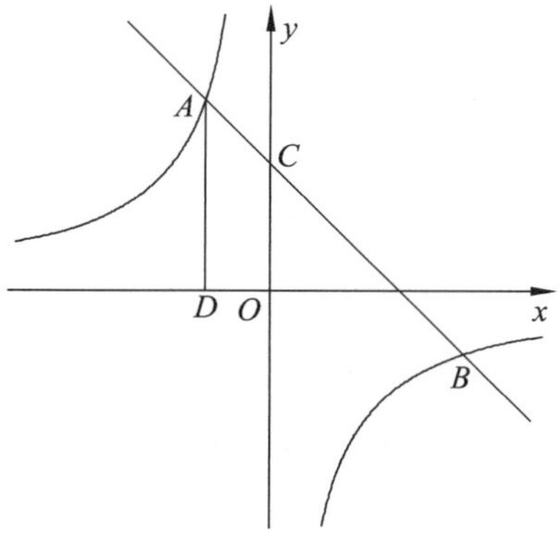

图 4-3-32

赏析： 本题实际为“小练习 3”的变式，由 A 点向 y 轴作垂线改为由 A 点向 x 轴作垂线，对应的梯形面积应为矩形面积减三角形面积，即 $3-0.5=2.5$，所以 k 值仍为 -3. 教师若能抓住问题间的联系效果会更好.

由一个问题再生成另一个问题（下面第 2 题仍可以在此题基础上变化生成，区别在于矩形的顶点不在曲线上，而矩形两边与曲线相交），形成问题串，有利于揭示问题之间的联系，让学生体会“在问题变化中的不变的实质”，也利于生成解决问题的方法系统.

问题（2）的巧解：可根据已知三角形两直角边的比为 1∶2，即为点横纵坐标绝对值的比，再用“引方法 1”的方法见比设参，设 $P(t,-2t)$ 或 $P(2t,-t)$，代入双曲线方程得四解.

例 2 如图 4-3-33 所示，在以 O 为原点的直角坐标系中，矩形 $OABC$ 的顶点 A、C 分别在 x 轴、y 轴的正半轴上，若双曲线 $y=\dfrac{k}{x}$ 与 BC 相交于点 D，与 AB 相交于点 E，且 $BD=CD$，连接 DE，若 $\triangle DOE$ 的面积为 3，求 k 的值.

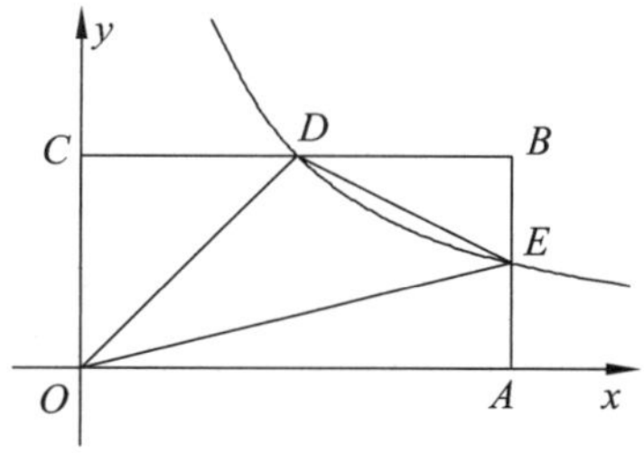

图 4-3-33

赏析：（1）本题 D 为 BC 中点，可以推出 E 也为 AB 中点，这是巧合还是隐含规律？若 D 为 BC 的三等分点，即 $CD=\dfrac{1}{3}BC$ 容易推出 $AE=\dfrac{1}{3}AB$. 一般地，若 D 为 BC 的 n 等分点，则 E 必为 AB 的 n 等分点. 反之亦然.

如此研究，透彻把握了“问题的本质”，在揭示 D、E 两点的联系的过程中，也展示了数学规律的美妙！

（2）巧思妙解：根据 k 的几何意义，可知本题 $\triangle ODC$ 与 $\triangle OEA$ 的面积和为 k，由 D、E 位置可得 $\triangle OBE$ 面积为 k 的 $\frac{1}{4}$，易建方程 $2k-k-\frac{1}{4}k=3$，解得 $k=4$.

问题变式 如图 4-3-34 所示，已知双曲线 $y=\frac{k}{x}(k>0)$ 经过 $\mathrm{Rt}\triangle OAB$ 斜边 OB 的中点 D，与直角边 AB 相交于点 C，若 $\triangle OBC$ 的面积为 3，求 k 的值.

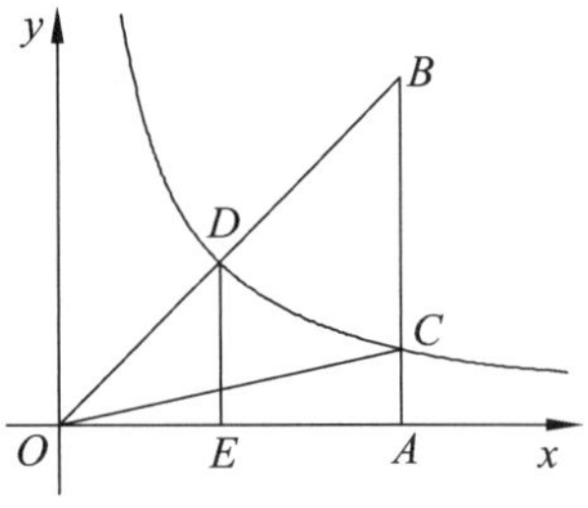

图 4-3-34

赏析：问题变式将例 2 的矩形变化为三角形，且已知 D 是斜边的中点. 由图形知，$\triangle ODE$ 的面积是 $\triangle OBA$ 面积的 $\frac{1}{4}$，而 $\triangle ODE$ 与 $\triangle OCA$ 的面积相等，都为 $\frac{1}{2}k$，容易建立方程 $2k-\frac{1}{2}k=3$，解得 $k=2$.

例 3 如图 4-3-35 所示，M 为双曲线 $y=\frac{\sqrt{3}}{x}$ 上的一点，过点 M 作 x 轴、y 轴的垂线，分别交直线 $y=-x+m$ 于点 D、C 两点，若直线 $y=-x+m$ 与轴交于点 A，与 x 轴相交于点 B，则 $AD\cdot BC$ 的值为多少？

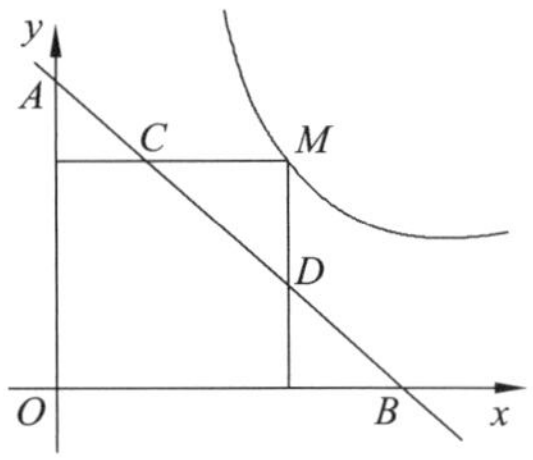

图 4-3-35

赏析：例 3 是一个很好的问题，如何将 $AD\cdot BC$ 与 M 点的坐标建立联系？引导学生发现 $\triangle OAB$ 是等腰直角三角形，设点 $M\left(t,\frac{\sqrt{3}}{t}\right)$ 很关键，$AD=\sqrt{2}t$，$BC=\sqrt{2}\times\frac{\sqrt{3}}{t}=\frac{\sqrt{6}}{t}$，将问题转化，容易求得 $AD\cdot BC=2\sqrt{3}$.

赏析：我们注意到本问题中，确定的只有双曲线，M 点可以在双曲线上运动，对应矩形也在变化，但对应两线段的积不变；还发现直线 AB 的参数 m 不确定，说明直线是可以平行移动的，但对应两线段的积不变；变化过程中隐含不变的量，这是数学规律的一致性，这是数学规律的统一美.

追问，如果将双曲线变化为一般的表达式 $y=\frac{k_1}{x}$，将直线变化为一般表达式 $y=k_2x+m$，你能用参数 k_1,k_2 表示两线段之积吗？

3．当堂检测

（1）如图 4-3-36 所示，直线 $y=2x$ 与反比例函数 $y=\frac{k}{x}\ (k\neq 0,\ x>0)$ 的图象交于点 $A(1,a)$，B 是反比例函数图象上一点，$\triangle AOB$ 面积为 $\frac{3}{2}$.

① 求 k 的值；② 求点 B 的坐标.

（2）如图 4-3-37 所示，直线 $y=\frac{1}{2}x-1$ 与 x 轴交于点 B，双曲线 $y=\frac{k}{x}$ $(x>0)$ 交于点 A，过点 B 作 x 轴的垂线，与双曲线 $y=\frac{k}{x}$ 交于点 C，且 $AB=AC$.

① 求 k 的值.

② 在 x 轴上有一点 P，当 $PA+PC$ 最小时，求 P 点坐标.

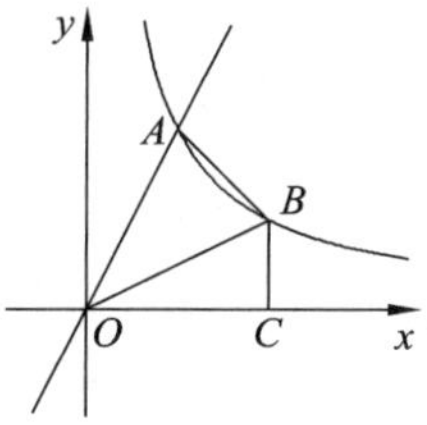

图 4-3-36

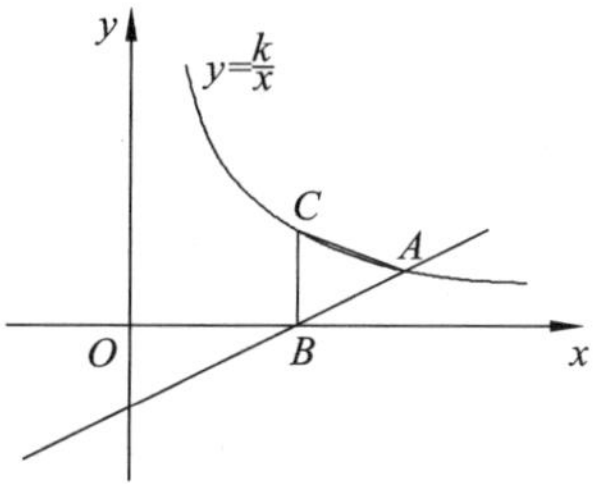

图 4-3-37

五、课例 9.05　与反比例函数有关的面积问题（专题复习）

执教　　陈敏（成都七中八一学校）

赏析　　谢祥（成都市金牛区教科院）

考情分析：与反比例函数相关的问题在近 10 年成都中考中每年都会出现. A 卷第 19 题主要考查反比例函数与一次函数的综合问题，B 卷多以填空题形式考查反比例函数 k 的几何意义与几何图形的综合问题.本节课主要以与反比例函数有关的面积问题为背景，通过例题的分析、变式和中考题再现的形式强化运用函数关系解决几何问题的方法.

1．知识点回顾

根据图 4-3-38 ~ 图 4-3-40 写出反比例函数 $y=\frac{k}{x}(k\neq 0)$ 关于面积的几个重要结论.

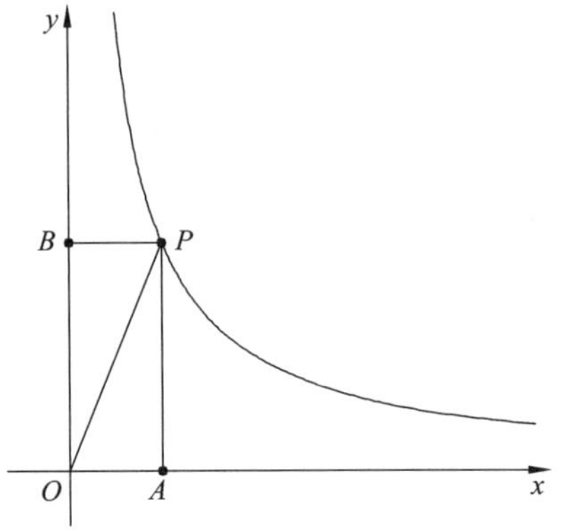

图 4-3-38

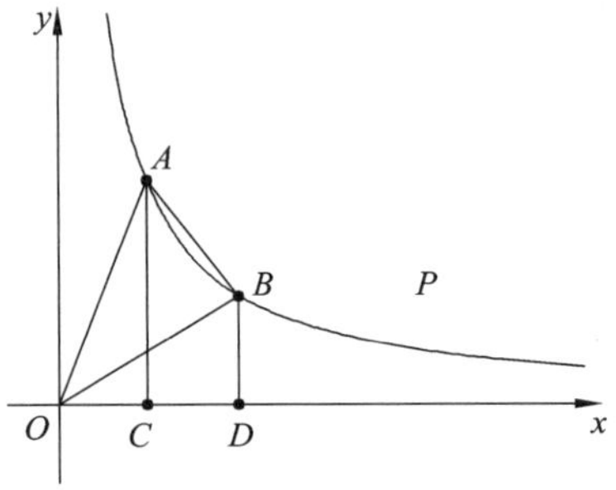

图 4-3-39

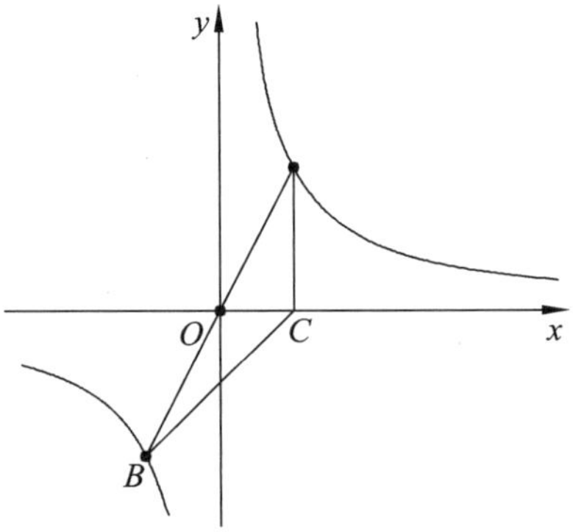

图 4-3-40

结论：① ______________________________ ② ____________________________

③ ______________________________

赏析：对于函数中的参数，其几何意义的考查是热点. 回顾 k 的几何意义与面积的不变性，为解决后续问题提供理论依据.

2．典例分析

如图 4-3-41（a）所示，在平面直角坐标系中，过函数 $y=\dfrac{2}{x}\ (x>0)$ 的图象上的相异两点 A、B 分别作 $AC\perp y$ 轴于点 C，$BD\perp x$ 轴于点 D，延长 CA 与 DB 交于点 E. 若 A 是 CE 的中点，则四边形 $OAEB$ 的面积为______________.

一般的，设 $A(x_1,y_1)$，$B(x_2,y_2)$，易知 $x_1y_1=x_2y_2$

所以 $\dfrac{x_1}{x_2}=\dfrac{y_2}{y_1}\xrightarrow{\text{变形}}\dfrac{x_1}{x_2-x_1}=\dfrac{y_2}{y_1-y_2}$

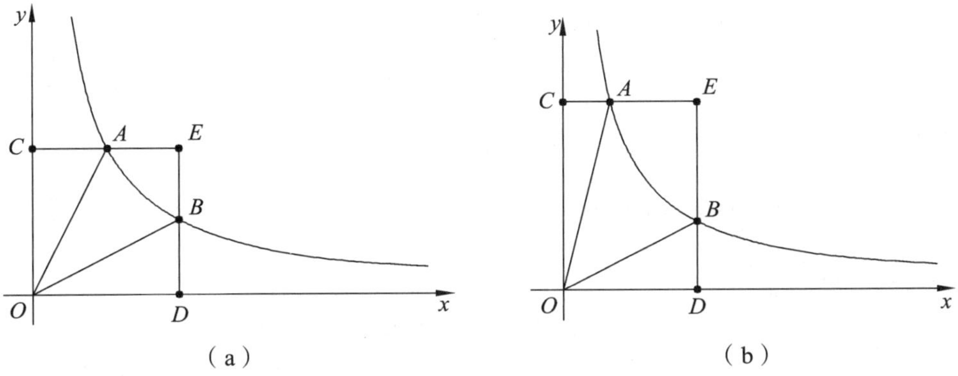

图 4-3-41

所以 $\frac{CA}{AE}=\frac{DB}{BE}$.

赏析： 美妙的结论：反比例曲线在矩形的两边上“截线段成比例”，具有和谐一致性.

方法提炼： **由解析式求面积，用 k 的几何意义，数形结合.**

变式 1 如图 4-3-41（b）所示，把例题中“A 是 CE 的中点”改为“$CA:AE=1:2$”，此时四边形 $OAEB$ 的面积为__________；若改为“$CA:AE=1:n$”，此时四边形 $OAEB$ 的面积为__________.

赏析： 反比例曲线交矩形一边的点，由“中点”变到“三等分点”，再变到任意等分点，由特殊到一般，进行“归纳变式”，训练归纳推理的数学素养，还发现了变化中不变的规律——反比例曲线在矩形的两边上“截线段成比例”，规律具有和谐统一的美.

此题可提炼的结论：$\frac{CA}{AE}=\frac{DB}{BE}$(数量关系); $AB \parallel CD$(位置关系).

变式 2 如图 4-3-42 所示，在平面直角坐标系中，过函数 $y=\frac{k}{x}\ (x>0)$ 的图象上的相异两点 A、B 分别作 $AC\perp y$ 轴于点 C，$BD\perp x$ 轴于点 D，延长 CA 与 DB 交于点 E. 若 E 的坐标为(2,3)，$\triangle OAB$ 的面积为 $\frac{8}{3}$，则 k 的值为________.

赏析： 变式 2 与原问题是什么关系？变化的是什么？不变的是什么？

方法提炼： **由面积求函数的参数 k，抓相关点、相关图形面积，建方程求解.**

变式 3 如图 4-3-43 所示，在平面直角坐标系中，连接函数 $y=\frac{2}{x}\ (x>0)$

的图象上的相异两点 A、B，延长 BA 交 y 轴于点 P，连接 AO 并延长，交函数 $y=\dfrac{2}{x}\ (x<0)$ 的图象于点 F，若已知 A 点坐标为 $\left(\dfrac{2}{3},3\right)$，$\triangle PBF$ 的面积是 8，则点 B 的坐标是________.

解　设 $P(0,t)$，则直线 PA：$y=\dfrac{3(3-t)}{2}x+t$，设 $B\left(x_1,\dfrac{2}{x_1}\right)$，联立

$$\begin{cases} y=\dfrac{3(3-t)}{2}x+t \\ y=\dfrac{2}{x} \end{cases}$$

消 y 得 $3(3-t)x^2+2xt=4$，由条件得 $tx=8$.

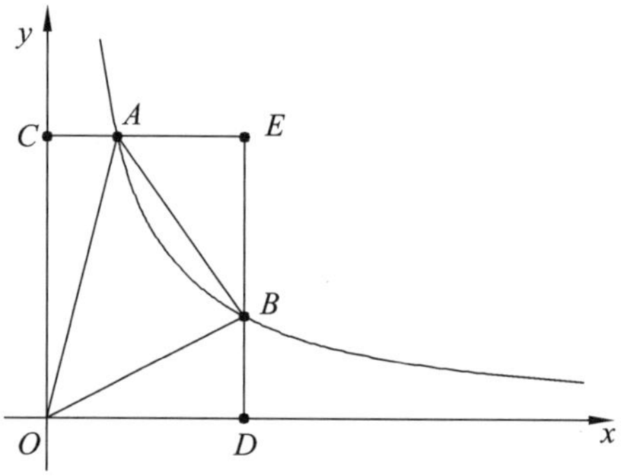

图 4-3-42

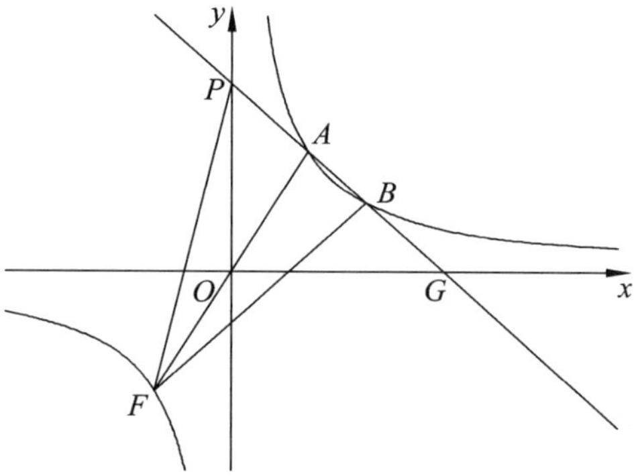

图 4-3-43

代入并化简得 $3x^2-8x+4=0$，所以 $x_1=2$，$x_2=\dfrac{2}{3}$.

赏析： 变式 3 与变式 2 有怎样的关系？

变式 4　如图 4-3-44 所示，在反比例函数 $y=\dfrac{2}{x}\ (x>0)$ 的图象上，有点 P_1、P_2、P_3、P_4，它们的横坐标依次为 1、2、3、4. 分别过这些点作 x 轴与 y 轴的垂线，图中所构成的阴影部分的面积从左到右依次为 S_1、S_2、S_3，则 $S_1+S_2+S_3=$（　　）.

$$1\times(2-1)+1\times\left(1-\frac{2}{3}\right)+1\times\left(\frac{2}{3}-\frac{1}{2}\right)$$

$$=1\times\left(2-1+1-\frac{2}{3}+\frac{2}{3}-\frac{1}{2}\right)=\frac{3}{2}$$

追问：$S_1+S_2+S_3+\cdots+S_n=$

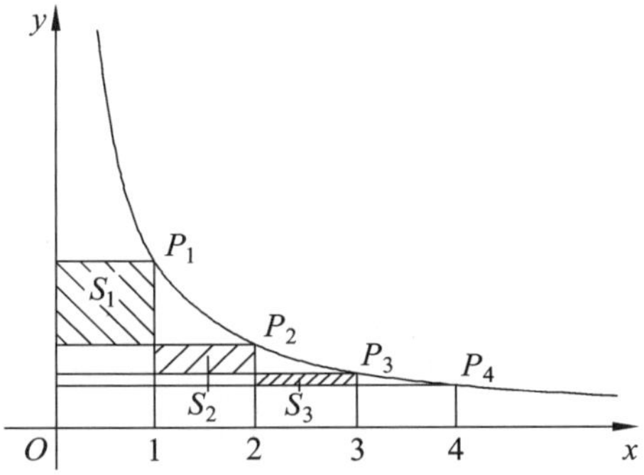

图 4-3-44

$$1\times\left(2-1+1-\frac{2}{3}+\frac{2}{3}-\frac{2}{4}+\cdots+\frac{2}{n}-\frac{2}{n+1}\right)=2-\frac{2}{n+1}=\frac{2n}{n+1}$$

方法提炼：________________________________

3．知识巩固

（1）如图 4-3-45 所示，已知 A_1、A_2、A_3、$\cdots$ A_n、$\cdots$是 x 轴上的点，且 $OA_1=A_1A_2=A_2A_3=\cdots=A_{n-1}A_n\cdots=1$，分别过点 A_1、A_2、A_3、$\cdots$ A_n、$\cdots$作 x 轴的垂线交反比例函数 $y=\dfrac{2}{x}$ $(x>0)$ 的图象于点 B_1、B_2、B_3、$\cdots$、B_n、$\cdots$，过点 B_2 作 $B_2P_1\perp A_1B_1$ 于点 P_1，过点 B_3 作 $B_3P_3\perp A_2B_2$ 于点 P_2 $\cdots$，记 $\triangle B_1P_1B_2$ 的面积为 S_1，$\triangle B_2P_2B_3$ 的面积为 S_2 $\cdots$，$\triangle B_nP_nB_{n+1}$ 的面积为 S_n．则 $S_1+S_2+S_3+\cdots+S_n=$__________.

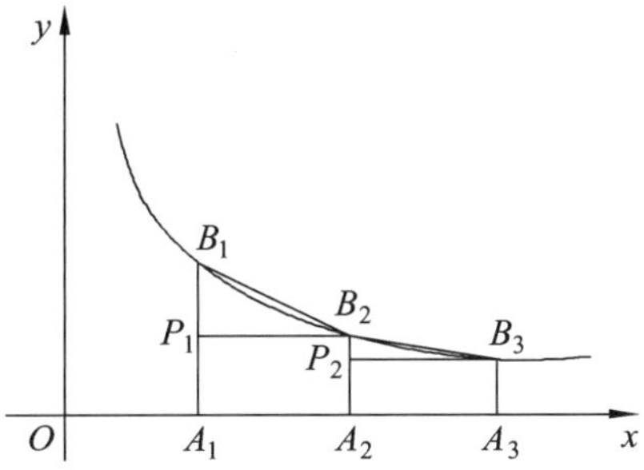

图 4-3-45

赏析：这道题与变式 4 有什么关系？

答案：$\dfrac{n}{n+1}$

（2）如图 4-3-46 所示，双曲线 $y=-\dfrac{6}{x}$ $(x<0)$ 经过四边形 $OABC$ 的顶点 A、C，$\angle ABC=90°$，OC 平分 OA 与 x 轴负半轴的夹角，$AB\parallel x$ 轴．将$\triangle ABC$ 沿 AC 翻折后得$\triangle AB'C$，且点 B' 恰好落在 OA 上，则四边形 $OABC$ 的面积为______________.

（3）（2012 成都）如图 4-3-47 所示，在平面直角坐标系 xOy 中，直线 AB

与 x 轴，y 轴分别交于 A，B，与反比例函数 $y=\frac{k}{x}$（k 为常数，且 $k>0$）在第一象限的图象交于点 E，F. 过点 E 作 $EM\perp y$ 轴于 M，过点 F 作 $FN\perp x$ 轴于 N，直线 EM 与 FN 交于点 C. 若 $\frac{BE}{BF}=\frac{1}{m}$（$m$ 为大于 1 的常数）. 记△CEF 的面积为 S_1，△OEF 的面积为 S_2，则 $\frac{S_1}{S_2}=$________.（用含 m 的代数式表示）

解： $\frac{ME}{EC}=\frac{NF}{FC}=\frac{1}{m-1}$

所以 $\frac{FC}{NC}=\frac{m-1}{m}$

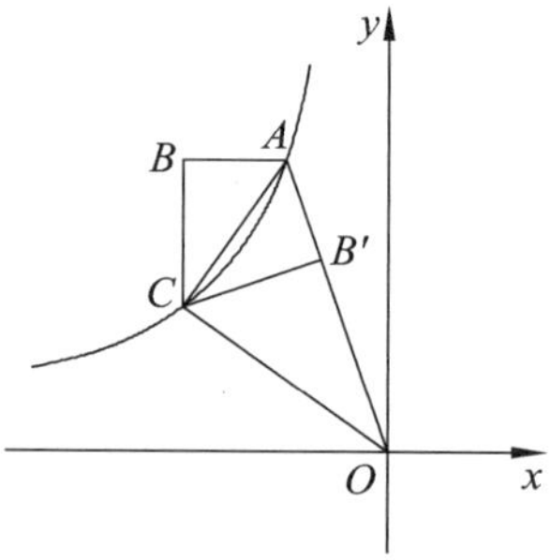

图 4-3-46

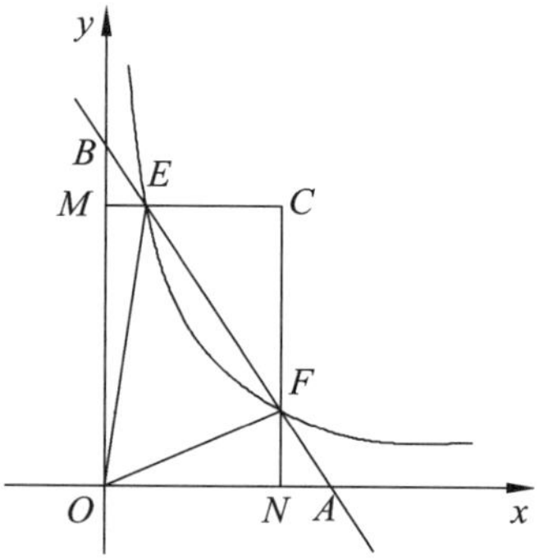

图 4-3-47

$$S_1=\frac{1}{2}(m-1)ME\times\frac{m-1}{m}NC=\frac{k}{2m}(m-1)^2$$

$$S_2=mk-k-\frac{k}{2m}(m-1)^2=\frac{m^2-1}{2m}k$$

所以 $\frac{S_1}{S_2}=\frac{(m-1)^2}{m^2-1}$

六、课例 9.06　二次函数的图象与性质（2）

执教　　刁彦（成都市第二十中学校）

赏析　　谢祥（成都市金牛区教科院）

1．旧知回顾

如图 4-3-48 所示，函数 $y=x^2$ 的图象是什么？________________，

它的开口方向为________________,

顶点坐标为__________________,

它的对称轴为___________________.

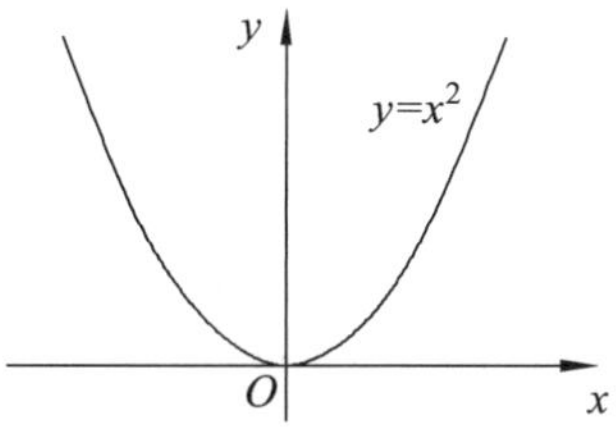

图 4-3-48

问题①：在 $y=ax^2\ (a\neq 0)$ 中，当 a 值发生变化时，其函数图象将发生什么变化？在变化过程中，有什么特征不变？

问题②：为什么 $|a|$ 越大，开口越小；$|a|$ 越小，开口越大？

赏析： 由 $y=x^2$ 的图象到 $y=ax^2\ (a\neq 0)$ 归纳，抓系数 a，它的几何意义有两个：开口方向，开口宽窄.

思考：宽窄如何描述？图上如何体现？

2．新课讲解

1）精确计算 细致画图

（1）完成表 4-3-1，并比较 $y=x^2+1$ 与 $y=x^2$ 的函数值.

表 4-3-1

x	…	-2	-1	0	1	2	…
$y=x^2$	…	4	1	0	1	2	…
$y=x^2+1$	…						…

（2）描点画出图象.（坐标纸）

（3）说明你的发现.

（4）解释你的发现.

2）将 $y=x^2$ 变成 $y=x^2-1$，它的图象又有什么变化？

3）总结

二次函数 $y=x^2$ 与 $y=x^2+m$ 图象之间上下平移的规律是什么？

赏析： 由 $y=x^2$ 与 $y=x^2+m$，由特殊到一般，总结上下平移的规律.

注意（1）思考由 $y=x^2+m$ 到 $y=x^2$，图象做怎样平移？

（2）如何抓“关键点”的平移找规律？

（3）可否类比 $y=-x^2$ 与 $y=-x^2+m$ 图象之间上下平移的规律？

（4）可否推广 $y=ax^2$ 与 $y=ax^2+m$ 图象之间上下平移的规律？（将思维引向深刻！）

3．继续探索

当二次函数解析式从 $y=x^2$ 变化到 $y=(x+3)^2$ 时，图象可能发生什么变化？它们的图象有何关系？

（1）再次完成表 4-3-2 和表 4-3-3，探索 $y=x^2$ 与 $y=(x+3)^2$ 的图象之间的关系？说出你的发现.

表 4-3-2

x	…	−2	−1	0	1	2	…
$y=x^2$	…	4	1	0	1	4	…

表 4-3-3

x	…	−5	−4	−3	−2	−1	…
$y=(x+3)^2$	…	4	1	0	1	4	…

（2）将 $y=x^2$ 变成 $y=(x-3)^2$，它的图象又有什么变化？

（3）归纳二次函数 $y=x^2$ 与 $y=(x+m)^2$ 图象之间的规律.

由 $y=x^2$ 与 $y=(x+m)^2$，由特殊到一般，总结左右平移的规律.

赏析：注意（1）思考由 $y=(x+m)^2$ 到 $y=x^2$，图象做怎样平移？

（2）如何抓“关键点”的平移找规律？

（3）可否类比 $y=-x^2$ 与 $y=-(x+m)^2$ 图象之间左右平移的规律？

（4）可否推广 $y=ax^2$ 与 $y=a(x+m)^2$ 图象之间左右平移的规律？（将思维引向深刻！）

思考：（1）由 $y=ax^2+3$ 到 $y=a(x+3)^2$ 图象之间作怎么平移？

（2）由到 $y=x^2+2x+5$ 到 $y=x^2-2x-5$，图象之间作怎么平移？

（这两个问题本节课能否解决？怎么解决？）（如何诱发学生自觉“感悟”？）

4．归　纳

（1）平移的关键点：______________________________.

（2）平移的规律（八个字）：______________________________.

重要提示：平移的规律（八个字），使用条件？

赏析：关于渗透数学美育：

① 抛物线的图象具有对称美.

② 对于二次项系数相同的所有抛物线，其图象的开口方向，开口宽窄具有共同性，它们之间的关联性体现在图象的顶点不同（且可以通过平移使其

互相重合），所以 a 相同的二次函数系（抛物线系）具有和谐的“统一美”.

③ 本节课由特殊到一般的归纳方法、由特殊到特殊的类比方法属于合情推理，它给我们展示了方法的多姿多彩的活泼的美，而演绎推理给我们展示的是方法严谨和理性的美！

5. 课堂练习

当堂检测反馈，值得提倡.

（1）查漏补缺；（2）获得学习成就感，提高数学学习兴趣（持续动力）.

练习（一）

（1）抛物线 $y=x^2$ 向______平移_______个单位长度可以得到抛物线 $y=x^2+4$.

（2）抛物线 $y=x^2$ 向______平移_______个单位长度可以得到抛物线 $y=(x-2)^2$.

（3）抛物线 $y=x^2+3$ 向下平移 5 个单位长度可以得到抛物线_________.

（4）抛物线 $y=-2x^2$ 向左平移 4 个单位长度可以得到抛物线_________.

练习（二）

（1）抛物线 $y=x^2+5$ 向______平移______个单位长度可以得到抛物线 $y=x^2$.

（2）抛物线 $y=(x+3)^2$ 向______平移______个单位长度可以得到抛物线 $y=x^2$.

（3）抛物线 $y=-2(x-6)^2$ 向_____平移_____个单位长度可以得到抛物线 $y=-2x^2$.

练习（三）

（1）抛物线 $y=(x-2)^2$ 向______平移______个单位长度可以得到抛物线 $y=(x+4)^2$.

（2）抛物线 $y=x^2+4$ 向______平移______个单位长度，又向_______平移_______个单位长度可以得到抛物线 $y=(x+5)^2$.

（3）与抛物线 $y=-3x^2$ 形状相同，顶点坐标为（－2，0），对称轴平行于 y 轴，请你写出符合上面条件的抛物线的解析式______________________.

练习（四）

（1）抛物线 $y=x^2$ 向________平移________个单位长度可以得抛物线 $y=x^2-6x+9$.

（2）抛物线 $y=x^2$ 向________平移________个单位长度，再向________平移个单位长度可以得抛物线 $y=x^2-6x+10$.

6．板书设计

二次函数的图象与性质（2）

1）精确计算，细致画图

（1）填表 4-3-4.

表 4-3-4

x	…	-2	-1	0	1	2	…
$y=x^2$	…	4	1	0	1	4	…
$y=x^2+1$	…	5	2	1	2	5	…

（2）描点画出图象.

（3）说明你的发现.

7．教学反思

七、课例 9.07　二次函数背景下的最值

执教　　华雪（成都市第二十中学校）

赏析　　谢祥（成都市金牛区教科院）

学习目标

知识目标：掌握几何中的几个重要定理及二次函数的有关知识，根据问题建构数学模型，解决二次函数背景下的线段和、差等最值问题.

能力目标：通过观察、分析、对比等方法，提高学生分析问题，解决问题的能力，进一步强化分类归纳综合的思想，提高综合能力.

情感目标：通过参与，体会及感悟化归与转化、数形结合、数学建模等数学思想方法，感受数学中的对称美、简单美、统一美，提高应用数学的能力.

学习过程

如图 4-3-49 所示，在平面直角坐标系中，已知 $C(0,3)$，点 A、B 在 x 轴上，并且 $OB=OC=3OA$，抛物线经过点 A、B、C，抛物线的顶点为 D.

（1）求解析式和抛物线的顶点 D.

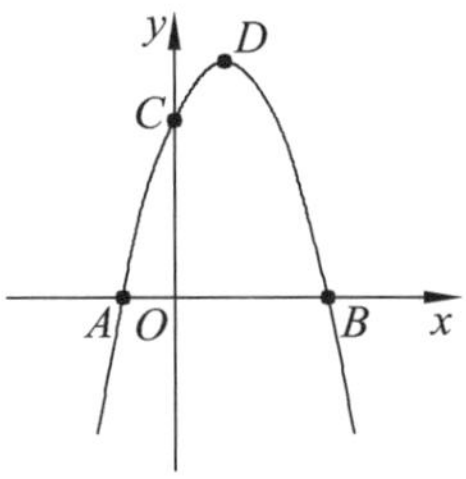

图 4-3-49

赏析： 问题（1），由点坐标求抛物线解析式及顶点坐标，是常规问题，问题（7）是中考热点.

探究一：

（2）如图 4-3-50 所示，点 P 在线段 BC 上，PA 取最小值时，求点 P 的坐标.

赏析： 探究一，在线段上求动点 P，使 P 到定点 A 的线段最短，去掉抛物线，抽取这个最值模型，即已知条件是“一定一动”，问题实质为点线之间，垂线段最短.

探究二：

（3）如图 4-3-51 所示，点 P 在对称轴上，$PA+PC$ 取最小值时，求点 P 的坐标.

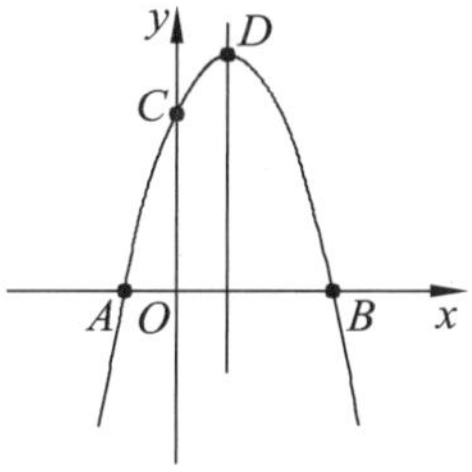

图 4-3-50

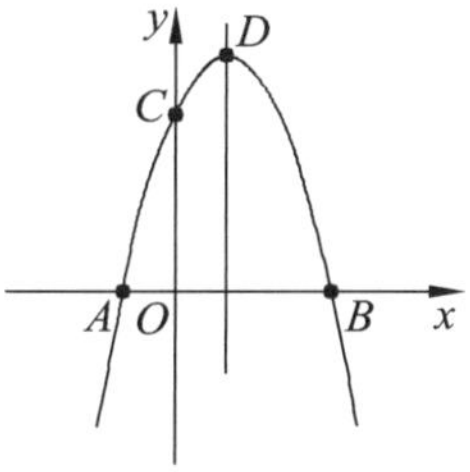

图 4-3-51

赏析： 探究二，“将军饮马”模型，是轴对称性质的巧妙应用，她充分展示数学应用之美学价值，有利于培养学生学习数学的兴趣.“将军饮马”模型特征，可以概括为“两定一动”，所谓“两定”指二定点，所谓“一动”指在定直线上探求的一个动点，“两定一动”专指“点”，不含定直线.

该方法的本质：① 利用轴对称将“同侧”两点转化为“异侧”两点；② 利用“两点之间线段最短”原理求得最小值.

探究三：

（4）如图 4-3-52 所示，点 P 在对称轴上，$|PA-PC|$ 最大，求点 P 的坐标；$|PA-PC|$ 最小时呢？

赏析： 探究三，由“线段和”到“线段差”的探究，思维方向相反，属于对称思维. 利用“三角形任意两边之差小于第三边”得到，差的最大值就是第三边，即连接 AC 线段. 所以，归纳方法为“和对称，差连线”.

再追问：还有不同解法吗？$|PA-PC|$ 差的最小值呢？入手点？

探究四：

（5）如图 4-3-53 所示，若点 $E\left(\frac{1}{2},\frac{15}{4}\right)$ 是此二次函数上的点，点 Q 是对称轴上的动点，点 P 是 x 轴上的动点，当 $EQ+QP+PC$ 最小时，求 Q 和 P 的坐标.

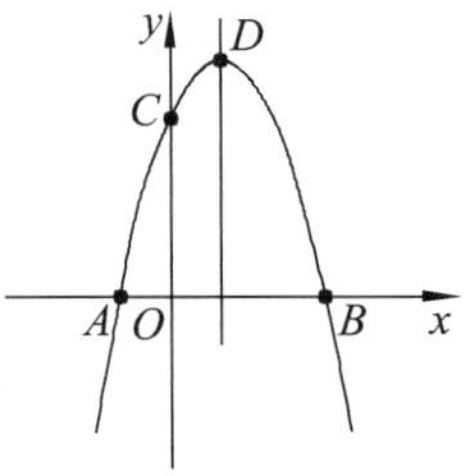

图 4-3-52

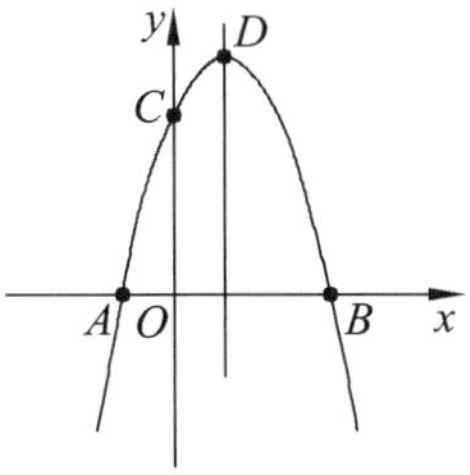

图 4-3-53

赏析：探究四，问题的实质是什么？已知两定点 E、C，在两条直线上求两动点，所以本问题是“两定两动”，使三线段和最小，仍然是和最小问题，所以需要两次对称而已.

追问：当 $EQ+QP+PC$ 最小时，求 Q 和 P 的坐标？

探究五：

（6）当点 E、F 为抛物线对称轴上的两动点（点 E 在点 F 的上方）且 $EF=1$，当四边形 $ACEF$ 的周长最小时，求点 E 的坐标.

赏析：探究五，也是“两定两动”问题，求四边形周长最小，其实是求两线段和最小.

注意：当 EF 长度趋近于 0 时，即为将军饮马问题.

追问：如何将问题转化为将军饮马问题？发现方法的方法最有价值. 平移的本质是什么？

探究六：

（7）点 P 在直线 BC 上方的抛物线上，求 $\triangle PCB$ 的面积最大值及 P 点的坐标.

赏析：探究六，在抛物线上求一点，使三角形面积最大，这也是一个中考重要考点. 如图 4-3-54 所示，由于 BC 线段是定值，即找一点到 BC 最远，所以将 BC 平移是容易想到的方法.

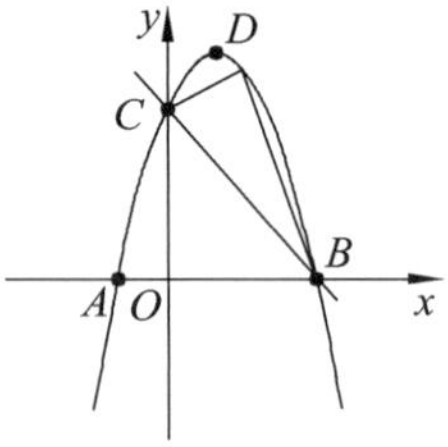

图 4-3-54

追问：① 已知$\triangle PBC$的面积为 3，求 P 点坐标. ② 求最大值，为什么要限制条件“点 P 在直线 BC 的上方的抛物线上”？

归纳：

思考，归纳的价值是什么？如何归纳？

练一练：

如图 4-3-55 所示，在平面直角坐标系中，二次函数 $y=ax^2+bx+c$ 的图象经过点 $A(-1,0)$，$B(0,-\sqrt{3})$，$C(2,0)$，其对称轴与 x 轴交于点 D，若 P 为 y 轴上的一个动点，连接 PD，求$\frac{1}{2}PB+PD$的最小值.

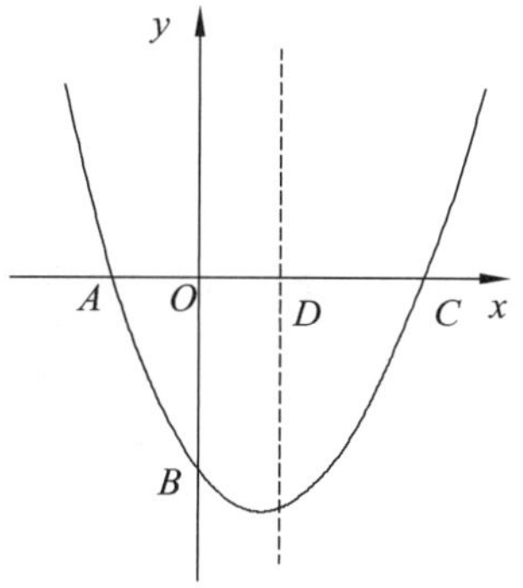

图 4-3-55

小结：

练一练，如何构造$\frac{1}{2}PB+PD$？

如果再追问：求一般的$\frac{1}{n}PB+PD$（$n>2$）？

八、课例 9.08　解析法在几何问题中的妙用

执教　　王丽华（成都市外国语学校）

赏析　　谢　祥（成都市金牛区教科院）

赏析：几何学科是逻辑思维训练的重要载体，几何教学应在运动变化中赏美，应在“活”字上多下功夫，如何体现“活”？注意在“一题多解、一题多变、归纳推广”中，品味解题的乐趣；品味自己编题、提出新问题的乐趣；品味自己归纳发现规律的乐趣；这是趣味渐深的三层境界. 首先不能只满足于解决问题的单一方法(不少课堂满足于一题一解!)，要追求一题多解，教师要多问学生“还有没有其他方法？”也不能满足于解决现成的问题，教师要多问学生“题目条件不变，还会不会有其他新结论？”再让图形中的“点”或“线”动起来，“变化”中是否有“不变”的结论？由“一个问题”延伸到“一类问题”的思考与探索，并学会善于提出新问题的方法. 下面，我们一起重温王老师这节几何课在“活”字上所下的功夫.

解析法在几何问题中的妙用，这个课题选题很好. 数学家笛卡尔曾论：几何问题都可以转化为代数问题，代数问题都可以转化为方程问题. 解析法在几何问题中的妙用，实质就是在坐标系下用方程研究几何问题. 标题中的

“妙用”很吸引人，它展示的是数学方法（解析法）的美妙.

教学过程

1．创设情境，初步跨界

引例 在图 4-3-56 所示的平面直角坐标系中描出下列各点：$A(0,4)$、$B(0,0)$、$C(4,0)$、$D(4,4)$.

（1）顺次连接 A、B、C、D，则四边形 $ABCD$ 的形状是？__________.

（2）取 BC 的中点 E，则 E 的坐标为________.

（3）连接 AE，则直线 AE 的解析式为________.

（4）若 F 是 CD 上一点，$FC=\frac{1}{4}BC$，则直线 EF 的解析式为________.

（5）请问 AE 与 EF 有什么关系？

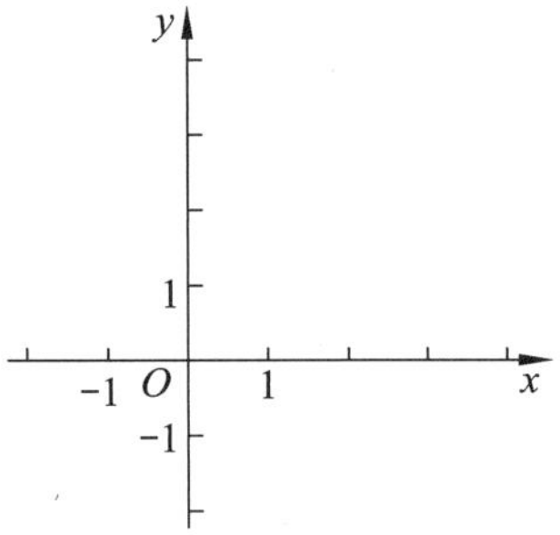

图 4-3-56

赏析： 本节课的重点是建立直角坐标系，解几何图形问题，引导学生感悟解析法的基本步骤，感悟解析法所蕴含的数学思想.

第一环节引例，在直角坐标系下，研究图形中相关直线方程，研究相关直线交点坐标，研究相关直线之间的位置关系．坐标系由引例的“有”到后面例题的“无”，设计很巧妙，巧为坐标系“无”中生“有”（即建系）做铺垫，更是为解几何题“要想到建坐标系”这个方法做很好的铺垫，建系是解析法的关键一步.

2．层层递进，提炼方法

例 1 如图 4-3-57 所示，已知正方形 $ABCD$ 中，E 是 BC 的中点，F 是 CD 的中点，连接 AE 和 BF 相交于点 P. 求证 $AD=PD$.

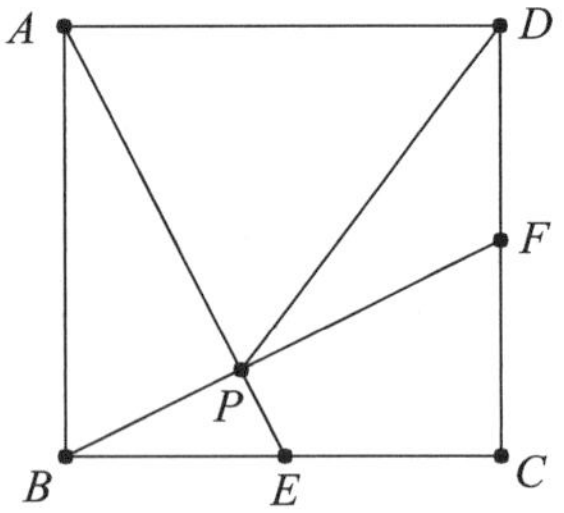

图 4-3-57

赏析： 例 1 的设计，是从引例研究正方形顺势而来的，学生自然想到建系解答，把几何证明问题转化为代数计算问题，方法巧妙．再由另一学生用几何法证明，教师再引导得出另一种几何法，一题三解．对比这三种方法，发现解析法思路清晰易想到，几何法需作辅助线，方法不易想到．最可贵的是，学生讲述时谈道：由倍长中线法想到……他不仅给出证明方法，还给出怎么想到这个方法的，很不错.

例 2 某数学兴趣小组对线段上的动点问题进行探究，已知 $AB=8$.

问题思考：

如图 4-3-58（a）所示，点 P 为线段 AB 上的一个动点，分别以 AP、BP 为边在同侧作正方形 $APDC$、$BPEF$.

（1）分别连接 AD、DF、AF，AF 交 DP 于点 K，当点 P 运动时，在 $\triangle APK$、$\triangle ADK$、$\triangle DFK$ 中，是否存在两个面积始终相等的三角形？请说明理由.

问题拓展：

（2）如图 4-3-58（b）所示，若点 M、N 是线段 AB 上的两点，且 $AM=BN=1$，点 G、H 分别是边 CD、EF 的中点，请计算点 P 从 M 到 N 的运动过程中，GH 的中点 O 所经过的路径的长.

（3）在（2）的情况下，求 $OM+ON$ 的最小值.

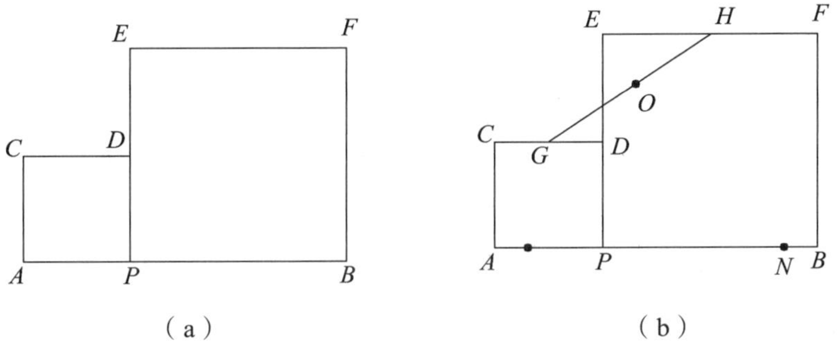

图 4-3-58

赏析：例 2 的教学设计，问题（1）若用几何法连接对角线，问题就很简单了，而用解析法则运算量很大，问题（2）用几何法不易找到思路，而用解析法则容易解答. 于是顺理成章地得出结论：解析法与几何法各有优势，具体问题需要具体分析，渗透了“辩证”思想，很妙.

例 2 问题的拓展，由“三角形面积”到“动点轨迹”再到“最短路径”，环环相扣，展示了对同一图形多角度分析，生成多个问题，妙！

例 2 的变式拓展，如果改“两正方形”为两个“正三角形”[也就是课后拓展第（2）题]，一题多变，感悟“变”中“不变”的实质！

归纳小结由学生完成，两个学生都总结得很好，也看出学生在本节课中有实实在在的较大的收获.

3．课后拓展，超越自我

（1）在等腰Rt△ABC中，$\angle ACB=90°$，且$AC=1$．过点C作直线$l/\!/AB$，P为直线l上一点，且$AP=AB$．求点P到BC所在直线的距离．

（2）如图4-3-59所示，已知，线段$AB=10$，C、D在线段AB上，且$AC=BD=1$，点P从C点向D点运动，分别以AP、PB为边在线段AB的同侧作等边△AEP和等边△PFB，连结EF，设EF的中点为G；当点P从点C运动到点D时，求点G移动路径的长．

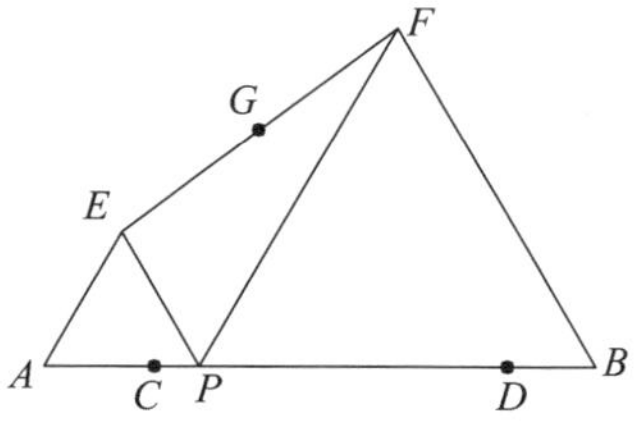

图 4-3-59

赏析：对“解析法在几何问题中的妙用”一课建议：

（1）可否归纳小结解析法的一般步骤：① 恰当建系（是否恰当的标准是相关点的坐标容易表示）；② 设点坐标；③ 由相关点建相关线的方程；④ 联系相关方程求解；⑤ 结论．

（2）例1的实质是否还可以深入研究：只要$BE=FC$，总有$\angle APD=\angle AFD$，$\angle PAD=\angle PFC$，只有当F为CD中点时，才有$\angle AFD=\angle PFC$，推出$\angle APD=\angle PAD$，再推出$AD=PD$．

最后，几何教学应在运动变化中赏美的观点，源于我的另一个观点：数学教师应该是数学爱好者，应该将数学教学与数学研究有机结合，这样既能成就学生，也能成就自己，既能激发学生学习数学的激情，也能让我们自己享受数学教学与数学研究的乐趣，享受工作的幸福！何乐而不为？

九、课例9.09　我与数学的美丽相约——黄金分割

执教　　谢娜（成都市第十八中学）

赏析　　谢祥（成都市金牛教科院）

用数学眼光感受美　用数学思维感悟美

用数学语言表达美　用数学知识创造美

课前探究：“关于高跟鞋的那些事儿”

1．采访篇

访谈主题：穿上多少厘米高跟鞋，变身气质女王．

访谈对象：亲爱的妈妈．

妈妈喜欢穿高跟鞋吗?	
通常在什么场合妈妈会穿高跟鞋呢?	
妈妈买的高跟鞋的鞋跟通常是几厘米的?	
妈妈认为自己穿高跟鞋美吗?	
(访谈感受)______________________________.	

2．背景篇

发明高跟鞋的人就是法国历史上最伟大的君主路易十四(见图 4-3-60),这位君主据传身高只有 154 cm,为了使自己更加高大威严,他让鞋匠将自己的鞋子加上厚跟,并在鞋底涂上了象征尊荣的红色. 研究者后来发现,穿高跟鞋走路的女人被认为更有魅力.

图 4-3-60

3．思考篇

据研究,最完美的人体比例:肚脐到脚底的距离/头顶到脚底的距离≈0.618. 那么从这个角度计算亲爱的妈妈穿多少厘米的高跟鞋看上去会更美?

(请在下方记录你的思考过程和运算结果)

4. 展示篇

让妈妈穿上最合适的高跟鞋，与她合照.

（请附上一张 5 寸照片）

导学案

赏析：从古希腊数学家毕达哥拉斯，到 20 世纪初的庞加莱，再到我国数学家徐利治（今年 98 岁），他们都宣称数学美，数学集“和谐美、简洁美、对称美、奇异美”于一身.

数学教学中，如何结合教学内容，对学生进行有效的数学审美训练？

谢娜老师的“黄金分割”导学案的教学设计：设计了“感受美”“感悟美”“创造美”三环节. 由“感受美”到“感悟美”，是从感性认识上升到理性认识，是认识过程的第一次飞跃，再由“感悟美”到“创造美”，这是由理性认识到实践应用，这是认识过程的第二次飞跃（理性认识只有回到实践中去，才能得到检验、丰富和发展），她本节课导学的重点在于“感悟美”“创造美”.

感受美

展示一幅幅图片.

你能感受到这些图片蕴含的美吗？你的视角是什么？

视角：是否匀称？____

____

赏析：感受美，通过欣赏几幅摄影、绘画、雕塑作品，通过视觉，可以直观感受美，创设的问题情境是成功的. 由爱美之心，刺激学生的好奇之心，去思考美在哪里？或许有学生欣赏到图片的意境美、色彩美，肯定也有学生欣赏到构图的和谐美等. 这里只得到美的结论，没有去追问（讨论）美在哪，悄悄留下悬念，后面解答.

思考问题 1：谢娜老师为什么不直接提问“这些摄影、建筑、雕塑的构图，给你的感觉匀称吗？”

感悟美

赏析：数学美，主要体现为理性的思维之美. 荷兰数学家弗莱登塔尔说“只有用火热的思考才能发现数学冰冷的美.”数学冰冷的美，指深层的逻辑思考与复杂的推理运算过程. 渗透数学美的课堂，应注重沟通数学概念、定理、法则的实质联系，使学生认清问题的深层结构，能透彻理解、领悟，方能感悟美！

1）感悟五角星的和谐对称美（见图 4-3-61）

赏析：数学轶闻趣事是中学生很感兴趣的，引用五角星的一个小故事，是有利于激发兴趣的.

在五角星中有 5 条线段，抽出其中一条线段 AB 研究，线段 AB 与其他 4 条线段都相交，其中两个交点分别是端点 A 与 B，另外两交点在线段 AB 上，毕达哥拉斯学派发现，另外这两个交点很神奇，使线段“部分与整体及部分与部分之间”满足等比关系，给人感觉很匀称，毕达哥拉斯将这样的匀称定义为和谐美.

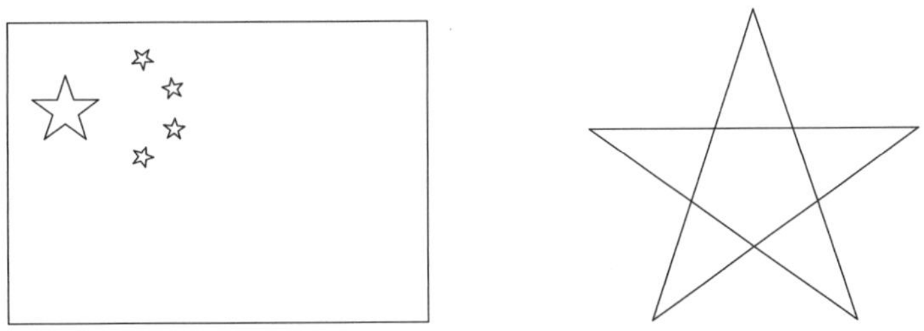

图 4-3-61

2）对比例关系的理性分析

赏析：数学课的数学味道，就在于数学的理性思考.

对比例关系的理性分析：谢娜老师没有去纠结这个相等的比是怎么发现的，而把学生的思维引向如何证明“这个比例式”成立，这样处理是恰当的.

如何证明？关键是构造相似三角形，谢娜老师的点拨也是恰当的.

3）理解概念

对黄金分割的理解：事实上，黄金分割，就是在一条线段上，存在一个点，它将线段分成“较长”与“较短”两部分，其中“较长”的线段长度是“较短”线段的长度与线段全长的比例中项.

这个比例关系中，隐含了一个重要比值 0.618 （后面探求）.

对黄金分割点的理解：将线段黄金分割的点就叫“黄金分割点”.

思考问题：如何引导学生自然生成另一个“黄金分割点”？

对黄金比的理解：注意：黄金分割的概念中，有两个相等的比，它们都叫黄金比.

4）探究性质

回味线段分割之美，探究黄金般珍贵的比值.

探究黄金比的值，是本节课的一个重点也是难点，这个值对于理解黄金分割定律至关重要.

如何求比值？关键是设元，建立方程. 方程思想是发现方法的方法.

品味黄金分割之美，感知黄金图形生成之美.

创造美

分组探究

赏析： 创造美这个环节，将黄金分割的美学定律应用于生活实践中，其实也是回应引入环节的悬念，探究“摄影、绘画、雕塑、建筑”等作品美在哪，有一箭双雕之功效.

分组活动，将全体学生都卷入探究活动中，让学生在活动中动脑思维、动手做、动口表达，体现学生主体、教师主导的理念，并引导学生在数学活动中创造数学美.

（1）摄影中的应用.

对于喜欢摄影的人来说，摄影的意义就是拍摄美好的事物与大家分享.

探究思考：如果你是摄影师，结合今天的知识，你会如何构图呢？

（2）艺术中的应用.

演员经常选择舞台宽度的一个黄金分割点作为出场亮相的位置.

探究思考:如果你是演员，你会如何站位？

一个舞台边缘长 20 m，请你计算出演员应该站在舞台什么位置？（精确到 0.1 m）

（3）绘画作品中的应用.

探究思考：我们在研究蒙娜丽莎（缩放图）时，我们发现她的脸部刚好可以放入一个长约 4.5 cm，宽约 2.8 cm 的矩形中，你能用今天学习的知识解开她美的“面纱”吗？

（4）雕塑中的应用.

探究思考：断臂维纳斯以肚脐为分界点，上下比例近似为 5∶8，你能用今天学习的知识解释其中蕴含的美吗？

（5）建筑中的应用.

成都广播电视塔，塔高 339 m，塔高位居中国西部第一，因此，本项目得名为“成都 339”，塔楼 204 m 处为观光区.

探究思考：你思考过这样设计的道理吗？

（6）生活中的应用.

为什么我们人体最舒适的温度是 22 °C 左右？

近来科学家研究证实，为什么每天 7.5 h 是最理想的睡眠时间？

为什么汽车、电视、机床、房屋、桌椅、书报、邮票、黑板等等，在形状上绝大多数符合 3∶5，5∶8，8∶13，13∶21，21∶34…的比例关系？

探究思考：你如何解释以上常识？

赏析：归纳小结，生活中，涉及“在一个整体中寻找最佳位置（或最佳量）”可以考虑应用黄金分割定律，即整体乘以 0，618 的方法. 平面图形中的黄金矩形、黄金三角形会给我们带来美感.

在人体躯干与身高的比例上，肚脐是理想的黄金分割点，即比值越接近 0.618，越给人美感. 某女士脚底到肚脐的长度为 96 cm，她的身高为 160 cm，她应选择多高的高跟鞋？（精确到 0.1 cm）

赏析：高跟鞋的问题，设计得好. ① 选择多高的高跟鞋，使肚脐成为理想的黄金分割点（人体就有和谐的美感），体现数学的应用价值；② 解决此问题，需要利用黄金分割的概念建立方程，还有一个易错点，利于概念的深化理解；③ 求解方法有 3 种，但是难度不同.

思考问题 1：如何引导学生找到最优秀的方法？最优解法美在哪？

思考问题 2：将 0.618 用 0.62 近似代替，解出的 x 值，相差为什么这么大？到底取那一个呢？

$$\frac{x+96}{x+160}=0.62$$

$$x+96=0.62x+99.2$$

$$0.38x=3.2$$

$$x\approx 8.42$$

$$\frac{64}{96+x}=0.62$$

$$64=59.52+0.62x$$

$$0.62x=4.48$$

$$x\approx 7.2$$

课后探究问题

怎么确定一条固定线段的黄金分割点呢?

赏析: 这个问题是指“如何用几何(作图)的方法找黄金分割点”,这是下一节课的任务,留下悬念,让学生课后探究.

课后探究课题

参考课题

课题 1　黄金分割在摄影构图中的应用

课题 2　黄金分割在艺术表演中的应用

课题 3　黄金分割在绘画作品中的应用

课题 4　黄金分割在雕塑中的应用

课题 5　黄金分割在建筑中的应用

课题 6　黄金分割在生活中的应用

……

课题探究评比标准及奖励

各课题组确定发言人,在临近期末的时候,由发言人对本课题研究情况进行分享,随后由全体同学分组进行现场打分投票,本组成员不能投本组,根据票数,确定评比结果.

本次奖项设置:最佳探究小组奖、最佳创新小组奖、最佳合作小组奖、最佳价值小组奖、最佳推广小组奖.

评选结束后,所有优秀研究报告将在校园中展示一周,作为弘扬探究精神的示范,接受全校师生的点赞.

表 4-3-5

编号	评选标准	所占分值
1	对选题的认识深刻、正确	20
2	小组分工合理,配合高效	10
3	对所选课题有拓展与延伸	10
4	PPT 或分享资料制作精美	10
5	严谨认真地填写研究报告	30
6	研究成果可推广并应用于探究领域	20

表 4-3-6　开题报告模板

<table>
<tr><td>课题名称</td><td colspan="3"></td></tr>
<tr><td>课题组长</td><td></td><td>指导老师</td><td></td></tr>
<tr><td rowspan="6">课题组成员
及分工</td><td>姓名</td><td>班级</td><td>分工</td></tr>
<tr><td></td><td></td><td></td></tr>
<tr><td></td><td></td><td></td></tr>
<tr><td></td><td></td><td></td></tr>
<tr><td></td><td></td><td></td></tr>
<tr><td></td><td></td><td></td></tr>
<tr><td>选题背景</td><td colspan="3"></td></tr>
<tr><td>目的与意义</td><td colspan="3"></td></tr>
<tr><td>研究方法</td><td colspan="3"></td></tr>
<tr><td>研究阶段</td><td colspan="3"></td></tr>
<tr><td>研究所需条件</td><td colspan="3"></td></tr>
<tr><td>预期成果</td><td colspan="3"></td></tr>
<tr><td>研究心得体会</td><td colspan="3"></td></tr>
<tr><td>指导教师意见</td><td colspan="3"></td></tr>
</table>

十、课例 9.10　菱形的概念及其性质

执教　　邓文君（成都七中八一学校）

赏析　　谢　祥（成都市金牛区教科院）

学习目标

1. 经历菱形概念及性质探索过程，理解菱形与平行四边形的关系.

2. 掌握菱形性质，会简单应用.

3. 学会自主探索、合作交流，从中体验转化、一般到特殊等数学思想方法.

第一环节　引

（1）任意两条不等宽的透明直尺交叉重叠，重叠部分的形状是什么图形？

赏析：情境引入有创意，不等宽的透明直尺交叉重叠，重叠部分的形状为平行四边形（WHAT？）；等宽的透明直尺交叉重叠重叠部分的形状？有什么特别之处（平行四边形邻边相等，WHY）？巧妙引出“菱形”.

（2）任意两条等宽的透明直尺交叉重叠，重叠部分的图形与之前图形比较有什么特别之处？

第二环节　议

探究一、菱形的概念

参照图 4-3-62，归纳菱形的概念：______________________________.

用符号语言表示为：____.

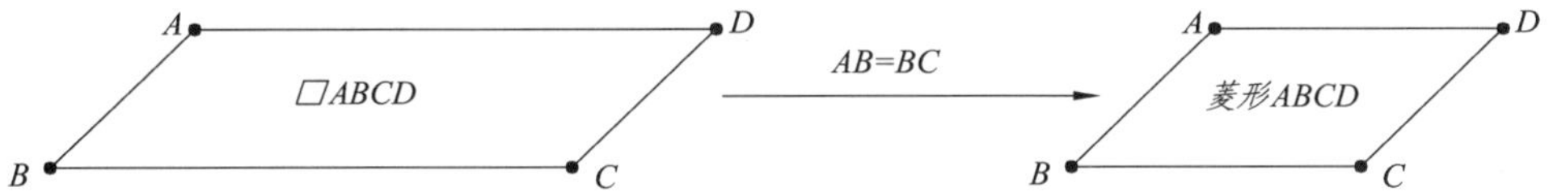

图 4-3-62

赏析：由平行四边形到菱形，是由一般到特殊，菱形概念采用“种类式”定义法（类特征＋临近的种概念特征＝被定义的概念），另外还有发生式定义法（如圆），约定式定义法（如绝对值）等方法.

探究二、菱形的性质：

边	
角	
对角线	
对称性	

赏析：研究深度课堂教学，培养数学核心素养，在本环节如何体现？如何探索发现菱形的性质？教师如何引导？问题串如何设计？安排怎样的活动？

第三环节　练

（1）菱形具有而平行四边形不具有的性质是（　　　）.

A. 对角相等　　　　　　　　B. 对边相等

C. 对角线互相垂直　　　　　D. 对角线互相平分

（2）已知菱形的周长是 12 cm，那么它的边长是________________.

（3）在菱形 $ABCD$ 中，O 为对角线的交点，若 $AB=5$，$OB=4$，则菱形

的周长是__________，$AC=$__________，$BD=$__________，若 $\angle ABC=60°$，则 $\angle BAC=$__________.

（4）已知菱形的一个内角 60°，一条对角线长为 $2\sqrt{3}$，则另一条对角线的长为________.

（5）如图 4-3-63 所示，菱形 $ABCD$ 两条对角线 BD、AC 长分别是 6 cm 和 8 cm，求菱形的面积.

追问 1：如果过 D 作 $DE\perp AB$ 于点 E，则 DE 的长为多少？

追问 2：是否任意对角线互相垂直的四边形的面积都等于“对角线乘积的一半”呢？

赏析：（5）题的两个追问，漂亮！

（6）如图 4-3-64 所示，在菱形 $ABCD$ 中，对角线 AC 与 BD 相交于点 O，MN 过点 O 且与边 AD、BC 分别交于点 M 和点 N.

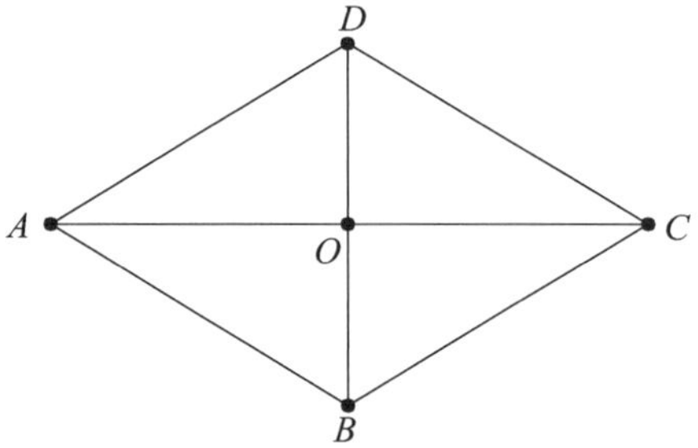

图 4-3-63

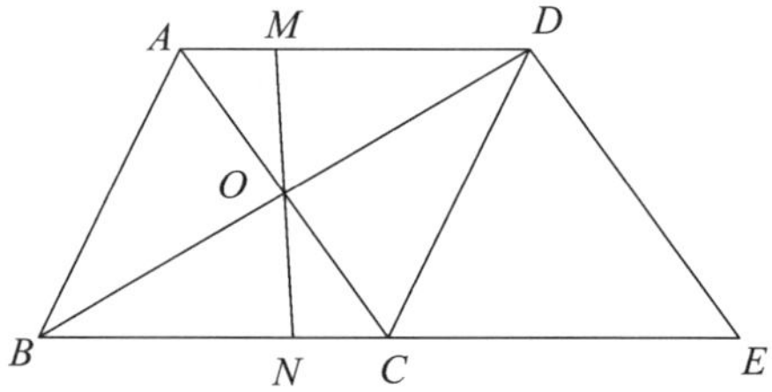

图 4-3-64

① 请你判断 OM 和 ON 的数量关系，并说明理由；

② 过点 D 作 $DE/\!/AC$ 交 BC 的延长线于点 E，当 $AC=6$，$BD=8$ 时，求 $\triangle BDE$ 的周长.

第四环节　悟

（1）通过本节课的学习，你有哪些收获？

（2）在学习过程中，你还有哪些疑惑？

第五环节　拓

如图 4-3-65 所示，点 P 是边长为 1 的菱形 $ABCD$ 的对角线 AC 上的一个动点，$\angle BAD=60°$，点 M 是边 AB 的中点，求 $MP+BP$ 的最小值.

赏析：“拓”环节，把菱形的轴对称性和最小值问题结合在一起设计问题，漂亮！在展示轴对称方法的魅力的同时，也展示数学本身的应用价值！

思考：研究深度课堂教学，培养数学核心素养，有怎样的操作策略？原问题和它美妙的变式之间有怎样的关系？问题之间“变”中“不变”的实质是什么？

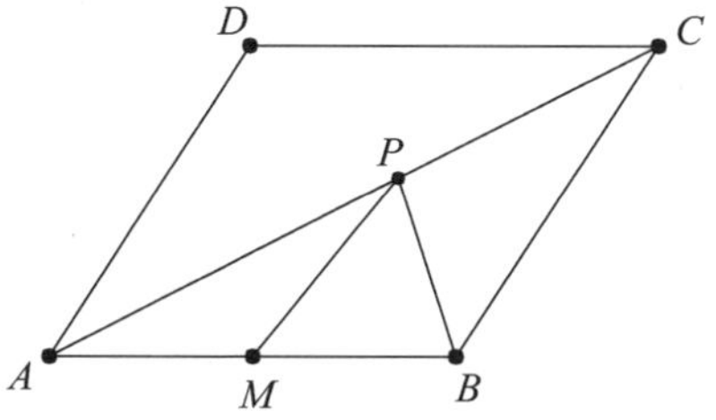

图 4-3-65

变式 1：若 M、N 分别为 AB、BC 的中点，其他条件不变，求 $MP+NP$ 的最小值.

变式 2：若 M 为 AB 的中点，N 为直线 BC 上的动点，其他条件不变，求 $MP+NP$ 的最小值.

变式 3：若 M 为 AB 的 n 等分点，N 为直线 BC 上的动点，其他条件不变，求 $MP+NP$ 的最小值.

十一、课例 9.11　二次函数背景下的最值问题

执教　　严彦（成都外国语学校）

赏析　　谢祥（成都市金牛教科院）

（备注：严彦执教该课，获全国第 12 届数学方法论与数学教育学术研讨会赛课活动一等奖第一名）

教学目标

1. 通过梳理最短距离模型，进一步掌握 4 个几何最值模型：“将军饮马”“邮筒送信”“造桥选址”“胡不归”问题有关知识的内在联系，培养归纳、总结的能力.

2. 通过典型例题的教学，以抛物线为载体，探讨是否存在一些点，使其能构成常见的基本几何模型的问题，解决最短距离问题，进一步渗透数形结合思想，发展学生的合情推理、解决问题的能力，丰富类比的活动经验.

3. 通过拓展练习的深化和提升，进一步巩固灵活解决二次函数与最小线段和的综合问题.

解决问题

体会数形结合的数学思想在解决几何问题中的作用，并能利用函数相关知识解决几何问题.

教学重点

在探究二次函数与最小线段和综合问题时，抓住已有的信息及条件在函数图象中构造出几何模型，并运用各自的性质解决问题，掌握此类问题的解题思路及技巧.

教学难点

数形结合构造最小的线段和.

教学方法

自主探究、合作交流.

教学手段

投影仪、课件、几何画板.

教学过程

1. 几何最值模型回顾

（1）“将军饮马”.

① 两点在一条直线异侧. 如图所示，A，B 在直线 L 的两侧，在 L 上求一点 P，使得 $PA+PB$ 最小.	② 两点在一条直线同侧. 如图所示，要在街道旁修建一个奶站，向居民区 A、B 提供牛奶，奶站应建在什么地方，才能使从 A、B 到它的距离之和最短.
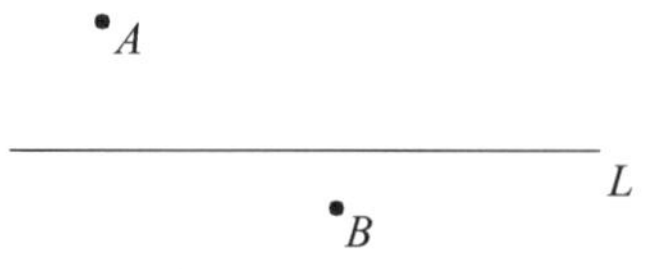	

（2）“邮筒送信”.

① 一点在两相交直线内部. 如图所示，A 是锐角 $\angle MON$ 内部任意一点，在 $\angle MON$ 的两边 OM、ON 上各取一点 B、C，组成三角形，使 $\triangle ABC$ 周长最小.	② 两点在两相交直线内部. 如图所示，A、B 是锐角 $\angle MON$ 内部任意一点，在 $\angle MON$ 的两边 OM、ON 上各取一点 C、D，组成四边形 $ACBD$，使四边形 $ACBD$ 周长最小.
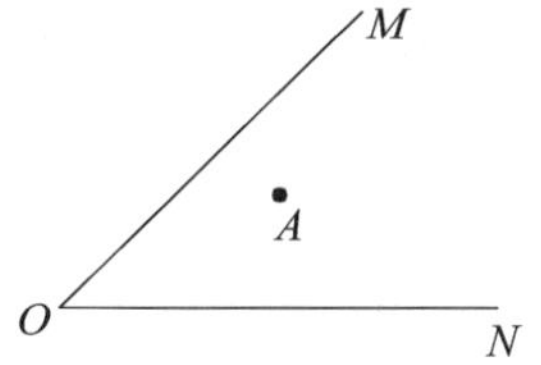	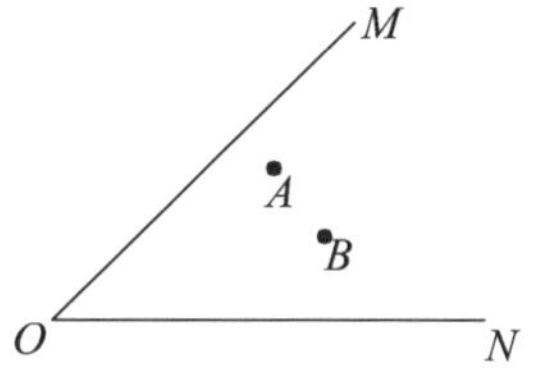

（3）“造桥选址”问题.

① A、B 在异侧. 如图所示，A、B 两地在一条河的两岸，现要在河上建一座桥 MN，桥造在何处才能使从 A 到 B 的路径 $AMNB$ 最短？（假设河的两岸是平行的直线，桥要与河垂直）	② A、B 在同侧. 如图所示，A、B 是直线同侧的两定点，定长线段 PQ 在 a 上平行移动，问 PQ 移动到什么位置时，$AP+PQ+QB$ 的长最短？
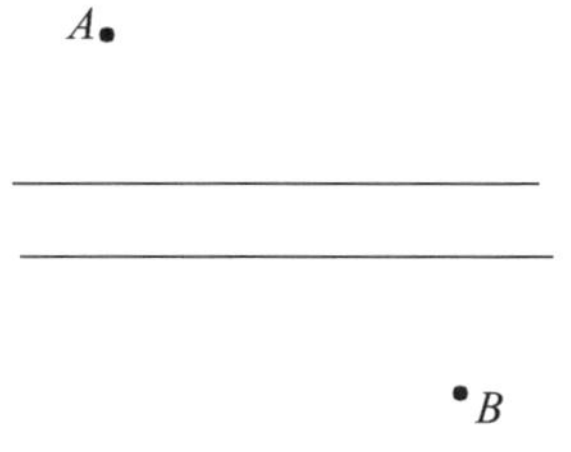	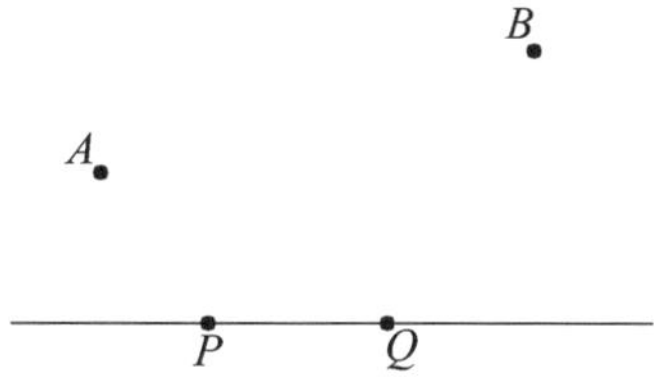

（4）胡不归问题.

在驿道上行走的速度是砂砾地带的两倍，在驿道的何处拐弯，从 A 点出发到家 B 点时间最短？

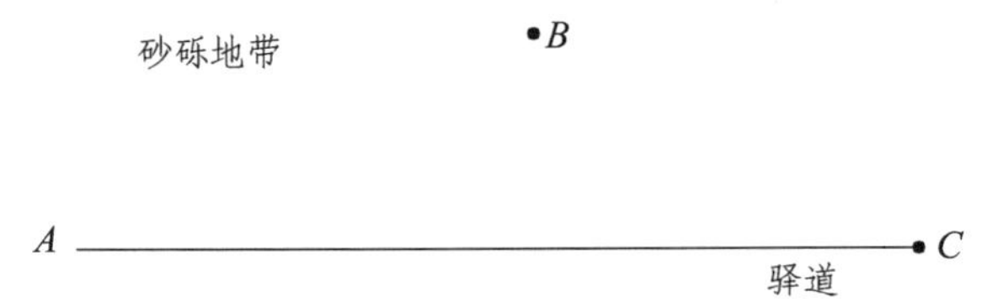

赏析： 本环节为课前的作业，即前置学习任务，将其作为小专题课的导入，是为本节课提供数学方法的准备. 事实上，复杂的数学问题通常可以化归为简单模型问题，学生通过回顾四个几何最值模型，“将军饮马”“邮筒送信”“造桥选址”“胡不归”问题，梳理有关知识的内在联系，培养归纳、总结的能力.

2．学以致用

例题 如图 4-3-66 所示，在平面直角坐标系中，抛物线 $y=-x^2+2x+3$ 与 x 轴交于 A、B 两点，与 y 轴交于点 C，点 D 是抛物线的顶点.

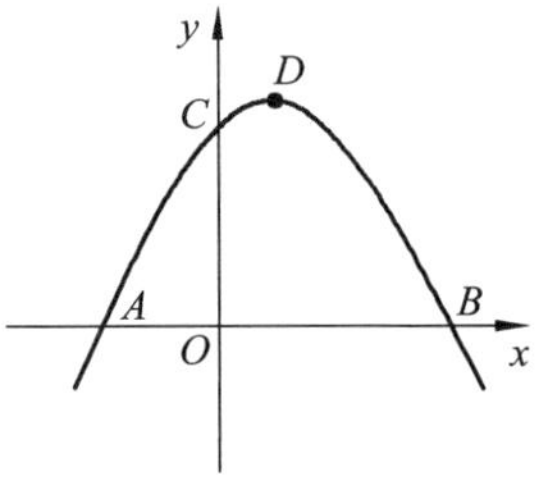

图 4-3-66

（1）求 A、B、C、D 的坐标.

（2）若 M 为抛物线对称轴上任意一点，是否存在一点 M 使得 $MC+MB$ 最小. 若有，求出点 M 的坐标；若没有，说明理由.

赏析： 两定点 C、B 在直线（对称轴）异侧，这是从最简单的情况入手，应用两点之间线段最短，线段和最小值就是连接 BC 的线段.

（3）连接 AC，能否在直线 AC 上找到一点 N，使得 $\triangle BDN$ 的周长最小，若能，求出点 N 的坐标.

赏析： 两定点 D、B 在直线 AC 同侧，能否在直线 AC 上找到一点 N，使得 $\triangle BDN$ 的周长最小，其实就是使线段和“$MB+MD$”最小. 如何实现同侧转化为异侧？强化运用“将军饮马”模型.

（4）在对称轴上取一点 E，在直线 $x=2$ 上取一点 F，$EF/\!/x$ 轴，是否存在一点 E 使 $CE+EF+BF$ 取得最小值. 若存在，求出点 E 的坐标，若不存在，请说明理由.

赏析： 以二次函数为载体，构造“两定两动”，动点在对称轴和直线 $x=2$ 上，使 $CE+EF+BF$ 三线段和取得最小值的基本模型，强化运用“造桥建址”模型.

3．挑战新高

变式 1　如图 4-3-67 所示，已知抛物线 $y=-x^2+2x+3$ 与 x 轴交于点 A 和 B（点 A 在点 B 的左侧），与 y 轴相交于点 C，顶点为 P，对称轴为 l：$x=1$.

问题：首尾顺次连接点 O、B、P、C 构成多边形的周长为 L. 若线段 OB 在 x 轴上移动，求 L 最小值时点 O、B 移动后的坐标及 L 的最小值.

赏析： 四边形中，有两线段（即 PC、OB）和是确定的，要使四边形周长最小，则只需 $O'C+B'P$ 这两线段和最小，仍然是“造桥建址”模型的应用.

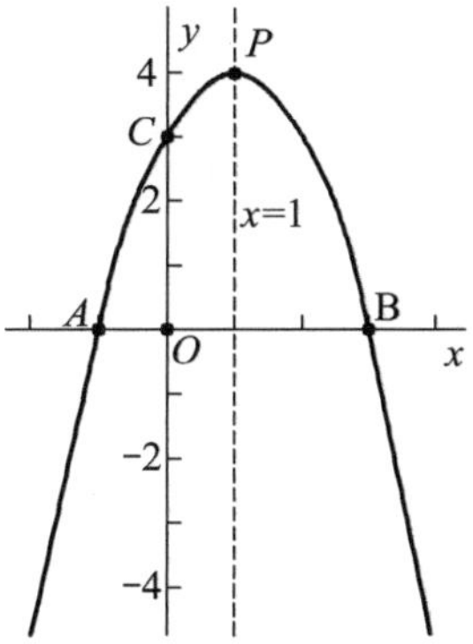

图 4-3-67

4．乘胜追击

变式 2　如图 4-3-68 所示，已知抛物线 $y=-x^2+2x+3$ 与 x 轴交于点 A 和

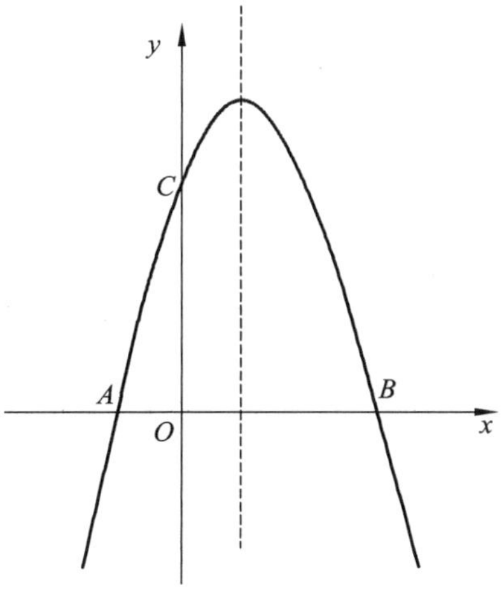

图 4-3-68

B（点 A 在点 B 的左侧），与 y 轴相交于点 C，顶点为 P，对称轴为 l：$x=1$. D 点是抛物线上一个定点，位于直线 BC 右上方，且 $\triangle DBC$ 面积取得最大值. 问题：（1）求 D 的坐标.

（2）设 E 为线段 BC 上一点（不含端点），连接 DE，一动点 M 从点 D 出发，沿线段 DE 以每秒一个单位速度运动到 E 点，再沿线段 EB 以每秒 $\sqrt{2}$ 个单位的速度运动到 B 后停止，当点 E 的坐标是多少时，点 M 在整个运动中用时最少？时间为多少秒？

赏析：（1）利用直线 BC 平移到与抛物线相切，容易得到 D 点坐标.（2）由题意建立关于时间的函数关系为：$t=DE+\dfrac{EB}{\sqrt{2}}$，这是"胡不归"最值模型，数形结合，构造 $\dfrac{EB}{\sqrt{2}}$，实为 E 点到 x 轴的距离，将问题转化为定点 D 到 x 轴的最短距离. 追问，如果将条件中的 $\sqrt{2}$ 改为 2，其他条件不变，你能求解最小值吗？

5．反思小结　体验收获

（1）你想说：

① 对自己说，你有什么收获？

② 对本组同学说，你有什么温馨提示？

完成小结梳理.

（2）老师想对你说……

赏析：本节课的设计，以二次函数为背景，一例题两变式，其中二次函数解析式始终没有变，始终都是在研究抛物线 $y=-x^2+2x+3$，只是研究的线段在不断发生变化，求线段和"最值的模型"根据变化的条件，也在变化. 除"胡不归"最值模型是转化为"点线之间，垂线段最短"以外，其他三个模型都是转化为"两点之间线段最短"，始终用的是数形结合的思想方法.

十二、课例 9.12　与二次函数最值相关的应用题

执教　　龙飞跃（成都市铁中府河学校）

赏析　　谢　祥（成都市金牛区教科院）

教学目标

1. 利用表格记录问题应用题的条件，整理数据.

2. 掌握找对称轴的三种方法，找二次函数最值的基本步骤.

3. 渗透数形结合思想，数学建模思想，转化与化归数学思想.

重点难点

建立二次函数，并运用二次函数对称性找出其最值.

1．课前回顾

（1）如图 4-3-69 所示，$A(-2,0)$，$B(6,0)$，那么可以设该二次函数交点式为____________________，则 $x=$________时，取得最大值.

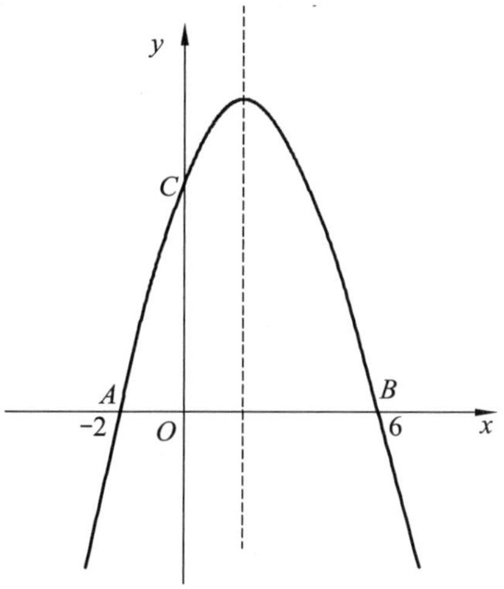

图 4-3-69

（2）如果 $y=-(x+2)(x-6)$，那么该二次函数与 x 轴的交点坐标为__________________，当 $x=$__________时，函数有最大值，最大值为____________.

（3）对于二次函数 $y=-x^2+4x+12$，对称轴 $x=$________，

当 $0\leqslant x\leqslant 1$ 时，当 $x=$________时，有最大值，最大值为________；

当 $1\leqslant x\leqslant 3$ 时，当 $x=$________时，有最大值，最大值为________；

当 $3\leqslant x\leqslant 4$ 时，当 $x=$________时，有最大值，最大值为________.

（4）总利润 = 单个利润 × 数量

利润 = 售价 − 进价

赏析： 从学生熟悉的简单的二次函数交点式，以及对应图象和所需相关公式导入课题，降低学生的畏难情绪，吸引学生的注意力，激发学生的学习

兴趣，同时也为后面的生活实例做好铺垫. 引入的这三个例子，让学生在感受数学数形结合思想的同时，也能够体会出数学的简洁美.

2．课堂提升

例 1 某商场将进价为 2000 元的冰箱以 2400 元售出，平均每天能售出 8 台，为了配合国家“家电下乡”政策的实施，商场决定采取适当的降价措施. 调查表明，这种冰箱的售价每降低 50 元，平均每天就能多售出 4 台.

（1）假设每台冰箱降价 x 元，商场每天销售这种冰箱的利润是 y 元，请写出 y 与 x 之间的函数表达式.（不要求写自变量的取值范围）

（2）商场要想在这种冰箱销售中每天盈利 4800 元，同时又要使百姓得到实惠，每台冰箱应降价多少元?

（3）每台冰箱降价多少元时，商场每天销售这种冰箱的利润最大? 最大利润是多少?

小结：解决二次函数应用题的基本步骤

____

____

赏析： 将进价、售价、销售量列表记录数据，第一问的关键是“这种冰箱的售价每降低 50 元，平均每天就能多售出 4 台”，如何用 x（降价）表示销售量，引导学生列代数式 $8+\frac{x}{50}\times 4$，每台利润为多少? 即 $2400-2000-x$，建立 y 与 x 之间的函数表达式 $y=(400-x)\times\left(8+\frac{2x}{25}\right)$. 后面两个问题一个为解二次方程，一个为求二次函数的最值. 特别提醒，解应用题要注意变量 x 的取值的实际意义，通常需要检验.

例 2 学校计划用地面砖铺设教学楼前矩形广场 $ABCD$，已知矩形广场地面长为 200 m，宽为 160 m. 图案设计如图 4-3-70 所示，广场的四角均为小正方形，阴影部分为四个矩形，且四个矩形的宽都与小正方形的边长相等，阴影部分铺绿色地面砖，其余铺白色地面砖.

（1）要使铺白色地面砖的面积为 20 800 m^2，那么矩形广场四角的正方形的边长应为多少米?

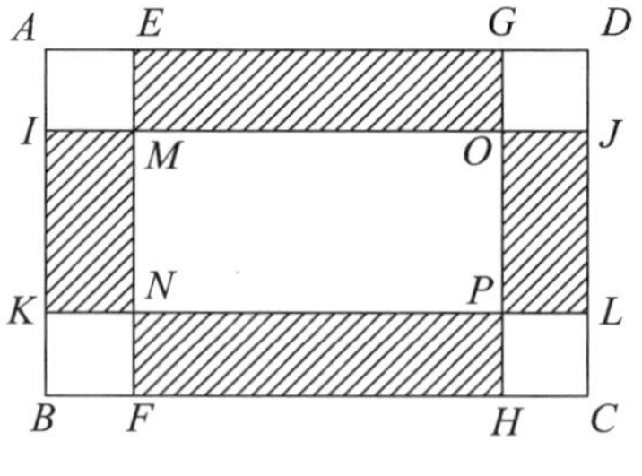

图 4-3-70

（2）如果铺白色地面砖的费用为每平方米 30 元，铺绿色地面砖的费用为每平方米 20 元，则当广场四角小正方形的边长为多少时，铺广场地面的总费用最少？最少总费用是多少元？

小结：

____

____

赏析： 例 2 设正方形边长为 x，将相关线段用 x 的代数式表出. 注意问题（1）是解一元二次方程，有两解. 问题（2）建立总费用 y 与正方形边长 x 的函数关系，实为二次函数的最值问题. 其巧妙之处在于，所设计的两个小问层层递进. 由于本题数据较大，采取配方法来解决最值问题比较复杂，这时就让学生体会本节课的重点如何利用二次函数对称性来求解二次函数最值，让学生感受到数学方法的简洁美.

变式训练 在 Rt△ABC 的内部作一个矩形 $DEFG$，按如图 4-3-71 所示的位置放置，其中 $\angle A = 90°$，$AB = 40$ m，$AC = 30$ m.

（1）如果设矩形的一边 $DE = x$ m，那么 DG 边的长度如何表示？

（2）在（1）的条件下，设矩形的面积为 y m^2，则当 x 取何值时，y 的值最大？最大值是多少？

总结：二次函数最值应用题的步骤如下

____

____

赏析： 整节课，龙老师带领学生层层递进，不断深入分析，探究二次函数最值问题. 在此过程中培养了学生的逻辑思维能力，训练了学生的数学综合能力，也向学生展现了数学的美.

思考题 1 在美化校园的活动中，某兴趣小组想借助直角墙角（如图 4-3-72，两边足够长），用 28 m 长的篱笆围成一个矩形花园 $ABCD$（篱笆只围 AB、BC 两边），设 $AB = x$ m.

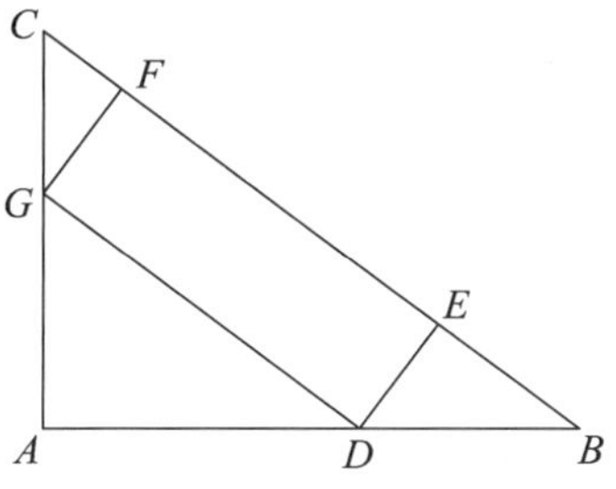

图 4-3-71

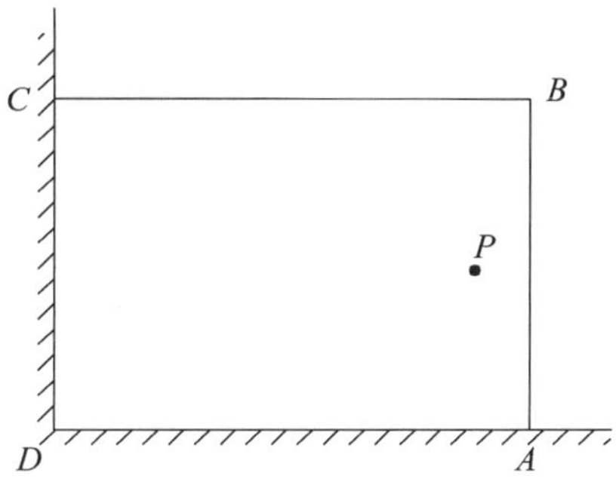

图 4-3-72

（1）若花园的面积为 192 m^2，求 x 的值.

（2）若在 P 处有一棵树与墙 CD 、 AD 的距离分别是 15 m 和 6 m，要将这棵树围在花园内（含边界，不考虑树的粗细），求花园面积 S 的最大值.

赏析： 这题是 2014 年成都中考 26 题，将它作为思考题作业，让学生感受中考题与本节课的问题的相关性，体验用本节课的方法解中考题的成就感（注意这道题还需考虑自变量的取值范围）.

参考文献

[1] 徐利治. 数学科学文化理念传播丛书（第三辑）数学哲学[M]. 大连理工大学出版社，2008.
[2] 徐利治，徐本顺. 数学美与数学教学中的审美[J]. 山东教育，1997（11），30-35.
[3] 殷启正. 数学中的美学方法（数学科学文化理念传播丛书）[M]. 大连理工大学出版社，2008.
[4] 史宁中，孔凡哲. 关于数学的定义的一个注[J]. 数学教育学报，2006，15（4）：37-38.
[5] 洪燕君，周九诗，王尚志，等.《普通高中数学课程标准（修订稿）》的意见征询——访谈张奠宙先生[J]. 数学教育学报，2015，24（3），35-39.
[6] 郑毓信. 应当培养对于数学美的鉴赏能力——数学方法论漫谈之二[J]. 中学数学，1985（01）：1-5.
[7] 周小山，严先元. 新课程的教学策略与方法[M]. 四川大学出版社，2003.
[8] 郝瑞平. 在新课程中数学美育的策略研究[D]. 呼和浩特：内蒙古师范大学，2008.
[9] 张奠宙，木振武. 数学美与课堂教学[J]. 数学教育学报，2001（4）：1-3.
[10] 方玫. 中学数学课程中的数学美[D]. 金华：浙江师范大学，2006.
[11] 徐利治. 数学科学文化理念传播丛书（第三辑）数学方法论[M]. 大连理工大学出版社，2018.
[12] 杨世明，周春荔，徐沥泉，等. MM 教育方式：理论与实践[M]. 香港新闻出版社，2002.
[13] 徐本顺，殷启正. 教学科学文化理念传播丛书（第一辑） 数学中的美学学法[M]. 大连：大连理工大学出版社，2016.